中国农垦农场志丛

厦门

大帽山农场志

中国农垦农场志丛编纂委员会 组编
福建厦门大帽山农场志编纂委员会 主编

中国农业出版社
北 京

图书在版编目（CIP）数据

厦门大帽山农场志 / 中国农垦农场志丛编纂委员会组编；厦门大帽山农场志编纂委员会主编. -- 北京：中国农业出版社，2024. 12. --（中国农垦农场志丛）.
ISBN 978-7-109-32688-0

Ⅰ. F324.1

中国国家版本馆 CIP 数据核字第 202451R4F8 号

出 版 人：刘天金
出版策划：郭　辉
丛书统筹：王庆宁　赵世元
审 稿 组：颜景辰　干锦春　薛　波
编 辑 组：杨金妹　王庆宁　周　珊　李　梅　刘昊阳　黄　曦　吕　睿　赵世元　刘佳玫
　　　　　李海锋　王玉水　李兴旺　蔡雪青　刘金华　耿韶磊　张潇逸　徐志平　常　静
工 艺 组：毛志强　王　宏　吴丽婷
设 计 组：姜　欣　关晓迪　王　晨　杨　婧
发行宣传：王贺春　蔡　鸣　李　晶　雷云钊　曹建丽
技术支持：王芳芳　赵晓红　张　瑶

厦门大帽山农场志
XIAMEN DAMAOSHAN NONGCHANGZHI

中国农业出版社出版
地址：北京市朝阳区麦子店街 18 号楼
邮编：100125
责任编辑：刘佳玫
版式设计：王　晨　　责任校对：张雯婷
印刷：北京通州皇家印刷厂
版次：2024 年 12 月第 1 版
印次：2024 年 12 月北京第 1 次印刷
发行：新华书店北京发行所
开本：889mm×1194mm　1/16
印张：28　　插页：20
字数：575 千字
定价：328.00 元

大众分社投稿邮箱：zgnywwsz@163.com

一、农场规划

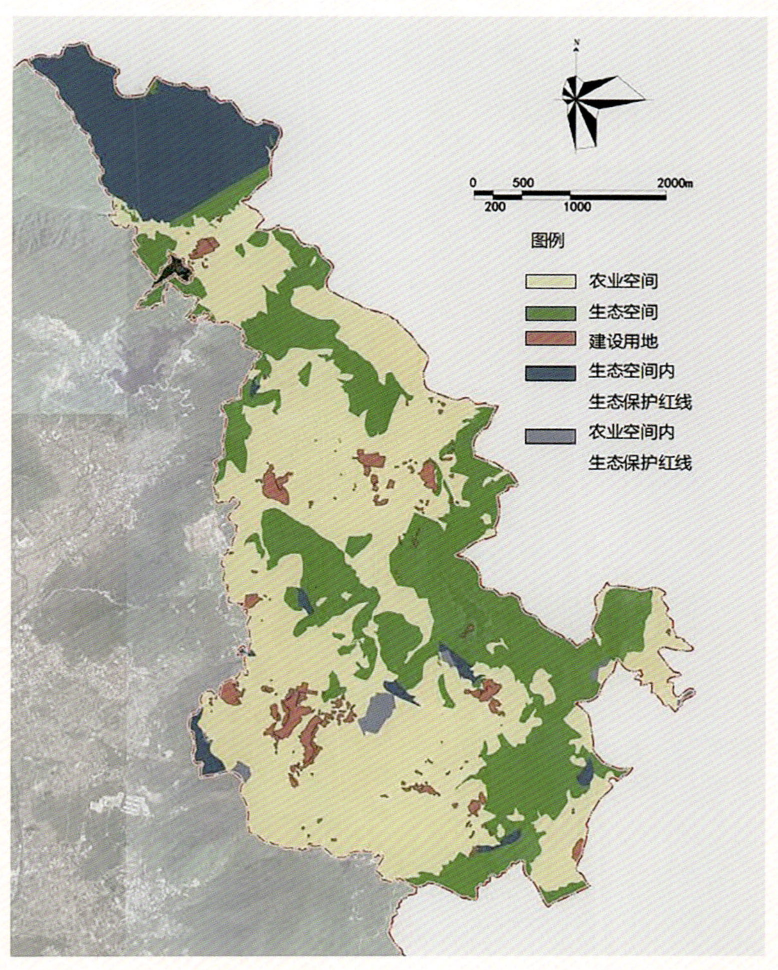

大帽山农场三区控制图

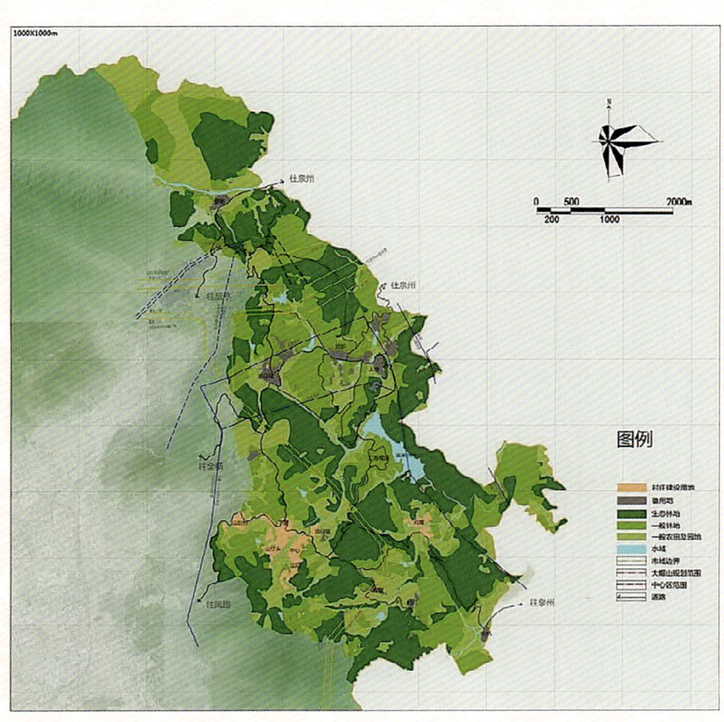

大帽山农场土地利用规划图

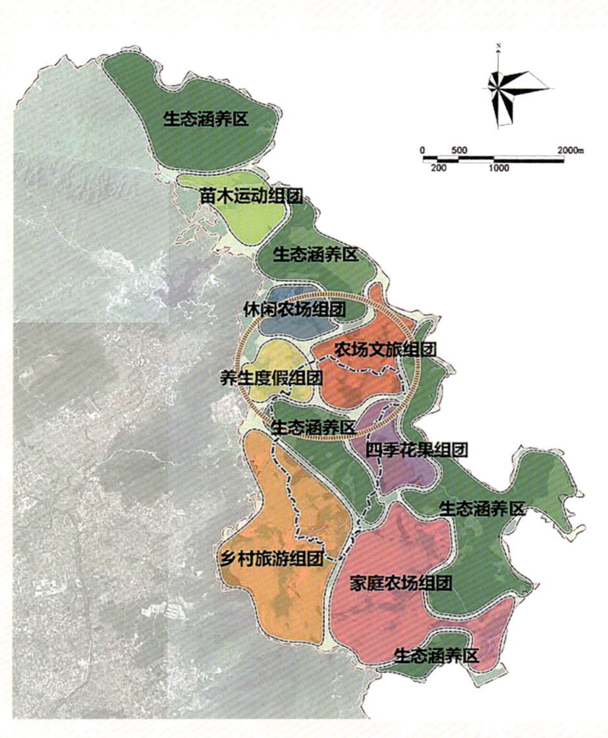

大帽山农场“一环、一核、七组团”总体规划图

二、领导关怀

2005 年 10 月 11 日，时任厦门市常务副市长丁国炎（左二）到大帽山调研（供图：郑有才）

2006 年 12 月 3 日，时任厦门市副市长詹沧州（中排左二）到大帽山调研（供图：郑有才）

2008 年 2 月 22 日，时任厦门市市长刘赐贵（前左一）、副市长詹沧州（前左二）一行到大帽山农场调研 （供图：郑有才）

2008 年 7 月 21 日，时任翔安区区委书记吴南翔（右二）到大帽山农场调研 （供图：朱毅力）

2014 年 6 月 11 日，时任厦门市委常委、副市长林国耀（后排右三）带队调研农场工作 （供图：郑有才）

2015 年 6 月 11 日，时任厦门市委书记王蒙徽（前左二）一行大帽山调研（供图：朱毅力）

2021 年 5 月 11 日，时任厦门市委书记赵龙（前左二）一行到大帽山农场召开全市农村污水治理提升现场会　（拍摄：曾清根）

三、项目建设

大帽山三角梅园入口（拍摄：曾清根）

2008 年 11 月 15 日，大帽山三角梅园开园仪式（供图：朱毅力）

后炉埔茶酒厂旧址（供图：郑有才）

后炉埔茶厂旧址（供图：郑有才）

后炉埔粮油仓库旧址（供图：郑有才）

肉牛饲养场（拍摄：李建波）

大帽山养猪场（拍摄：李建波）

内官养猪场（拍摄：李建波）

埔顶农场旧办公楼（拍摄：李建波）

大帽山农场新办公大楼（拍摄：曾清根）

四、乡村振兴

农房整治新貌（拍摄：朱毅力）

“大帽山境”全景（供图：朱毅力）

2018 年 4 月 28 日“大帽山境”开业仪式
（供图：朱毅力）

大帽山境·市集特产（供图：朱毅力）

节假日“大帽山境”游客如潮
（供图：朱毅力）

寨仔尾自然村村口（拍摄：曾清根）

宛厝民宿（拍摄：李建波）

猪小惠生态农场（拍摄：曾清根）

山后桥新村一角（拍摄：曾清根）

火龙谷家庭农场（拍摄：曾清根）

大帽山革命老根据地石碑（拍摄：曾清根）

武工队活动旧址——黄钓故居（拍摄：李建波）

武工队活动旧址——黄章约故居（拍摄：曾清根）

1999 年 12 月，林多速、陈诚志等老战友前往革命故址、慰问“五老”。右上方前排之民宅，为 1949 年原中共闽西南同安县工委机关及彭金励同志在大帽山刘厝自然村的驻处。（资料图片）

1999 年 3 月，部分老战友上大帽山慰问“五老”，在原中共闽西南同安县工委直属武工队队部门前合影。（资料图片）

2018 年 3 月，参加甘露寺事务移交人员合影
（供图：陈水苗）

甘露寺（拍摄：曾清根）

三太子宫（拍摄：曾清根）

大帽山小学（拍摄：李建波）

大帽山育才小学旧址（拍摄：李建波）

华侨捐建埔顶小学旧址（供图：郑有才）

2021 年 8 月 26 日，农场组织《大帽新颜》采编座谈会（拍摄：曾清根）

2022 年 11 月 8 日，农场组织农场志编纂工作培训（拍摄：黄梅霜）

六、移民安置

2007 年 1 月 22 日，大帽山移民搬迁抽签仪式（供图：朱毅力）

2007 年 2 月 13 日，厦门市移民造福工程大帽山首批移民搬迁仪式（供图：朱毅力）

大帽山移民搬迁专车（供图：朱毅力）

大帽山移民搬迁入住安置房

（供图：朱毅力）

大帽山移民安置点——新店街道东方新城

（拍摄：李建波）

大帽山移民安置点——马巷街道滨安社区

（拍摄：李建波）

大帽山移民专场招聘会（供图：朱毅力）

为大帽山移民送春联（供图：朱毅力）

后炉自然村移民代表合影（供图：郑有才）

村门自然村移民代表合影（供图：郑有才）

内官自然村移民代表合影（供图：郑有才）

古坑自然村移民代表合影（供图：郑有才）

七、绿水青山

溪美水库（拍摄：李建波）

新生水库（拍摄：李建波）

红坝水库（拍摄：李建波）

上廊老樟树（拍摄：李建波）

村门老榕树（拍摄：李建波）

中心古榕树（拍摄：李建波）

宫仔尾老榕树（拍摄：李建波）

洪毛岭古榕树与古枫树（拍摄：李建波）

寨仔尾老樟树（拍摄：李建波）

刘厝老芒果树（拍摄：李建波）

大帽山（拍摄：李建波）

东西尖（拍摄：李建波）

溪园大峡谷（拍摄：李建波）

大尖山（拍摄：李建波）

大寨山（拍摄：李建波）

大埔山（拍摄：李建波）

观音山（拍摄：李建波）

虎头山（拍摄：李建波）

八、人文风景

大帽山俯瞰图（拍摄：曾清根）

“大帽山境”古厝新颜（拍摄：曾清根）

大帽山山门（拍摄：李建波）

2021 年大帽山首届自行车爬坡联谊赛
（拍摄：李建波）

花漾寨仔尾（拍摄：曾清根）

振兴湖畔（拍摄：曾清根）

寨仔尾自然村村口（拍摄：李建波）

三角梅园溪美水库（拍摄：曾清根）

九、场村新貌

埔顶片区全景图（拍摄：李建波）

村庄全景图（拍摄：李建波）

中心自然村（拍摄：李建波）

尾厝自然村（拍摄：李建波）

下厝自然村（拍摄：李建波）

山仔头自然村（拍摄：李建波）

山后桥自然村（拍摄：李建波）

加塘自然村（拍摄：李建波）

山边自然村（拍摄：李建波）

刘厝自然村（拍摄：李建波）

后炉埔原农场场部办公室（拍摄：李建波）

后炉埔知青宿舍（拍摄：李建波）

后炉自然村旧址（拍摄：李建波）

上廊自然村旧址（拍摄：李建波）

罗田自然村旧址（拍摄：李建波）

寨仔尾自然村旧址（拍摄：李建波）

洪毛岭自然村（拍摄：李建波）

村门自然村旧址（拍摄：李建波）

内官村自然村旧址（拍摄：李建波）

古坑自然村旧址（拍摄：李建波）

中国农垦农场志丛编纂委员会

主　任

张兴旺

副主任

左常升　李尚兰　刘天金　彭剑良　程景民　王润雷

成　员（按垦区排序）

肖辉利　毕国生　苗冰松　茹栋梅　赵永华　杜　鑫
陈　亮　王守聪　许如庆　姜建友　唐冬寿　王良贵
郭宋玉　兰永清　马常春　张金龙　李胜强　马艳青
黄文沐　张安明　王明魁　徐　斌　田李文　张元鑫
余　繁　林　木　王　韬　张懿笃　杨毅青　段志强
武洪斌　熊　斌　冯天华　朱云生　常　芳

中国农垦农场志丛编纂委员会办公室

主　任

王润雷

副主任

王　生　刘爱芳　武新宇　明　星

成　员

胡从九　刘琢琬　干锦春　王庆宁

中国农垦农场志丛

福建厦门大帽山农场志编纂委员会

主　任：李　毅　沈晓文

副主任：温普华　黄亚祥　颜莉莉

顾　问：颜立水　彭炳华　兰亨庭　郑毓岚　刘昌厚

委　员：曾文雄　连海根　刘清乐　许雅曼　郑全毅

梁奖水　祝真平　陈东海　柯志远　邱海椿

福建厦门大帽山农场志编纂人员

主　编：曾清根

总　纂：陈炳南

编　辑：郑有才　黄聪明　陈水苗　黄火球　黄梅霜

黄洁完　黄献乾　黄远派　黄和杰　黄水涌

洪开展　郑　坂　黄本希　陈金壇　黄水土

黄奕垢　黄献江　黄建社　叶加白　陈文礼

林淑彬　李建波　朱毅力　胡胜福　方飞岩

陈海靖　许晨光　陈思齐　林　洋　陈　鑫

总序

中国农垦农场志丛自2017年开始酝酿，历经几度春秋寒暑，终于在建党100周年之际，陆续面世。在此，谨向所有为修此志作出贡献、付出心血的同志表示诚挚的敬意和由衷的感谢！

中国共产党领导开创的农垦事业，为中华人民共和国的诞生和发展立下汗马功劳。八十余年来，农垦事业的发展与共和国的命运紧密相连，在使命履行中，农场成长为国有农业经济的骨干和代表，成为国家在关键时刻抓得住、用得上的重要力量。

如果将农垦比作大厦，那么农场就是砖瓦，是基本单位。在全国31个省（自治区、直辖市，港澳台除外），分布着1800多个农垦农场。这些星罗棋布的农场如一颗颗玉珠，明暗随农垦的历史进程而起伏；当其融汇在一起，则又映射出农垦事业波澜壮阔的历史画卷，绽放着“艰苦奋斗、勇于开拓”的精神光芒。

（一）

“农垦”概念源于历史悠久的“屯田”。早在秦汉时期就有了移民垦荒，至汉武帝时创立军屯，用于保障军粮供应。之后，历代沿袭屯田这一做法，充实国库，供养军队。

中国共产党借鉴历代屯田经验，发动群众垦荒造田。1933 年 2 月，中华苏维埃共和国临时中央政府颁布《开垦荒地荒田办法》，规定“县区土地部、乡政府要马上调查统计本地所有荒田荒地，切实计划、发动群众去开荒”。到抗日战争时期，中国共产党大规模地发动军人进行农垦实践，肩负起支援抗战的特殊使命，农垦事业正式登上了历史舞台。

20 世纪 30 年代末至 40 年代初，抗日战争进入相持阶段，在日军扫荡和国民党军事包围、经济封锁等多重压力下，陕甘宁边区生活日益困难。“我们曾经弄到几乎没有衣穿，没有油吃，没有纸、没有菜，战士没有鞋袜，工作人员在冬天没有被盖。”毛泽东同志曾这样讲道。

面对艰难处境，中共中央决定开展“自己动手，丰衣足食”的生产自救。1939 年 2 月 2 日，毛泽东同志在延安生产动员大会上发出“自己动手”的号召。1940 年 2 月 10 日，中共中央、中央军委发出《关于开展生产运动的指示》，要求各部队“一面战斗、一面生产、一面学习”。于是，陕甘宁边区掀起了一场轰轰烈烈的大生产运动。

这个时期，抗日根据地的第一个农场——光华农场诞生了。1939 年冬，根据中共中央的决定，光华农场在延安筹办，生产牛奶、蔬菜等食物。同时，进行农业科学实验、技术推广，示范带动周边群众。这不同于古代屯田，开创了农垦示范带动的历史先河。

在大生产运动中，还有一面“旗帜”高高飘扬，让人肃然起敬，它就是举世闻名的南泥湾大生产运动。

1940 年 6—7 月，为了解陕甘宁边区自然状况、促进边区建设事业发展，在中共中央财政经济部的支持下，边区政府建设厅的农林科学家乐天宇等一行 6 人，历时 47 天，全面考察了边区的森林自然状况，并完成了《陕甘宁边区森林考察团报告书》，报告建议垦殖南泥洼（即南泥湾）。之后，朱德总司令亲自前往南泥洼考察，谋划南泥洼的开发建设。

1941 年春天，受中共中央的委托，王震将军率领三五九旅进驻南泥湾。那时，南泥湾俗称“烂泥湾”，“方圆百里山连山”，战士们“只见梢林不见天”，身边做伴的是满山窜的狼豹黄羊。在这种艰苦处境中，战士们攻坚克难，一手拿枪，一手拿镐，练兵开荒两不误，把“烂泥湾”变成了陕北的“好江南”。从1941年到1944年，仅仅几年时间，三五九旅的粮食产量由0.12万石猛增到3.7万石，上缴公粮1万石，达到了耕一余一。与此同时，工业、商业、运输业、畜牧业和建筑业也得到了迅速发展。

南泥湾大生产运动，作为中国共产党第一次大规模的军垦，被视为农垦事业的开端，南泥湾也成为农垦事业和农垦精神的发祥地。

进入解放战争时期，建立巩固的东北根据地成为中共中央全方位战略的重要组成部分。毛泽东同志在1945年12月28日为中共中央起草的《建立巩固的东北根据地》中，明确指出“我党现时在东北的任务，是建立根据地，是在东满、北满、西满建立巩固的军事政治的根据地”，要求“除集中行动负有重大作战任务的野战兵团外，一切部队和机关，必须在战斗和工作之暇从事生产”。

紧接着，1947年，公营农场兴起的大幕拉开了。

这一年春天，中共中央东北局财经委员会召开会议，主持财经工作的陈云、李富春同志在分析时势后指出：东北行政委员会和各省都要“试办公营农场，进行机械化农业实验，以迎接解放后的农村建设”。

这一年夏天，在松江省政府的指导下，松江省省营第一农场（今宁安农场）创建。省政府主任秘书李在人为场长，他带领着一支18人的队伍，在今尚志市一面坡太平沟开犁生产，一身泥、一身汗地拉开了“北大荒第一犁”。

这一年冬天，原辽北军区司令部作训科科长周亚光带领人马，冒着严寒风雪，到通北县赵光区实地踏查，以日伪开拓团训练学校旧址为基础，建成了我国第一个公营机械化农场——通北机械农场。

之后，花园、永安、平阳等一批公营农场纷纷在战火的硝烟中诞生。与此同时，一部分身残志坚的荣誉军人和被解放的国民党军人，向东北荒原宣战，艰苦拓荒、艰辛创业，创建了一批荣军农场和解放团农场。

再将视线转向华北。这一时期，在河北省衡水湖的前身“千顷洼”所在地，华北人民政府农业部利用一批来自联合国善后救济总署的农业机械，建成了华北解放区第一个机械化公营农场——冀衡农场。

除了机械化农场，在那个主要靠人力耕种的年代，一些拖拉机站和机务人员培训班诞生在东北、华北大地上，推广农业机械化技术，成为新中国农机事业人才培养的“摇篮”。新中国的第一位女拖拉机手梁军正是优秀代表之一。

（二）

中华人民共和国成立后农垦事业步入了发展的“快车道”。

1949年10月1日，新中国成立了，百废待兴。新的历史阶段提出了新课题、新任务：恢复和发展生产，医治战争创伤，安置转业官兵，巩固国防，稳定新生的人民政权。

这没有硝烟的“新战场”，更需要垦荒生产的支持。

1949年12月5日，中央人民政府人民革命军事委员会发布《关于1950年军队参加生产建设工作的指示》，号召全军“除继续作战和服勤务者而外，应当负担一部分生产任务，使我人民解放军不仅是一支国防军，而且是一支生产军”。

1952年2月1日，毛泽东主席发布《人民革命军事委员会命令》：“你们现在可以把战斗的武器保存起来，拿起生产建设的武器。”批准中国人民解放军31个师转为建设师，其中有15个师参加农业生产建设。

垦荒战鼓已擂响，刚跨进和平年代的解放军官兵们，又背起行囊，扑向荒原，将“作战地图变成生产地图”，把“炮兵的瞄准仪变成建设者的水平仪”，让“战马变成耕马”，在戈壁荒漠、三江平原、南国边疆安营扎寨，攻坚克难，辛苦耕耘，创造了农垦事业的一个又一个奇迹。

1. 将戈壁荒漠变成绿洲

1950年1月，王震将军向驻疆部队发布开展大生产运动的命令，动员11万余名官兵就地屯垦，创建军垦农场。

垦荒之战有多难，这些有着南泥湾精神的农垦战士就有多拼。

没有房子住，就搭草棚子、住地窝子；粮食不够吃，就用盐水煮麦粒；没有拖拉机和畜力，就多人拉犁开荒种地……

然而，戈壁滩缺水，缺“农业的命根子”，这是痛中之痛！

没有水，战士们就自己修渠，自伐木料，自制筐担，自搓绳索，自开块石。修渠中涌现了很多动人故事，据原新疆兵团农二师师长王德昌回忆，1951 年冬天，一名来自湖南的女战士，面对磨断的绳子，情急之下，割下心爱的辫子，接上绳子背起了石头。

在战士们全力以赴的努力下，十八团渠、红星渠、和平渠、八一胜利渠等一条条大地的“新动脉”，奔涌在戈壁滩上。

1954 年 10 月，经中共中央批准，新疆生产建设兵团成立，陶峙岳被任命为司令员，新疆维吾尔自治区党委书记王恩茂兼任第一政委，张仲瀚任第二政委。努力开荒生产的驻疆屯垦官兵终于有了正式的新身份，工作中心由武装斗争转为经济建设，新疆地区的屯垦进入了新的阶段。

之后，新疆生产建设兵团重点开发了北疆的准噶尔盆地、南疆的塔里木河流域及伊犁、博乐、塔城等边远地区。战士们鼓足干劲，兴修水利、垦荒造田、种粮种棉、修路架桥，一座座城市拔地而起，荒漠变绿洲。

2. 将荒原沼泽变成粮仓

在新疆屯垦热火朝天之时，北大荒也进入了波澜壮阔的开发阶段，三江平原成为“主战场”。

1954 年 8 月，中共中央农村工作部同意并批转了农业部党组《关于开发东北荒地的农建二师移垦东北问题的报告》，同时上报中央军委批准。9 月，第一批集体转业的“移民大军”——农建二师由山东开赴北大荒。这支 8000 多人的齐鲁官兵队伍以荒原为家，创建了二九〇、二九一和十一农场。

同年，王震将军视察黑龙江汤原后，萌发了开发北大荒的设想。领命的是第五师副师长余友清，他打头阵，率一支先遣队到密山、虎林一带踏查荒原，于1955年元旦，在虎林县（今虎林市）西岗创建了铁道兵第一个农场，以部队番号命名为“八五〇部农场”。

1955年，经中共中央同意，铁道兵9个师近两万人挺进北大荒，在密山、虎林、饶河一带开荒建场，拉开了向三江平原发起总攻的序幕，在八五〇部农场周围建起了一批八字头的农场。

1958年1月，中央军委发出《关于动员十万干部转业复员参加生产建设的指示》，要求全军复员转业官兵去开发北大荒。命令一下，十万转业官兵及家属，浩浩荡荡进军三江平原，支边青年、知识青年也前赴后继地进攻这片古老的荒原。

垦荒大军不惧苦、不畏难，鏖战多年，荒原变良田。1964年盛夏，国家副主席董必武来到北大荒视察，面对麦香千里即兴赋诗：“斩棘披荆忆老兵，大荒已变大粮屯。”

3. 将荒郊野岭变成胶园

如果说农垦大军在戈壁滩、北大荒打赢了漂亮的要粮要棉战役，那么，在南国边疆，则打赢了一场在世界看来不可能胜利的翻身仗。

1950年，朝鲜战争爆发后，帝国主义对我国实行经济封锁，重要战略物资天然橡胶被禁运，我国国防和经济建设面临严重威胁。

当时世界公认天然橡胶的种植地域不能超过北纬17°，我国被国际上许多专家划为“植胶禁区”。

但命运应该掌握在自己手中，中共中央作出“一定要建立自己的橡胶基地”的战略决策。1951年8月，政务院通过《关于扩大培植橡胶树的决定》，由副总理兼财政经济委员会主任陈云亲自主持这项工作。同年11月，华南垦殖局成立，中共中央华南分局第一书记叶剑英兼任局长，开始探索橡胶种植。

1952年3月，两万名中国人民解放军临危受命，组建成林业工程第一师、第二师和一个独立团，开赴海南、湛江、合浦等地，住茅棚、战台风、斗猛兽，白手起家垦殖橡胶。

大规模垦殖橡胶，急需胶籽。“一粒胶籽，一两黄金”成为战斗口号，战士们不惜一切代价收集胶籽。有一位叫陈金照的小战士，运送胶籽时遇到山洪，被战友们找到时已没有了呼吸，而背上箩筐里的胶籽却一粒没丢……

正是有了千千万万个把橡胶看得重于生命的陈金照们，1957 年春天，华南垦殖局种植的第一批橡胶树，流出了第一滴胶乳。

1960 年以后，大批转业官兵加入海南岛植胶队伍，建成第一个橡胶生产基地，还大面积种植了剑麻、香茅、咖啡等多种热带作物。同时，又有数万名转业官兵和湖南移民汇聚云南边疆，用血汗浇灌出了我国第二个橡胶生产基地。

在新疆、东北和华南三大军垦战役打响之时，其他省份也开始试办农场。1952 年，在政务院关于“各县在可能范围内尽量地办起和办好一两个国营农场”的要求下，全国各地农场如雨后春笋般发展起来。1956 年，农垦部成立，王震将军被任命为部长，统一管理全国的军垦农场和地方农场。

随着农垦管理走向规范化，农垦事业也蓬勃发展起来。江西建成多个综合垦殖场，发展茶、果、桑、林等多种生产；北京市郊、天津市郊、上海崇明岛等地建起了主要为城市提供副食品的国营农场；陕西、安徽、河南、西藏等省区建立发展了农牧场群……

到 1966 年，全国建成国营农场 1958 个，拥有职工 292.77 万人，拥有耕地面积 345457 公顷，农垦成为我国农业战线一支引人瞩目的生力军。

（三）

前进的道路并不总是平坦的。“文化大革命”持续十年，使党、国家和各族人民遭到新中国成立以来时间最长、范围最广、损失最大的挫折，农垦系统也不能幸免。农场平均主义盛行，从 1967 年至 1978 年，农垦系统连续亏损 12 年。

“没有一个冬天不可逾越，没有一个春天不会来临。”1978 年，党的十一届三中全会召开，如同一声春雷，唤醒了沉睡的中华大地。手握改革开放这一法宝，全党全社会朝着社会主义现代化建设方向大步前进。

在这种大形势下，农垦人深知，国营农场作为社会主义全民所有制企业，应当而且有条件走在农业现代化的前列，继续发挥带头和示范作用。

于是，农垦人自觉承担起推进实现农业现代化的重大使命，乘着改革开放的春风，开始进行一系列的上下求索。

1978 年 9 月，国务院召开了人民公社、国营农场试办农工商联合企业座谈会，决定在我国试办农工商联合企业，农垦系统积极响应。作为现代化大农业的尝试，机械化水平较高且具有一定工商业经验的农垦企业，在农工商综合经营改革中如鱼得水，打破了单一种粮的局面，开启了农垦一二三产业全面发展的大门。

农工商综合经营只是农垦改革的一部分，农垦改革的关键在于打破平均主义，调动生产积极性。

为调动企业积极性，1979 年 2 月，国务院批转了财政部、国家农垦总局《关于农垦企业实行财务包干的暂行规定》。自此，农垦开始实行财务大包干，突破了“千家花钱，一家（中央）平衡”的统收统支方式，解决了农垦企业吃国家“大锅饭”的问题。

为调动企业职工的积极性，从 1979 年根据财务包干的要求恢复“包、定、奖”生产责任制，到 1980 年后一些农场实行以“大包干”到户为主要形式的家庭联产承包责任制，再到 1983 年借鉴农村改革经验，全面兴办家庭农场，逐渐建立大农场套小农场的双层经营体制，形成“家家有场长，户户搞核算”的蓬勃发展气象。

为调动企业经营者的积极性，1984 年下半年，农垦系统在全国选择 100 多个企业试点推行场（厂）长、经理负责制，1988 年全国农垦有 60%以上的企业实行了这项改革，继而又借鉴城市国有企业改革经验，全面推行多种形式承包经营责任制，进一步明确主管部门与企业的权责利关系。

以上这些改革主要是在企业层面，以单项改革为主，虽然触及了国家、企业和职工的最直接、最根本的利益关系，但还没有完全解决传统体制下影响农垦经济发展的深层次矛盾和困难。

“历史总是在不断解决问题中前进的。”1992年，继邓小平南方谈话之后，党的十四大明确提出，要建立社会主义市场经济体制。市场经济为农垦改革进一步指明了方向，但农垦如何改革才能步入这个轨道，真正成为现代化农业的引领者？

关于国营大中型企业如何走向市场，早在1991年9月中共中央就召开工作会议，强调要转换企业经营机制。1992年7月，国务院发布《全民所有制工业企业转换经营机制条例》，明确提出企业转换经营机制的目标是：“使企业适应市场的要求，成为依法自主经营、自负盈亏、自我发展、自我约束的商品生产和经营单位，成为独立享有民事权利和承担民事义务的企业法人。”

为转换农垦企业的经营机制，针对在干部制度上的“铁交椅”、用工制度上的“铁饭碗”和分配制度上的“大锅饭”问题，农垦实施了干部聘任制、全员劳动合同制以及劳动报酬与工效挂钩的三项制度改革，为农垦企业建立在用人、用工和收入分配上的竞争机制起到了重要促进作用。

1993年，十四届三中全会再次擂响战鼓，指出要进一步转换国有企业经营机制，建立适应市场经济要求，产权清晰、权责明确、政企分开、管理科学的现代企业制度。

农业部积极响应，1994年决定实施“三百工程”，即在全国农垦选择百家国有农场进行现代企业制度试点、组建发展百家企业集团、建设和做强百家良种企业，标志着农垦企业的改革开始深入到企业制度本身。

同年，针对有些农场仍为职工家庭农场，承包户垫付生产、生活费用这一问题，根据当年1月召开的全国农业工作会议要求，全国农垦系统开始实行“四到户”和“两自理”，即土地、核算、盈亏、风险到户，生产费、生活费由职工自理。这一举措彻底打破了“大锅饭”，开启了国有农场农业双层经营体制改革的新发展阶段。

然而，在推进市场经济进程中，以行政管理手段为主的垦区传统管理体制，逐渐成为束缚企业改革的桎梏。

垦区管理体制改革迫在眉睫。1995年，农业部在湖北省武汉市召开全国农垦经济体制改革工作会议，在总结各垦区实践的基础上，确立了农垦管理体制的改革思路：逐步弱化行政职能，加快实体化进程，积极向集团化、公司化过渡。以此会议为标志，垦区管理体制改革全面启动。北京、天津、黑龙江等 17 个垦区按照集团化方向推进。此时，出于实际需要，大部分垦区在推进集团化改革中仍保留了农垦管理部门牌子和部分行政管理职能。

“前途是光明的，道路是曲折的。”由于农垦自身存在的政企不分、产权不清、社会负担过重等深层次矛盾逐渐暴露，加之农产品价格低迷、激烈的市场竞争等外部因素叠加，从 1997 年开始，农垦企业开始步入长达 5 年的亏损徘徊期。

然而，农垦人不放弃、不妥协，终于在 2002 年“守得云开见月明”。这一年，中共十六大召开，农垦也在不断调整和改革中，告别“五连亏”，盈利 13 亿。

2002 年后，集团化垦区按照“产业化、集团化、股份化”的要求，加快了对集团母公司、产业化专业公司的公司制改造和资源整合，逐步将国有优质资产集中到主导产业，进一步建立健全现代企业制度，形成了一批大公司、大集团，提升了农垦企业的核心竞争力。

与此同时，国有农场也在企业化、公司化改造方面进行了积极探索，综合考虑是否具备企业经营条件、能否剥离办社会职能等因素，因地制宜、分类指导。一是办社会职能可以移交的农场，按公司制等企业组织形式进行改革；办社会职能剥离需要过渡期的农场，逐步向公司制企业过渡。如广东、云南、上海、宁夏等集团化垦区，结合农场体制改革，打破传统农场界限，组建产业化专业公司，并以此为纽带，进一步将垦区内产业关联农场由子公司改为产业公司的生产基地（或基地分公司），建立了集团与加工企业、农场生产基地间新的运行体制。二是不具备企业经营条件的农场，改为乡、镇或行政区，向政权组织过渡。如 2003 年前后，一些垦区的部分农场连年严重亏损，有的甚至濒临破产。湖南、湖北、河北等垦区经省委、省政府批准，对农场管理体制进行革新，把农场管理权下放到市县，实行属地管理，一些农场建立农场管理区，赋予必要的政府职能，给予财税优惠政策。

这些改革离不开农垦职工的默默支持，农垦的改革也不会忽视职工的生活保障。1986 年，根据《中共中央、国务院批转农牧渔业部〈关于农垦经济体制改革问题的报告〉的通知》要求，农垦系统突破职工住房由国家分配的制度，实行住房商品化，调动职工自己动手、改善住房的积极性。1992 年，农垦系统根据国务院关于企业职工养老保险制度改革的精神，开始改变职工养老保险金由企业独自承担的局面，此后逐步建立并完善国家、企业、职工三方共同承担的社会保障制度，减轻农场养老负担的同时，也减少了农场职工的后顾之忧，保障了农场改革的顺利推进。

从 1986 年至十八大前夕，从努力打破传统高度集中封闭管理的计划经济体制，到坚定社会主义市场经济体制方向；从在企业层面改革，以单项改革和放权让利为主，到深入管理体制，以制度建设为核心、多项改革综合配套协调推进为主：农垦企业一步一个脚印，走上符合自身实际的改革道路，管理体制更加适应市场经济，企业经营机制更加灵活高效。

这一阶段，农垦系统一手抓改革，一手抓开放，积极跳出“封闭”死胡同，走向开放的康庄大道。从利用外资在经营等领域涉足并深入合作，大力发展“三资”企业和“三来一补”项目；到注重“引进来”，引进资金、技术设备和管理理念等；再到积极实施“走出去”战略，与中东、东盟、日本等地区和国家进行经贸合作出口商品，甚至扎根境外建基地、办企业、搞加工、拓市场：农垦改革开放风生水起逐浪高，逐步形成“两个市场、两种资源”的对外开放格局。

（四）

党的十八大以来，以习近平同志为核心的党中央迎难而上，作出全面深化改革的决定，农垦改革也进入全面深化和进一步完善阶段。

2015 年 11 月，中共中央、国务院印发《关于进一步推进农垦改革发展的意见》（简称《意见》），吹响了新一轮农垦改革发展的号角。《意见》明确要求，新时期农垦改革发展要以推进垦区集团化、农场企业化改革为主线，努力把农垦建设成为保障国家粮食安全和重要农产品有效供给的国家队、中国特色新型农业现代化的示范区、农业对外合作的排头兵、安边固疆的稳定器。

2016 年 5 月 25 日，习近平总书记在黑龙江省考察时指出，要深化国有农垦体制改革，以垦区集团化、农场企业化为主线，推动资源资产整合、产业优化升级，建设现代农业大基地、大企业、大产业，努力形成农业领域的航母。

2018年9月25日，习近平总书记再次来到黑龙江省进行考察，他强调，要深化农垦体制改革，全面增强农垦内生动力、发展活力、整体实力，更好发挥农垦在现代农业建设中的骨干作用。

农垦从来没有像今天这样更接近中华民族伟大复兴的梦想！农垦人更加振奋了，以壮士断腕的勇气、背水一战的决心继续农垦改革发展攻坚战。

1. 取得了累累硕果

——坚持集团化改革主导方向，形成和壮大了一批具有较强竞争力的现代农业企业集团。黑龙江北大荒去行政化改革、江苏农垦农业板块上市、北京首农食品资源整合……农垦深化体制机制改革多点开花、逐步深入。以资本为纽带的母子公司管理体制不断完善，现代公司治理体系进一步健全。市县管理农场的省份区域集团化改革稳步推进，已组建区域集团和产业公司超过300家，一大批农场注册成为公司制企业，成为真正的市场主体。

——创新和完善农垦农业双层经营体制，强化大农场的统一经营服务能力，提高适度规模经营水平。截至2020年，据不完全统计，全国农垦规模化经营土地面积5500多万亩，约占农垦耕地面积的70.5%，现代农业之路越走越宽。

——改革国有农场办社会职能，让农垦企业政企分开、社企分开，彻底甩掉历史包袱。截至2020年，全国农垦有改革任务的1500多个农场完成办社会职能改革，松绑后的步伐更加矫健有力。

——推动农垦国有土地使用权确权登记发证，唤醒沉睡已久的农垦土地资源。截至2020年，土地确权登记发证率达到96.3%，使土地也能变成金子注入农垦企业，为推进农垦土地资源资产化、资本化打下坚实基础。

——积极推进对外开放，农垦农业对外合作先行者和排头兵的地位更加突出。合作领域从粮食、天然橡胶行业扩展到油料、糖业、果菜等多种产业，从单个环节向全产业链延伸，对外合作范围不断拓展。截至2020年，全国共有15个垦区在45个国家和地区投资设立了84家农业企业，累计投资超过370亿元。

2. 在发展中改革，在改革中发展

农垦企业不仅有改革的硕果，更以改革创新为动力，在扶贫开发、产业发展、打造农业领域航母方面交出了漂亮的成绩单。

——聚力农垦扶贫开发，打赢农垦脱贫攻坚战。从20世纪90年代起，农垦系统开始扶贫开发。“十三五”时期，农垦系统针对304个重点贫困农场，绘制扶贫作战图，逐个建立扶贫档案，坚持“一场一卡一评价”。坚持产业扶贫，组织开展技术培训、现场观摩、产销对接，增强贫困农场自我“造血”能力。甘肃农垦永昌农场建成高原夏菜示范园区，江西宜丰黄冈山垦殖场大力发展旅游产业，广东农垦新华农场打造绿色生态茶园……贫困农场产业发展蒸蒸日上，全部如期脱贫摘帽，相对落后农场、边境农场和生态脆弱区农场等农垦“三场”踏上全面振兴之路。

——推动产业高质量发展，现代农业产业体系、生产体系、经营体系不断完善。初步建成一批稳定可靠的大型生产基地，保障粮食、天然橡胶、牛奶、肉类等重要农产品的供给；推广一批环境友好型种养新技术、种养循环新模式，提升产品质量的同时促进节本增效；制定发布一系列生鲜乳、稻米等农产品的团体标准，守护“舌尖上的安全”；相继成立种业、乳业、节水农业等产业技术联盟，形成共商共建共享的合力；逐渐形成“以中国农垦公共品牌为核心、农垦系统品牌联合舰队为依托”的品牌矩阵，品牌美誉度、影响力进一步扩大。

——打造形成农业领域航母，向培育具有国际竞争力的现代农业企业集团迈出坚实步伐。黑龙江北大荒、北京首农、上海光明三个集团资产和营收双超千亿元，在发展中乘风破浪：黑龙江北大荒农垦集团实现机械化全覆盖，连续多年粮食产量稳定在400亿斤以上，推动产业高端化、智能化、绿色化，全力打造“北大荒绿色智慧厨房”；北京首农集团坚持科技和品牌双轮驱动，不断提升完善“从田间到餐桌”的全产业链条；上海光明食品集团坚持品牌化经营、国际化发展道路，加快农业

“走出去”步伐，进行国际化供应链、产业链建设，海外营收占集团总营收20%左右，极大地增强了对全世界优质资源的获取能力和配置能力。

千淘万漉虽辛苦，吹尽狂沙始到金。迈入“十四五”，农垦改革目标基本完成，正式开启了高质量发展的新篇章，正在加快建设现代农业的大基地、大企业、大产业，全力打造农业领域航母。

（五）

八十多年来，从人畜拉犁到无人机械作业，从一产独大到三产融合，从单项经营到全产业链，从垦区“小社会”到农业“集团军”，农垦发生了翻天覆地的变化。然而，无论农垦怎样变，变中都有不变。

——不变的是一路始终听党话、跟党走的绝对忠诚。从抗战和解放战争时期垦荒供应军粮，到新中国成立初期发展生产、巩固国防，再到改革开放后逐步成为现代农业建设的“排头兵”，农垦始终坚持全面贯彻党的领导。而农垦从孕育诞生到发展壮大，更离不开党的坚强领导。毫不动摇地坚持贯彻党对农垦的领导，是农垦人奋力前行的坚强保障。

——不变的是服务国家核心利益的初心和使命。肩负历史赋予的保障供给、屯垦戍边、示范引领的使命，农垦系统始终站在讲政治的高度，把完成国家战略任务放在首位。在三年困难时期、“非典”肆虐、汶川大地震、新冠疫情突发等关键时刻，农垦系统都能“调得动、顶得上、应得急”，为国家大局稳定作出突出贡献。

——不变的是“艰苦奋斗、勇于开拓”的农垦精神。从抗日战争时一手拿枪、一手拿镐的南泥湾大生产，到新中国成立后新疆、东北和华南的三大军垦战役，再到改革开放后艰难但从未退缩的改革创新、坚定且铿锵有力的发展步伐，“艰苦奋斗、勇于开拓”始终是农垦人不变的本色，始终是农垦人攻坚克难的“传家宝”。

农垦精神和文化生于农垦沃土，在红色文化、军旅文化、知青文化等文化中孕育，也在一代代人的传承下，不断被注入新的时代内涵，成为农垦事业发展的不竭动力。

“大力弘扬‘艰苦奋斗、勇于开拓’的农垦精神，推进农垦文化建设，汇聚起推动农垦改革发展的强大精神力量。”中央农垦改革发展文件这样要求。在新时代、新征程中，记录、传承农垦精神，弘扬农垦文化是农垦人的职责所在。

（六）

随着垦区集团化、农场企业化改革的深入，农垦的企业属性越来越突出，加之有些农场的历史资料、文献文物不同程度遗失和损坏，不少老一辈农垦人也已年至期颐，农垦历史、人文、社会、文化等方面的保护传承需求也越来越迫切。

传承农垦历史文化，志书是十分重要的载体。然而，目前只有少数农场编写出版过农场史志类书籍。因此，为弘扬农垦精神和文化，完整记录展示农场发展改革历程，保存农垦系统重要历史资料，在农业农村部党组的坚强领导下，农垦局主动作为，牵头组织开展中国农垦农场志丛编纂工作。

工欲善其事，必先利其器。2019年，借全国第二轮修志工作结束、第三轮修志工作启动的契机，农业农村部启动中国农垦农场志丛编纂工作，广泛收集地方志相关文献资料，实地走访调研、拜访专家、咨询座谈、征求意见等。在充足的前期准备工作基础上，制定了中国农垦农场志丛编纂工作方案，拟按照前期探索、总结经验、逐步推进的整体安排，统筹推进中国农垦农场志丛编纂工作，这一方案得到了农业农村部领导的高度认可和充分肯定。

编纂工作启动后，层层落实责任。农业农村部专门成立了中国农垦农场志丛编纂委员会，研究解决农场志编纂、出版工作中的重大事项；编纂委员会下设办公室，负责志书编纂的具体组织协调工作；各省级农垦管理部门成立农场志编纂工作机构，负责协调本区域农场志的组织编纂、质量审查等工作；参与编纂的农场成立了农场志编纂工作小组，明确专职人员，落实工作经费，建立配套机制，保证了编纂工作的顺利进行。

质量是志书的生命和价值所在。为保证志书质量，我们组织专家编写了《农场志编纂技术手册》，举办农场志编纂工作培训班，召开农场志编纂工作推进会和研讨会，到农场实地调研督导，尽全力把好志书编纂的史实关、政治关、体例关、文字关和出版关。我们本着“时间服从质量”的原则，将精品意识贯穿编纂工作始终。坚持分步实施、稳步推进，成熟一本出版一本，成熟一批出版一批。

中国农垦农场志丛是我国第一次较为系统地记录展示农场形成发展脉络、改革发展历程的志书。它是一扇窗口，让读者了解农场，理解农垦；它是一条纽带，让农垦人牢记历史，让农垦精神代代传承；它是一本教科书，为今后农垦继续深化改革开放、引领现代农业建设、服务乡村振兴战略指引道路。

修志为用。希望此志能够“尽其用”，对读者有所裨益。希望广大农垦人能够从此志汲取营养，不忘初心、牢记使命，一茬接着一茬干、一棒接着一棒跑，在新时代继续发挥农垦精神，续写农垦改革发展新辉煌，为实现中华民族伟大复兴的中国梦不懈努力！

中国农垦农场志丛编纂委员会

2021年7月

古人修志，旨在“存史、资治、教化”；而今修志，更赋“启迪、交流、激励”之新意。《厦门大帽山农场志》以事为经、以时为纬，记自然与社会、论历史与现状、载成绩与经验。可以说，大帽山农场几十年的发展过程正是中国农垦事业波澜壮阔的历史缩影，更是翔安新区建设“艰苦奋斗、拼搏创新”的生动写照。

回溯来路。大帽山农场于1958年正式建场，为全民所有制单位，原属福建省垦区农场之一，后下放同安县管辖，1973年后直属厦门市农业局管辖。建场之初，既肩负着农业畜牧生产、一产二产发展和热带作物科研实验等工作职责，也承担着接收工厂下放职工和上山下乡知青的历史使命。社会主义建设时期，在面临三年经济困难新形势下，大帽山农场结合自身实际大搞产业大小循环，通过产品向外推销、场内充分利用，充分实现农副产品价值释能。且能在完成上级计划任务的同时，寻求效益最大化，在特定时期为市县两级经济复苏立下汗马功劳，也为前线国防建设作出突出贡献。

俱进时代。改革开放后，大帽山农场响应号召，大力推行“大包干式家庭联产承包责任制”，管理职能发生巨大变化，重点转向从事社会事务服务，但也伴随产生了“政企不分、社企不分、历史遗留问题繁多”等诸多难题。2003 年，大帽山农场成建制从市农业局下放翔安区管理；2018 年，农场社会事务职能移交新圩镇政府。历届市、区党政领导班子痛下改制之心，以解长年之患，把农场作为试点，持续加强组织建设，全面深化乡村振兴，大力整治人居环境，先后开展富美山村建设，探索“裸房”整治模式，创新污水处理方式，开展“移民造福”工作，打造“大帽山境”田园综合体，获评省级“金牌旅游村”“气候康养福地”等称号，努力把大帽山农场建设成为厦门美丽的后花园。

展望未来。如今世界正处于百年未有之大变局，世界之变、时代之变、历史之变正以前所未有的方式展开，充满无限的机遇与挑战。在进一步全面深化改革的东风下，翔安正以习近平新时代中国特色社会主义思想为引领，勇立潮头、勇毅前行，加快建设改革开放引领区、高质量发展示范区、两岸融合发展先行区，奋力谱写中国式现代化翔安篇章。希望全区广大干部群众通过《厦门大帽山农场志》借鉴有益经验、吸取历史教训、探索发展规律、树牢改革思维，在推动翔安经济社会高质量发展过程中开拓进取、奋勇争先，努力为实现中华民族的伟大复兴贡献力量！

是为序。

中共厦门市翔安区委书记 李毅

2024 年 11 月

凡例

一、本志坚持以马克思列宁主义、毛泽东思想、邓小平理论、“三个代表”重要思想、科学发展观、习近平新时代中国特色社会主义思想为指导，坚决拥护党的路线、方针、政策，坚持四项基本原则，力求思想性、科学性、资料性和真实性相统一，较全面反映厦门市大帽山农场经济、政治、社会、管理的基本情况。

二、本志记事上不设限，下限截至2022年。内容贯串古今，详今略古，涉古不臆造；按横排竖写的原则，系统记述大帽山农场自然与社会的历史和现状。

三、大帽山农场建场之前，一般称“场内”；农场建场后称“大帽山农场（或农场）”。

四、本志用述、记、志、传、录、表、图等体裁，以志为主，主体部分设立编、章、节、目四级框架。本志主体部分分概述、大事记、地理资源与建制沿革、经济、建设、管理、组织、社会民生、人物。书末设附录。

五、坚持“生不立传”原则。本志立传人物均为已故，且对场内、农场有影响的人士；不加政治性定语，人物直书其名。

六、本志所采用数字、计量单位，以农场建场后各个时期报表、统计资料为依据重新制表、数据不变；沿用农场不同时期使用的计量名称亩、担、斤，以求真实反映农场经济状况。

七、本志纪年，历史朝代一律沿用中国历史纪年，括号加注公元纪年。其他采用阿拉伯数字的公元纪年。

本志所用资料，凡取自档案、文件、统计年表、旧志或有关部门提供的资料，均经鉴别、严格核对后采用，不注明出处。

中国农垦农场志丛

目 录

第三编　建　　设

第四编　管　　理

第五编　组　　织

第六编　社会民生

第七编　人　　物

概　述

大帽山农场位于福建省厦门市翔安区北部山顶，南距翔安区人民政府所在地 25 公里，西南距翔安区新圩镇所在地 7 公里，西北距新圩镇古宅村 3 公里；地处北纬 24°45′—24°50′、东经 118°16′20″—118°20′30″。场界东起福建省泉州市南安市石壁水库蜈蚣山、岭头山分水岭，南起金钟胡山、槟榔山南面山麓，西至新圩镇御宅、路坂尾、后埔、古宅等自然村东面山脚，北至南安市九溪支流南侧分水岭。全场土地总面积为 35895 亩[①]，其中耕地 2632 亩、林地 2.26 万亩、龙眼果树 6000 亩。农场地貌属于低山丘陵，其最高点海拔 704 米、最低点海拔 64.5 米、场部海拔 300 米，平均海拔 356.2 米。

大帽山农场自北向南呈长方形，西北临九溪支流，东南近海。农场位于山上丘陵地，山垄狭窄而深，地形复杂，周界及场内局部山势较陡，坡度在 30 度以上，土层薄，岩石裸露。农场中上部的上廊自然村、后炉自然村、寨仔尾自然村附近较平缓，坡度在 10～25 度，大多土层厚，生长着禾本科及里白科植物。大帽山南向一片坡度亦在 5～15 度，土层较浅薄，生长着茂密的禾本科杂草。

大帽山农场地处南亚热带海洋性季风气候区，常年温暖、湿润、无酷暑、罕霜寒；春夏多雨多雾，夏天凉爽，冬天风势较强。全年日照约 2183.8 小时，年平均气温 21℃，年平均降雨量 1442.4 毫米，年平均蒸发量 1568.4 毫米。

1958 年 5 月，经福建省农业厅勘测队勘测规划设计，大帽山农场正式建场。福建省农垦厅复设计任务书（63）垦基字第 694 号文、国家计委农垦部（63）计联农字第 1281 号文、（63）垦计齐字第 21 号文《关于编制和审批 1963 年农垦基本建设项目设计任务书和设计文件的补充规定中》等指出，委托福建省农垦厅代农垦部批准、设计任务书（62）垦复字第 206 号上报。从正式建场到 1995 年，农场都无企业营业执照。农场设立相应政府机构，按当时规定国营农场要起带头示范作用，农场历任主要领导有县委委员、副县长等。农场经济是国家计划经营农业，主要生产亚热带作物及紧缺物资麻丝、橡胶等。在国家经济困难时期，农场为社会提供了丰富的农产品。

---

① 亩：非法定计量单位，1 亩≈666.7 平方米。——编者注

大帽山农场建场初期，分大帽山总场和竹坝分场。1960 年，国营同安竹坝农场改为“福建省同安竹坝华侨农场”后，与大帽山农场分离。

大帽山农场场部多次迁移。1958 年 5 月，农场以寨仔尾自然村民居为场部；1958 年底，农场场部迁甘露寺；1963 年 5 月，农场场部迁驻后炉埔自然村。1979 年 1 月，农场场部入驻埔顶自然村北面办公大楼。农场辖 16 个建场时界定的自然村。建场后至 1987 年，农场职工子女年满 16 岁，可向厦门市农业局申报，经市劳动局批准后成为职工。

大帽山农场建场以来，历经福建省、晋江地区、同安县（现为厦门市同安区）、厦门市、翔安区管辖，但全民所有制企业形式从未改变，实际为国家全额投资。截至 1997 年，国家在大帽山农场累计投资 273 万元。大帽山农场建场至 2003 年 12 月，主要领导干部由厦门市、局任命，实际为正局级单位。农场常设行政办公室、保卫股、财务股、生产股、土地管理站、矿产资源管理站、林业管理站、卫生所、电影队等，机构功能以社区组织功能为主。2003 年 12 月 19 日，厦门市政府将大帽山农场事权下放翔安区管理；2004 年 3 月 18 日，农场为翔安区区级直属企业。2004 年，农场国民生产总值 1089 万元，其中第一产业 809 万元，第三产业 289 万元；全年亏损 60 万元，其中支付职工社会养老保险 48 万元；职工年人均收入 2960 元，低于厦门市民最低保障水平。农场场部设社会事务办、综合办、生产经营办共 3 个办公室，辖 4 个管区，16 个自然村，1006 户，人口 4250 人；有管理人员 17 人，其中国家干部 2 人，退休管理人员 30 人；在册职工 1759 人，其中退休 524 人，参加社保 211 人，未参加社保 1024 人；非职工 2491 人。2018 年 6 月 29 日，大帽山农场实行政企分离改革，成立翔安区新圩镇大帽山社区委员会，下辖山后桥、尾厝、下厝、山仔头、加塘、中心、山边、刘厝等 8 个自然村和后炉埔集体户。

20 世纪 60 年代初，大帽山农场曾安置厦门通用机械厂、电机厂等职工 300 多名；1968—1969 年，又安置同安城关、马巷街道 100 多名知青，接纳了同安北山农场、五七农场解散人员 10 多人。农场除结婚、工作分配调动、回原籍外，严格控制人口移入转出，因此农场职工队伍中，有自然增长的，有上山下乡知青，还有一部分国家干部。粮籍关系除国家干部外，其余都为自供自给粮的农村户口。党的十一届三中全会后，农场实行承包责任制，除场部干部管理人员外，原划归农场的村民都实行双田承包制；知青大部分返城自谋职业，只有少数在农场安家落户。1997 年底，农场在册职工 1762 人。体制改革后，农场干部管理人员享受退休待遇，其余职工只享受少量生活退养补贴。2000 年 6 月，农场开始分批为职工办理社会养老保险。

2006 年，农场辖 16 个自然村，有 1066 户 4487 人，人均年收入 3200 元，仅为厦门市农民人均收入的一半。厦门市人民政府实施大帽山农场移民造福工程，2006—2015 年，古坑、后炉、上廊、内官、村门、罗田、洪毛岭、寨仔尾等8个自然村移民安置在翔安新店东方新城和马巷滨安社区滨安花园。

大帽山农场移民安置分两批进行。2006年11月，大帽山农场确定古坑、内官、村门、上廊、后炉等5个自然村为第一批移民村。移民总户数299户1125人，分2期实施自愿异地搬迁，安置在翔安新店东方新城A-6组团安置房及后滨安置小区。2013年，大帽山寨仔尾、洪毛岭、罗田3个自然村的第二批移民移居至翔安马巷滨安社区滨安花园。大帽山农场移民安置分两批共搬迁591户2191人。

大帽山农场建场初期，农场根据福建省第二个五年计划方针及农场的自然条件，确定以发展亚热带作物橡胶、剑麻、凤梨、柑橘、龙眼等经济作物为目标，结合发展特产茶叶、畜牧业和加工副业等，建设多种经营的综合性农场，同时为发展热带亚热带作物培养技术干部。

大帽山农场建场总投资135.89万元，其中投资占比最高的是种植费94.75万元、占总投资额的69.7%。农场的基本建设分为二年完成。建场初期，因生产资料准备不足，亚热带作物、果树及特产茶叶的苗木等供应不上，农场仅先进行开荒，种上甘薯、绿肥和饲养部分牲畜，因此第一年的基本建设投资较少，仅29.21万元，占总投资的21.5%；第二年的投资额106.68万元，占总投资的78.5%。虽然1960年有龙舌兰、剑麻、凤梨、茶树、柑橘等果树需继续进行培育管理，但为了减轻国家负担，农场采用“以短养长、以场养场”办法，合理利用土地，进行多种经营，提高土地利用率和农产品的商品率，以增加收益。农场在建场的第一年就有盈余，第二年起，农场的基建投资由自己负责。

建场初期，原古宅（先锋高级社）的罗田、寨仔尾、后炉、上廊共4个自然村的人和土地划归大帽山农场，为全民所有制；新圩乡埔顶（清风高级社）12个自然村经济独立核算，为集体所有制，直到1965年4月并入大帽山农场，全部为全民所有制。农场种植业以自然村为生产单位，农场把上级部门下达的生产计划分配给各生产队；各生产队领取种子、肥料、农药等生产物资自行组织生产活动，以各自然村原有土地种植粮食和油料作物。粮食收获后，全部收归农场，由农场下达指标进行分配。粮食作物总产量从1958年的591.15吨，提高到1979年的1015.75吨。20世纪60年代，罗田自然村上交农场粮食达上每户万斤①，受到福建省农垦厅“户产万斤粮”锦旗表彰。1983年，农场出口鲜地瓜700吨，外贸出口总金额5万元；1984年，出口鲜地瓜200吨，甜豆25吨，外贸出口商品总金额21万元；1987年，从厦门外贸冷冻厂出口地瓜1250吨，外贸出口商品总金额

① 斤为非法定计量定位，1斤=500克。——编者注

27.5 万元。

大帽山农场面积大而连片，除部分山地较陡仅可种植经济林及放牧外，大部分荒地均可开垦利用。大帽山荒地地势高，每年下霜仅 2～3 次，且多为薄霜，对作物没什么危害。高山多雾，宜种植茶叶，山麓及低平的丘陵地均可种植凤梨、剑麻等亚热带作物。建场初期，农场未利用荒山荒地 86274 亩。1958 年，农场按建场计划，实际开荒面积总计 2600 亩，开荒已利用面积 2150 亩，其中种植当年生作物面积 440 亩，种植多年生作物面积 1710 亩。果类种植面积 1670 亩，其中龙眼 10 亩、荔枝 160 亩、菠萝 1150 亩。种植茶叶 10 亩，种植其他 30 亩。截至 1998 年，农场每年可生产粮食 990 吨、水果 55 吨、蔬菜 3150 吨。

大帽山农场按照“以粮为纲，剑麻为主，林木并举，全面发展”的经营方针，发展农场经济。农场建场初期，试种多种经济作物，1963 年，棉花播种 10 亩，总产量 50 公斤；甘蔗播种 2 亩，总产量 2250 公斤；黄麻播种 17 亩，总产量 700 公斤；茶叶留存面积 211 亩，龙舌兰留存面积 885 亩，橡胶留存面积 37 亩。因龙舌兰丝短易乱，农场引进剑麻良种；橡胶树经不起霜冻，农场改种茶叶、菠萝。农场经过几年试种，逐渐积累经验，淘汰经济效益低的经济作物，把茶叶、剑麻确定为主要经济作物，进行大面积种植。

1958 年，寨仔尾 100 亩茶园并入农场。1960 年，农场茶园面积 180 亩，总产量 400 公斤；1982 年，农场茶园面积 1950 亩，总产量 21.3 吨。1965 年，剑麻种植 536 亩，年产干麻丝 1.95 吨；1982 年，剑麻种植 1180 亩，年产干麻丝 49.85 吨。

20 世纪 90 年代，茶叶滞销、白棕绳被尼龙绳所取代，又因为市场上龙眼价格高昂，大帽山农场将茶园、剑麻园全部改种龙眼。农场原本希望 6000 亩龙眼带来丰厚的经济收入，可是龙眼价格突降，一蹶不振。2005 年 11 月，大帽山三角梅园开始规划建设，将龙眼园陆续改种植三角梅 700 多亩近 10 万株。

大帽山农场粮食、经济作物农业生产带动畜牧业、工副业发展。农业、牧业、工副业是大帽山农场三大经济支柱。1964 年，农场在罗田首建 5 千瓦小型水力发电站；1970 年，农场投资 1.12 万元，建设 20 千瓦火力发电站，为各类加工厂和职工家庭照明提供电能。粮食加工厂从建场初期加工谷物 24 吨，提高到 1983 年 700 吨，陈粮可供酿酒厂酿酒，谷糠为畜牧业提供精饲料，猪粪是农作物有机肥，如此循环，自给自足有余。茶业生产从干毛茶制作提升为精制茶、精制包装，并创造多个茶业知名品牌。农场为了提高经济效益，充分利用自产剑麻丝，兴建白棕绳厂。1983 年，农场每年加工白棕绳 21 吨。

随着时代变迁，农场各加工厂逐年淘汰，不再生产，但在特定时期，农场生产大量粮食、农产品，为国家粮食安全和国防建设作出了积极贡献，维护了社会稳定。

大帽山农场地处偏僻山区，刚建场时文盲人数占全场人数的95%。农场重视教育，举办扫盲识字班、职工技能培训班，提高职工文化素养。全场5个小学教学点，只有埔顶、场部2所完全小学。但大帽山的学生聪明睿智、勤奋好学、敢为人先，努力走进全国各类院校学习，截至2021年，农场大学本科毕业200余人，占农场人口总数的3.58%。

农场面积大，人口稀少，人口高峰时，也仅四五千人。农场建场后，配备了2名医生，基本能保证在农场内群众小病被医治。翔安区成立后，政府财政投资兴建集卫生所、文化活动中心为一体的综合楼。体育是农场的一个弱项，农场工会成立了篮球队，业余时间篮球队职工们利用晒谷场打篮球锻炼身体。大帽山小学也组织学生开展各项体育活动。

大帽山农场建场时，进场只有两条羊肠小道。1963年，同安县修建新圩至大埔的8公里简易公路，结束货物运输靠肩挑背扛的艰难历史。陈金墰自1961年从同安农校毕业分配到农场后，工作之余走遍农场16个自然村，熟悉农场村与村之间地形，亲自勘测丈量设计村间道路，为村村通公路提供技术支持。截至2007年，全场村村通硬质化道路，总里程28.9公里。

党的十一届三中全会召开后，经过几年研究，大帽山农场实行家庭联产承包责任制，农场职能发生很大变化，由计划经济转化为市场经济。大帽山农场虽然是国营农垦企业，但实际运作不仅承担经营风险，还履行着社会治安、人民武装、文教卫生、农税征收、土地管理、水利维护、道路建设、森林防火等职能。农场社会性工作占用大量的人力、物力、财力，每年社会性事务开支高达40万～50万元，占农场总支出的60%～70%，导致农场原始积累少，经济发展受到严重影响。2003年农场生产总值963万元，各种收入23.7万元，费用支出76.7万元，亏损53万元。农场土地资源未被盘活，没有优势产业收入，主要依靠土地出租和政府补贴收入，年年出现小额亏损，亏损额最高时累计账面负债400余万元。

2003年12月19日，大帽山农场成建制从厦门市农业局下放翔安区管理。厦门市、区两级政府落实大帽山农场“人饮工程”、卫生所项目建设、溪美水库建设、无公害肉牛示范场建设、乡村振兴工作全面提升等项目。农场创新农房整治“三立三破”举措（即立机制模式，破组织难题；立标准典范，破实施难题；立方法举措，破质量难题），完成农房“平改坡”整治306栋、裸房整治208栋，福建省住建厅把大帽山社区农房改造经验列入《福建省农房屋顶平改坡设计建造一体化导则》，在全省推广运用。2018年，厦门市翔安区新圩镇大帽山社区被列为省级试点村、市级重点示范村，社区全面开展农村人居环境整治试点示范工作，启动美丽乡村、雨污分流及村容村貌提升工程等，累计启动24个项目、总投资约18724万元。农场探索推行垃圾分类“两桶投放、三拣收集、四分清运”模式，实现垃圾分类投放准确率超90%，无害化处理率达100%，垃圾就地减量30%以上，其经验做法先后在《光明日报》《福建日报》《福建新闻联播》等媒体上进行了专题报道。2019年2月15日，厦门市农村人居环境整治工作现场会议在大帽山召开，市发改委将大帽山社区推进乡村振兴战略实施的工作方法作为典型经验做法在全市推广。

2017年12月20日，翔安区人民政府发布《关于成立翔安区农垦改革发展工作领导小组的通知》，进一步加强对大帽山国有农场改革发展工作的组织领导，强化部门间协作配合。翔安区根据省、市关于推进国有农场改革发展和国有农场办社会职能改革的实施方案要求，出台《关于进一步推进翔安区国有农场改革发展的实施方案》和《厦门市翔安区国有农场办社会职能改革实施方案》。

翔安区全面开展农场社会职能清产核资，由区国资办对农场承担的社会职能资产实行综合核算，核定资产、债务、收入及支出等情况，区国资办经过询价比对，从市国资委公布的中介机构备选库中选取厦门义华信会计师事务所有限公司作为大帽山农场清产核资执行机构。2018年6月15日，该专项审计工作完成，农场资产总额为4836.89万元，其中货币资金2903.99万元，应收账款78.53万元，其他应收款1477.81万元，存货127.55万元，固定资产净值249万元。

2018年6月，翔安区政府批复成立翔安区新圩镇大帽山社区委员会，由新圩镇政府牵头将山后桥、尾厝、下厝、山仔头、加塘、中心、山边、刘厝等8个自然村和集体户组建成大帽山社区，设立居民委员会。同年6月29日，挂牌设立大帽山社区居委会和大帽山社区党支部。6月30日新圩镇政府、大帽山农场、区农林水利局三方签订移交协议，农场办社会事务职能移交到新圩镇政府，共移交埔顶小学等5项资产（原值102.73万元，净值56.62万元）给大帽山社区，农场不再承担社会职能经费支出。

大帽山农场开展农用地抵押担保、推动土地信息化管理等工作。农场规范土地承包、租赁经营形式，明确职工承包租赁期限不得超过其退休年限，防止简单固化承包租赁关系；开展农场土地规范使用清理工作，清理不合理土地承包租赁关系，解决土地无序承包、租赁，擅自改变土地用途、破坏土地资源，以及长期闲置、非法流转等问题；强化国有农场土地管理，原则上国有农场土地不再出租经营；严格实行土地用途管制制度，强化国有农场土地权益保护，严肃查处擅自改变农场土地用途和非法侵占农场土地行为。2018年权籍调查，大帽山农场实际主张土地面积3.4027万亩，已完成权籍调查面积3.4027万亩，完成调查率100%；已登记发证土地面积3.2324万亩，完成任务的95%，至2018年10月大帽山农场已完成权籍调查任务和发证工作。截至2019年7月31日，农场不存在土地使用权作价出资（入股）、土地使用权授权经营、土地使用权抵押担保等情况。

大帽山农场参加企业职工基本养老保险的职工人数 826 人，在职 221 人，退休 605 人，已百分百按最低工资标准参加基本养老保险。2020 年以来，翔安区农垦改革领导小组协调推动区人社局、财政局、法制办、新圩镇等单位按照厦门市人民政府（厦府〔2018〕63 号文）研究制定大帽山农场职工养老保险政策性补缴实施方案，推动大帽山农场职工养老保险补缴事宜。农场职工政策性补缴投入 1.17 亿元，新圩镇政府借资 0.75 亿元，共补缴 783 人。补缴后农场职工按厦门市企业职工正常缴费标准缴纳养老保险费及待遇重新计发，职工退休待遇显著提高。

2017 年，大帽山农场引进厦门市属国企特房集团与翔安区属国企翔安投资集团，由市、区两级国企联合成立大帽山生态农业开发有限公司，共同开发“大帽山境”等休闲农业文旅项目，通过国有企业的重点项目带动作用，推动农场土地的集约化开发利用，破解休闲农业发展难题，加快农场一二三产业融合发展，带动企业、农场、职工三方共赢，促进转产就业，增加职工收入。休闲农业文旅项目已完成固定投资 2 亿多元。

“大帽山境”田园综合体品牌特色明显，获评“2019 年省级养生旅游休闲基地”“福建省中小学生劳动教育实践基地”“厦门城市党建学院实训基地”“厦门市职工疗休养基地”“厦门市近零碳景区”等荣誉称号，其寨仔尾民宿项目已成为厦门的网红景点，辐射带动周边大雾山果蔬专业合作社、火龙谷家庭农场等新型经营主体经济发展，推动新圩镇北部旅游圈联动发展。

大 事 记

1948 年 三月初一，黄章约、黄章开、黄马 3 人加入中国共产党，建立大帽山第一个党小组，组长黄章约。

8 月，大帽山 40 多名青年成立金南同游击队分队，黄章约任分队队长，陈溪、黄铨任副队长。

是年，古宅社黄玉带在厦门水仙路创办协美茶行，在甘露寺正前方山坡开辟山地种茶 100 多亩，建后寮制茶，加工的茶叶以“甘露茶”命名，销往新加坡、马来亚一带。

1949 年 1 月 28 日晚，王朝阳遭遇敌人伏击，被关进泉州监狱。

7 月，陈诚志领导的新圩武工队 30 多人到大帽山建立游击队据点。

8 月，大帽山建立革命根据地，成立中共闽西南同安县工委直属武工队，队长陈诚志，武工队员有 500～600 人，长短枪约 250 支。

8 月中旬，中共闽西南同安县工委决定将工委机关从巷南蔡浦村转移驻大帽山刘厝。

8 月底，厦门大学、厦门侨师一些较暴露身份的地下党领导和党团骨干转移到大帽山，协助县工委举办两期“青干班”，培训当地团员和武工队骨干。

9 月 1 日，国民党三二五师起义，闽中游击队攻占了泉州市，王朝阳和狱中的难友一起砸开牢门，奔出监狱，到南安县任县委委员。

9 月上旬，解放军第二十九军李参谋率第八十五师先遣侦察排 40 多人进驻大帽山，第十兵团张科长也率领第三征粮工作队 150 多人到大帽山开展工作。

9 月 19 日，同安县工委直属武工队队员、革命群众配合解放军主力，走出十八弯古道，和平解放马巷，解放同安县城。

10 月，中华人民共和国成立后，按上级党委指示，闽西南同安县工委武工队和一部分闽中游击队 100 余人整编为第五军分区同安县常备队，由许昭明县长兼任队长，陈诚志任指导员，负责县城党政机关的保卫及全县社会治安与剿匪工作。县常备队实际上成了同安解放后的第一支驻军。

1950 年 1 月，同安县金埔乡成立农会，黄章约任农会主席，金柄村的黄日任副主席、黄奕夏任农会宣传委员、黄裁明任农会文书、黄章开任农会民政委员。

1951 年 是年，埔顶及寨仔尾、上廍、后炉、罗田等自然村实行土地改革。

1955 年 是年，场内成立互助组。

是年，南安建造石壁水库时，场内被淹农田 700 多亩。

1956 年 9 月 17—20 日，普降大雨，总雨量 573.1 毫米，山洪暴发，毁屋无数。

是年，场内成立农业初级社。

是年，大帽山办夜校，推广速成识字法，扫除文盲富有成效。

是年，同安县“血防站”工作人员与南安“血防站”的工作人员携手在古坑、后头洋至南安曙光一带开展“灭钉螺”消灭血吸虫活动。

1957 年 是年，大帽山成立高级农业合作社，埔顶 12 个自然村为清风高级社；罗田、寨仔尾、后炉、上廍为先锋高级社（古宅）。

是年，埔顶侨胞黄添寿捐资兴建“埔顶初级小学”。

1958 年 5 月，大帽山农场建场，借用寨仔尾民房办公。

6 月 10 日，同安县人民委员会正式下文批准成立国营同安大帽山农场。

是年，新圩公社社办溪园内林场划归大帽山农场。

是年，大帽山水库、山后桥下深水库竣工。

是年，农场在后炉创办大帽山场部小学。

1959 年 2 月，国营同安竹坝农场并入，为大帽山农场分场。

8 月 23 日，台风，山洪暴发。

是年，农场场部迁甘露寺办公，建设职工宿舍、厨房等公共设施。

是年，农场兴建小（2）型红坝水库。

1960 年 3 月，经中华人民共和国华侨事务委员会（简称中侨委）批准，国营同安竹坝农场命名为“国营福建省同安竹坝华侨农场”，所需费用由中侨委投资，行政事务委托福建省华侨事务委员会管理。4 月，竹坝农场与大帽山农场分离。

是年，厦门通用机器厂、电机厂、电控厂、造船厂、锻压设备厂、滚珠轴承厂、503 工厂、机床厂、工具厂等 355 名职工陆续下放到大帽山农场。

是年，侨胞黄添寿再次捐资兴建埔顶小学礼堂。

1961年 9月，埔顶大队归大帽山农场管理，保留集体所有制，经济独立核算。

1962年 是年，厦门工厂上山职工大多不能安心在农场劳动，部分以身体为由申请返回厦门，不告而别者100多名。

1963年 6月，农场场部迁移后炉埔。

是年，农场接纳同安北山农场、同安五七农场解散人员10余人。

是年，农场在后炉埔兴建400平方米酒厂。

是年，新圩至农场大埔8公里县级简易公路动工兴建。

1964年 2月，农场开展“农业学大寨”运动。

是年，农场首建罗田小型水电站（5千瓦），水力发电供应罗田生产队照明、碾米。

是年，新圩至后炉埔11公里县道，全线修成并通车运行。

1965年 2月，埔顶大队12个生产队全部转为全民所有制，经济由农场统一核算。

是年，农场接收同安北山农场解散人员20人。

是年，农场兴建小（2）型新生水库。

1968年 12月，接收部分同安北山农场、五七农场职工入场。

是年，大帽山农场开办“大帽山农业中学”，同年停办。

1969年 1月，农场安置同安城关及马巷镇知识青年70人，居民户4户。

1970年 是年，农场采用20千瓦火力发电机，供场部加工厂用电及后炉、上廍、寨仔尾照明。

是年，中共国营大帽农场委员会改为中共国营大帽山农场支部委员会。

1971年 4月，马巷镇友民、三乡、五美、后亭街道部分知识青年上山下乡到农场落户。

1972年 是年，农场通用变压电，全场供电。

1976年 是年，农场酒厂翻新扩建为白棕绳厂，生产多种规格的白棕绳。

1977年 是年，农场组织全场干部、职工开垦铜钟山、埔顶下深水库顶及后炉埔大荒地100多亩，每块大荒地30～40亩。

8月，农场在大帽山埔顶小学内创办初中班。

1978年 是年，福建省运输公司首次开通同安县城至后炉埔公交车，方便职工出行。

1979 年 1 月，大帽山农场场部迁移埔顶办公。

是年，大帽山农场初中班因师资、设备等教育条件不足而取缔，生员转入同安第四中学就读。

1982 年 是年，大帽山农场定为企业，实行联产承包责任制。农业队实行以家庭为单位的联产承包责任制；专业队茶叶、剑麻等也实行与产量指标挂钩的经济奖惩办法，国家不给亏损拨补，农场自负盈亏。

1983 年 6 月，福建省血防领导小组宣布同安消灭血吸虫病。农场彻底消灭血吸虫病。

1984 年 7 月，十八弯古道被同安县人民政府列为第二批县级文物保护单位。

1985 年 是年，大帽山黄奕仕、黄桃（女）、吕扦（女）、陈溪、黄章钦、沈乖（女）、黄奕扰、陈罔（女）、黄奕溪、黄奕将、黄鱼、陈罪（女）、黄章约 13 人，被认定为在乡“五老”人员。

1986 年 3 月 4 日，国家血防领导小组、地方病防治领导小组授予同安县“消灭血吸虫病害县”称号。

1990 年 8 月，大帽山农场文化技术学校开办，文化技术学校兼负扫盲任务，校长黄奕山。

是年，同安县第一条山区特高频电路（同安—大帽山农场）开通运行。

1993 年 是年，开通古宅至罗田往南安九溪村的简易公路，这是农场连接外界的第二条通道。

1994 年 10 月，大寮三太子祖宫成立管理委员会。

1995 年 是年，大帽山农场开通程控电话 90 门。

是年，埔顶侨胞黄莲籽、黄奕龙、张宝莲、黄章灶、黄殿程共同捐资与厦门市政府扩建埔顶小学教室 4 间。

是年，大帽山农场与竹坝农场共用计划生育电子扫描显像仪（B 超机）。

1996 年 是年，厦门市财政局、农业局和同安区教育局、农场筹集 110 万元兴建大帽山农场埔顶小学教学楼和购置教学设备，改善办学条件。

1997 年 是年，厦门市华美卷烟厂捐献 45 万元翻建后炉埔小学。后炉埔小学更名为“育才小学”。

是年，计划生育电子扫描显像仪（B 超机）归大帽山农场专用。

1998 年 5 月，厦门市政府、同安区政府大力支持大帽山公路建设，在农场干部职工的共同努力下，筹集 488 万元，专项用于公路拓宽改造工程。

是年，农场退休及在职干部、管理人员 36 人参加医疗保险。

是年，大帽山农场场部至新圩镇的 7 公里县道，开始铺设水泥路。

1999 年 1 月，建成农场场部至新圩镇公路第一期工程 4.1 公里，路面宽 8.5 米，其中水泥路面宽 6 米。

10 月 9 日，14 号台风在漳州龙海县镇海角登陆。受台风影响，农场数千亩龙眼幼苗遭受破坏。

12 月 21—28 日，受强寒潮影响，农场刚萌芽的龙眼幼苗多数受冻枯死。

2000 年 6 月，农场 774 位干部及职工参加社会养老保险。

是年，厦门市计生委、区计生局先后为农场添置了计生专用电脑各 1 台。

2001 年 12 月，同安区宗教事务局（宗教局）、银城建筑工程公司、银城建工有限公司、善信陈贵民和倪玉琼，共同出资重建无疑舍利塔，同安区宗教局立碑记载无疑大师的生平功绩。

是年，大寮三太子祖宫被厦门市人民政府列为涉台文物古迹项目。

2003 年 3 月 26 日，厦门市委书记郑立中、厦门市副市长詹沧洲、同安区委书记欧阳建到农场考察指导工作。

12 月 19 日，大帽山农场由厦门市农业局成建制下放翔安区管理。

是年，同安区埔顶小学更名为翔安区大帽山小学。

2004 年 2 月，农场职工 4005 人参加社会医疗保险。

3 月 18 日，翔安区委书记林国耀、区长吴南翔带领区政府相关部门领导到大帽山农场调研，确定农场镇级管理，为翔安区“五镇一场”之一。

6 月 23 日，厦门市副市长詹沧洲带领市委农村工作领导小组办公室（市农办）、人民银行、水利局等部门领导到大帽山农场开展扶贫调研，考察大帽山农场实施“同发展”肉牛项目进展情况和筹建饮水工程前期工作。

7 月 9 日，农场成立“三农”问题调查社会实践活动领导小组，开展调查工作。

7 月 28 日，厦门市副市长徐模出席大帽山农场至翔安区新店的农村客运开通仪式，“翔安—农场”每日 6 班次客运运行。

12 月，大帽山农场埔顶片区及各自然村完成自来水工程建设。

2005 年 7 月，农场组建治安联防队，聘用协警人员 7 人。

大帽山场部至上廊 4.7 公里、场部至刘厝 3 公里路段铺设水泥路。

9 月 1 日，13 号“泰利”强台风带来降雨量 165.3 毫米，农场经济损失达 136.9 万元。

10 月 2 日，厦门市委书记何立峰带领市相关部门领导到农场调研，确定实施大帽山农场移民造福工程。

10 月 11 日，厦门市副市长丁国炎到农场考察、调研。

11 月上旬，厦门市妇女联合会（妇联）副主席陈宝贵带领法律志愿者、医务志愿者及中华巾帼志愿者一行 20 人，到大帽山农场开展“娘家人三进三送”活动，为广大妇女提供法律咨询、卫生保健等方面的服务。

11 月，大帽山农场在锄山溪截流兴建溪美水库。溪美水库属小（1）型水库，库容 370 万立方米。

11 月，三角梅园开始规划建设。

是年，翔安区宗教局批复成立大帽山甘露寺管理委员会。

2006 年

1 月，大帽山三角梅园区首期 740 亩动工建设，这是农场森林公园开发和旅游休闲的一个新景点。

1 月 11 日，厦门市副市长詹沧洲到大帽山农场场部举行调研会，明确市委、市政府决定把农场作为“移民造福”的试点区。

1 月 19 日，厦门市农业局、市财政局、翔安区动物防疫监督所联合对无公害畜禽生产基地大帽山无公害肉牛场进行验收。

1 月，大帽山农场溪美水库电站开工建设。

4 月 7 日，厦门市副市长詹沧洲就贯彻落实全市农村工作会议精神有关情况到翔安区调研，现场察看大帽山搬迁安置点。

7 月 7 日，翔安区委书记林国耀到新村建设试点村埔顶片区考察工程进展情况。

8 月 7 日，厦门市人民政府办公厅印发《关于同意厦门市翔安区大帽山农场移民安置工作方案的批复》（厦府办〔2006〕195 号），移民安置工程获得通过。大帽山移民造福工程正式启动，每个移民户将得到“三个一”，即：一套住房、一个店面、一套公寓房。

8 月 21 日，翔安区政府批复同意《厦门市翔安区大帽山农场移民安置工作实施细化方案》。

8 月 28 日，厦门市副市长詹沧洲调研大帽山农场移民安置工作。

11 月 27 日，翔安区委副书记、常务副区长游文昌，区委常委、政法委书记洪龙泉一行到大帽山农场调研移民造福工程进展情况。

11月，甘露寺、三太子祖宫被翔安区确定为民间信仰活动场所试点单位。

是年，农场各自然村除计划移民村外，都安装有线电视网络。

是年，埔顶片区被定为厦门市20个乡村新村建设试点之一进行改造建设。

是年，翔安区计生局添置新型B超机供农场进行每年三轮的“双查”管理工作。

是年，大帽山农场文化技术学校停办，基本扫除青壮年文盲。

是年，场部至上廍、场部至刘厝两段公路长8公里、路面宽5米，实现硬质化。

2007年 1月13日，翔安区政府在东方新城举办大帽山移民入住仪式，厦门市常务副市长詹沧洲出席。

1月25日，厦门市委常委、副市长詹沧洲与市农办、市规划局、市水利局等相关部门负责人到挂钩扶贫的大帽山农场，了解农场的建设发展情况，看望、慰问农场的部分困难家庭和孤寡老人。

2月14日，在翔安区东方新城举行隆重的大帽山移民造福工程首批移民搬迁入住仪式，市委常委、副市长詹沧洲代表市委市政府参加入住仪式。市委常委、副市长詹沧洲与区委书记吴南翔分别代表市委市政府和区委区政府讲话。大帽山农场70户266名移民迁居翔安区东方新城A6街区，总建筑面积6763平方米。

3月22日，厦门市市委常委、常务副市长丁国炎带领市直属单位有关部门领导到翔安区调研，在翔安区副区长洪国平等的陪同下，实地走访大帽山三角梅园区。

4月14日，古坑、村门、内官、后炉、上廍5个自然村首批70户266名移民搬迁翔安东方新城。

11月，农场兴建寨仔尾至甘露寺1.5公里、上廍至三太子宫0.5公里、溪美路口至溪美水库水电站大坝3.7公里，共计5.7公里硬质化道路。

11月，大帽山小学被授予“平安校园”称号。

是年，厦门市计生委、翔安区计生局先后为农场添置计生专用电脑2台。

是年，甘露寺被批准为佛教活动场所。

2008年 1月15—16日，翔安区在大帽山农场举行“2008厦门翔安大帽山三角梅旅游节”。

2 月 22 日，厦门市长刘赐贵，市委常委、副市长詹沧洲带领市相关部门领导在区委书记吴南翔、副区长洪国平及区有关部门领导的陪同下，实地查看大帽山农场三角梅园区、溪美水电站等项目的建设情况。

5 月 11 日，翔安区副区长齐晓玲、洪国平率区政府办、建设局、农林水利局、大帽山农场等相关单位负责人，会同市植物园专家，实地察看大帽山三角梅公园园区建设情况。

11 月 15 日，以“喜迎建区五周年，欢乐翔安‘市花园’”为主题的厦门翔安大帽山三角梅园开园暨“2008 三角梅旅游节”开幕。

2009 年 2 月 21 日，中日青年启动“厦门市翔安区生态绿化示范林”工程，计划三年内由日方出资 2480 万日元（约合人民币 200 万元）援建种植 1000 亩生态林。

2010 年 7 月 15 日，大帽山农场农村生活用电漏电保护器安装通过验收。

7 月 29 日，翔安区人民政府成立大帽山农场开发建设与移民安置领导小组，推动大帽山综合开发和移民安置工作。

9 月，农场第二批职工 630 余人参加职工基本养老保险。

2011 年 4 月，十八弯古道被公布为翔安区第一批区级文物保护单位。

6 月，溪美水库通过投入使用验收，蓄水后，工程运行良好。

12 月，大帽山小学被授予“厦门市翔安区环境友好（绿色）学校”称号。

2012 年 6 月 20 日，受 5 号热带风暴“泰利”影响，农场遭受特大暴雨。

10 月，大帽山小学被授予语言文字规范化“市级示范校”称号。

是年，黄永修和朱惠贞创办“猪小惠生态农场”，牵头成立翔安区大雾山果蔬专业合作社，带领农场以全新的体验式营销手段推广有机农产品。

2013 年 2 月 23 日，大帽山农场溪美水库电站竣工，电站装机容量 640 千瓦，多年平均发电量为 216 万千瓦时。

11 月，翔安区正式启动大帽山农场第二批移民造福工程。

2014 年 5 月，全场共退养生猪 2 万余头、禽类退养 35 万余羽。上级领导部门同意保留 7 家生猪养殖场和 1 个肉牛养殖场。

7 月，农场所辖罗田和洪毛岭 2 个自然村的移民工作基本完成。

10 月 27 日，翔安区火龙谷家庭农场成立，位于大帽山农场山边 85 号，主要经营果蔬种植及采摘体验。

2015 年 5 月 12 日，翔安区应急管理办公室（应急办）在大帽山农场进行突发地质灾害应急演练。

5 月 20 日，由翔安区妇联、区经济贸易发展与科学技术局（经科局）、区科学技术协会（科协）、区农林水利局主办，大帽山农场承办的“创新创业科技惠民”活动，在农场场部举办荷兰豆种植培训讲座。

6 月 11 日，福建省委常委、厦门市委书记王蒙徽带领市领导张灿民、黄强、倪超等到翔安区“百姓富生态美”建设试点——大帽山农场进行调研。

7 月 16 日，翔安区区长游有雄带领常务副区长刘金柱、区副巡视员陈春夏等区领导及相关部门领导到大帽山农场开展调研工作。

7 月，寨仔尾自然村 85 户 400 人享受移民优惠政策，移居至马巷滨安社区。

2016 年 9 月 15 日，第 14 号台风“莫兰蒂”凌晨从翔安登陆，中心最大风力达到 15 级。台风造成农场农业受灾 800 亩，房屋受损 133 户 538 间，畜禽养殖户建筑设施受损 1.5 万平方米，电线杆倒伏 25 根，绿化树木损坏 5000 棵，道路塌方 50 多处。

11 月 8 日，大帽山农场行政执法工作站、新圩镇行政执法中队、森林公安、国土等部门联合执法，出动执法人员 100 多名，依法将刘厝一处破坏林地生态红线违法建设的大型猪圈和一处违法占地地基强制拆除。

2017 年 10 月 24 日，翔安区区长胡盛、副区长李毅带领区国土、规划等相关部门到大帽山农场进行调研，察看寨仔尾大帽山休闲农业文旅项目建设情况。

12 月，根据中央、省、市、区统一部署，农场全面启动改革工作。

12 月，厦门市人大代表到翔安大帽山农场，就“关于推动我市休闲农业发展的议案”办理情况进行视察。

2018 年 1 月 8 日，2017 年度厦门市为民办实事工程“大帽山地质灾害治理”项目完成治理工作，通过验收。

4 月 28 日，“大帽山境”寨仔尾里田园综合体一期开门迎客。

5 月 31 日，翔安区文化市场双随机抽查，区执法人员与农场文物协管员黄建设对猪槽寨古寨城址进行执法检查，文物本体正常。

6月26日，中共厦门市翔安区新圩镇大帽山社区支部委员会、翔安区新圩镇大帽山社区居民委员会挂牌成立，下辖山后桥、尾厝、下厝、山仔头、加塘、中心、山边、刘厝共8个自然村和后炉埔集体户。

是年，大帽山社区被列入翔安区首批乡村振兴市级重点示范村、人居环境整治行动试点示范村，社区累计启动24个项目、总投资约18724万元。

是年，大帽山寨仔尾等片区被厦门市确定为8个乡村振兴市级示范村之一。

是年，大帽山社区农房“平改坡”整治完工306栋、“裸房”整治完工208栋，进度为全市第一。

2019年 2月15日，翔安区委书记黄奋强到大帽山社区调研乡村振兴工作，查看社区农房整治、振兴湖周边节点景观提升、雨污分流工程等项目建设进展情况，对相关工作取得的成效给予充分肯定。

同日，厦门市农村人居环境整治工作现场会议在大帽山召开，会议强调大帽山社区人居环境整治的经验和做法值得全市各区学习借鉴。省住建厅把大帽山社区农房改造经验列入《福建省农房屋顶平改坡设计建造一体化导则》，作为全省的范本，经验和做法在全省进行推广。

2月28日，在翔安区民族宗教事务局（民宗局）、新圩镇政府的见证下，大帽山甘露寺移交厦门市南普陀寺管理。

3月9日，福建省住建厅厅长林瑞良带队到大帽山农场察看环境综合整治情况，听取相关工作汇报。

6月，原大帽山农场埔顶自然村下厝门口的下深水库，正式改名“振兴湖”。

6月5日，厦门市台联党组书记、会长苏甦，副会长张劲秋，组织市政协台联界别委员和机关干部一行视察大帽山农场，调研乡村振兴工作。

9月24—26日，《福建省农房平改坡设计建造一体化导则》培训班在翔安区举行。25日，培训班一行到大帽山社区现场观摩。

9月30日，厦门市工业和信息化局经核查，溪美水电站大坝工程、引水系统、发电厂房和输出电路系统等已建设安装调试并具备并网发电条件，同意溪美水电站（640千瓦）并入电网运行。

11月28日，翔安区企业离退休人员社会化服务中心在大帽山社区举办一场“奋进新时代、谱写新篇章”文艺演出进社区活动。

12 月 22 日，大帽山小学获“2019 年翔安区中小学田径锦标赛”男子儿童乙组 400 米第一名。

是年，“大帽山境”获评福建省省级养生旅游休闲基地称号。

是年，大帽山社区被中共翔安区委、翔安区人民政府授予“翔安区第八届文明社区”称号。

2020 年 8 月，溪美水电站水力发电功能清退，电网解列、取水许可证注销。

9 月 1 日，农场开始聘请福建勤贤律师事务所吴永安、谷如玥律师担任农场常年法律顾问，处理农场所涉日常法律事务。

9 月 8 日，厦门市特房大帽山境旅游服务有限公司入选第一批福建省中小学生劳动教育实践基地。

9 月中旬，农场结合全国科普日宣传活动，联合翔安区妇联、区科协等部门举办一期妇女农业种植技术培训，46 人参加。

9 月底，大帽山三太子祖宫启动重建工程。

11 月 1 日，农场启动全国第七次人口普查工作，对大帽山社区所有家庭和人口进行全面普查，完成普查入户登记任务。

11 月，根据《厦门市翔安区人民政府专题会议纪要》（〔2020〕149 号）精神，大帽山农场按照《厦门市人民政府关于竹坝华侨农场职工基本养老保险有关事项的批复》（厦府〔2018〕63 号）规定，投入 1.17 亿元（含单位统筹和个人承担部分），为 783 名职工办理养老保险政策性补缴，整体提高职工退休待遇。

12 月 24 日，厦门农商银行新圩支行党支部和农场党总支签订党建结对协议，在社区设立农村普惠金融支付服务点。

12 月，农场配合新圩镇做好大帽山休闲农业文旅用地的征拆工作，月底完成所有征拆对象的签约工作。

2021 年 1 月 8 日，位于大帽山农场尾厝 5-1 号的大帽山邮政驿站揭牌运营。

1 月 22 日，厦门市第五医院在翔安区大帽山举行“厦门市第五医院云诊所”揭牌仪式，是厦门市首家“互联网云诊所”，改变了传统就医模式，实现隔空望诊、远程医疗。

3 月 19 日，福建省农业农村厅党组成员、副厅长梁全顺，农垦处处长兰亨庭，海峡两岸农业合作处副处长姜秀琴一行到农场召开翔安区农垦改革发展现场推进协调会。厦门市农业农村局党组成员、二级巡视员陈世真、翔安区副区长林生海和区级相关部门领导参加协调会。

4月19日，厦门市副市长黄燕添带队调研大帽山农场下厝、尾厝、山仔头农村生活污水雨污分流管网建设项目，翔安区委书记胡盛、区长连坤明等相关领导陪同调研。

5月11日，全市农村生活污水治理提升现场会在翔安区大帽山社区举行，中共福建省委常委、厦门市委书记赵龙带领市领导陈秋雄、黄文辉、黄燕添、卢炳椿和其他各区党政主要负责同志及市直有关部门领导实地察看大帽山社区山仔头自然村分散式污水处理站及农村生活污水治理工作情况。省生态环境厅党组成员、总工程师郑彧到会指导，翔安区领导胡盛、连坤明、陈佳锻、王婴水等参加活动。

5月17日，农场结合庆祝建党100周年，联合翔安区文化馆在社区戏台广场开展“永远跟党走”2021翔安区文化惠民首场演出活动，组织大帽山小学和幼儿园师生参加表演。

5月，生态环境部土壤司、中央农办秘书局和农业农村部农村社会事业促进司联合调研组一行到翔安区进行调研，察看大帽山社区山仔头自然村分散式污水处理站及农村生活污水治理工作情况。

7月7—8日，福建省乡镇和村庄规划编制推进工作对接和现场会在厦门召开。8日，全省各设区市自然资源主管部门及分管领导、部分乡镇和村庄规划业务部门及编制单位一行近100人，到大帽山农场振兴湖和“大帽山境”现场调研，听取大帽山农场规划编制情况与实施经验介绍。

7月30日，《大帽山红色故事》连环画首发。

12月24日，农场和厦门海洋学院乡村振兴学院签订共建“大帽山教育培训基地”协议。

是年，农场完成及在建5个项目总投资6310.05万元。其中，完成大帽山路（新圩—寨仔尾）提升改造工程，投入资金2660.49万元；寨仔尾、后炉、上廍、罗田区间道路照明路灯配套，投入资金575.37万元；大帽山三角梅园环路工程，投入资金866.74万元；大帽山埔顶片区美丽乡村（含雨污分流）工程，投入资金1485万元；在建大帽山尾桥溪和山后桥溪水系景观改造工程，投入资金722.45万元。

2022年 4月15日，厦门市副市长张志红带队调研农村生活污水治理现场会筹备工作，实地走访大帽山社区。

5月14日，经翔安区五届政府常务会议研究明确，自2022年7月份起，大帽山农场辖区内的个人新建宅基地、翻改建房屋审批和监管事宜，由新圩镇参照《进一步加强农村宅基地和村民住宅建设管理实施办法》执行，规范职工群众住宅用地建设审批管理。

5月18日，厦门市农业农村局一级调研员蔡瑞进带队到大帽山农场调研国有农场工作。

5月，乡村民宿样品房“大帽山宿”投入试运营。

7月1日，农场被农业农村部农垦局列入第三批中国农垦农场志编纂单位名单，启动《厦门市大帽山农场志》编纂工作。

10月，农场获“厦门市第七次全国人口普查突出贡献集体”称号。

11月，大帽山社区获评“福建省金牌旅游村”。

12月12日，农场被福建省气象协会、省旅游协会列入第二批福建省省级“气候康养福地”名单。

是年，农场完成防火林带造林绿化任务306亩，完成森林抚育任务1120亩，维修生物防火林带16条共28.61公里、731.7亩，维修防火便道以及步行道15条共29.4公里，完成生物防火林带修复提升55亩。大帽山农场对3个森林哨卡进行规范化建设，在重点林区建成3个每座60吨的不锈钢消防蓄水池，新装进山路口监控20个，清理林区内主要道路50.3公里和生物防火林带29.7公里内的可燃物。

第一编

地理资源与建制沿革

中国农垦农场志丛

第一章　地理资源

第一节　地理位置

大帽山农场位于翔安区政府以北25公里，距同安中心城区20公里，距厦门本岛55公里，位置在北纬24°45′—24°50′，东经118°16′20″—118°20′30″。北面、东面和东南面分别与南安市官桥镇、东田镇和水头镇接壤，南面和西面与翔安区新圩镇相邻，东西最宽距离5.5公里，南北最长距离9.5公里。东至南安市石壁水库沿蜈蚣山、岭头山分水岭，南起金钟胡山、槟榔山南面山麓，西起御宅、路坂尾、方田、后埔、古宅等地东面山脚，北至南安市九溪支流南侧分水岭。全场土地总面积23.93平方公里。农场最高点东西尖山，海拔704米；最低点古坑，海拔64.5米；农场场部海拔300米。

第二节　地形地貌

大帽山农场西北部东西尖山最高，海拔为704米；南部大帽山海拔为564.9米，属低山山地，水资源丰富，山体土壤层较厚。大帽山丘陵，平均海拔300米。观音山、大寨山、大尖山、寨仔山、柏峰岭、蔡寮山、鹅头楼山等几座海拔在400～500米的高丘，坡度20°～30°，分布于溪流盆地边缘，山麓带较宽，山谷较平缓，有较多的“山垄田”。海拔100～400米丘陵，坡度15°～25°，分布在溪流盆地的边缘或中部，山坡缓，面积大。海拔10～100米的浅丘分布在东南角。发源于溪园里峡谷的罗田溪自西向东南流入南安市的石壁水库，农场中部的锄山溪流入溪美水库。农场有库容373.5万立方米的溪美小（1）型水库1座，10万立方米以上小（2）型水库2座和1万立方米以上小水坝16座，全场总库容达450万立方米。

第三节　山峰溪流

一、山峰

山峰本无名号，大帽山先民自古居住于此，各姓氏族人都有自己的山界，依山峰形状、历史典故，各有习惯的叫法。大帽山山丘无数，能叫得出名的有其特征。

（一）东西尖山

东西尖山位于大帽山农场场内与南安市交界处，东西各有一峰屹立，故名“东西尖山”。面积约 2.5 平方公里，海拔 704 米。南北走向，东南坡平缓，西北坡陡。由燕山期花岗斑岩构成。山间有松、杂木林。

（二）大帽山

大帽山常年多雾，又名“大雾山”，大帽山农场因此山而得名。《同安县志》称“广袤十余里，形若大帽”，因原同安县西南部也有大帽山，故称此为“东大帽山”。山域面积约 1.6 平方公里，海拔 564.9 米。东北西南走向。由燕山期花岗岩构成。峰顶略平，树木以马尾松、相思树为主。

（三）寨仔山

寨仔山位于翔安区东北部，在新圩镇和大帽山农场内。相传明代建有寨栅，故名“寨仔山”。面积约 1 平方公里，海拔 447.2 米。东北西南走向，北部平缓，其余较陡。由燕山期花岗斑岩构成。山间生长松、杂木。北坡辟耕地，种甘薯、花生和果树。

（四）鹅头楼山

鹅头楼山在大帽山农场和新圩镇交界处。面积约 0.7 平方公里，海拔 442.8 米，东西走向，北坡稍平缓，其余较陡。由燕山期花岗斑岩构成。山间生长松、杂木。清代时，古宅黄氏在此开辟茶园。

（五）柏峰岭

柏峰岭位于大帽山农场内，东北部与南安市交界。面积 0.7 平方公里，海拔 357.9 米。东西走向，西缓南陡，由燕山期花岗斑岩构成。山间有松、杂木等。西坡辟茶园。

（六）大寨山

大寨山位于大帽山农场内，古代山上建寨立栅，今尚残存石墙，故称“大寨山”。面积 2 平方公里，海拔 431.8 米。西北东南走向，东南坡平缓，其余较陡，由燕山期花岗斑岩构成。山间有松、杂木等，部分辟为茶园。

（七） 蔡寮山

蔡寮山位于大帽山农场内，东与南安市交界。面积约 3 平方公里，海拔 327.1 米。东北西南走向，西北坡较平缓，余者均较陡。由燕山期花岗斑岩构成。山间有松、杂木。

（八） 大尖山

大尖山位于大帽山农场内。因顶部形态向上尖耸，故名“大尖山”。面积约 1 平方公里，海拔 453 米。东西走向，东缓西陡。由燕山期花岗斑岩构成。山间有松、杉、杂木。

（九） 观音山

观音山位于大帽山农场内，因西部陡峭处有状若披发纱观音像，故名“观音山”。面积约 2.5 平方公里，海拔 403.5 米。东北西南走向，基岩以燕山期花岗岩为主。有松树、相思树、桉树等和少量雕刻石材矿。观音山东麓有始建于唐代、重建于清代的甘露寺。寺北原有杜田村，民国十七年（1928 年）后废。

（十） 加张尖山

加张尖山距大帽山农场场部 5 公里，东麓有大帽山农场罗田自然村。因山上长有一种方言叫做“枷椗”的树木，故名“枷椗尖”，后衍为“加张尖山”。面积约 3 平方公里，海拔 591 米，呈东南西北走向，由燕山期花岗岩构成。

二、溪流

两山之间出峡谷，众泉汇集成溪流。罗田溪、寨仔尾溪、锄山溪等小溪流自西北向东南注入大帽山农场与南安市接壤的石壁水库。

（一） 罗田溪

罗田溪位于大帽山农场罗田北面，从芦山、前格牛岭溪园内发源，溪水经罗田，由西北往东南，流向南安市官桥镇九溪村等十几个村庄，汇入南安市石壁水库，长年水流不断；一条支流流入翔安区古宅水库。

（二） 寨仔尾溪

寨仔尾溪位于大帽山农场寨仔尾西北，溪流至村南，与另一条从村北流向东南的溪流汇合，往东流入溪美水库。

（三） 内官溪

内官溪发源于大帽山脉，流经内官南面，由西往东流向南安市石壁水库。

（四） 尾桥溪

尾桥溪位于大帽山农场埔顶东面，发源于大帽山脉，由南往北，流经加塘、山仔头、下厝、尾厝、中心、山边等，自西向东，汇入南安市石壁水库。

（五） 鋤山溪

鋤山溪位于大帽山农场中北部。寨仔尾、埔顶、上廍的3条小溪流汇入鋤山溪，溪流末尾建有溪美水库，下游是南安市石壁水库。

（六） 山后桥溪

山后桥溪发源于大帽山脉，流经山后桥、新圩镇金柄，自东向西汇入同安东溪，是同安东溪的一条小支流。

第四节　气候条件

大帽山农场属南亚热带海洋性季风气候，一年四季分明。其各个季节的气候特征与温带地区存在很大差异。春夏多雾，夏天较凉爽，冬天风势较强。

一、气温

春季3—5月，平均气温为19.6℃，多阴雨，气温回升快，冷暖交替频繁，阴雨明显增多。3—4月的春雨期，有时因冷空气影响较强，会出现倒春寒；有时因冷空气较弱，而南方暖空气较强，则会出现春暖而发生春旱。春季农事活动主要是早稻、花生、春大豆的栽种和早甘薯的插植；大小麦、马铃薯的收获，过冬葱头、蒜头的采收；瓜类、白菜、空心菜的种植等。

夏季6—8月，平均气温为26.9℃，晴热少雨，常出现伏旱。7月下旬至8月下旬台风频繁，雨量集中，常造成洪涝。农事活动主要是早稻、早甘薯、春花生的收获，晚稻、秋大豆、芝麻的栽种和晚薯的插植，小白菜、萝卜、胡萝卜、大蒜、生葱、芥菜的播种，荔枝的收获。

秋季9—11月，平均气温为22.9℃，温度适中，少雨多旱。农事活动主要是龙眼收获，小麦播种，花菜、球菜、豆类、蒜、芹菜播种。

秋冬季11月前后，农事活动主要是晚稻、晚地瓜等主要农作物的收获。

冬季12月至翌年2月，平均气温为13℃，温度低，湿度小，天气干冷，霜冻，雨量最少。个别年份因冷空气弱出现冬暖，春雷早，阴雨多。农事活动主要是姜、韭菜播种，晚甘薯、胡萝卜收获。

年平均温度为20.6℃，绝对低温为−6℃。

二、降雨量

一年中降水变化规律为1—6月递增，7月减少，8月增多，9月后递减。降水期大致分为春雨季、梅雨季、台风雷雨季、秋冬少雨季四期，年平均降雨量为1442.4毫米。

春雨季（2—4月）为前汛期，降雨连绵，平均降雨量200～350毫米，占全年降雨量的17%～20%，雨日多，雨量少，强度弱。

梅雨季（5—6月）雨区广，雨量多，强度大，降雨时间长，降雨量450～750毫米，占全年降雨量的30%～35%，经常出现汛期暴雨，造成洪涝灾害。

台风雷雨季（7—9月），雨日少，但强度大，降雨量450～840毫米，占全年降雨量的30%～40%，多台风时雨量剧增，常引起洪涝；少台风时出现晴热，引起干旱。

秋冬少雨季（10月至翌年1月），受冷高压控制，雨量明显减少，降雨量在150～350毫米。

三、日照时长

全年日照时长约2183.8小时，无霜期355天。一年中夏季日照最多，冬春季较少。7月，日照时数最多，约261小时；2—3月，日照时数最少。

四、风向

农场气候属季风型气候，风向随季节变化明显。3—8月偏南风，9月至翌年2月多偏北风。农场每年6—7月，经常会发生台风，风向多为东北。冬季受冷高压的影响，主要为东北风和西北风；夏季受暖低气压控制，主要为东南风和西南风。

第五节 土壤植被

农场土壤为水稻土、红壤、赤红壤3大类，土层深厚，pH为5～6，有机质含量为1%～2%。土壤随海拔高度变化，表现出垂直地带性分布，海拔200米以下分布着砖红壤，范围最广；海拔200～600米的丘陵山地，分布着红壤。农场内红壤土均有分布；水稻土主要分布在台地，海拔在100米以下。

一、土壤

大帽山农场建场初期，上级单位组织技术人员对农场土壤进行调查取样，并制图规划。农场土壤类型主要为红壤，全场土壤不厚，高山陡坡冲刷严重，形为石壁。在农场的山丘坡地上，地表一般都有石块，不少地区心土也有石块或半风化物的土壤母质，土层厚度多在1米左右。地面植被生长茂密，因受地势地形、植被、气候、人为活动等因素影响，不同区域土壤类型各有不同，土层厚薄不一。

（一）土壤类型

1. 水稻土

水稻土是农场内面积最大，分布最广的耕地土壤，主要分布在溪流冲积平原的洋田、低丘台地的台田、丘陵坡地的梯田、山间盆谷的畈田、低丘谷地的冲田及山地丘陵窄谷的垄田。这是一种独特的土壤类型，是各种母质或自然土壤经人为水耕熟化、淹水种稻而形成的耕作土壤，可分为潴育型水稻土、淹育型水稻土、潜育型水稻土等亚类。

2. 红壤

农场内红壤是在亚热带常绿阔叶林生物气候条件下，经过脱硅富铝化等过程而形成的红色铁铝土，可细分为红壤、棕红壤、黄红壤、山原红壤和红壤性土等5个亚类。红壤土层深厚，表层有机质容量丰富。

3. 赤红壤

农场内土壤含硅量低，铁铝氧化物量高，红色黏土层有铁结核，土壤酸性强，有机质和磷、钾含量低，自然肥力较低，保水保肥性差。

（二）土壤土层

农场土壤分为土层深厚的中壤土、土层较深厚的中壤土、土层中等深厚的中壤土、土层稍浅薄的粗砂质壤土、土层浅薄石块多的中壤质红壤、土层浅薄的轻壤土、母岩露头的砂质轻壤土、中壤质中度潴育性水稻土8种。

（1）土层深厚的中壤土，中度生草性红壤，面积7500亩，分布于马豆山、龙肠墓山、鸡蛋面山等丘陵，地势低平，坡度3°～5°，成土母质为花岗岩风化物，地面植被有茅草、桃金娘、马尾松、灌木等，土层深厚，一般在1.5米以上，表土10～14厘米。丘陵顶部多为重度片状冲刷，杂质和石块多，部分缓坡也有轻度片状冲刷，土壤质地较细致，介于较轻壤土与中壤土之间，肥力稍高，土壤湿润。

其代表剖面：①0～14厘米为暗灰棕色的轻壤土，小碎块构造，土质疏松，孔隙细孔，植物根最多在20厘米，有机质稍高，pH为5.0。②14～65厘米棕红色中壤土，构造不显，土质稍紧实，pH为5.3。③65～130厘米红棕色的中壤土，土质紧实，pH为5.5。

（2）土层较深厚的中壤土，中度生草性红壤，面积10200亩，分布在大埔、红架寨、大柄山、后炉、上廍附近一带较平坦的地区，坡度5°～15°，成土母质为辉绿岩风化物，地面植被主要有茅草、马尾松、铁芒萁。农场建场前，各农业社耕山队已开垦的土地多种茶树、花生等植物。土层厚达130厘米左右，个别地区土层比较薄，表壤多在12厘米，个别坡地为轻度片状冲刷。土壤有机质中等、湿润，pH为4.5～5.0。

其代表剖面：①0～12 厘米为暗棕黄色的轻壤土，小碎块构造，土质疏松，孔隙细孔，植物根最多在 12 厘米，土壤有机质中等，pH 为 4.8。②12～17 厘米红棕黄色的中壤土，构造不显，土质稍紧实，pH 为 5.0。③47～95 厘米红棕色的中壤土，土质紧实，pH 为 5.0。④95—140 厘米棕红色的中壤土，土质紧实，pH 为 5.0。

（3）土层中等深厚的中壤土，中度生草性红壤，面积 16800 亩，分布面积最广，大柄山、蔡山、寮厝山、甘露寺后山，九溪沿岸等地，坡度一般 15°～20°，也有 10°～25°，成土母质为辉绿岩、花岗岩风化物，地面植被主要是铁芒萁，其次为马尾松、灌木等。土层厚度达 1 米左右，薄的仅 60～70 厘米，表土 12 厘米左右，pH 为 5.0～5.4。

其代表剖面：①0～12 厘米为棕黄色的轻壤土，小碎块构造，土质稍疏松，孔隙细孔，植物根最多在 35 厘米，有机质中等，pH 为 5.4。②12～55 厘米棕黄色的中壤土，构造不显，土质稍紧实，pH 为 5.4。③55～110 厘米黄白灰色的轻壤土至中壤土，或半风化物母质，pH 为 5.4。

（4）土层稍浅薄的粗砂质壤土，轻度生草性红壤，面积 5400 亩，分布在后龙山、牛粪岭山一带丘陵地，坡度一般在 3°～5°，成土母质为花岗岩风化物，地面植被密度稀少，有茅草、马尾松、灌木等，土层不厚，一般在 1 米左右，表土 8 厘米，冲刷较严重，为中度片状冲刷，也有大沟状冲刷，土质紧实，全剖面含粗砂粒和砾质，其中红色半风化母质多，土壤湿度稍干，有机质低，pH 为 5.0～5.5。

其代表剖面：①0～8 厘米微暗灰色棕色的轻壤土，小碎块构造，土质疏松，孔隙细孔，土壤湿度稍干，有机质低，植物根最多在 15 厘米，pH 为 5.0。②8～50 厘米红灰棕色的粗砂质壤土，构造不显，土质紧实，土壤稍湿润，pH 为 5.5。③50～110 厘米红灰棕色、黄色的砾质中壤土，或粗砂壤土，土质紧实，pH 为 5.5。

（5）土层浅薄石块多的中壤质红壤，面积 56000 亩，主要分布在埔顶周围一带，马尾松生长密度较大的地区，有轻度片状侵蚀，土壤色泽较红，坡度 15°～20°，土层薄且不一致，有的表土 40～50 厘米，pH 为 4.8～5.0。

其代表剖面：①0～12 厘米的微暗红棕色的轻壤土，石块多，植物根最多在 35 厘米，pH 为 4.8。②12～30 厘米棕红色的中壤土，有石块，pH 为 5.0。③30 厘米以下仍为棕红色的中壤土，石块多。

（6）土层浅薄的轻壤土，中度生草性红壤，面积 17400 亩，分布在大帽山等高山草地，坡度一般在 10°～25°，成土母质为辉绿岩风化物。地面植被茅草生长较茂密，有小石块，土层较浅，表土 12 厘米左右，pH 为 4.8～5.0。

其代表剖面：①0～12 厘米，为暗灰棕色的轻壤土，小核状构造，土质疏松，孔隙细孔，植物根最多在12厘米，有机质较高，pH为4.8。②12～49厘米为棕黄色的轻壤土，石块和半风化物母质多，土质紧实，pH为4.8。③49～105厘米灰黄色石块质的半风化物，pH为5.0。

7. 母岩露头的砂质轻壤土，薄层红壤，面积25000亩，分布于石壁陡坡，冲刷严重的地区，坡度20°～37°。成土母质为花岗岩、辉绿岩风化物，地面植被有稀短的茅草、铁芒萁、马尾松，主要受人为砍伐破坏所致。土层厚薄不一致，有的仅40～50厘米，也有部分1米。表土0～10厘米，pH为5.2～5.5。

其代表剖面：①0～10厘米为灰棕色的轻壤土，小碎块构造，土质稍疏松，植物根最多在10厘米，有机质稍低，pH为5.2。②10～45厘米，棕灰黄色的轻壤土或棕灰红的轻壤土，pH为5.5。③45厘米以下多为母质层半风化物或石块，pH为5.0。

8. 中壤质中度潴育性水稻土，面积4600亩，凡分布于区内水稻田均为本土类，排水透水性良好，pH为5.1～5.6。

其代表剖面：①0～16厘米为暗棕灰色的轻壤土，整体构造土质松软，有机质较高，pH为5.1。②16～90厘米棕黄色的中壤土，土质稍紧实，pH为5.6。③90～115厘米黄白灰色的砂质中壤土或重壤土，土质松软，pH为5.6。

二、植被

农场属南亚热带气候区，原生植被残存极少，山地植被茂盛，覆盖率为80%，以马尾松、杉木、相思树灌木丛为主，兼有铁芒萁、杜鹃花，也有一些中生、旱生的草本植物群落以及龙眼、荔枝、芒果等长寿龄水果。按植物界分类系统，共有菌藻、苔藓、蕨类、种子四种植物门。大帽山农场有林地22600亩，其中省级生态公益林14215亩，以马尾松、相思树等混交林为主和近年来林相改造种植的景观林、经济林以及杂灌林和铁芒萁等地被植物。

菌藻植物主要有灵芝、毛木耳、蘑菇、草菇、凤尾菇、金鱼藻等。

苔藓植物主要有银叶真藓、角苔、大叶凤尾藓、卷叶凤尾藓、鳞叶水藓、羽枝水藓。

蕨类植物主要有石松、卷柏、翠云草、节节草、海金沙、芒萁、凤尾草、半边旗、金星蕨。

种子植物有裸子植物、双子叶植物和单子叶植物。裸子植物主要有苏铁、南洋杉、马尾松、水杉、侧柏。双子叶植物主要有榕树、木麻黄、桉树、相思树、凤凰木、朴树、樟、桑、苦楝、乌桕、檵木、栀子、山茶、紫茉莉、石榴、枇杷、芒果、金樱子、两面针、桔梗、桃金娘、仙人球、番木瓜、凤仙花、马齿苋、一点红、车前草、白花蛇舌草、穿心莲、苍耳、蓖麻、鬼针草、艾草。单子叶植物有棕榈、竹、甘蔗、香蕉、牛筋草、莎草、狗尾草、射干、芦荟、百合、龙舌兰、葱、蒜、韭菜、姜、建兰。

场内林木植被主要有常绿阔叶林、常绿针叶林、针阔混交林、灌丛草坡、人工经济林等。

（一）常绿阔叶林

分布在丘陵台地，多为人工纯林，呈带状分布。主要树种有相思树、大叶桉、柠檬桉等。

（二）常绿针叶林

分布在丘陵山地，主要树种有马尾松、黑松、木麻黄、杉木等。

（三）针阔混交林

分布于丘陵台地，主要是马尾松与相思树，相思树与木麻黄等混交。

（四）灌丛草坡

杜鹃（映山红）、卡氏乌饭、刺芒野枯草、芒萁野枯草、芒萁骨，大多数分布在中山、低山的山脊、山顶地段。桃金娘、小叶赤楠、芒萁骨，大多数分布在低山丘陵。

（五）经济林

龙眼林、荔枝林分布在地热开阔的低山丘陵。

第六节　自然资源

一、野生动物

（一）哺乳类

野生哺乳动物主要有豹猫（山猫）、野猪、野兔、黄毛鼠（黄鼠狼）、蝙蝠、田鼠、松鼠。

（二）鸟类

野生鸟类有白鹭、牛背鹭（黄头鹭）、灰鹭、白骨顶鸡、翠鸟、鹡鸰、环颈雉、鹧鸪、杜鹃、布谷、斑鸠、乌鸦、鸲鸽（八哥）、白腰鹊鸲、白头翁、伯劳、戴胜、麻雀、秧鸡（田鸡）、紫水鸡、凫（野鸭）、灰椋鸟、家燕、暗绿绣眼鸟、小隼、鸢（老鹰）。

（三）鱼类

场内鱼类有鲤鱼、鳙鱼、鲢鱼、草鱼、鲫鱼、鳗、鲇鱼（涂瑟）、月鳢（孤呆）、黄鳝（田线）、泥鳅（胡鳅）、香鱼（溪鲲）、叉尾斗鱼（丁斑）等。

（三）两栖类

两栖动物主要有癞蛤蟆、黑斑蛙、虎纹蛙、树蛙等，20世纪80年代，农业生产大量使用农药，虎纹蛙已绝种，黑斑蛙也很少见。

（四）甲壳类

甲壳类动物主要有虾、蟹（溪蟹、毛蟹）、龟、鳖、池蚌、沙蚬、田螺等。

（五）爬行类

爬行动物主要有蛇、蟒蛇、蜥蜴、壁虎。

（六）昆虫类

昆虫类动物主要有蟑螂、蚊子、苍蝇、跳蚤、地鳖虫、蜻蜓、蚜虫、蝉、蝽、天牛、蝗虫、蚂蚁、蟋蟀、蜜蜂、马蜂、草蜂、姬蜂、蛾、蝶、草蛉、瓢虫、金龟子、龙眼鸡、螳螂等。

（七）软体类

软体动物类主要有蚯蚓、蚂蟥（水蛭）、蛞蝓等。

二、野生植物

（一）树木类

乔木类有马尾松、杉、樟、重阳木（加苳）、相思树、苦楝、乌柏、榕、朴树、油桐、油茶等。灌木类有车桑子、黄栀子、两面针、桃金娘、映山花、余甘子、榆、檵等。

（二）药材类

场内野生中草药品种多。山坡上有两面针、黄栀子、桔梗、石橄榄、天门冬、麦冬、羊角拗、七叶一枝花、威灵仙、石寄生、金银花等。田间地头有鬼针草、风不动、牛筋草、马鞭草、扛板归、苍耳子、飞扬草、益母草、马齿苋、香附、蒲公英、艾草、九层塔、白花蛇舌草、叶下珠、龙葵、地锦、一点红、车前子、薄荷、凤仙花等数不胜数。

（三）蕨类

蕨类主要有芒萁骨、凤尾蕨、乌毛蕨、海金沙。

第七节　自然灾害

1963年，大帽山农场农作物受灾面积合计1092亩，占总播种面积的48%；成灾面积合计1497亩，占农作物播种面积的38%。其中病虫受灾面积133亩，成灾面积94亩。无洪水、台风、冰雹、霜冻等灾害。

因灾失种面积 362 亩，因灾减产粮食 37.8 吨。成灾面积粮食减产程度中，651 亩减产 30%～50%，389 亩减产 50%～60%，148 亩减产 80%以上。

一、风灾

农场内风灾是发生频率最高的自然灾害，尤以台风危害为甚。台风主要集中在每年的 8 月份，8 月份发生次数占全年发生次数的 30%；其次是 7 月份，7 月份发生次数占全年发生次数的 24%。农场建场以来台风延续最长天数为 3 天，出现于 1959 年 8 月 29—31 日与 1968 年 9 月 5—7 日。

1958 年 7 月 17 日，强台风从沿海登陆，风力 12 级以上，当日暴雨如注，山洪暴发。

1959 年 8 月 22 日下午，天气闷热，晚霞倒映，入夜，云片飘飞。23 日凌晨 3 时，狂风大作，最大风力 12 级，风速每秒 33 米。

1960 年 8 月 8 日 20 时，第 8 号台风袭击沿海，最大风力 12 级以上，同时暴雨如注。

1973 年 7 月 3 日，第 1 号台风在沿海登陆，最大风力 11 级，暴雨如注，山洪暴发。

1980 年 3 月 6 日，飓风。5 月 24 日，受第 4 号台风影响，降雨 140 毫米。9 月 21 日，大风暴雨，山洪暴发。

1982 年 7 月 29 日 7 时，第 9 号台风在福建省莆田市湄洲岛登陆，农场内风力 11 级。

1984 年 4 月 15 日 9 时，出现飑线，风力 12 级以上。

1987 年 9 月 11 日 8 时，受第 12 号台风影响，农场内大风暴雨。

1996 年 8 月 1—2 日，第 8 号强台风袭击农场。

1999 年 10 月 9 日，第 14 号台风正面袭击农场，风速达到每秒 46 米，最大风力 14 级，农场内受灾严重。

2004 年 8 月 25 日，第 18 号台风“艾利”从石狮登陆，农场影响巨大。

2005 年 10 月 3 日，第 19 号台风“龙王”袭击农场。

2006 年 7 月 25 日 14 时，第 5 号台风“格美”登陆厦门，最大风力 12 级。

2016 年 9 月 15 日 3 时，第 14 号强台风“莫兰蒂”在沿海登陆，最大风力 15 级，农场内作物、房屋损失严重。

二、旱灾

旱灾也是农场主要的自然灾害，以夏旱居首，春旱次之。小旱年年出现，大旱或特旱的频率达 79%。农场连旱 40 天以上的特旱年份有 1953 年、1954 年、1963 年、1965 年、1969 年、1977 年、1980 年、1986 年、1991 年。1962 年秋冬大旱 90 天；1963 年春旱 94

天且连续180多天无有效降雨，造成冬春连旱。2001年10月至2002年7月，农场遭遇1955年以来的重大旱灾，四季连旱。2003年6月至2004年2月，农场出现50年一遇的大旱。春旱，可能发生于每年2月11日至梅雨季始；夏旱，可能发生于每年梅雨季结束至10月10日。春夏旱可能发生在每年1—6月，夏秋旱可能发生在每年6—9月。

1950年8—9月，连续干旱30天。

1953年7月6日—8月17日，连续干旱43天，禾苗枯死，水田龟裂。因旱推迟插秧，水稻穗小粒少，减产27.3%；花生减产46.7%；大豆减产37.6%。

1954年5月底—6月中旬，夏旱；9月中旬，秋旱；从11月14日至翌年2月10日，又连旱89天。在这320天内，农场内由于没有降过15毫米以上的雨，导致山泉干涸、饮水困难，粮食减产30%以上，农场内严重缺粮。

1956年6月18日—8月2日，连旱46天，夏收作物减产。

1957年7月上旬—10月中旬，连旱100多天。

1962年11月13日起，冬旱90天，连接翌年春旱94天，农作物多枯死，中稻无法适时播种。

1965年8月底—10月初，连旱42天。

1969年8月12日—9月26日，夏旱46天。

1972年2月11日—5月1日，春旱81天，接着从6月中旬起又出现夏旱，54天没降雨，溪流干涸，水库龟裂，作物大幅度减产。

1977年2月11日—5月1日，春特旱80天；6月28日—7月20日，夏小旱23天；9月4—24日，夏小旱21天；10月18日—12月10日，秋旱54天。

1978年6月27日—8月9日，大旱44天，夏收作物减产。

1979年5月25日—7月24日，两个月雨量稀少，旱情严重，导致缺水无法插秧。政府防汛抗旱指挥部施行人工降雨158毫米，8月底旱情缓和。

1980年6月7日—7月11日，夏旱35天，秋季作物无法播种。政府防汛抗旱指挥部施行人工降雨，累计降雨207毫米，旱情缓和。

1982年9月，大旱，晚稻减产。

1986年7月14日—8月22日，滴雨未降。9月17日降雨20～30毫米，之后又持续高温干旱至10月中旬，日平均蒸发量7.8毫米。

1990年冬旱接1991年春夏两季少雨干旱，持续时间长，影响范围广，破坏性大，为历史罕见。农场内动用抗旱器具，实施两次人工降雨，农场粮食减产20%左右。

1995年，夏、秋、冬连旱，农作物受旱歉收。

2001年10月至翌年7月初，持续干旱少雨，四季连旱，旱情仅次于1955年。

2003年6月28日—8月3日，出现37天高温少雨天气，降雨仅3.3毫米，夏季大旱。10月15日至翌年2月9日，出现117天少雨天气，秋冬特旱，实施两次人工降雨，旱情缓和。

2006年9月16日—11月21日，出现67天干旱少雨天气。11月21日，实施人工降雨，旱情稍缓。

2019年10月—2022年1月，累计降雨量仅为1611.4毫米，持续干旱少雨，古坑溪、尾桥溪、寨仔尾溪、山后桥溪出现长时间断流，农作物大面积受旱歉收。

（三）水灾

每年7—9月的台风经常带来持续2～3天的暴雨。5—6月，来自太平洋上的副热带高压向北推移，经常会遇到来自西北地区的大陆冷空气，两股气流在农场上空相持，形成长时间的梅雨天气。

1956年9月18—20日，26号台风登陆，风力11—12级，暴雨。农作物淹没，房屋倾圮。

1961年9月10日，21号台风带来暴雨，山洪暴发。

1963年6月30日—7月1日，4号台风登陆，暴雨如注。

1966年6月中下旬，连续降雨16天。

1972年4月22—23日，大暴雨。23日，场内降雨372毫米，山洪暴发。

1973年4月22日晚，暴雨成灾，农作物被淹，农场内6座水坝被冲垮。

1985年6月23—26日，受4号台风影响，场内大风暴雨，多处房屋倒塌。

1988年9月21—24日，农场内暴雨。

1989年9月21—22日，农场内特大暴雨。

1990年4月1—26日，连续降雨，农作物减产。1990年下半年，农场内遭受4次台风暴雨灾害。6月30日凌晨，6号台风带来暴雨。7月30日—8月4日，受9号台风影响，持续降雨5天。8月17—20日，受12号台风影响，农场内降暴雨。9月5—9日，受18号台风影响，暴雨。

2005年8月13日，10号强热带风暴“珊瑚”造成严重破坏；9月1日，13号台风“泰利”导致房屋倒塌，农作物受损，牲畜淹死。

2012年6月20日，受5号强热带风暴“泰利”影响，农场内下特大暴雨，24小时降雨量达270多毫米，洪水漫过尾溪桥公路。

2016年9月15日3时，14号强台风“莫兰蒂”在沿海登陆，最大风力15级，暴雨成灾，毁屋拔树。

（四）寒灾

1957 年 3 月 12—16 日，倒春寒，烂秧烂苗甚多。

1967 年 1 月 17 日，气温降至−1℃。

1970 年 3 月 11—15 日，倒春寒，烂秧烂苗甚多。

1976 年 1 月 17 日，下霜，冬地瓜和地瓜苗全被冻死。3 月 19—24 日，倒春寒。

1987 年 4 月 12 日，倒春寒。

1991 年 12 月 26 日，受北方冷空气影响，农场出现严重霜冻。

1992 年 12 月 28 日，受北方强寒潮影响，农场降温 10℃，极端气温 0.1℃。

1999 年 12 月 21—28 日，受寒潮影响，作物霜冻严重。

2004 年 1 月 22 日、24 日，连续 2 次霜冻灾害，冬种作物多被冻死。

2005 年 1 月 16 日、3 月 6 日、12 月 23 日，霜冻严重。

2016 年 1 月 24—26 日，农场内最低气温−4℃，出现霜冻和结冰现象。

（五）地震灾害

1968 年 4 月 1 日 17 时 05 分，地震。

1992 年 3 月 3 日 6 时 03 分，地震，窗户作响。

1992 年 6 月 2 日凌晨，龙海地震（4.3 级），农场内有震感。

1992 年 9 月 2 日凌晨 0—1 时，台湾东部地震，农场内有震感。

2004 年 11 月 10 日，上午 7 时 59 分 42 秒厦门市翔安区马巷镇附近发生 3.5 级地震，震中位于北纬 24°37′12″、东经 118°15′，震源深度为 20 多公里，农场内有震感。

第二章　建制沿革

第一节　建　　制

1958年5月，经福建省农业厅勘测队勘测规划设计，报农垦部批准正式成立福建省国营同安大帽山农场。

1958年5月，大帽山农场场部驻寨仔尾自然村。同安县新圩乡古宅大队析寨仔尾、后炉、上廊、罗田4个自然村，人带土地入场。

1959年，大帽山农场场部改驻甘露寺。

1961年9月，新圩乡埔顶大队划归大帽山农场管理，保留集体所有制，经济独立核算。

1963年5月，农场场部移驻后炉埔，后炉自然村成为大帽山农场的行政、经济和文化中心。

1965年4月，同安县布塘公社埔顶大队山后桥、尾厝、下厝、山仔头、加塘、中心、山边、洪毛岭、内官、村门、刘厝、古坑等12个自然村，全部并入大帽山农场。

1971年，大帽山农场由同安县管辖划归厦门市农垦局。

1979年，大帽山农场场部迁建于埔顶自然村北部。

1988年，大帽山农场下设4个管理区，第一管理区辖山后桥、尾厝、下厝、山仔头、加塘等自然村；第二管理区辖中心、山边、洪毛岭等自然村；第三管理区辖内官、村门、刘厝、古坑等自然村；第四管理区辖寨仔尾、后炉、上廊、罗田等自然村。第一、二管理区俗称埔顶片区。

2003年12月19日，厦门市政府将大帽山农场事权成建制下放翔安区直属管理。

2004年3月18日，中共翔安区委、翔安区政府领导到农场调研，确定农场纳入镇级管理。翔安区划分为大嶝镇、新店镇、马巷镇、内厝镇、新圩镇和大帽山农场。农场行政主管部门为翔安区农林水利局。

2007年1月至2015年7月，大帽山农场分两批移民安置8个自然村村民于翔安新店东方新城和马巷滨安社区。

2014 年 7 月 18 日，中共翔安区委第 11 次常委会明确，大帽山农场加挂综合保障中心的牌子，履行社会管理职责；由区委农办代管大帽山农场日常事务。

2017 年 12 月，翔安区全面启动国有大帽山农场农垦改革工作。

2018 年 6 月 26 日，根据厦门市翔安区政府批复，挂牌成立新圩镇大帽山社区居民委员会和中共新圩镇大帽山社区支部委员会。下辖山后桥、尾厝、下厝、山仔头、加塘、中心、山边、刘厝等 8 个自然村和后炉埔集体户。

第二节　历史沿革

汉武帝建元六年（公元前 135 年），闽越王郢进兵南粤，开罗田至豪岭古道 65 里[①]。

唐贞元十九年（803 年），析泉州南安县西南四乡（永丰、明盛、绥德、武德）置大同场，场内隶属绥德乡长兴里。五代后唐长兴四年（933 年），王延钧僭称帝，升大同场为同安县，长兴里区划不变，隶同安县辖。

宋初，场内隶属同安县永丰乡长兴里。

元代改里为都，场内隶属同安县永丰乡长兴里东界三都。

明复里制，里下设都，永丰乡长兴里三都并为一都。场内隶属同安县永丰乡长兴里一都。

清袭明制，场内隶属永丰乡长兴里一都。

民国初期，场内隶属永丰乡长兴里一都。

民国十七年（1928 年），场内隶属永丰乡长兴里加塘保、寨仔保、罗田保、杜田保。

民国二十九年（1940 年），场内隶属同安县第二区金山乡埔顶保。

民国三十二年（1943 年），场内隶属长兴乡埔顶保（山后桥、埔仔、洪毛岭、山边、村门、内官、刘厝、古坑、加塘）、古宅保（寨仔尾、罗田、上廊、后炉）。

1950 年底至 1951 年，场内隶属同安县第四区金埔乡。

1952 年 10 月，场内隶属同安县第七区金埔乡。

1955 年 10 月，场内改隶属布塘区埔顶乡。

1956 年 4 月，场内隶属汀溪区。

1958 年 3 月，场内隶属新圩乡清风高级农业社和先锋高级农业社。

1958 年 5 月，农场隶属厦门市国营大帽山农场和新圩乡埔顶大队。

---

① 注：汉代一里地为现在的 415.8 米。——编者注

1959年2月，农场隶属厦门市国营大帽山农场；山后桥、尾厝、下厝、山仔头、加塘、中心、山边、洪毛岭、内官、村门、刘厝、古坑等12个自然村，隶属同安县布塘公社埔顶大队。

1959年9月10日，农场分属厦门市国营大帽山农场和同安县红旗人民公社（布塘公社）埔顶大队。

1960年4月，撤销布塘公社，场内分属厦门市国营大帽山农场和同安县汀溪公社埔顶大队。

1965年4月，农场隶属厦门市国营大帽山农场。

2003年9月，厦门市翔安区成立。12月，大帽山农场隶属翔安区。

2018年6月，大帽山社区成立，社区纳入新圩镇管辖，农场保留为中共翔安区委农办管理，至2022年底未做调整。

第三节 自 然 村

1960年9月，大帽山农场下辖16个自然村。1962年，大帽山人口总数2064人，其中原埔顶大队1425人、农场639人。2007年12月，大帽山农场人口总数4526人；职工总数1746人，在职职工1238人，退休人员508人；在职干部管理人员22人，普通职工1216人。2007—2014年，农场7个自然村移民安置。2015年7月，寨仔尾自然村103户401人享受移民优惠政策，移居至马巷滨安社区。2015年8月，农场8个自然村972户3360人。2020年底，大帽山农场有居民1048户，年末户籍人口3345人，其中男性1732人，女性1613人；出生31人，其中男性15人，女性16人；死亡19人，其中男性10人，女性9人。

一、留守村

山后桥、中心、下厝、山仔头、尾厝、加塘、山边、刘厝等8个自然村是大帽山农场实行移民安置后留守在大帽山的自然村。

（一）山后桥自然村

山后桥自然村位于大帽山农场场部驻地西面1公里处。该自然村建在山坳里，房屋呈弧形分布。村庄坐东朝西，东与下厝自然村相连，西与新圩镇金柄村接壤，南靠寨仔山，北临红架寨山。发源于大帽山的岩英口溪穿过田野由南向北流淌，发源于振兴湖的山后桥溪穿过村庄由东向西流淌，发源于寨仔山的塌方沟穿过村庄由东向西流淌，3条溪流在村庄西面交汇流向村庄外，溪涧上架一石桥，通往山外新圩镇等地，故该自然村名为“山后桥”。

中华人民共和国成立初期，山后桥自然村只有居民 48 户 189 人，隶属埔顶大队。1965 年，山后桥自然村居民和土地划归大帽山农场，称“山后桥生产队”。截至 2020 年 12 月 31 日，山后桥自然村有居民 189 户 595 人。

山后桥自然村有岩英口溪和塌方沟两岸农田 239 亩，土质肥沃，水源充沛。居民以务农为主，种植水稻、地瓜、花生、大豆、蔬菜等；家家户户饲养母猪、繁殖猪仔，以此为家庭主要经济来源，现已退养或转为规模化养殖。山坡地主要种植龙眼、柚子、柑橘、杨梅、香蕉等水果。

（二） 中心自然村

中心自然村位于大帽山农场场部驻地东面 0.2 公里处，包括埔仔顶、宫仔尾两块区域。中心自然村东与洪毛岭自然村相连，西与下厝自然村相接，南与山仔头自然村毗邻，北与尾厝自然村接壤。发源于大帽山的尾桥溪，由南往北流经加塘、山仔头、下厝、尾厝、中心、山边等自然村，折向东面流入南安市石壁水库；发源于大帽山的尾寮溪坑，由南向东穿过村庄东面，流向南安市石壁水库。

中华人民共和国成立初期，中心自然村只有居民 25 户 100 人，隶属埔顶大队。1965 年，中心自然村居民和土地划归大帽山农场，称“中心生产队”。截至 2020 年 12 月 31 日，中心自然村有居民 217 户 690 人。

中心自然村有尾桥溪、尾寮溪坑流域两岸及后头洋、溪美水库旁的农田 205.3 亩，土质肥沃，水源丰富。居民以务农为主，种植水稻、地瓜、花生、大豆、蔬菜等。山坡地主要种植龙眼、柚子、柑橘、杨梅、香蕉等水果。

（三） 下厝自然村

下厝自然村位于大帽山农场场部驻地西部 0.25 公里处，东与尾厝自然村相连，西与山后桥自然村相接，南与山仔头自然村毗邻，北与农场场部接壤。发源于大帽山脉的尾桥溪流经村庄，尾桥溪加塘段开渠引水，流经山仔头、下厝等自然村至下深水坝，流入山后桥自然村。2019 年，大帽山成为乡村振兴市级示范村，下深水坝被改造成一处休闲观光景点，取名“振兴湖”。

中华人民共和国成立初期，下厝自然村只有居民 19 户、78 人，隶属埔顶大队。1965 年，下厝自然村村民和土地划归大帽山农场，称“下厝生产队”。截至 2020 年 12 月 31 日，下厝自然村有居民 97 户 308 人。

下厝自然村尾桥溪两岸田地稀少，农田大部分在加塘、内庵区域，有 123.7 亩，沙质土壤居多，水源缺乏。居民以务农为主，主要种植地瓜、花生、大豆、蔬菜等。山坡地300多亩主要种植油茶经济作物和龙眼、柚子、柑橘、杨梅、香蕉等水果。

（四）山仔头自然村

山仔头自然村位于大帽山农场场部驻地南部0.2公里处，东与中心自然村相连，西依寨仔山，南与加塘村毗邻，北与尾厝自然村、下厝自然村接壤。村庄依小山包四周营建，故称“山仔头”。

中华人民共和国成立初期，山仔头只有居民16户50人，为黄卿进三子黄土穆后裔，属埔顶大队。1965年，山仔头自然村村民和土地划归大帽山农场，称“山仔头生产队”。截至2020年12月31日，山仔头有居民67户198人。

山仔头自然村有尾桥溪两岸农田100.4亩，土质肥沃，水源丰富，居民以务农为主，种植水稻、地瓜、花生、大豆、蔬菜等。山地300多亩，主要种植经济作物油茶和龙眼、石榴、柑橘、香蕉等水果。

（五）尾厝自然村

尾厝自然村位于大帽山农场场部驻地南面0.1公里处，东南与中心自然村相连，西与下厝自然村相接，北与农场场部接壤。

中华人民共和国成立初期，尾厝自然村只有居民15户65人，隶属埔顶大队。1965年，尾厝自然村居民和土地划归大帽山农场，称“尾厝生产队”。截至2020年12月31日，尾厝有居民72户232人。

尾厝居民从尾桥溪开渠引水灌溉123.6亩农田，土质肥沃，水源丰沛，大旱有收成。居民以务农为主，种植水稻、地瓜、花生、大豆、蔬菜等。尾厝地瓜产量高、质量好，20世纪80年代，所产地瓜皆运到厦门岛内食品厂制作蜜饯。山坡地主要种植经济作物油茶和龙眼、石榴、柑橘、香蕉等水果。

（六）加塘自然村

加塘自然村位于大帽山农场场部驻地南1公里处。大帽山北面延伸一座山至此，名为“公山”。村落呈长方形分布，东北与山边自然村交界，西北依靠寨仔山，正南便是大帽山北麓，北面与山仔头自然村接壤。村庄低处积水成池塘，蒹葭丛生，故村名“葭塘”，写作“嘉塘”，简化为“加塘”。村庄有共产党联络站黄章约故居和烧炭窑等红色旧址。

中华人民共和国成立初期，加塘村只有居民16户67人，隶属埔顶大队。1965年，加塘自然村居民和土地划归大帽山农场，称“加塘生产队”。截至2020年12月31日，加塘有居民30户90人。

尾桥溪由南向北，从加塘自然村西南面流向东面的溪美水库。加塘自然村有溪流两岸农田大约 42 亩，水资源缺乏，沙化土壤多。村庄以农为主，种植少量水稻，大多种植地瓜、花生、大豆和蔬菜等。山坡地 1000 多亩，主要种植油茶和龙眼、杨梅、香蕉等水果。

（七）山边自然村

山边自然村位于大帽山农场场部驻地南 1 公里处。村落呈块状分布，东面依靠大尖山，西面与山仔头自然村相接，南部与加塘自然村相连，北面与山仔头、中心自然村接壤。村庄房屋建在靠溪涧的山坡上，故取村名“山边”。

中华人民共和国成立初期，山边自然村只有居民 29 户 78 人，隶属埔顶大队。1965 年，山边自然村村居和土地划归大帽山农场，称“山边生产队”。截至 2020 年 12 月 31 日，山边自然村有居民 198 户 623 人。

尾桥溪从山边西面流过，由南向北流向溪美水库。山边自然村有溪流两岸农田大约 259 亩，石壁水库岸边的农田 112 亩，水资源一般。居民种植少量水稻，大多种植地瓜、花生、大豆和蔬菜等。山坡地 1000 多亩，主要种植油茶和龙眼、杨梅、香蕉等水果。

（八）刘厝自然村

刘厝自然村位于大帽山农场场部驻地东部 3.5 公里处。民居大都坐东南朝西北，西北面有马仔山、鸡笼山、狮子山和大尖山，为绿色屏障。发源于西南面大尖山的溪流，穿过村庄中部，向东流入南安市石壁水库。房屋建于自然村中溪流两岸，呈长条形分布。村庄东与南安市水头镇呈美村交界，西与埔顶自然村相连，南与古坑自然村、村门自然村接壤，北与后炉自然村、上廍自然村相邻。

中华人民共和国成立初期，刘厝自然村只有居民 20 户 90 人，隶属埔顶大队。1965 年，刘厝自然村居民和土地划归大帽山农场，称“刘厝生产队”。截至 2020 年 12 月 31 日，刘厝自然村有居民 132 户 379 人。

刘厝自然村溪流两岸有农田 169.5 亩，土质肥沃，但水源缺乏。永元坑水库建成后，水利得到改善。村庄以农为主，主要以种植水稻、地瓜、花生、大豆、蔬菜等和烧炭为主要经济来源。山坡地主要种植龙眼、菠萝、柑橘、香蕉等水果。

二、已移民的自然村

中共厦门市委、厦门市政府实施大帽山农场移民造福工程，分 2 批对 8 个分散的自然村中的 2000 多人进行移民安置。2006 年，大帽山农场古坑、后炉、上廍、内官、村门等 5 个自然村成为第一批移民对象。2007 年 2 月 14 日，第一批第一期移民 70 户 266 人迁居翔安东方新城。2008 年 6 月 2—9 日，翔安区对第一批第二期移民 200 多户 1000 多人进行移民身份公示；8 月 6 日，在翔安区移民办的组织协调下，在区监察局、区拆迁办工作人员和兴世通律师事务所见证律师的共同监督下，大帽山农场进行第一批第二期移民分房抽签工作。第二期201个移民户参与分房流水号抽签，只有4户因山上房产面积大且无合法批建手续而不愿易地搬迁，导致未参加分房抽签。9月23日，翔安区移民办分发移民安置房钥匙，结合大帽山农场改制，在向移民发放农场职工经济补偿金的同时解除其农场职工身份，向非职工的移民发放搬迁补助金。2013年11月，翔安区启动大帽山农场第二批移民安置，第二批第一期移民安置对象涉及自然村调整为农场所辖罗田、洪毛岭共2个自然村。2014年6月30日，翔安区启动第二批第二期寨仔尾自然村移民安置工程。截至2015年7月，翔安区完成大帽山农场8个自然村移民安置工作。

原罗田自然村、寨仔尾自然村地处大帽山农场场部西北，原后炉自然村、上廊自然村位于农场场部东北，原洪毛岭自然村位于场部东部，原内官、村门自然村地处场部东南，原古坑自然村位于农场场部南部。这8个自然村地处东南亚热带海洋性气候区，气候温和，雨量充沛，冬季无严寒，夏季无酷暑，一年四季气候宜人，年平均气温20℃。每年1月最冷，平均气温12.8℃；7月最热，平均气温28℃。年降雨量1468毫米，年平均日照2000多小时。各自然村居民都有养蜂习惯，蜂蜜香甜可口，亦可入药，是居民经济来源之一。

（一）罗田自然村

罗田自然村位于大帽山农场场部驻地西北5公里处，坐落在凤巢山南麓、观音山北麓二山对峙的山谷间，呈块状分布。村庄东临南安市九溪村的鸡冠山隘门，西面背靠同安县的牛岭、北辰山，南面与古宅水库接壤，并接观音山，北与南安市东田镇凤巢村相连。发源于芹山、前格牛岭的罗田溪，由西向东从村庄北面穿过，经隘门流向南安市官桥镇的九溪村。

罗田自然村有位于罗田溪两岸的250亩农田，土质肥沃，水源丰富。居民以务农为主，主要种植水稻、小麦、地瓜、花生、大豆、蔬菜等，坡地种植龙眼、荔枝、桃、柚子、柑橘、杨梅、香蕉等水果。

罗田是史料有记载的场内最早地名。《同安县志》载，西汉建元六年（公元前135年），闽越王郢进兵南粤，开辟罗田至豪岭的古道65里[①]。当时，罗田聚居住民以罗姓为主，沿溪两岸开垦的农田罗姓居多，因此得名“罗田”。北面有罗山，现为南安市罗山林场。清代，罗田区域包括安溪、内洋、殿前、后埔、上洋、顶庄、山根等自然村。由于种种原因，罗田各自然村居民相继移民他乡，部分远渡重洋，居住海外。民国初期，罗田由

① 里为非法定计量单位，1里=500米。——编者注

于多数村庄移民，实存上洋、顶庄两自然村。罗田各自然村居民相继移居他乡后，农田山地出售给古宅自然村黄姓。为了便于耕作，古宅自然村黄姓族人逐渐移居罗田自然村，但大部分农田还是古宅自然村人上山耕作或租赁给南安市九溪村人耕作收地租。

中华人民共和国成立初期，罗田自然村居民仅 21 户、72 人，均为黄姓。1950 年，同安县人民政府派一个连的解放军进驻罗田自然村，保卫社会治安，帮助农民生产。1952 年，实施土地改革，为发展农业生产和方便耕作，同安县人民政府把罗田自然村农田划分连片，自然村东、北、南的农田划给罗田自然村，西面仍留部分给古宅自然村。1955 年，罗田自然村成立互助组、合作社。1958 年，成立人民公社，罗田自然村隶属布塘公社古宅大队。1958 年 5 月，经福建省农垦厅规划设计报中央农垦部批准成立大帽山农场，罗田自然村居民和土地划归大帽山农场，称“罗田生产队”。农场建场后，罗田自然村经济得到迅速发展。1995 年 12 月，罗田自然村人口 250 人；2013 年，罗田自然村移民前有居民 78 户 420 人。

2013 年 7 月，厦门市翔安区人民政府颁发翔政通〔2013〕2 号公告，启动厦门市大帽山农场第二批移民计划，罗田自然村位列移民村。2014 年底，罗田自然村原有村庄建筑大部分拆除，留存 1 座新加坡籍华侨房屋。罗田自然村居民迁移翔安区马巷滨安社区，享受移民待遇的 392 人，随迁未享受移民待遇的 50 人。

（二）寨仔尾自然村

寨仔尾自然村位于大帽山农场场部驻地西北 3 公里处，村庄建于观音山西南边獅豸山南麓，又位于大寨山脉向北渐降的山坡上，取大寨山脉的末端之意为“寨仔尾”。村庄聚落呈块状分布，东临大仑山，西至虎头山与古宅十八弯古道相连，南与埔顶自然村相接，北倚观音山甘露寺，总面积约 4200 亩。

发源于角仑山脉的五斗坝溪，由西向东从村庄南面流过；发源于观音山脉的另一条大溪流入甘露寺水库，由北向东流经村庄北面。两溪汇合后流向南安市水头镇石壁水库。两条溪流的岸边共 260 亩农田，土质肥沃，水源丰富。居民以务农为主，主要种植水稻、小麦、地瓜、花生、大豆、蔬菜等，坡地种植龙眼、荔枝、桃、柚子、柑橘、杨梅、香蕉等水果。

明万历年间，古宅人很早就到寨仔尾区场内开荒耕作，为了劳作方便，陆续迁居寨仔尾自然村。寨仔尾自然村原本是王、李等姓氏的居住地，由于瘟疫、贼匪等，王、李族人或移居他乡，或远渡重洋，最后只剩古宅紫云黄氏村民留下繁衍生息。

中华人民共和国成立初期，寨仔尾自然村居民只有 40 户 125 人。1958 年 5 月，大帽山农场建场时，场部驻寨仔尾区域。寨仔尾自然村居民和土地划归大帽山农场，称“寨仔尾生产队”。2015 年 7 月，寨仔尾自然村居民共 366 人享受移民优惠政策，移居至马巷滨安花园。

寨仔尾自然村民移民后，村庄的房屋基本保留原来的建筑风格，厦门首个由市、区两级国企与大帽山农场共同打造的大型乡村休闲农业——“大帽山境”田园综合体项目在寨仔尾区域开发建设。

（三）后炉自然村

后炉自然村位于大帽山农场场部驻地东北部 4 公里处。村庄呈弧形分布，东至上廍自然村东边林山，西到寨仔尾自然村大仑山，南至埔顶自然村坑尾山，北近南安市官桥镇九溪村虎咬猪山、镰刀弯山和深坑头山。发源于虎咬猪山、石仔山的大溪，由北向南从村庄背后流过，流向南安市九溪村；另一条发源于大仑山的大溪，由西南向东南流经村庄南面，流向南安市水头镇的石壁水库。

后炉自然村有平坦田地 172 多亩，土质肥沃，水源丰沛。居民以务农为主，主要种植水稻、小麦、地瓜、花生、大豆、蔬菜等，坡地种植龙眼、荔枝、桃、柚子、柑橘、杨梅、香蕉等水果。

后炉自然村原有王仔尾、许厝、后炉、冬米篮、锄山、山外、下廍、后厝、大寮等十多个村社，是王、许、郑、陈等姓氏村民的居住地，由于瘟疫、贼匪等，村民或移居他乡，或远渡重洋，剩下郑、陈两姓村民。郑氏居住于后炉自然村，有部分村民迁居村庄南面的谷地，房子建在原住房背后，故自然村名为“后厝”。新圩镇云头村陈氏后裔迁居于后炉，在村南“三太子祖宫”神庙旁边建房，自然村名称“大寮”。

中华人民共和国成立初期，后厝、大寮并入后炉自然村，居民只有 23 户 98 人。1958 年 5 月，后炉自然村居民和土地划归大帽山农场，称“后炉生产队”。2006 年，后炉自然村移民前有居民 63 户 255 人。

1959 年，大帽山农场场部迁驻后炉自然村北面，后炉自然村成为农场的行政、经济和文化中心。茶叶加工厂、酒厂、剑麻加工厂、白棕绳厂、糖厂、农用机械修配厂、农具加工厂拔地而起；汽油机油库、粮食仓库、肥料仓库、茶叶仓库、气象观察站、卫生所、学校应时而建，有同安的“小香港”美誉。16 周岁以上的村民都成为农场职工，参加生产劳动。

1979 年，农场场部迁驻埔顶，原场部所在地成为一个小村落，名叫“后炉埔”，是上山下乡知识青年的住所。

1997 年，厦门华美卷烟厂独资翻建后炉埔小学，更名为育才小学。

2006 年 12 月，厦门市启动大帽山农场第一批移民工程，后炉自然村位列移民村之一。2014 年底，后炉自然村原有村庄建筑全部拆除。

（四） 上廊自然村

上廊自然村距大帽山农场场部驻地东北 3 公里处，原为榨蔗制糖的场所，称“糖廊”，有上下两处，上廊成为村落，别名“上铺”。上廊聚落在柏峰岭南麓、红架寨山北麓对峙的山谷间，呈块状分布，东临南安市官桥镇曙光村，西与后炉自然村相连，南朝红架寨，东北靠柏峰岭与南安市官桥镇九溪村接壤。发源于柏峰岭的下溪，由北向东从村庄西面流过，经锄山洋，流向溪美水库。田野间筑造山根、大坝、孔内共三口水塘。

上廊自然村有溪流岸边田地 165.7 多亩，土质肥沃，水源丰富。村民以务农为主，主要种植水稻、小麦、地瓜、花生、大豆、蔬菜等，30 多亩坡地种植龙眼、荔枝、桃、柚子、柑橘、杨梅、香蕉等水果。

大帽山洪氏始祖洪厚，属晋江英林洪氏十六世，由英林迁杜田自然村。明末清初，其次子洪元宁从杜田分居大帽山上廊自然村，后又分衍下廊、锄山等 3 社。

中华人民共和国成立初期，上廊村民只有 15 户 60 多人，均为洪姓。1958 年 5 月，上廊村民和土地划归大帽山农场，称“上廊生产队”。2006 年，上廊自然村移民前有村民 76 户 327 人。

2006 年，厦门市启动大帽山农场第一批移民工程，上廊位列移民五村之一。2014 年底，上廊原有建筑全部拆除。

（五） 洪毛岭自然村

洪毛岭村位于大帽山农场场部驻地东 0.5 公里，原为洪姓始居地，名“洪毛岭”，又称“洪茂岭”“红毛岭”。村庄坐落在大尖山、牛盘尾山二山对峙的山谷间，呈长条状分布，东临大尖山，西与宫仔尾自然村相连，北靠牛盘尾山，南倚东岭山。发源于东岭山的大溪，流向溪美水库，再流入石壁水库。

洪毛岭自然村有大溪两岸农田 77 亩，土质肥沃，村庄南面有 1970 年建造的长方形塘坝面积 1800 平方米。村民以务农为主，种植水稻、地瓜、花生、大豆、蔬菜等，饲养母猪，繁殖猪仔为主要经济收入。山坡地主要种植龙眼、柚子、柑橘、杨梅、香蕉等水果。

中华人民共和国成立初期，洪毛岭自然村只有村民 8 户 37 人，为紫云黄氏大帽山开基始祖黄卿进后裔。1965 年，洪毛岭村民和土地划归大帽山农场，称“洪毛岭生产队”，村民 16 户 78 人口。2006 年，洪毛岭自然村移民前有村民 29 户 150 人。2013 年 7 月，翔安区启动大帽山农场第二批移民，洪毛岭村民被移民安置。2022 年，洪毛岭移民居住于马巷滨安花园有 53 户 198 人。

2014 年底，洪毛岭村庄移民户的建筑物被拆除。

（六） 内官自然村

内官自然村位于大帽山农场场部驻地东南 3 公里，村庄东与村门自然村相连，西依北坪山，南靠大帽山，北与刘厝自然村接壤。发源于大帽山脉的内官溪，由西北向东南奔腾而下，流向南安市水头镇石壁水库。据《紫云黄氏族谱》记载，清光绪十三年（1887年），山后桥黄希雪、尾厝黄允迎的后裔共同在小山岭下的溪流岸旁筑室而居，房屋呈长方形分布。村落在峰峦之中，芦蒹叶长，菅叶锋利，故村名为内菅，衍化为“内官”。

内官自然村村民沿内官溪岸开垦田地 68.7 亩，土质肥沃，水源充沛，村民以务农为主，主要种植水稻、小麦、地瓜、花生、大豆、蔬菜等，坡地种植龙眼、荔枝、桃、柚子、柑橘、杨梅、香蕉等水果。

1965 年，内官自然村村民和土地划归大帽山农场，称“内官生产队”。2006 年，厦门市启动大帽山农场第一批移民工程，内官位列移民五村之一。2007 年，内官自然村移民前有村民 38 户 166 人，还有未移民 7 户 36 人。

2014 年底，原有村庄移民户的建筑全部拆除。村民们有的迁居翔安东方新城，有的入住马巷滨安花园。

（七） 村门自然村

村门自然村距场部驻地东南 3 公里，为埔顶通往南安的山口处。村落建在一山岗上，东西为群峦，对着通往南安的沟谷，好似一个门户，故名“村门”。聚落呈弧形状，东与古坑自然村交界，西与内官自然村毗邻，南与南安市水头镇曾山村接壤，北与刘厝自然村相连。

村门自然村田地面积 95.5 亩，山地面积 1000 亩，自古缺乏水源，土质贫瘠，水源不足，水稻收成不好。1965 年，红坝水库建成后，村庄水利条件得到改善，农作物获得较好的收成。村民以务农为主，主要种植水稻、小麦、地瓜、花生、大豆、蔬菜等，坡地种植龙眼、荔枝、桃、柚子、柑橘、杨梅、香蕉、板栗等水果。

据《紫云黄氏族谱》记载，清雍正年间，东烧尾（今厦门市翔安区内厝镇黄厝村东烧尾自然村）黄允世迁居于此，至今 280 年，繁衍 11 世。村门原名“砖黄”，清代砖黄和古坑、牛圩、大箱等十多个自然村，由于山贼土匪洗劫及宗族之间的争斗，村民有的外迁，有的死于瘟疫，有的死于匪贼，有的死于争斗，只剩下古坑与村门两个黄氏自然村。

中华人民共和国成立初期，村门只有村民 10 户 38 人，均为黄姓。1965 年，村门村民和土地划归大帽山农场，称“村门生产队”。2006 年，村门自然村移民前有村民 39 户 186 人。

2007 年，厦门市启动大帽山农场第二批移民，村门村位列移民五村之一。2014 年底，村庄移民户的建筑物全部拆除。

村门南部大榕树下，建有一座玛尼堆和一座水尾宫，供奉福德正神等，供村民祀拜。村庄挺立着四棵上百年的老榕树和一株公母相思树。

（八） 古坑村

古坑自然村位于大帽山农场驻地南 7.5 公里，海拔 50 米，东面乌石山、西面大尖山、南面乌林山、北面蔡寮山巍峨耸立，把村庄环抱成一个椭圆形的小盆地，东西稍短，南北略长，东边有一个缺口，是通往外界的主要通道。发源于岭头山的石南坑溪由南向北流经村庄西面，发源于曾山枫林村的坂仔溪由南向北流经村庄西面，发源于蔡寮山的龙潭坑溪由北向东流经村庄北面，3 条溪流在村西汇合成一溪，流向南安市水头镇石壁水库。村民们在溪流交汇处的东岸，依山傍水筑屋而居，聚落呈长条状分布，地界北临南安水头镇文斗村，西与村门自然村比邻，南与南安水头镇曾山村接壤，北面与刘厝的蔡寮山相接。在溪流汇合处的南岸挺立着一棵古老的大榕树，成为古坑自然村的景观地标。

古坑自然村有溪流岸边的田地 79.5 亩，土壤肥沃，水资源丰富。村民以务农为主，主要种植水稻、小麦、地瓜、花生、大豆、蔬菜等，粮食亩产在大帽山农场率先实现“千斤稻，万斤薯”。坡地种植龙眼、荔枝、桃、柚子、柑橘、杨梅、香蕉、板栗等水果。

中华人民共和国成立初期，古坑村民只有 9 户 58 人口。1965 年，古坑的村民和土地划归大帽山农场，称“古坑生产队”。2007 年，古坑有村民 39 户 153 人。2010 年，古坑村民移民住进翔安区东方新城和马巷滨安花园。

古坑自然村自古流行血吸虫病，1958—1968 年，国家派来“血防”工作队对整个血吸虫污染地进行普查、灭螺、封杀尾蚴，治疗病人，十年艰辛，硕果明显，血吸虫基本消灭，病情得到有效控制。

三、部分已废村落

（一） 杜田社

杜田社位于甘露寺北。清代，同安县设永丰乡长兴里杜田保，辖杜田、后炉、上廊、寨仔尾、宋洋 5 个社里。清末，杜田、宋洋 2 社已废。

（二） 东岭社

东岭社位于大帽山农场驻地东南 1 公里，原村落建于东岭北麓，故村以山名。1949 年后，村民陆续迁居于附近山边村落以后，东岭成为废村。

（三） 大箱社

大箱社在大帽山农场驻地东 4.1 公里，南安石壁水库西岸，以自然实体地形如大箱而命名。20世纪60年代，大帽山农场于此建房设专业队。农场体制改革后，专业队取消，现无常住人口，大箱已成废村。

（四） 后头洋社

后头洋社在大帽山农场东北4公里，石壁水库西北岸，因地形似开着口的人头，村子建于“喉部”的略平地，命名为喉头，写作后头洋。后头洋社是大帽山山区血吸虫病的重灾区，后成为废村。20世纪60年代，大帽山农场在后头洋组建专业队，后取消，现房子已拆，成为废村。

（五） 山根社

山根社位于古宅水库东北，从古宅村乘车到罗田自然村经此。村子背靠山，建于谷底故名山根。20世纪30年代，村落屡遭匪患，村民或迁古宅，或迁罗田，山根渐成废村。大帽山农场建场后，曾在山根建立专业队，从事橡胶、凤梨、剑麻、蜜柚、龙眼种植。

中国农垦农场志丛

第二编

经　济

中国农垦农场志丛

第三章　农业综述

大帽山农场地处丘陵山地，土地高低不平，自然条件差，生产水平低，以甘薯、花生、大小麦等旱作物为主要粮食作物。1958 年 5 月，大帽山农场建场后，进行开山造田和农田基本建设，修建小型水利工程，扩大灌溉面积，山地梯田串灌改轮灌。

1982 年，农场推行家庭联产承包责任制，计划经济受到制约，逐步丧失其功能作用和历史地位，政府在农场“政企分开”和管理体制等方面改革滞后，农场历史遗留问题较多。农场基础设施建设较落后，社会经济负担重，职工社保、卫生医疗得不到保证，职工、村民的收入远远落后于周边乡镇。

2003 年 12 月 19 日事权调整后，大帽山农场下放翔安区政府管理。厦门市、区两级领导及相关部门深入农场调研，研究发展对策，落实帮扶项目，选派 2 名干部驻场挂职，充实农场领导班子，把各项帮扶工作落到实处。

第一节　农业基本情况

在农林牧副渔中，农业是大帽山农场的主导产业。自农场建场初期至家庭联产承包责任制时期，农业受自然灾害不可抗力影响，虽有盈亏，但一直是农场的经济支柱。

一、土地面积

1963 年，大帽山农场耕地面积 2428 亩，其中水田 2318 亩，旱地 110 亩，主要分布在海拔 300 米左右，远离村庄的丘陵及山川峡谷地带。园地面积 7520 亩，其中龙眼果园 6000 亩、杂果园 780 亩，三角梅观赏花园 740 亩。园地面积中，一半为原来种植茶叶及龙舌兰后改种龙眼、三角梅等。农村经济体制改革，进一步促进农业生产发展。

1984 年，农场家庭实行联产承包责任制时期，农林经营总面积 26704 亩，其中耕地面积 2632 亩；剑麻面积 1180 亩；茶树实有面积 1950 亩，当年采摘面积 950 亩；果树实有面积 1090 亩，当年投产面积 328 亩；林地面积 19852 亩。

1985 年，农场开展中低产农田改造、引进农作物良种，建设高产稳产农田。1989 年，农场推行配方施肥，开展综合防治农作物病虫害。1998 年，家庭土地承包经营期限再延长 30 年，农场组织开展土地延包 30 年工作。

2015 年，大帽山农场耕地面积 2400.25 亩，其中已移民 8 个自然村共 1127.75 亩，未移民 8 个自然村（含集体户）共 1272.5 亩。林地总面积 25561.94 亩，其中生态公益林面积 14175.26 亩，经济林 6268.16 亩，其他林地 5118.52 亩。村庄建设用地、村庄空杂地、道路用地、水域、溪流面积、非林地总面积 5946.02 亩。

二、就业情况

大帽山农场 1962 年年末职工人数 326 人，1963 年年末职工人数 319 人。新增 3 名职工由其他全民所有制单位调入；减少 10 名职工，其中 1958 年新职工回农村 6 名，其他 1 名，调入其他全民所有制单位的职工 3 名。1963 年，大帽山农场保持单独核算集体所有制总人数 1484 人，其中全劳动力 300 人，半劳动力 115 人。

1969 年，大帽山农场有管理区 3 个，生产队 18 个。全场总人口 2649 人，男女全、半劳力年末人数 1240 人。农场职工年末人数 1240 人，其中，干部人数 17 人，农业工人 1223 人。职工人数中，知识青年年末人数 52 人，转业、复员军人年末人数 19 人，五类分子年末人数 10 人。

1980 年，大帽山农场下辖 15 个生产队，农场总户数 566 户，总人口 3376 人，总劳动力 1729 人；参加农林牧副业劳动力 1643 人，其中参加场办工业劳动力 86 人。

1982 年，农场总户数 580 户，总人口数 3582 人，总劳动力 1839 人。其中，参加农林牧副业劳动力 1726 人，参加建筑业劳动力 22 人，参加交通运输劳动力 40 人，参加商业、饮食业劳动力 13 人，参加文教、卫生劳动力 36 人，外出临时工、合同工 2 人。在落实生产责任制形式中，农场有 17 个生产单位、522 户职工实行包产到户。

1984 年，农场总户数 679 户，其中大包干及家庭农场 625 个；总人口 3655 人，职工人数 1985 人。其中，生产工人 1862 人，技术人员 7 人，财会人员 5 人，管理人员 47 人，服务人员 15 人，商业人员 23 人，文教卫生人员 26 人。年末全、半劳动力人数 1985 人。

2003 年 12 月，大帽山农场 16 个自然村 1004 户家庭户，总人口 4320 人，职工总数 1759 人。职工总数中，在职职工 1286 人，退休职工 473 人。年满 16 周岁及以上非职工 1549 人。

2015 年，大帽山农场劳动力人数 2013 人，其中男工 966 人，女工 1047 人。从事农业人员 603 人，其中从事畜禽养殖业 210 人，农业种植业 393 人。其他剩余人员主要集中在周边银鹭食品厂、瑞丰制面厂务工。

2020年12月，大帽山社区乡村户数1026户，人口3363人，其中男性1721人，女性1642人。社区劳动力资源数2642人，其中男劳动力1427人，女劳动力1215人。社区从业人员数1453人，男性从事农业人员315人，女性从事农业人员232人。

1959—2005年大帽山农场生产队、总户数、总人口、劳动力、耕地面积基本情况见表2-3-1。2011—2021年，大帽山农场人口基本情况见表2-3-2[①]。

表2-3-1　1959—2005年大帽山农场基本情况

年份	农场（个）	大队（个）	生产队（个）	总户数（户）		总人口（人）		劳动力（人）	耕地面积（亩）		
				合计	其中：农业户	合计	其中：农业人口		合计	水田	旱地
1959	2	—	—	—	—	—	—	—	—	—	—
1960	1	3	10	102	102	628	628	348	803	730	73
1961	1	1	10	106	106	1000	1000	649	804	731	73
1962	1	1	19	397	397	2064	2064	826	2633	2548	85
1963	1	1	27	408	408	2143	2143	740	2645	2487	158
1964	1	1	19	413	413	2197	2197	777	2629	2495	134
1965	1	—	18	410	410	2268	2213	887	2625	2500	125
1966	1	—	18	417	417	2344	2344	930	2266	2156	110
1967	1	—	19	433	433	2426	2383	1089	2266	2156	110
1968	1	—	22	439	439	2526	2526	1150	2428	2318	110
1969	1	—	18	450	450	2649	2649	1240	2428	2318	110
1970	1	—	18	445	444	2753	2753	1244	2428	2318	110
1971	1	—	18	476	475	2806	2795	1273	2435	2319	116
1972	1	—	18	450	445	2868	2808	1326	2375	2259	116
1973	1	—	23	442	441	2916	2897	1383	2431	2259	171
1974	1	—	24	464	463	2983	2934	1322	2479	2259	220
1975	1	—	28	462	461	3063	3010	1481	2490	2262	228
1976	1	—	31	521	456	3116	3050	1502	2498	2268	230
1977	1	—	36	539	480	3183	3120	1539	2514	2274	240
1978	1	—	39	552	498	3242	3210	1629	2624	2268	356
1979	1	—	15	563	537	3301	3239	1708	2632	2276	356
1980	1	—	15	566	—	3376	—	1729	2632	2276	356
1981	1	—	18	580	—	3456	—	1714	2632	2276	356
1982	1	—	18	580	—	3582	—	1839	2632	2276	356
1983	1	—	18	660	—	3646	—	1995	2632	2276	356
1984	1	—	16	679	625	3655	3541	1985	2632	2276	356
1985	1	—	16	698	—	3653	—	—	2632	2276	356
2004	1	—	16	1004	—	4320	—	1286	2393	—	—
2005	1	—	16	1021	—	4273		1286	2400	—	—

① 部分数据因四舍五入的原因，存在总项与分项合计不等的情况。全文同。——编者注

表 2-3-2　2011—2021 年大帽山农场人口基本情况

单位：户、人

年度	2011	2013	2014	2015	2016	2017	2018	2019	2020	2021
总户数	1209	1100	962	911	729	923	977	989	1026	1048
总人口数	4756	4223	3851	3129	3391	3240	3361	3376	3363	3345
其中：男	—	2069	1923	1587	1748	1652	1710	1730	1721	1756
女	—	2154	1928	1542	1643	1590	1651	1646	1642	1589
劳动力	3800	3382	2226	1846	2088	2027	2083	2092	2642	1856
其中：男	—	1658	1090	997	957	1117	1145	1114	1427	1047
女	—	1724	1136	849	1131	910	938	978	1215	809
从业人员	—	1100	1850	1350	1524	1459	1478	1485	1453	1152
其中：男	—	—	936	780	868	817	812	816	770	651
从事农业	—	—	470	320	350	312	330	335	315	213
其中：女	—	—	914	570	656	642	666	669	683	501
从事农业	—	—	365	285	285	256	235	234	232	164

第二节　土地制度

大帽山农场属于内陆丘陵地带，以农业生产为主要生活资料来源。在漫长封建社会和半封建半殖民地社会里，农村土地实行私有制，大部分土地掌握在地主、富农手里，贫富悬殊。大帽山农场建场后，寨仔尾、后炉、上廊、罗田共 4 个自然村的土地收归农场，属全民所有；埔顶大队 12 个自然村的土地保留集体所有。1965 年，埔顶大队 12 个自然村全部并入农场，土地所有权收归农场全民所有。

一、生产关系

（一）土地私有制

场内 16 个自然村除后炉居住郑、陈两姓外，其他均为金柄紫云姓氏，各姓聚族而居，开山种田，世代相传。随着贫富差距拉开，穷人为生活所迫出卖土地，富人则廉价获得大部分土地。大帽山华侨下南洋经营获得利润，就回乡购地置产建业，土地积累越来越多。

在封建土地私有制度下，地主、富农和贫雇农之间产生租佃关系和雇佣关系。租佃关系是指传统性的固定租制，贫雇农除向地主、富农租地外，尚有学租（学堂租地）、佛租（佛教寺院租地）、族租（宗族租地）。这种租制没有丰歉年之差，土地租额一般每年每亩交租 25～50 公斤粮食。

雇工分长工和短工。长工多为负债太多和逃避壮丁的贫苦农民被地主、富农雇佣，雇用期一般 1 年以上。农忙季节，长工耕地种田，农闲时放牧、砍柴或帮做家务，每年从雇主处获得寒暑衣服各 1 套，获稻谷 100～200 公斤。短工又称季节工，农忙时雇用，多为有经验的农民，报酬按日计算，劳动报酬一般每日 2.5 公斤大米。大帽山华侨家庭主要劳力都下南洋谋生，较富有的家庭雇用长工；一般家庭也在农忙时节雇用短工，报酬一般较为丰厚。

（二）土地改革

1950 年 6 月，中央人民政府颁布《中华人民共和国土地改革法》，场内开展土地改革（简称土改）运动。土改中，同安县政府派出土改工作队到大帽山场内进行土地改革，依靠贫农、雇农，团结中农，发动群众，划分阶级等政策，按土地政策依法没收地主土地，征收富农的土地、财物。通过土改复查、发证，无地少地农民分到土地及一定生产资料。1953 年，完成土地改革任务，场内实现耕者有其田。

（三）农村集体化

1953 年，场内土地改革基本结束后，推行农业集体化模式，土地仍归农民。农民分得地主的土地，但缺乏耕牛、农具，生产抗灾能力差，迫切要求发展生产，于是开始自愿组织临时互助组，以解决劳力、耕畜、农具缺乏的问题。互助组主要有季节性临时互助组和较固定的常年互助组。临时互助组采取户与户劳动换工，人换牛工等价交换，有无互补，农忙互助，农闲休息。常年互助组有一定的规模，统一领导，统一排工，集体劳动，年终结算。互助组进一步发展成为初级农业生产合作社。

（四）农业生产合作社

初级农业生产合作社（简称初级社），入社的土地、农具、耕牛参与分红，土地所有权仍属个人。1956 年，场内初级社进入高级农业生产合作社（简称高级社）。埔顶周边 12 个自然村为清风高级社，罗田、后炉、上廊、寨仔尾共 4 个自然村为先锋高级社的一部分。高级社为取消土地分红，土地所有权属集体农民所有，实行各尽所能，按劳计酬，社员留有适量自留地。

（五）国营农场

1958 年 5 月，厦门市国营大帽山农场成立，新圩乡古宅大队罗田、后炉、上廊、寨仔尾共 4 个自然村，居民和土地划归农场；新圩乡埔顶大队下辖 12 个自然村，土地归集体所有。1965 年，埔顶大队 12 个自然村全部并入农场，土地所有权收归全民所有。

（六）土地承包责任制

1980 年，厦门市执行（中发〔1979〕4 号）文件和中共十一届三中全会《关于加快农业发展若干问题的决定（草案）》，大帽山农场各自然村先后推行土地联产承包责任制。

1998年，农场组织开展土地延包30年（未签发证书）。2003年，全面取消农业税。2007年，家庭土地联产承包责任制30年不变。

二、土地开荒

开荒造田是大帽山农场常年劳动任务，农场根据各生产队劳力情况，把开荒任务安排到各队，由农场组织力量统一规划、测量，各生产队在农闲时组织职工开垦荒山。

1958年，大帽山农场未利用荒山荒地8.63万亩，实际开荒面积总计2600亩，开荒已利用面积2150亩，开荒后种植当年生作物面积440亩，种植多年生作物面积1710亩；开荒后未利用面积450亩。1963年，农场开荒270亩，种植多年生作物223亩。1977—1978年，农场组织全场干部、职工开垦铜钟山、埔顶下深水库顶及后炉埔大荒地100多亩。截至2007年，农场荒山荒地开垦3800余亩。

三、基本农田建设

大帽山农场农田大多为分布在小丘陵山岗间的“望天田”，全靠天然雨水灌溉，农田基本建设尤显重要。农场农田基本建设着重致力于水利建设，到处修筑小坝塘，先后兴建万立方米以上小水库16座，库容10万立方米以上小（2）型水库2座，库容373.5万立方米小（1）型水库1座，在小水库修筑引水渠灌溉下游农田，基本解决“望天田”农业用水问题。

20世纪70年代，农场对在寨仔尾的大路边、深井巷至后茶寮、上廊的宋洋、后炉的后厝至后炉水尾、罗田的九溪路两边等地的几片农田进行土地平整，把小块农田改造成大面积农田，前后整治农田200余亩，在平整的耕地中开挖大排水沟，用以防涝。

大帽山农场耕地地热较高，坡度较大，面积较为分散，经过几十年耕作，水土流失严重，导致地力衰退，单位面积农作物产量低。

2006年8月，厦门市农业局拨款30万元，建设大帽山农场机耕道路28.4公里。该项目建设，复耕撂荒耕地450亩，直接受益面积1500亩，2季复种达3000亩。按播种每亩节省投工2个工日、田间管理节省2个工日、作物收获节省2个工日计算，每亩可节省投工6个工日；每个工日以25元计算，每亩节省投工150元。全场村民每年减少投工折合人民币45万元。该项目建设后，全场人均年收入增加105元。

2011年5月30日，为进一步加强基本农田保护，促进农业增效和农民增收，厦门市人民政府同意厦门市人民政府办公厅转发《厦门市国土房产局、厦门市财政局、厦门市农林局关于厦门市基本农田管护费使用管理办法（试行）的通知》，基本农田管护费标准为每亩每年 200 元，不足一亩的，按实际土地面积相应折算，资金从新增建设用地土地有偿使用费中列支。大帽山农场与承担基本农田保护责任的农户或单位签订《基本农田保护合同》，约定基本农田保护地块、面积、期限和管护费标准、资金以及违约责任等相关事宜，明确双方的权利和义务。《基本农田保护合同》签订后，由合同当事人每年确认一次。6 月 8 日，农场场委会研究决定，各村补贴按实际耕地面积计算发放。

2011 年，大帽山农场基本农田管护费补贴发放见表 2-3-3；2018 年，大帽山农场基本农田管护费补贴发放见表 2-3-4。

表 2-3-3　2011 年大帽山农场基本农田管护费补贴发放

自然村	面积（亩）	补贴标准（元）	补贴金额（元）
洪毛岭	77	200	15400
后炉	6.2	200	1240
上廍	9.5	200	1900
集体户	10	200	2000
加塘	42	200	8400
刘厝	169.5	200	33900
罗田	209	200	41800
山后桥	239	200	47800
山仔头	100.4	200	20080
尾厝	123.6	200	24720
下厝	123.7	200	24740
寨仔尾	259.85	200	51970
中心	205.3	200	41060
山边	259	200	51800
内官	1	200	200
小计	1835.05	200	367010
农场	1728.95	200	345790
合计	3564	200	712800

表 2-3-4　2018 年大帽山农场基本农田管护费补贴发放

自然村	基本农田面积（亩）	补贴标准（元/亩）	金额（元）
寨仔尾	259.85	200	51970
后炉	172.5	200	34500
上廍	165.7	200	33140
罗田	209	200	41800
山后	239	200	47800
尾厝	123.6	200	24720
下厝	123.7	200	24740
山仔头	100.4	200	20080

（续）

自然村	基本农田面积（亩）	补贴标准（元/亩）	金额（元）
加塘	42	200	8400
中心	205.3	200	41060
山边	259	200	51800
洪毛岭	77	200	15400
刘厝	169.5	200	33900
集体户	10	200	2000
村门	95.5	200	19100
内官	68.7	200	13740
古坑	79.5	200	15900
小计	2400.25	200	480050
农场	1528.85	200	305770
合计	3929.1	200	785820

2020 年 4 月，翔安区确定大帽山农场耕地地力保护补贴面积 1295.97 亩，每亩补贴标准 74 元，补贴 9.59 万元，其中上级部门补贴 9.53 万元。

2022 年，大帽山社区耕地地力保护补贴面积 1244.6 亩。

四、高标准农田建设

2020 年 11 月，大帽山农场启动 2018 年高标准农田建设项目，在甘露寺南面地块进行高标准农田建设，完成建设高标准农田 180 亩。高标准农田建设主要工程包括土地平整、灌溉与排水、田间道路、农田防护等。项目总投资 175 万元，其中建筑安装工程费 159 万元。12 月，翔安区确定高标准农田管护经费每年每亩 50 元。

第三节　经济体制

一、生产体制

中华人民共和国成立之前，场内土地大多归地主、富农所有。雇农、长工、短工是农村的主要耕作者。

土地改革基本结束后，1952 年，中央文件指出农业生产合作社、农村信用合作社和农村供销合作社是农村合作化的三种形式。同安县人民政府各级领导下乡开展运动，鼓励农民组织农业互助组，生产自助，解决了孤、寡、独和农具不全，生产困难的农户难题。为了尽快排除贫困，免受剥削，组织农村信用合作社，鼓励农民投资入股，每股 2 万元（1955 年人民币改票面金值 2 元）。

1953年底，场内开始试办初级社，其生产体制是土地私有，评分入股；耕牛私有公用，耕牛犁地按耕地条件确定定额工分；家具私有借用或折价归公，集体经营，评工记分，年底分红。

1957年春，场内建立高级社，其生产体制是土地集体所有；农具、畜力折价归公，集体经营，评分记工，按劳分配。高级社统一财务，实行“三包一奖励”（包工、包产、包成本、多奖少赔）的生产责任制，生产队为“三包”单位。社队干部由社员民主选举，生产参照国家计划，根据高级社人力、物力、财力进行安排。采用劳力定级、死分活评与劳动定额、计件工分相结合，以劳动定额为主，有些农活采用小段包工，验收后付酬记分，进行劳动管理。

1958年5月，国有大帽山农场建场后，农业生产合作社土地逐渐转为全民所有制。

二、农场产值

大帽山农场以农业经营为主，农业产值除了上交国家外，主要供农场内部使用。农场没有渔业生产，农业产值主要包括农、林、牧生产产值。

1963年，大帽山农场总产值17.29万元（按1957年不变价格计算），农业总产值13万元。其中，农业产值12.38万元（按1957年不变价格计算9.49万元），林业产值3.71万元（按1957年不变价格计算2.78万元），畜牧业产值1.2万元（按1957年不变价格计算7213元）。农业职工人均产值，按1957年不变价计算155元，按1963年价格计算203元；畜牧业工人人均产值，按1957年不变价计算258元，按1963年价格计算430元。

1969年，大帽山农场总产值27.42万元，其中农业产值19.76万元，林业产值6.29万元，畜牧业产值1.37万元。1970年，农场总产值29.42万元，其中农业产值19.38万元，林业产值8.08万元，畜牧业产值1.96万元。1971年，农场总产值32.95万元，其中农业产值20.42万元，林业产值8.59万元，畜牧业产值3.94万元。1972年，农场总产值30.96万元，其中农业产值19.93万元，林业产值9.01万元，畜牧业产值2.02万元。

1979年，大帽山农场生产总值70.9万元，人均收入0.08万元，农业总产值54.7万元。

1983年，大帽山农场总产值（按1980年不变价格计算）92.05万元，其中农业产值65.74万元，林业产值4.8万元，牧业产值18.12万元，副业产值3.29万元，渔业产值0.1万元。农场总产值（按1983年价格计算）111.71万元，其中农业总产值78.09万元，林业总产值4.8万元，牧业总产值24.6万元，副业总产值4.02万元，渔业总产值0.2万元。

1984年，大帽山农场总产值按1984年价格计算为141.7万元，其中农业总产值88.3万元，林业总产值0.7万元，牧业总产值42.57万元，副业总产值9.85万元，渔业总产值0.28万元。农场职工人均产值357元。

2004年，大帽山农场生产总值1089万元，其中第一产业809万元，第二、三产业280万元。全年亏损60万元，其中支付职工社会养老保险48万元。职工年人均收入2960元，低于厦门市民最低保障水平。

2005年，大帽山农场生产总值1380万元，比2004年增加291万元，同比增长26.7%。其中第一产业为875万元，比2004年增加66万元，同比增长8.2%；第二、三产业505万元，同比增长80.4%。

三、分配制度

中华人民共和国成立之前，场内土地私有，自耕农以家族为单位从事劳动，获取税后生产物。半自耕农、佃农向地主、富农租佃土地，缴交繁重地租。地租主要采用定额实物租、实物分租（分成），少数采用钱租形式，农民收成大部分归地主、富农所有。无地农民有的成为地主、富农的雇工，薪酬微薄。

中华人民共和国成立后，土地改革使农民获得土地，或以家庭为单位，或以互助组的形式生产经营，生产物除纳税外归农民私人所有。

初级农业合作社时期，农民将土地折价入股，年终获得股金分红。股金分红一般是农业社总收入扣除生产费用、税金、提留公积金、公益金后净收入的30%；社员私有耕畜、大型农具由集体安排使用，集体付给报酬；社员参加集体生产劳动报酬，按农业社当年工分值乘社员当年所得分工计算。工分值按当年净收入的70%除以工分总数计算。

高级农业合作社取消土地报酬，社员入社的私有土地无代价转为合作社集体所有，耕畜、大型农具等生产资料按质折价归公，金额超出社员应交入社股金的部分，作为合作社的投资，合作社分期偿还；缺少或没有耕畜、大型农具的社员，其应摊股份的不足部分由国家给予贷款。高级社的分配主要以税金形式上交国家（占6%），以公积金、公益金和储备基金“三金”形式作为集体提留，用于扩大再生产和举办集体福利事业；劳动报酬实行各尽所能、按劳分配的分配原则，按劳动定额评工记分，分配比例一般为总收入中公积金占5%，公益金占3%，管理费占1%，生产费用占27%，社员分配占64%。

1958年5月，大帽山农场建场后，古宅大队罗田、寨仔尾、后炉、上廍共4个自然村居民和土地并入农场，实行工资制与供给制相结合的分配制度。大帽山农场1958—1967年职工配备及工资见表2-3-5。

表 2-3-5 1958—1967 年大帽山农场职工配备及工资

单位：个、元

名称＼项目	每人全年工资	1958 年		1959 年		1962 年		1967 年	
		名额	总薪金	名额	总薪金	名额	总薪金	名额	总薪金
总计	—	—	180360	—	427800	—	483720	—	517920
行政干部	840	9	7560	13	10920	18	15120	18	15120
技术干部	840	5	4200	7	5880	10	8400	10	8400
技术工人	420	30	12600	50	21000	60	25200	70	29400
普通工人	300	300	90000	750	225000	800	240000	800	240000
临时工人	300	220	66000	550	165000	650	195000	750	225000

1965 年，埔顶大队 12 个自然村全部并入大帽山农场。农场有农业队和专业队共 2 种生产队。农业队以生产队为经营核算单位，由农场统一下达生产任务计划指标，支付种子、肥料、农具、耕作工资等各种农业生产费用，生产队评工记分到个人，年终决算分红。超额完成任务的农业队获得收成的 70%，没有完成任务的农业队倒赔 50%。农场除农业生产队外，其他各行业还建立茶叶、剑麻等专业队，对专业队实行定员、定额管理，采用评工记分办法，各队劳动力进行劳动站级，分级记分，一个全劳动力一般为一个工日记 10 分，每个工日 1 元。各专业队调用外单位劳动力一律开出调工单给劳动者所在单位，每月预发工资，年终决算。这是农场多年普遍使用的劳动报酬分配办法。

1966 年底以前，全场职工总数每年约 799 人，月工资总数 14366.00 元，月平均工资 17.98 元；1971 年以前，农场职工总数每年约 1065 人，月工资总数 20116.80 元，月平均工资 18.89 元；1976 年，实行工分制，全场职工总数 1485 人，月工资总数 29453.50 元，月平均工资 19.83 元，年工资总额 35.34 万元。

1971 年，大帽山农场职工总数 1285 人，其中寨仔尾 103 人，后炉 75 人，上廊 68 人，罗田 95 人，山后桥 135 人，联合 144 人，中心 134 人，山边 105 人，洪毛岭 39 人，内官 25 人，村门 39 人，刘厝 55 人，古坑 39 人，企事业职工[①] 195 人，固定职工 34 人。34 名固定职工中，农业职工 22 人，工资范围在 16～72 元；行政人员 7 人，工资范围 35.5～65 元；技术人员 2 人，工资范围 38～56 元；医士 1 人，工资 48.5 元；卫生技术人员 2 人，工资范围 34～63.5 元。195 名企事业职工中，最低月工资 17.28 元，最高月工资 31.20 元。工资分 17.28 元、18.72 元、20.16 元、21.60 元、23.04 元、24.48 元、25.92 元、27.36 元、28.80 元、31.20 元，共 10 个档次。

1971 年，大帽山农场 13 个生产队职工按各生产队生产效益平均分配劳动所得。刘厝生产队 55 人，每人平均工资 18.40 元，工资总额 1012.00 元；内官生产队 25 人，每人平均工

① 注：企事业人数不包括各自然村人数。

资16.10元，工资总额402.50元；村门生产队39人，每人平均工资14.30元，工资总额557.70元；古坑生产队39人，每人平均工资12.40元，工资总额483.60元；洪毛岭生产队39人，每人平均工资11.00元，工资总额429.00元。山边生产队105人，每人平均工资15.50元，工资总额1627.50元。中心生产队134人，每人平均工资15.20元，工资总额2036.80元；联合生产队144人，每人平均工资18.20元，工资总额2620.80元；山后桥生产队135人，每人平均工资12.30元，工资总额1660.50元；罗田生产队95人，每人平均工资13.20元，工资总额1254.00元；上廍生产队68人，每人平均工资23.00元，工资总额1564.00元；后炉生产队75人，每人平均工资15.20元，工资总额1140.00元。寨仔尾生产队103人，每人平均工资16.20元，工资总额1668.60元。

1972年，大帽山农场企事业职工总人数189人，工资总额4945.50元。

1973年2月，大帽山农场职工人数1383人，其中寨仔尾102人，后炉77人，上廍72人，罗田88人，山后桥126人，联合161人，中心133人，山边107人，洪毛岭、内官、古坑共140人，刘厝57人，企事业189人，58、59线共100人，固定31人。其中，1352名职工基本工资统一为15.50元，合发工资20956.00元；31名固定职工中，最高工资81.50元，最低工资16.80元，合发工资1161.90元。

1973年，大帽山农场固定工工资见表2-3-6。

表2-3-6　1973年大帽山农场固定工工资花名册

单位：元

序号	姓名	工种级别	应发工资额	其中			备注
				基本工资	附加工资	粮价补贴	
1	王建东	行政21	65	63.5	—	1.5	
2	黄章榜	行政24	46	44.5	—	1.5	
3	颜尧宗	行政21	65	63.5	—	1.5	
4	郭文安	行政25	40	38.5	—	1.5	
5	叶亚灿	行政25	43	38.5	3	1.5	
6	郭清渊	行政19	81.5	80	—	1.5	
7	林火伦	行政26	38	33.5	3	1.5	
8	陈文章	行政26	33.5	33.5	—	—	
9	梁昆标	技术13	56	56	—	—	
10	刘以岩	技术16	38	38	—	—	
11	沈　尧	卫技14	63.5	63.5	—	—	
12	李盘石	驾驶4	50	45.5	3	1.5	
13	陈光觅	农技7	35.4	35.4	—	—	
14	陈玉贝	—	38	38	—	—	

（续）

序号	姓名	工种级别	应发工资额	其中			备注
				基本工资	附加工资	粮价补贴	
15	潘金钟	卫技 20	34	34	—	—	
16	叶振专	农技 6	32.2	32.2	—	—	
17	庄恭寿	农技 6	32.2	32.2	—	—	
18	吴德俊	—	32	32	—	—	
19	余古赐	—	32	32	—	—	
20	宋明辉	农技 5	29.3	29.3	—	—	
21	苏金水	农技 5	29.3	29.3	—	—	
22	叶昌义	农技 4	26.6	26.6	—	—	
23	黄志鸿	农技 4	26.6	26.6	—	—	
24	王进治	农技 2	22	22	—	—	
25	王安普	农技 2	22	22	—	—	
26	李珍科	农技 2	22	22	—	—	
27	杨文铺	—	16.8	16.8	—	—	
28	黄章火	—	28	28	—	—	
29	黄章佖	—	28	28	—	—	
30	黄章坚	—	28	28	—	—	
31	黄奕潭	—	28	28	—	—	

1977 年 10 月，大帽山农场全场职工进行工资调整。1966 年底以前参加工作二级工 13 人，1972 年以后参加工作的 3 人，符合 40%调资面的合计 21 人，其中干部 11 人，工人 10 人。1971 年底以前工作，不符二条杠的三级工 10 人，四级工 5 人，五级工及以上 6 人。

1984 年，大帽山农场发放工资 348730.40 元，基本工资总额 345840.40 元。

1990 年 7 月，大帽山农场工资花名册见表 2-3-7。

表 2-3-7 1990 年 7 月大帽山农场工资花名册

单位：元

序号	姓名	基本工资	岗位津贴	主要副食品补贴	粮差	三费	浮动工资	合计
1	梁昆标	129.00	15.00	18.50	13.00	16.00	14.00	205.50
2	郭文安	108.00	15.00	18.50	13.00	16.00	—	170.50
3	李宜宾	108.00	15.00	18.50	13.00	16.00	13.00	183.50
4	叶振专	108.00	15.00	18.50	13.00	16.00	—	170.50
5	黄奕园	94.00	15.00	18.50	13.00	16.00	—	156.50
6	刘以岩	94.00	15.00	18.50	13.00	16.00	12.00	168.50
7	洪瑞和	88.00	15.00	18.50	13.00	16.00	12.00	162.50
8	黄章火	88.00	15.00	18.50	13.00	16.00	—	150.50

（续）

序号	姓名	基本工资	岗位津贴	主要副食品补贴	粮差	三费	浮动工资	合计
9	黄金树	88.00	15.00	18.50	13.00	16.00	—	150.50
10	沈建国	88.00	15.00	18.50	13.00	16.00	—	150.50
11	黄奕坵	88.00	15.00	18.50	13.00	16.00	—	150.50
12	黄奕沙	88.00	15.00	18.50	13.00	16.00	—	150.50
13	黄献江	88.00	15.00	18.50	13.00	16.00	—	150.50
14	黄章原	88.00	15.00	18.50	13.00	16.00	—	150.50
15	黄章坚	88.00	15.00	18.50	13.00	16.00	—	150.50
16	温汉光	115.00	15.00	18.50	13.00	16.00	12.00	189.50
17	黄奕潭	88.00	15.00	18.50	13.00	16.00	—	150.50
18	黄水湧	88.00	15.00	18.50	13.00	16.00	—	150.50
19	陈金壇	82.00	15.00	18.50	13.00	16.00	—	144.50
20	洪钟涂	94.00	15.00	18.50	13.00	—	—	140.50
21	黄献誉	82.00	15.00	18.50	13.00	—	—	128.50
22	黄建设	82.00	15.00	18.50	13.00	—	—	128.50
23	郑丙丁	82.00	15.00	18.50	13.00	—	—	128.50
24	洪钟炎	82.00	15.00	18.50	13.00	—	—	128.50
25	叶水木	82.00	15.00	18.50	13.00	—	—	128.50
26	王进治	82.00	15.00	18.50	13.00	—	—	128.50
27	陈英杰	82.00	15.00	18.50	13.00	—	—	128.50
28	沈丽雪	76.00	15.00	18.50	13.00	—	—	122.50
29	黄献湾	76.00	15.00	18.50	13.00	—	—	122.50
30	郑文国	76.00	15.00	18.50	13.00	—	—	122.50
31	黄福在	76.00	15.00	18.50	13.00	—	—	122.50
32	黄惠珍	70.00	15.00	18.50	13.00	—	—	116.50
33	黄献稳	70.00	15.00	18.50	13.00	—	—	116.50
34	颜永明	70.00	15.00	18.50	13.00	—	—	116.50
35	黄金镇	70.00	15.00	18.50	13.00	—	—	116.50
36	黄文约	65.00	15.00	18.50	13.00	—	—	111.50
37	张生源	70.00	15.00	18.50	13.00	—	—	116.50
38	郑含目	65.00	15.00	18.50	13.00	—	—	111.50
39	黄献彻	51.00	15.00	18.50	13.00	—	发 60%	58.50
40	黄节省	51.00	15.00	18.50	13.00	—	发 50%	48.75
41	黄本希	90.00	15.00	—	—	—	—	105.00
42	郑省水	70.00	31.00	18.50	13.00	—	—	132.50
43	黄献城	50.00	15.00	—	—	—	—	65.00
44	王进和	26.00	15.00	—	13.00	—	—	54.00
45	黄　瘠	70.00	15.00	—	—	—	—	70.00

（续）

序号	姓名	基本工资	岗位津贴	主要副食品补贴	粮差	三费	浮动工资	合计
46	叶春晖	55.00	15.00	—	13.00	—	—	83.00
	合计	3721.00	706.00	758.50	559.00	304.00	63.00	6096.50

20世纪80年代中期到90年代初，大帽山农场对茶叶及剑麻实行大包干的办法，根据茶叶、剑麻的长势和数量确定上缴产值任务数，一切生产费用由承包者负责，承包户按合同规定向国家缴纳税金。

2003年，全面取消农业税，大帽山农场生产经营收入归承包者所有。

1958—1980年，大帽山农场收益分配、粮食耕地亩产量见表2-3-8。

表2-3-8　1958—1980年大帽山农场收益分配、粮食耕地亩产量

年份	总收入（元）	总支出（元）	粮食征购（担①）	每人年平均口粮（斤）	粮食耕地亩产		
					面积（亩）	亩产（斤）	总产（担）
1958	46363	46363	—	—	1738	680	11825
1959	—	—	—	—	1524	745	11362
1960	82675	82675	1265	190	1799	735	13218
1961	98646	178117	1100	109	1825	656	11970
1962	77800	122904	2608	394	1717	626	10744
1963	57418	90360	1736	427	1526	714	10899
1964	126013	139113	2904	697	1659	827	13728
1965	317454	266163	3798	578	1815	932	16914
1966	388947	316907	3256	607	2098	834	17490
1967	377659	364603	1728	586	2288	697	15942
1968	303126	337676	341	580	2194	684	15009
1969	439057	479690	929	606	2285	744	16992
1970	374663	374663	1005	639	2435	764	18607
1971	425462	453680	1285	641	2622	735	19273
1972	404456	400524	347	558	2422	675	16356
1973	445860	517592	524	524	2040	750	15292
1974	483844	530766	514	637	2051	951	19516
1975	537190	630507	1808	588	2040	972	19836
1976	612835	768113	1170	541	2086	865	18051
1977	725275	826115	540	594	2235	870	19458
1978	745838	901548	958	617	2258	929	20982
1979	—	—	1057	—	2212	918	20315
1980	—	—	—	—	2047	1044	21395

① 注：担为非法定计量单位，1担约为50千克。全书使用1担=50kg进行换算。——编者注

四、休闲农业

大帽山休闲农业利用大帽山特有的农村田园景观、农业生产过程和技术、农产品加工和农耕文化等农业资源，为消费者提供旅游观光、假日休闲、农耕体验、学习实践等多项服务。

（一）休闲农业机构

2014 年 10 月 27 日，在乡创业青年黄车轮注册成立火龙谷家庭农场（以下简称火龙谷）。火龙谷位于大帽山农场内官，经过多年经营，有自营基地 500 亩，其中油茶树 360 亩、脐橙等果蔬园 140 亩。在火龙谷可以享用农家土鸡、时令蔬菜，体验不一样的田园生活。

翔安区加大对大帽山农场休闲农业扶持力度。2015 年，厦门市翔安区大雾山果蔬专业合作社建设农产品质量安全追溯试点，翔安区给予 3 万元补助。

大雾山果蔬专业合作社项目建设蔬菜水培温室大棚 2815.02 平方米，锯齿型钢架连栋大棚 9862.77 平方米，普通钢架连栋大棚 909.92 平方米，简易钢架边栋大棚 3246.75 平方米，总投资 460.55 万元。

2017 年，翔安区对接厦门市特房集团开发大帽山移民村农业休养旅游观光项目，大帽山社区农村专业合作社、家庭农场不断组合发展。2019 年 2 月，翔安区委乡村振兴办对接厦门市特房集团，调度翔安区投资集团和大帽山国有农场，共同开发建设“大帽山境”田园综合体项目，出台民宿管理实施细则，将大帽山纳入全区民宿审批试点，成立民宿发展协调小组，统筹协调民宿项目审批，推动客房批量投放市场。针对大帽山农场实际情况，翔安区构建“国有企业、国有农场、基地、农户”相结合的利益联结机制，实现小农户和现代农业发展有机衔接。

（二）休闲农业成果

2016 年，翔安大帽山获评厦门市市级休闲农业示范点，同时获评 2011—2017 年福建省休闲农业示范点；2016 年 12 月，大帽山三角梅园、翔安区火龙谷家庭农场被授予厦门市市级休闲农业示范点称号，各奖励 10 万元。2018 年 4 月，翔安区大雾山果蔬专业合作社（大帽山猪小惠生态农场）被认定为 2017 年厦门市休闲农业示范点，获奖励资金 10 万元。2020 年 10 月，翔安区农业农村局认定翔安区大雾山果蔬专业合作社为 2020 年区级农民专业合作社示范社。

第四章　种　植　业

大帽山农场粮食作物主要有水稻、甘薯、大麦、小麦；经济作物主要有花生、豆类、芝麻、蔬菜、水果、糖蔗、药材。多年生作物以茶叶、剑麻、菠萝、油茶为主。1958 年，大帽山农场耕地 4303 亩，其中水田 3068 亩，旱地 1235 亩。

1963 年，大帽山农场年初耕地面积 2428 亩，其中水田面积 2364 亩，旱地面积 64 亩；当年开荒总面积 281 亩，其中未利用面积 255 亩，历年来开荒尚未利用面积 273 亩；年末耕地面积中职工自用地 210 亩，无机耕地面积，当年无未利用的耕地面积。耕地分类中，上等田 365 亩，中等田 942 亩，劣等田 1057 亩，等级标准之外的耕地 64 亩，实际利用的耕地面积 2218 亩，在耕地上的播种面积 3943 亩，耕地复种指数 178%。1 个农（林）业工人平均负担耕作面积 3.54 亩，多年生经济作物面积 5.94 亩，合计负担耕作面积 9.48 亩。

大帽山农场耕地面积长年保持在 2500 亩左右。1969—1971 年，农场耕地面积 2428 亩，其中水田 2318 亩，旱地 110 亩。1979—1985 年，农场耕地面积 2632 亩，其中水田面积 2276 亩，旱地面积 356 亩。

第一节　粮食作物

农场内粮食作物有水稻、甘薯、大麦、小麦、大豆、高粱、蚕豆、豌豆等，以水稻、甘薯、大麦、小麦为主要粮食作物。在以粮为纲的年代里，粮食作物种植面积为花生、蔬菜等经济作物的 10 多倍。大帽山农场建场后，以原有农田种植粮食作物，供给全场职工群众口粮、食用油，为自给自供性生产，按国家下达指标进行统购。粮食作物总产量从 1958 年 591.15 吨，提高到 1979 年的 1015.75 吨。1990 年以来，随着农业转型，除轮作之外，大部分农田用于种植经济作物。农场全年农作物总播种面积：1978 年 6572 亩，1979 年 6362 亩，1981 年 5262 亩，1982 年 5553 亩（职工 268 亩），1984 年 5591 亩，1985 年 5710 亩。

一、种植面积与产量

（一）水稻

水稻是农场内的主要农作物。明清时期，场内各自然村所处地理位置不同，水稻播种面积不均衡。水稻有粳稻、糯稻两种，以粳稻为主。水稻耕作为早稻、晚稻双季，与甘薯、花生、大豆等旱地作物轮作。水稻育秧由原来温室、田垄育秧，改为塑料育秧盘育秧；播种方式由"面朝泥土背朝天"手插播种，改为抛秧播种，减轻劳动强度；收成方式也不断发生变化，由原来摔桶脱粒，改为打谷机脱粒，再到小型收割脱粒一体机作业。

1. 水稻品种

中华人民共和国成立之前，水稻多以迟熟高秆的地方农家品种为主，主要品种有大冬、赤脚、叶下逃、白香、早秫、虎皮秫，其中大冬品种春种冬熟。1949—1958 年，农场引进早、中熟中秆稻品种，迟熟高秆品种被淘汰。1959 年，农场引进早、中熟矮秆品种。1962 年，同安县良种场引进水稻良种矮脚南特号获得成功。1964—1975 年，农场推广珍龙 410、珍红 17 号等早稻品种，该品种茎秆粗壮、耐肥抗倒，该矮秆品种比高秆品种增产 60～70 公斤；晚稻也以早稻品种进行栽培，俗称"倒种春"。1976—2007 年，农场先后引进推广龙特早等 22 个杂交水稻品种。

2. 稻谷种植面积及产量

1963 年，农场水稻播种面积 2134 亩，收获面积 2010 亩，亩产 166.5 公斤，总产量 334.67 吨。其中，早稻播种面积 629 亩，收获面积 568 亩，亩产 91 公斤，总产量 51.69 吨；晚稻播种面积 1505 亩，收获面积 1442 亩，亩产 198.5 公斤，总产量 286.237 吨。1969 年，水稻播种面积 3527 亩，平均亩产 191.1 公斤，总产量 674.01 吨。1972 年，水稻播种面积 3394 亩，平均亩产 178.5 公斤，总产量 605.83 吨。

1958—1983 年，大帽山农场水稻播种面积及产量见表 2-4-1。

表 2-4-1　1958—1983 年大帽山农场水稻播种面积及产量

年度	年总产量（吨）	早稻			晚稻		
		收获面积（亩）	亩产（公斤）	总产量（吨）	收获面积（亩）	亩产（公斤）	总产量（吨）
1958	420.71	1017	154.0	156.62	1410	187.3	264.09
1959	404.07	804	190.5	153.16	1349	186.0	250.91
1960	433.21	1002	166.0	166.33	1390	192.0	266.88
1961	407.09	1015	156.5	158.85	1482	167.5	248.24
1962	360.26	990	144.5	143.05	1498	145.0	217.21
1963	343.24	568	91.0	51.69	1442	198.5	286.24

（续）

年度	年总产量（吨）	早稻			晚稻		
		收获面积（亩）	亩产（公斤）	总产量（吨）	收获面积（亩）	亩产（公斤）	总产量（吨）
1964	506.41	905	195.0	176.48	1483	224.5	332.93
1965	675.74	1037	228.0	236.44	1706	257.5	439.30
1966	728.51	1460	168.5	246.01	1930	250.0	482.50
1967	627.41	1610	198.8	320.07	1906	161.5	307.82
1968	496.67	1285	91.8	117.96	1988	190.5	378.71
1969	673.12	1524	154.5	235.46	2003	218.5	437.66
1970	716.10	1659	199.0	330.14	2053	188.0	385.96
1971	714.77	1598	148.8	237.78	2183	218.5	476.99
1972	606.20	1545	154.8	239.17	1849	198.5	367.03
1973	528.11	1505	108.0	162.54	1904	192.0	365.57
1974	664.16	1538	169.5	260.69	1881	214.5	403.47
1975	689.18	1533	186.8	286.36	1932	208.5	402.82
1976	613.88	1548	185.8	287.62	1942	168.0	326.26
1977	657.31	1426	168.0	239.57	2068	202.0	417.74
1978	738.51	1616	206.5	333.70	2004	202.0	404.81
1979	766.49	1605	226.5	363.53	1985	203.0	402.96
1980	756.15	1600	210.5	337.80	1674	250.0	418.50
1982	820.05	917	328.0	300.78	1550	335.0	519.25
1983	1000.17	1410	292.5	412.43	1660	354.5	588.47

（二）甘薯

甘薯又称番薯、地瓜，是大帽山农场的主粮之一。农场山坡沙壤地多，特别适合种植甘薯。甘薯因种植季节不同，分早甘薯和晚甘薯两种。

1. 甘薯品种

中华人民共和国成立之前，场内传统甘薯品种有鹦哥、五齿、过沟挖等 15 个品种。1950 年以后，甘薯种植品种 66 个，主要良种 19 个，亩产 1500 公斤以上的良种有竖藤、乌橄、新种花、永春五齿、藤仔、五一九三、北白共 7 种。20 世纪 90 年代，农场推广种植优质甘薯良种福薯 26、台薯 1 号、甜薯、岩薯 5 号，鲜薯亩产 2500～3000 公斤。

2. 甘薯种植面积及产量

大帽山农场每年都种植 600 多亩甘薯，早甘薯、晚甘薯各种一半。1958—1979 年，农场甘薯平均亩产 200～500 公斤。2007 年，农场平均亩产鲜甘薯 1500～2500 公斤。

1963 年，农场甘薯种植面积 627 亩，收获面积 627 亩，按播种面积计算亩产 276.27 公斤，总产量 173.22 吨。其中，早甘薯播种面积 421 亩，收获面积 421 亩，按播种面积计算亩产317公斤，总产量133.46吨；晚甘薯播种面积206亩，收获面积206亩，按播种面积计算亩产193公斤，总产量39.76吨。1969年，甘薯播种面积506亩，平均亩产297.5公斤，总产量150.54吨。1972年，甘薯播种面积678亩，平均亩产254.44公斤，总产量172.51吨。

1958—1982年，大帽山农场甘薯播种面积及产量见表2-4-2。

表2-4-2 1958—1982年大帽山农场甘薯播种面积及产量

年度	年总产量（吨）	早甘薯			晚甘薯		
		收获面积（亩）	亩产（公斤）	总产量（吨）	收获面积（亩）	亩产（公斤）	总产量（吨）
1958	133.06	442	295.5	130.61	51	48.0	2.45
1959	141.40	464	268.0	124.35	100	170.5	17.05
1960	198.36	463	388.5	179.88	105	176.0	18.48
1961	197.57	482	343.5	165.57	158	202.5	32.00
1962	165.25	375	355.0	133.13	145	221.5	321.18
1963	173.22	421	317.0	133.46	206	193.0	39.76
1964	198.78	451	381.5	172.06	167	160.0	26.72
1965	143.61	364	341.0	124.12	88	221.5	19.49
1966	126.51	202	370.5	74.84	202	256.0	51.71
1967	123.45	198	340.5	67.42	314	178.5	56.05
1968	221.88	516	430.0	221.88	—	—	—
1969	150.54	506	297.5	150.54	—	—	—
1970	180.88	306	332.0	101.59	347	228.5	79.29
1971	199.19	414	323.5	133.93	349	187.0	65.26
1972	172.51	361	286.0	103.25	317	218.5	69.26
1973	208.97	322	358.5	115.44	349	268.0	93.53
1974	245.82	352	404.5	142.38	331	312.5	103.44
1975	244.18	343	464.5	159.32	272	312.0	84.86
1976	212.09	391	357.0	139.59	290	250.0	72.50
1977	294.27	1154	255.0	294.27	—	—	—
1978	254.02	896	283.5	254.02	—	—	—
1979	304.41	834	365.0	304.41	—	—	—
1980	258.08	460	350.0	161.00	353	275.0	97.08
1982	272.00	320	500.0	160.00	320	350.0	112.00

（三）大麦、小麦

大麦、小麦曾是场内重要粮食作物之一。20世纪90年代初期，大帽山农场尚有种植，每年都种植大小麦800多亩，每亩单产150斤左右。20世纪90年代后期，因冬季蔬菜种植经济效益较好，麦类作物种植面积减少。2003年以后，基本无麦类种植。

农场先后种植的小麦品种有36个。其中，中华人民共和国成立之前，有农家品种5个；中华人民共和国成立之后，引进优良品种31个。亩产100公斤以上的良种有晚深根、早深根、石麦、赤秋早深根等。大麦传统春性冬种型品种主要有六棱乌肚、六棱白肚、裸大麦、麦仔穗等。20世纪60年代，大麦品种更新为早熟三号、矮早三、莆大麦4号，平均亩产71公斤。

1963年，大帽山农场小麦播种面积135亩，收获面积135亩，按播种面积计算亩产30公斤，总产量4.05吨；大麦播种面积264亩，收获面积251亩，按播种面积计算亩产32.5公斤，总产量8.16吨。1969年，大小麦播种面积536亩，平均亩产47.26公斤，总产量25.33吨，其中小麦播种315亩，平均亩产32公斤，总产量10.08吨。1972年，大小麦收获面积348亩，平均亩产58.5公斤，总产量20.36吨，其中小麦收获376亩，平均亩产41.5公斤，总产量15.60吨。

1958—1982年，大帽山农场小麦、大麦播种面积及产量见表2-4-3。

表2-4-3 1958—1982年大帽山农场小麦、大麦播种面积及产量

年度	小麦			大麦		
	收获面积（亩）	亩产（公斤）	总产量（吨）	收获面积（亩）	亩产（公斤）	总产量（吨）
1958	165	23.5	3.88	391	62.5	24.44
1959	28	24.5	0.69	303	71.5	21.66
1960	126	40.5	5.10	532	44.0	23.41
1961	123	37.0	4.55	456	42.5	19.38
1962	89	34.0	3.03	338	32.5	10.99
1963	135	30.0	4.05	251	32.5	8.16
1964	91	61.0	5.55	186	75.0	13.95
1965	235	71.5	16.80	149	56.0	8.34
1966	240	41.0	9.84	159	58.0	9.22
1967	346	46.0	15.92	176	62.5	11.00
1968	378	49.5	18.71	209	39.5	8.26
1969	315	32.0	10.08	221	69.0	15.25
1970	230	55.5	12.77	275	71.0	19.53
1971	320	53.5	17.12	295	86.0	25.37
1972	376	41.5	15.60	348	58.5	20.36
1973	218	41.00	8.94	379	48.5	18.38
1974	304	68.5	20.82	—	—	—
1975	392	60.0	23.52	490	70.0	34.30
1976	405	45.5	18.43	649	43.5	28.23

（续）

年度	小麦			大麦		
	收获面积（亩）	亩产（公斤）	总产量（吨）	收获面积（亩）	亩产（公斤）	总产量（吨）
1977	394	53.5	21.08	461	48.0	22.13
1978	589	64.0	37.70	412	46.0	18.95
1979	566	38.0	21.51	250	28.0	7.00
1980	475	89.51	42.51	203	63.0	12.8
1982	208	117.5	24.40	152	107.5	16.34

（四）大豆

农场有春大豆和秋大豆两类，以颜色分有黄豆、黑豆、红豆、花豆 4 种。春大豆主要品种 8 个，秋大豆品种有 3 个。1960—1979 年，以花面豆为当家品种。亩产 100 公斤以上的良种有葛薯豆、鸡母孵、穗稻黄、大粒黄、花面豆、大青仁、绿皮青、九月豆。

大帽山农场每年都种植 250 亩左右的大豆，一般亩产 65 公斤左右。家家户户用黑豆做豆豉，用黄豆作豆酱；逢年过节还用黄豆做豆腐。随着生活习惯的改变，农户家很少自做豆豉、豆腐，大豆的种植面积随之减少。

1958—1982 年，大帽山农场大豆播种面积及产量见表 2-4-4。

表 2-4-4　1958—1982 年大帽山农场大豆播种面积及产量

年度	年总产量（吨）	春大豆			秋大豆		
		收获面积（亩）	亩产（公斤）	总产量（吨）	收获面积（亩）	亩产（公斤）	总产量（吨）
1958	18.75	412	45.5	18.75	—	—	—
1959	8.44	331	25.5	8.44	—	—	—
1960	9.87	291	31.5	9.17	8	87.5	0.70
1961	7.71	266	29.0	7.71	—	—	—
1962	7.20	294	24.5	7.20	—	—	—
1963	5.02	324	15.5	5.02	—	—	—
1964	9.71	266	36.5	9.71	—	—	—
1965	16.54	278	59.5	16.54	—	—	—
1966	10.84	255	42.5	10.84	—	—	—
1967	18.57	395	47.0	18.57	—	—	—
1968	15.73	379	41.5	15.73	—	—	—
1969	16.65	358	46.5	16.65	—	—	—
1970	15.58	328	47.5	15.58	—	—	—
1971	17.38	336	50.0	16.80	11	53	0.58
1972	15.94	330	47.5	15.68	5	52	0.26
1973	13.94	315	33.5	10.55	58	58.5	3.39

（续）

年度	年总产量（吨）	春大豆			秋大豆		
		收获面积（亩）	亩产（公斤）	总产量（吨）	收获面积（亩）	亩产（公斤）	总产量（吨）
1974	26.06	299	79.0	23.62	47	52	2.44
1975	13.07	295	35.5	10.47	50	52	2.60
1976	18.88	284	63.0	17.89	17	58	0.99
1977	17.38	307	51.5	15.81	32	49	1.57
1978	15.69	295	49.0	14.46	28	44	1.23
1979	16.93	359	44.5	15.98	28	34	0.95
1980	24.00	340	65.5	22.27	23	75	1.75
1981	—	—	—	—	—	—	—
1982	41.40	353	106.0	37.42	23	173	3.98

（五）高粱

高粱耐旱抗涝，种植简便。高粱籽粒可食用，也可酿酒，高粱芒可加工为扫把。大帽山农场很少种植高粱。1963 年，农场春高粱种植 23 亩，亩产 29 公斤，总产量 0.67 吨。1972 年，农场高粱种植 5 亩，亩产 102 公斤，总产量 0.51 吨。

（六）蚕豆豌豆

蚕豆、豌豆是粮肥兼用作物。蚕豌豆茎秆可作为绿肥回田，是很好的有机肥料。

1961 年，大帽山农场开始种植蚕豆、豌豆共 4 亩，亩产 39 公斤，总产量 0.16 吨。1969—1970 年，农场停种蚕豆、豌豆。1971 年，农场种植蚕豆、豌豆共 38 亩，亩产 56.5 公斤，总产量 2.15 吨。

1961—1982 年，大帽山农场蚕豆、豌豆种植面积及产量见表 2-4-5。

表 2-4-5 1958—1982 年大帽山农场蚕豆豌豆种植面积及产量

年度	蚕豆豌豆		
	收获面积（亩）	亩产（公斤）	总产量（吨）
1958	—	—	—
1959	—	—	—
1960	—	—	—
1961	4	39	0.16
1962	6	18.5	0.11
1963	7	23.5	0.16
1964	11	53	0.58
1965	31	40.5	1.26
1966	2	40.5	0.08
1967	25	56	1.40

（续）

年度	蚕豆豌豆		
	收获面积（亩）	亩产（公斤）	总产量（吨）
1968	16	25.5	0.41
1969	—	—	—
1970	—	—	—
1971	38	56.5	2.15
1972	49	54	2.65
1973	18	51	0.92
1974	52	39	2.03
1975	—	—	—
1976	—	—	—
1977	50	54	2.70
1978	35	31.5	1.10
1979	—	—	—
1980	280	—	—
1981	—	—	—
1982	10	72.5	0.73

（七）马铃薯

大帽山农场种植马铃薯，面积少，且时种时停。马铃薯主要品种有克新 2 号、克新 3 号，一般亩产 1500～2000 公斤。2001 年，从黑龙江引进的坝薯 10 号、无花种、克新 4 号、克新 1 号、大西洋、冀张薯等，一般亩产 1750～2200 公斤。最高产马铃薯品种为紫花 851，亩产 2200 公斤以上。

1960 年，农场马铃薯种植 19 亩，亩产 266 公斤，总产量 5.05 吨；1961 年，马铃薯种植 14 亩，亩产 393.5 公斤，总产量 5.51 吨；1962 年，马铃薯种植 25 亩，亩产 122.5 公斤，总产量 3.06 吨。1964 年，农场又试种 1 亩马铃薯，亩产 1130 公斤，总产 1.13 吨。以后基本不种，直到 1971 年，又种 1 亩，亩产 350 公斤。

二、粮食作物产值

1958—1974 年，大帽山农场对粮食作物的播种面积、亩产、总产量进行统计。1975 年，农场按当年价对粮食作物的播种面积、单产、总产量和产值进行统计。农场按 15 个生产单位进行统计，其中联合队包括尾厝、下厝、山仔头、加塘，中心队包括中心、宫仔尾。

1975 年，大帽山农场粮食作物产量、产值见表 2-4-6 至表 2-4-9。

表 2-4-6 1975 年大帽山农场粮食作物合计、农业收支、早稻产量产值

单位	粮食作物合计		农业收支		早稻（9.5 元/担）			
	面积（亩）	总产（担）	收入（元）	支出（元）	面积（亩）	单产（斤）	总产（担）	产值（元）
寨仔尾	542	2223	26897	20244	170	427	726	6896
后炉	350	1510	18165	13057	115	465	535	5080
上廊	300	1294	16742	12275	90	465	419	3976
罗田	517	2027	24846	19435	170	408	694	6589
山后桥	496	1851	24044	19234	145	380	551	5235
联合	672	2496	33709	27155	200	380	760	7220
中心	550	2104	27895	21606	155	408	632	6004
山边	471	1809	23683	18458	137	399	547	5193
洪毛岭	178	673	9360	7402	52	399	207	1971
内官	161	598	8191	6583	48	399	192	1819
村门	192	744	9904	7859	60	399	239	2274
刘厝	332	1260	19936	13256	100	399	399	3791
古坑	182	704	9617	7313	53.5	427	228	2170
大箱	82	382	5481	4085	20	500	100	950
大寮	—	—	5000	5000	—	—	—	—
合计	5025	19676	260461	202962	1516	411	6230	59192

表 2-4-7 1975 年大帽山农场晚稻、早地瓜产量产值

单位	晚稻（10 元/担）				早地瓜（10 元/担）		
	面积（亩）	单产（斤）	总产（担）	产值（元）	面积（亩）	总产（担）	产值（元）
寨仔尾	230	427	982	9820	32	224	2240
后炉	140	465	651	6510	20	140	1400
上廊	120	465	558	5580	20	140	1400
罗田	230	408	938	9380	27	189	1890
山后桥	183	380	695	6950	38	266	2660
联合	245	380	931	9310	52	364	3640
中心	190	399	758	7580	45	315	3150
山边	170	399	678	6780	38	266	2660
洪毛岭	66	399	263	2630	12	84	840
内官	56	399	223	2230	10	70	700
村门	64	399	255	2550	15	105	1050
刘厝	120	399	479	4790	24	168	1680
古坑	64	427	273	2730	80	80	800
大箱	30	500	150	1500	84	84	840
大寮	—	—	—	—	—	—	—
合计	1908	411	7842	78420	357	2495	26199

表 2-4-8　1975 年大帽山农场晚地瓜、大麦、小麦产量产值表

单位	晚地瓜 10.5 元/担　520 斤/亩			大麦 8.7 元/担　150 斤/亩			小　麦（13.5 元/担）		
	面积（亩）	总产（担）	产值（元）	面积（亩）	总产（担）	产值（元）	面积（亩）	总产（担）	产值（元）
寨仔尾	35	182	1911	40	60	522	35	49	662
后炉	20	104	1092	35	52.5	457	20	28	378
上廊	20	104	1092	30	45	392	20	28	378
罗田	20	104	1092	40	60	522	30	42	567
山后桥	40	208	2184	50	75	653	40	56	756
联合	50	260	2730	65	97.5	848	60	84	1134
中心	40	208	2184	60	90	783	60	84	1134
山边	36	187	1964	50	75	653	40	56	756
洪毛岭	13	68	714	20	30	261	15	21	284
内官	12	62	651	20	30	261	15	21	284
村门	18	94	987	20	30	261	15	21	284
刘厝	23	120	1260	35	52.5	457	30	42	567
古坑	13	68	714	20	30	261	20	28	378
大箱	5	26	273	10	15	131	5	7	95
大寮	—	—	—	—	—	—	—	—	—
合计	345	1795	18848	495	743	6462	405	567	7657

表 2-4-9　1975 年大帽山农场春大豆、秋大豆产量产值表

单位	春大豆（17.9 元/担）			秋大豆（17.9/担）		
	面积（亩）	总产（担）	产值（元）	面积（亩）	总产（担）	产值（元）
寨仔尾	24	31.2	558	5	10	179
后炉	16	20.8	372	3	6	107
上廊	15	19.5	349	3	6	107
罗田	20	26	465	4	8	143
山后桥	27	35.1	628	5	10	179
联合	37	48.1	861	7	14	251
中心	30	39	698	6	12	215
山边	27	35.1	628	4	8	143
洪毛岭	10	13	233	2	4	72
内官	7	9.1	163	2	4	72
村门	10	13	233	2	4	72
刘厝	17	22.1	396	4	8	143
古坑	10	13	233	2	4	72
大箱	2	2.6	47	1	2	36
大寮	—	—	—	—	—	—
合计	252	327.6	5864	50	100	1791

第二节 经济作物

大帽山农场按计划每年开垦等高梯田，用于种植龙舌兰、菠萝、茶叶等经济作物，提高农场经济收入。农场及时推广农业新品种、新技术，引进名、特、优果蔬新品种，扩大龙眼高接换种面积，推广无公害蔬菜、节水农业等各项实用技术，推进农业产业结构调整。

一、种植面积与产量

（一）花生

花生是场内重要经济作物之一，是油类加工产品的主要原料。推行家庭联产承包责任制之前，大帽山农场按上级下达指标，统一规划分配种植任务，种植面积300亩左右，亩产80～120公斤。1970年，大帽山农场开始播种秋花生，播种面积一般20～40亩，主要为下一年度春种花生留种。2000年以来，花生种植面积大幅减少。

中华人民共和国成立之后，场内花生主要品种有二号粗、大接仁、三荚公、红安站豆、狮头企，单产100公斤左右。20世纪70年代，大帽山农场引进粤油551、粤选58、黄油17等良种，单产120公斤左右；1980—2007年，大帽山农场先后引进粤油551-116、粤油169、汕油、缅甸种、泉花等良种，单产150公斤左右。

1963年，大帽山农场花生播种面积227亩，收获面积227亩，平均亩产63.5公斤，总产量14.41吨。1969年，花生播种面积292亩，平均亩产87公斤，总产量25.40吨。1972年，花生播种面积329亩，平均亩产62公斤，总产量20.40吨。1958—1982年，大帽山农场花生播种面积及产量见表2-4-10。

表2-4-10 1958—1982年大帽山农场花生播种面积及产量

年度	年总产量（吨）	春花生			秋花生		
		收获面积（亩）	亩产（公斤）	总产量（吨）	收获面积（亩）	亩产（公斤）	总产量（吨）
1958	23.77	233	102	23.77	—	—	—
1959	14.09	231	61	14.09	—	—	—
1960	6.38	133	48	6.38	—	—	—
1961	5.99	133	45	5.99	—	—	—
1962	6.89	162	42.5	6.89	—	—	—
1963	14.41	227	63.5	14.41	—	—	—
1964	17.70	300	59	17.70	—	—	—

（续）

年度	年总产量（吨）	春花生			秋花生		
		收获面积（亩）	亩产（公斤）	总产量（吨）	收获面积（亩）	亩产（公斤）	总产量（吨）
1965	17.34	289	60	17.34	—	—	—
1966	13.43	222	60.5	13.43	—	—	—
1967	29.89	246	121.5	29.89	—	—	—
1968	16.24	280	58	16.24	—	—	—
1969	25.40	292	87	25.4	—	—	—
1970	24.69	264	84	22.18	44	57	2.51
1971	23.55	255	84	21.42	29	73.5	2.13
1972	20.20	293	62.5	18.31	35	54	1.89
1973	18.87	275	53.5	14.71	47	88.5	4.16
1974	26.94	267	88.5	23.63	25	132.5	3.31
1975	23.29	251	100	25.10	50	100	5.00
1976	24.12	290	73	21.17	38	77.5	2.95
1977	29.03	278	96.5	26.83	37	59.5	2.20
1978	29.65	308	92	28.34	26	50.5	1.31
1979	17.07	292	56	16.35	12	60	0.72
1980	35.00	317	106.5	33.80	15	80	1.20
1982	58.96	482	119	57.36	20	80	1.60

（二）黄麻

黄麻经去皮脱胶制成精麻，主要用于纺织麻袋、编织麻绳。1960年，大帽山农场开始小面积种植黄麻。

1960—1982年，大帽山农场黄麻种植面积及产量见表2-4-11。

表2-4-11　1958—1982年大帽山农场黄麻种植面积及产量

年度	黄麻		
	收获面积（亩）	亩产（公斤）	总产量（吨）
1960	10	82	0.82
1961	15	78	1.17
1962	14	103.5	1.45
1963	27	85	2.30
1964	16	70.5	1.13
1965	15	70	1.05
1966	7	100	0.70
1967	11	126.5	1.39
1968	10	69	0.69

（续）

年度	黄麻		
	收获面积（亩）	亩产（公斤）	总产量（吨）
1969	8	106	0.85
1970	8	123.5	0.99
1971	8	141	1.13
1972	7	89	0.62
1973	8	87	0.70
1974	10	80	0.80
1975	9.4	150	0.77
1976	6	138	1.41
1977	7	120	0.84
1978	11	72.5	0.80
1979	5	83.5	0.42
1980	4	125	0.50

（三）糖蔗

中华人民共和国成立之前，场内就有种植糖蔗的传统，上廊、下廊就是榨蔗制糖的场所。1962 年，大帽山农场种植 3 亩糖蔗，平均亩产 500 公斤，总产量 1.5 吨；1963 年，农场种植 2 亩糖蔗，平均亩产 1125 公斤，总产量 2.25 吨。1964—1970 年，农场连续 7 年没有种植糖蔗。1971 年，农场又种植 2 亩糖蔗，平均亩产 4937.5 公斤，总产量 9.88 吨；1972 年，农场种植糖蔗 4.5 亩，平均亩产 4666.5 公斤，总产量 21 吨；1973 年，农场种植糖蔗 20 亩，平均亩产 3928 公斤，总产量 78.56 吨。

1981 年，大帽山农场 16 个生产单位糖蔗种植面积 201 亩，平均亩产 4050 公斤，总产量 814.05 吨；1982 年，农场 17 个生产单位种植糖蔗，种植面积 365 亩，平均亩产 4000 公斤，总产量 1460 吨；1983 年，农场糖蔗种植面积 153 亩，平均亩产 4000 公斤，总产量 612 吨。

（四）蔬菜

中华人民共和国成立之前，场内蔬菜有大蒜、小葱、韭菜、芥菜、芥蓝、白菜、苋菜、萝卜、莙荙菜、茼蒿、芹菜、芫荽、蕹菜、芋头等 42 种。中华人民共和国成立后，场内蔬菜种植面积有所扩大，产量有较大的提高。1980 年后，蔬菜种类逐渐发展为 11 大类、111 个品种。1983 年，农场蔬菜总产量 410.3 吨。2020 年，大帽山社区蔬菜种植 45 亩，其中西红柿种植 30 亩，其他蔬菜种植 15 亩。

1958—1982 年，大帽山农场蔬菜种植面积及产量见表 2-4-12。

表 2-4-12　1958—1982 年大帽山农场蔬菜种植面积及产量

年度	蔬菜		
	收获面积（亩）	亩产（公斤）	总产量（吨）
1958	42	796.5	33.45
1959	4	283.5	1.13
1961	53	265	14.05
1962	53	200	10.60
1963	170	500	85.00
1964	92	4250	391.00
1965	13	642.5	8.35
1966	65	—	—
1967	106	652.5	69.17
1968	120	403	48.36
1969	60	—	—
1970	178	352.5	62.75
1971	132.65	555	73.62
1972	142.2	428	60.86
1973	256	1517.5	388.48
1974	180	379.5	68.31
1976	170	500	85.00
1977	222	500	111.00
1978	151	908.5	137.18
1979	231	922.5	213.10
1980	210	1076.5	226.07
1982	517	1385	716.05

1. 大蒜

大蒜是大帽山主要蔬菜之一，传统品种为古宅大蒜，其他品种有汕尾种、兴化种、普宁种，还有晚种的川蒜。1964 年后，以广东普宁种为主要种植品种。立秋季节种植的称早蒜，种植面积不大。大帽山环境、气候很适合大蒜种植，农场集体种大蒜，每年种植 100 亩左右，亩产蒜头 1200～1500 公斤。

1958 年，农场本部种植大蒜 4 亩，埔顶大队种植 32 亩，平均亩产 448.5 公斤，总产量 16.15 吨；1959 年，农场本部种植大蒜 20 亩，埔顶大队种植 35 亩，平均亩产 428 公斤，总产量 23.54 吨；1960 年，农场本部种植大蒜 34 亩，埔顶大队种植 67.5 亩，平均亩产 484 公斤，总产量 49.13 吨；1963 年，农场本部种植大蒜 28 亩，埔顶大队种植 30 亩，平均亩产 262 公斤，总产量 15.20 吨；1975 年，农场种植大蒜 98 亩，平均亩产 600 公斤，总产量 58.80 吨。1980 年以后，农场职工家庭改变生产结构，蔬菜种植是农户的主要经济收入来源，每年大蒜种植300多亩。

2. 芋头

大帽山农场种植芋头品种有槟榔芋、九棕芋、红芽芋、白芽芋等，槟榔芋为上品。芋头是多年生块茎植物，除九棕芋外，农场常作一年生作物栽培。农场每年种植25～45亩，平均亩产600～1500公斤。

1958—1983年，大帽山农场芋头种植面积及产量见表2-4-13。

表2-4-13 1958—1983年大帽山农场芋头种植面积及产量

年度	芋头		
	收获面积（亩）	亩产（公斤）	总产量（吨）
1958	64	822.5	52.64
1959	64	778.5	49.82
1960	68	623	42.36
1961	79	743	58.70
1962	77	607.5	46.78
1963	85	397	33.75
1964	58	817	47.39
1965	40	864	34.56
1966	52	—	—
1967	44	2242	98.65
1968	52	892	46.38
1969	60	1167	70.02
1970	54	1312.5	70.88
1971	44	1170.5	51.50
1972	45	1280.5	57.62
1973	42	1211.5	50.88
1974	49	852	41.75
1975	34	1000	61.23
1976	49	1154	56.55
1977	47	1529	71.86
1978	50	1677	83.85
1979	57	1222.5	69.68
1980	68	1325	90.10
1982	42	1155	48.51
1983	50	1200	60.00

3. 生姜

生姜是多年生草本植物，是重要调味品和中药材。大帽山农场建场初期，生姜种植面积50～80亩，平均亩产500公斤。1966年，农场不再种植生姜，职工利用边角空地，少量种植。

1958—1965 年，大帽山农场生姜种植面积及产量见表 2-4-14。

表 2-4-14　1958—1965 年大帽山农场生姜种植面积及产量表

年度	生姜		
	收获面积（亩）	亩产（公斤）	总产量（吨）
1958	53	500	26.50
1959	83	542	44.99
1960	17	667	11.34
1961	12	562.5	6.75
1963	17	291	4.95
1964	6	233.5	1.40
1965	4	674	2.70

大帽山农场还会种植很多瓜类、根茎类、叶类等蔬菜。花椰菜又名菜花、花菜，每年九月至翌年 5 月均有鲜花椰菜上市。大白菜俗名包心白菜，本地大白菜个小质甜、产量低，逐渐被外地高产品种取代。结球甘蓝又名包菜、高丽菜，春夏秋三季均有种植，栽培品种 14 个。丝瓜一开始是利用池塘边搭棚种植，后来发展为利用水田成片大面积种植，丝瓜品种多，其中“肉瓜”品种瓜形短肥、质优。小葱也是场内主要蔬菜之一，品种有古雷、乌叶、麦葱等。

此外种植量较大的蔬菜还有萝卜、胡萝卜、荷仁豆、茄子、黄瓜、韭菜、番茄、洋葱等。

（五）菌类

大帽山农场有丰富的牛粪、稻草、杂木等资源，是种植菌类的原材料。

1970 年，大帽山农场开始种植蘑菇、木耳，将空闲仓库改装成蘑菇房，并聘请专业技术人员到场指导，种植蘑菇约 3333.33 平方米，收入颇丰。农场要求蘑菇种植小组提前与畜牧组、农业组取得联系，提前确定蘑菇种植所需干牛粪、稻草需求量；与山林组预定银耳种植杂木需求量，确保材料足够。1982 年，农场种植蘑菇 2777.78 平方米，总产量 12.5 吨。

二、农场各生产单位经济作物产值

1975 年，大帽山农场对各生产单位花生、黄麻、芋头、蒜头的产量产值进行统计，其他经济作物不在统计范围之内。

1975 年，大帽山农场经济作物产量产值见表 2-4-15、表 2-4-16。

表 2-4-15　1975 年大帽山农场花生、黄麻产量产值

单位：亩、担、元

单位	春花生（26 元/担）			秋花生（25 元/担）			黄麻（28 元/担）		
	面积	总产	产值	面积	总产	产值	面积	总产	产值
合计	251	502	13052	50	100	2500	9.4	28.2	789
寨仔尾	26	52	1352	5	10	250	1	3	84
后炉	17	34	884	3	6	150	0.5	1.5	42
上廍	16	32	832	3	6	150	0.5	1.5	42
罗田	20	40	1040	4	8	200	1	3	84
山后桥	26	52	1352	5	10	250	1	3	84
联合队	36	70	1872	7	14	350	1.5	4.5	126
中心队	30	60	1560	6	12	300	1	3	84
山边	25	50	1300	4	8	200	1	3	84
洪毛岭	9	18	468	2	4	100	0.4	1.2	34
内官	8	16	416	2	4	100	0.3	0.9	25
村门	9	18	468	2	4	100	0.3	0.9	25
刘厝	18	36	936	4	8	200	0.5	1.5	42
古坑	9	18	468	2	4	100	0.3	0.9	25
大箱	2	4	104	1	2	50	0.1	0.3	8
大寮	—	—	—	—	—	—	—	—	—

表 2-4-16　1975 年大帽山农场芋头、蒜头产量产值表

单位：亩、担、元

单位	芋头 3.5 元/担			蒜头		
	面积	总产	产值	面积	总产	产值
合计	34	680	2380	98	1176	11760
寨仔尾	3	60	210	5	60	600
后炉	2	40	140	4	48	480
上廍	2	40	140	5	48	480
罗田	2.5	50	175	10	60	600
山后桥	4	80	280	15	120	1200
联合队	5.5	110	385	13	180	1800
中心队	4.5	90	315	12	156	1560
山边	3.5	70	245	5	144	1440
洪毛岭	1.5	30	105	5	60	600
内官	1	20	70	3	36	360
村门	1	20	70	4	48	480
刘厝	2	40	140	15	120	1200
古坑	1	20	70	1	84	840
大箱	0.5	10	35		12	120
大寮	—	—	—	—	—	—

三、多年生作物

（一）茶叶

北宋时期，古宅老农已有一套种茶、制茶技术。清代，场内后茶寮是同安县最早的产茶地之一。茶叶品种有铁观音、毛蟹、梅占等多种。民国时期，同安县长兴里古宅社黄玉带等几位华侨在场内创办茶寮，专制“甘露茶”，颇有名气。

大帽山农场建场前，寨仔尾已有100亩茶园。农场逐渐形成以茶叶为主的多年生经济作物生产结构。农场每年都有定植茶叶，并逐年扩大种植面积，茶园都是建在新开垦的梯田上。1958年，农场定植茶叶10亩；1960年，定植茶叶180亩。1963年，农场茶叶累计留存面积211亩，采收面积151亩，亩产4.5公斤，总产量0.68吨。1969年，茶叶种植面积104亩，采摘90亩，亩产51.9公斤，总产量4.67吨。1972年，茶叶种植面积205亩，总产量11.2吨。1980年，农场茶叶面积800亩，当年采摘390亩，总产量14.75吨。1982年，农场茶叶种植面积1950亩，其中当年新植430亩，当年采摘480亩，平均亩产44.36公斤，总产量21.3吨。1988年以后，大帽山农场仅留部分茶园，大多改种龙眼果树，茶叶种植、制作逐渐淡出。

（二）剑麻

大帽山农场建场初期，大多在荒地上挖穴种植龙舌兰。龙舌兰叶片短肥，麻丝短、易散乱，经济效益低。1960年，农场从海南引进产麻量高的剑麻品种，主要品种为东方1号，种植在开垦的高等梯田上，定植剑麻886亩。1965年，农场剑麻园539亩，亩产干麻丝3.62公斤，年产干麻丝1.95吨；1969年，剑麻定植面积1108亩，当年收获面积500亩，亩产干麻丝25.6公斤，纤维总产量12.80吨。1982年，剑麻种植面积扩大到1180亩，实际收获面积1050亩，平均亩产干麻丝47.48公斤，年产干麻丝49.85吨。麻丝收入成为农场的重要经济来源。

1958—1982年，大帽山农场茶叶、剑麻播种面积及产量见表2-4-17。

表 2-4-17　1958—1982 年大帽山农场茶叶、剑麻播种面积及产量

年度	茶叶			剑麻		
	种植面积（亩）	亩产（公斤）	总产量（吨）	种植面积（亩）	亩产（公斤）	总产量（吨）
1958	10	—	—	1	—	—
1959	—	—	—	—	—	—
1960	180	2.22	0.40	886	—	—
1961	225	3.11	0.70	948	—	—

（续）

年度	茶叶			剑麻		
	种植面积（亩）	亩产（公斤）	总产量（吨）	种植面积（亩）	亩产（公斤）	总产量（吨）
1962	210	2.38	0.50	700	—	—
1963	211	4.5	0.95	885	—	—
1964	97	11.86	1.15	500	—	—
1965	119	12.61	1.50	539	3.62	1.95
1966	104	24.04	2.50	620	4.11	2.55
1967	104	26.44	2.75	680	7.72	5.25
1968	104	37.02	3.85	743	2.69	2.00
1969	104	51.9	5.38	500	25.6	12.80
1970	152	42.11	6.40	500	44	22.00
1971	180	29.17	5.25	710	31.13	22.10
1972	205	54.63	11.20	740	39.53	29.25
1973	205	33.9	6.95	772	44.24	34.15
1974	250	29.4	7.35	772	39.77	30.70
1975	300	30.67	9.20	775	32.26	25.00
1976	365	27.26	9.95	960	38.33	36.80
1977	413	25.06	10.35	1020	44.66	45.55
1978	471	18.47	8.70	1175	34.47	40.50
1979	610	15.82	9.65	1236	38.15	47.15
1980	800	18.44	14.75	1165	31.12	36.25
1982	1950	44.36	86.50	1180	47.48	56.03

（三）水果

大帽山农场建场初期，种植菠萝、枇杷、荔枝，嫁接原野生梨等多种水果，因失管或管理粗放，大多没有收获。只有菠萝在加强管理后，长势良好，大颗粒达1.5公斤，收成不错。1958年，农场水果类作物新定植1678亩，其中柑橘23亩，龙眼15亩，荔枝160亩，菠萝1153亩，香蕉300亩，桃25亩，其他杂果2亩。1960年，农场枇杷种植442亩。1963年，农场水果累计留存230亩，采收面积150亩，亩产26.5公斤，总产量3.96吨。其中，菠萝累计留存面积180亩，采收面积150亩，亩产26.5公斤，总产量3.96吨；杂果累计留存50亩。1968年，农场水果种植面积417亩：其中菠萝种植124亩，采摘100亩，亩产275.5公斤，总产量27.55吨；其他水果种植面积293亩，采摘60亩，亩产9.1公斤，总产量546公斤。1971年，农场水果种植面积504亩，其中菠萝种植27亩，总产量2.6吨；荔枝种植面积18亩；其他水果种植面积459亩，当年定植40亩。1980年，水果种植面积1173亩，其中柑橘150亩，荔枝443亩，梨80亩，柿子100亩，其他杂果400亩。

20世纪90年代初，市场上龙眼价格飙升，农场跟风种植，让茶园、剑麻园全部改种龙眼，并下达职工家庭每户种植50棵龙眼的指标，龙眼总种植面积超6000亩。龙眼虽然大多长势不错，处于初产期，但是果粒一般，产量不高，短期难见效益。由于龙眼价格大幅度回落，年年不见涨价，农场职工认为龙眼收获成本抵不上摘龙眼的工钱，大部分放弃管理。龙眼处于慢长、滞长状态，龙眼园杂草丛生。

1958—1980年，大帽山农场水果种植面积及产量见表2-4-18。

表2-4-18　1958—1980年大帽山农场水果种植面积及产量

年度	荔枝		菠萝		其他杂果	
	种植面积（亩）	总产量（吨）	种植面积（亩）	总产量（吨）	种植面积（亩）	总产量（吨）
1958	160	—	1153	—	2	—
1959	—	—	—	—	—	—
1960	—	—	350	—	503	—
1961	—	—	330	—	2171	1.85
1962	—	—	200	—	100	4.5
1963	—	—	180	4	50	—
1964	—	—	50	7.5	70	4.1
1965	—	—	89	12.55	110	0.45
1966	—	—	129	15.9	240	—
1967	—	—	120	20.5	111	0.65
1968	—	—	124	27.55	293	6
1969	—	—	90	15	293	0.55
1970	58	—	61	2	661	35
1971	18	—	27	2.6	459	20.3
1972	18	—	—	—	474	3
1973	115	—	—	—	513	—
1974	115	—	—	—	553	—
1975	115	—	—	—	540	—
1976	353	—	—	—	590	—
1977	426	—	—	—	590	—
1978	443	—	—	—	579	—
1979	443	—	—	—	579	—
1980	443	—	—	—	400	—

四、其他作物

（一）橡胶

天然橡胶是热带植物。1958年，大帽山农场试种0.5亩橡胶。1963年，大帽山农场在古宅水库的山根小山包种植 37 亩橡胶，年末橡胶留存 330 株，橡胶抚育管理面积 11 亩。大帽山农场气候环境条件不适应橡胶树生长，虽然每年冬天在四棵胶树之间薰烧土堆抗霜，橡胶树干包裹稻草防冻，但橡胶树还是经不起霜冻，多年无采收，改种菠萝。

（二）香料植物

1958 年，大帽山农场定植香茅草 10 亩。1963 年，香茅草累计留存 8 亩。1980 年，农场新植香料作物 70 亩，总产量 6 吨。

（三）中草药

农场内山坡丛林内，进而野生中草药品种多、质量好。

大帽山农场曾经广泛种植的中草药有穿心莲、排草香、川芎、玫瑰茄、射干、白菊花等，因经济效益低，种植面积减少。大帽山利用地理优势，仍较大面积种植小菊花。近年来，居民利用村落空地，种植虎尾轮、金银花。

1998 年，厦门市农业局计划在大帽山农场建立杜仲、肉桂、猫尾草等中药苗圃开发基地 3～5 亩。4 月，大帽山农场向厦门市扶贫办申请中药基地建设开发经费 15 万元，每亩苗圃投资 5000 元引进种苗、管理培育大苗，首期发展中药基地 400 亩。

第三节　农业技术

一、耕作制度

农场内农作物轮作形式多样。农场通过轮作改良土壤，均衡利用土壤养分，防治病虫害，提高产量。

20 世纪 60 年代，大帽山农场农改田面积不断扩大，广泛采用“春花生（春大豆）——晚甘薯——冬闲”“春花生（早甘薯）——晚稻——冬种”的轮作制。其最大特点是水稻、甘薯、油料作物水旱轮作，防止纯旱连作引起的花生青枯病、蛴螬虫和甘薯小象鼻虫等地下病虫害，能改良土壤的理化性状。

20 世纪 70 年代，大帽山农场推广“早稻——晚甘薯——春花生——晚稻——冬种”的春秋作物间年内水旱轮作制。早稻收获后种甘薯，稻草回田后作晚甘薯“包心肥”，第二年春花生收获后种晚稻，花生藤回田作晚稻基肥，从而增加土壤有机质，干湿交替，增强土壤通透性。

二、良种试验推广

1958 年，大帽山农场按照“土选良，良选优，就地繁殖，就地推广”的种子工作方针，开始建立各种农作物优良品种留种田，稻、麦、花生等主要作物留种田约占种植面积的5%。农场在尾厝进行水稻杂交试验。同时农场改进甘薯育苗技术，自选自育自用，老蔓育苗与块茎育苗相结合，推广农作物优良品种。1976年，农场引进杂交水稻种子，推广杂交水稻。

1980年，大帽山农场水稻良种推广，播种“红410”水稻1328亩，其中早稻645亩、晚稻683亩。

2005年，农场实施科教兴农战略，引进新品种试验7个，扩大示范优良品种6个，推广农业新品种播种4250亩；龙眼嫁接面积500亩，举办3期龙眼管理技术培训班，指导农民做好病虫鼠害防治工作。

2010—2011年，翔安区农林水利局在大帽山农场对福建省农科院糖蔗研究所提供的闽牧42、闽牧101、闽牧981牧草蔗共3个品种（系）进行试种，试验地为黄泥沙土，肥力中上。

2013年，厦门市甘露植福生态农业有限公司从台湾农友种苗有限公司引进小惠番茄，在大帽山农场引种试验成功；2014—2016年，在猪小惠生态农场进行多年多点试验示范栽培；2017年，进行大面积示范推广，归纳总结出小惠番茄品种特性及配套高产栽培技术。2018年，猪小惠生态农场小规模试种红、橙、黄3色小番茄“吉祥三宝”新品种。

2022年，大帽山猪小惠生态农场番茄种植面积近20亩，品种多样，有“吉祥三宝”、玉女、串柿、粉茄等。

三、农作物栽培技术

1958年，大帽山农场成立初期，没有配备农业技术人员，也没有农艺师。1960年11月，骆太平从福建省农学院植保系毕业分配，任农场农作物技术员；柳景棋也从省农学院植保系毕业分配，任农场亚热带作物技术员。1961年11月，梁昆标从省农学院植保系毕业，任农场农作物技术员；李永盾从晋江农技植保专业中专毕业，任农场亚热带作物、果树技术员。1963年，泉州农校毕业分配1名；1975年，福建农学院毕业分配1名。1980年，农场有热作农技人员1名；1984年，农场有热作农技人员2名。2014年，大帽山农场有村级农业技术人员2名，翔安区给予0.96万元补助。2015年11月，翔安区农林水利局补助大帽山农场2名村级农业技术人员0.96万元。2016年，2名村级农业技术人员被补贴0.72万元。

（一）水稻栽培

场内传统育秧方式为水秧，水秧常受春潮影响而烂秧，既损失种子，又耽搁农时。20世纪50年代初期，推广陈永康"落谷稀、播得匀、育壮秧"的经验，减少烂秧，成秧率高。60年代后期，综合水、旱秧特点，对育秧技术实行改革，此后又推广晚稻烤水秧，采用先湿播后旱管烤秧苗的方式，插秧后秧苗返青快、发根快。70年代初期，推广温室蒸汽育秧的卷秧；70年代中期，推广"两段育秧"，先在秧田培育小秧皮苗20～25天，再用小株密植寄到大田中培育20～25天，利用晚稻迟播早熟，避过寒流；70年代后期，运用杂交水稻育秧经验，采用稀播种、育壮秧、少本插的常规水稻育秧技术。20世纪90年代以后，采用地膜旱育秧技术培育壮秧。秧田一般选在稻田间或附近地段，早稻育皮秧，晚稻育水秧。早稻一般赶在立夏季节前插完成，故有"立夏洗犁耙"的谚语；晚稻一定要在立秋季节前播种完成，有"立秋紧丢丢"的说法，以避过寒流，一遇上寒流，晚稻不能灌浆，可能导致绝收。

传统栽培密度，一般早稻为33×33厘米或33×40厘米，每丛10苗左右；晚稻为33×40厘米或40×40厘米，每丛5苗左右。1959年，逐渐改高度密植为合理密植。20世纪80年代后期，改插秧为抛秧。

水稻传统田间管理粗放且不讲究科学种田。1953年，推广科学管理，克服盲目用肥，重视中耕除草。20世纪60年代，推广稻田管理技术，抓好季节、中耕、施肥、管水四大环节。20世纪70年代，创新早稻、晚稻、倒种春的田间管理技术，立足抗灾，突出"早"字。80年代开始，农场改进施用"穗肥"和"烤田"技术。

秋收后，晚稻田（冬闲田）都要挖起稻根，翻犁晒田，及时锄光田埂杂草，割取山坡上铁芒萁晒干为燃料，以铁芒萁干草垫底，每亩集中稻根土40～80堆进行薰烧，加上猪、牛粪1.5～2吨，制成来年早稻的基肥。晚稻因为抢播时间紧，没时间薰土，只以花生藤、大豆秆深耕闷沤于稻田中，播种时以少量农家肥和化肥为基肥。

（二）甘薯栽培

大帽山农场每年4月中旬至5月中旬适宜进行早甘薯扦插，7月中旬至8月下旬适宜进行晚甘薯扦插。20世纪80年代初，提倡"小高畦"种植，改斜插为平插，每亩扦插4000株，迟熟种适当疏植，早熟种适当密植。甘薯育苗采用传统野外平畦密植育苗。1999年，推广块薯育苗，每2～3年异地轮换一次。

甘薯生长需肥较多，基肥常用腐熟稻草、牛粪、碳酸氢铵混合而成的"包心肥"。生长中前期，重施"夹边肥"和"裂缝肥"，后期进行根外追肥。

（三） 花生栽培

20 世纪 60 年代，大帽山农场春花生一般于清明节前后播种。1965 年，春花生播种期提前到惊蛰至春分，最迟清明前完成播种，秋花生立秋前后播种。

花生播种前，耕地深翻平整，起宽平畦，拉出 3～4 条小沟，人行畦上点种压实，每穴 2 粒。一般株行距为 20×13 厘米、20×16 厘米、20×20 厘米。基肥一般每亩施圈肥 3000 公斤或土杂肥 5000 公斤，磷酸二铵 10～15 公斤，硫酸钾 10～15 公斤或有机肥加复合肥 30～50 公斤。生长期中耕除草 2 次，合理控制水、肥，以防徒长。

（四） 小麦栽培

大帽山农场小麦播种期一般在 11 至 12 月间。中华人民共和国成立之后，随着品种及耕作制度改革，特别是水稻“倒种春”及杂交水稻的推广，小麦播种期提前到 10 月下旬。播种期提早，小麦抽穗扬花期处于 2 月上、中旬，气候干冷，利于授粉，减少空粒、瘪粒。小麦在清明节前后成熟。

1958—1971 年，农场小麦播种前全面翻犁整地，畦宽 1 米，土地利用率 65%，每亩播种量 5.5 公斤；1972 年，农场推广大畦深沟条播，畦宽 1.8 米，每亩播种量 9 公斤，土地利用率 80%以上，因农场春雨季节早，小麦生长后期田间湿度大，易引起病害发生，且因畦过宽，灌水不便，停止推广，改为畦宽 1.5 米。

小麦施肥以“重施基肥，早施分蘖肥，看苗酌施穗肥”，增施磷、钾肥，其氮、磷、钾比例为 1∶0.5∶1 或 1∶0.5∶0.7。

（五） 黄麻栽培

20 世纪 60 年代前，黄麻播种一般于谷雨前后 5 天。1960 年后，黄麻播种期提前在清明前后，主要为避免五月份水灾威胁，确保麻黄生长。

黄麻播种一般畦宽 1.7 米，播幅 0.1 米，幅距 0.5 米，每亩定苗 9000 株。

（六） 大蒜栽培

大帽山农场大蒜栽培多采用古宅蒜种、普宁蒜种，一般于立冬前后播种。早蒜则可提前到立秋后几天播种，但是气候热，较难管理，十月新鲜生蒜就可上市。立秋前，取春季留下的蒜种掰瓣，用尿液浸三五天，捞出晾干。

选择土层深厚、疏松、肥沃、排灌方便、保水力强的黏壤土，下好圈肥、过磷酸钙，整畦后用锄头开成条沟，沟宽 15 厘米、深 10 厘米，然后在条沟两侧种蒜，早蒜合理密植，一般 3～5 厘米。种蒜后条施复合肥，再撒一层腐熟的农家肥，畦上覆盖稻草。大蒜播种后如果土壤潮润一般不需灌水，少则 10 天左右，多则 20 天左右即可出苗，土壤干燥时应灌一次齐苗水，苗长齐后，每天早晚两次浇灌。留种蒜一般 10 月中下旬插种，苗距

10～15 厘米。

农场内引进川蒜进行栽培，时间比本地蒜种晚。翌年 2—3 月份，本地大蒜中心骨化，川蒜苗正好应“三月三”薄饼时节上市。

（七）花椰菜栽培

农场内花椰菜早、中、晚熟种一般以生长日期命名，分 60 日、90 日、120 日。花椰菜育苗，早熟种 6 月下旬至 7 月中旬，中熟种 7 月中旬至 8 月上旬，晚熟种 8 月至 9 月下旬。选择有机质丰富、疏松肥沃、保水性能好的壤土或沙壤土。幼苗带土定植，定植规格为早熟种畦宽 1 米，每畦栽 2 行，呈三角形排列，每亩 2500～3000 株，中熟种每亩定植 2000～2300 株，晚熟品种每亩植 1700 株。120 天以上春栽品种，每亩植 2000 株。定植一星期后，开始中耕除草，到 10 片叶龄时，再次中耕，植株团棵后，再次中耕。通过水肥管理，控制成熟期。留种时，疏去弱花序，保留强健花序。

（八）芹菜栽培

农场内芹菜种植育苗时间通常在 7 月上旬，因气候炎热，可先将芹菜种子用纱罗袋包好，放入井里恒温催芽。采用平畦撒（条）播种方法，一般畦长 5 米，宽 1 米。整畦前结合深翻整地，每畦施腐熟优质农家肥 30 公斤，磷酸二铵 65 公斤，每畦播种量 50 克。播种后，做好遮阴和水分管理，保持畦面湿润，以利出苗。芹菜出苗后，维持畦面见湿见干程度。幼苗 3～5 叶期后，进行移植，每穴植 6～8 株，穴距 7～9 厘米，浇透水，保持畦面湿润，加强肥水管理。

四、技术推广创新

（一）粮食作物生产管理创新

大帽山农场原本对粮食作物施用磷肥不习惯，有磷肥不懂得使用，堆放室外任其风吹雨淋。1961 年 9 月，梁昆标从福建农学院植物保护系毕业分配到农场，主要负责粮食作物生产管理工作，编制生产计划，组织生产单位生产。他经过几个月田间实验，发现农场耕地大部分缺磷。1962 年，农场水稻、花生等农作物开始施用磷肥，经过 2 年推广，磷肥普遍施用于各种农作物。磷肥在促进水稻分蘖、花生根瘤形成起很大作用，可以让作物获得明显增产效果。

1961 年以前，农场水稻老品种所占比例相当高，其中早稻陆财号、晚稻霞连芸头种、乌壳尖等高杆水稻品种都过不了倒伏关。1962 年，农场引进广场矮、二九矮、矮脚南特；又陆续引进珍龙 410、珍红 17 号、杂交水稻、广包等抗倒伏矮杆品种，闯过水稻倒伏关。农场根据早稻迟熟迟收、晚稻必插早的特点，早晚稻宜用早熟品种为主，搭配中熟品种，迟熟品种在农场不宜采用。早稻插晚熟品种一般比早熟品种产量高，但拖延晚稻播种季节，晚熟品种过不了寒流关，将造成减产或绝收。1972—1976年，农场晚稻播种包胎矮等迟熟品种，因过不了寒流关，300多亩水稻收成受到影响，部分绝收。

农场地处海拔300米低山丘陵，日夜温差大，地瓜薯块营养物质的积累，块根膨大比平原地带有利。农场因地制宜扩大地瓜种植面积，地瓜年产量占粮食总产四分之一以上。农场农技人员经过多年实践，认为提高地瓜产量和品质，主要靠肥料，其次是选育无病薯苗。农场亩产万斤甘薯屡见不鲜，主要是基肥下得足，追肥追得够，一般每亩都下牛粪等有机肥80至200担作为包心肥。薯苗插后20天左右，每亩施200至400担火烧土及16至20斤纯氮肥作为夹边肥。

地瓜产量高低与薯苗好坏有直接的关系。选育无病薯苗是地瓜提高产量的关键，农场在地瓜苗扦插前虽对薯苗进行托布津等杀菌剂处理，可达到一定防治效果，但与无病薯苗产量有明显差别。农场要求各生产单位建立自己的苗圃，保证无病薯苗供应。

（二）经济作物管理创新

大帽山农场经济作物以茶叶、剑麻为主。1975年8月，陈根填从福建农学院园艺系果茶专业毕业回到农场，向老技术员、工人请教，负责全场经济作物生产，指导剑麻、茶叶一整套栽培生产和加工全过程。1975年底，陈根填承担培育茶苗任务，分春育、秋冬育，分枝压苗进行短穗扦插试验，逐渐掌握主要技术环节，一年可出苗，成活率达80%左右。1977年，陈根填带头建设“茶品种圃”，引进良种观音、毛蟹、本山、黄旦、佛手、梅占、乌龙、大红等10多种，为农场发展新茶园提供优良健壮茶穗，同时支援外单位少量观音苗。

1977—1980年，陈根填进行乌龙茶茶叶杀青工艺试验，探索化学反应机制原理，初步摸清乌龙茶加工对鲜叶和气候的要求，杀青时通过观叶色、闻香气，掌握茶叶发酵湿度，为提高精制茶品质提供依据。陈根填还负责新茶园开辟，茶苗定植、调苗，幼茶园管理等技术指导工作。全场扩种1000多亩新茶园，集中成片、条栽密植、良种壮苗；1980年扩种600亩茶园，成活率85%。

1976年，陈根填负责剑麻丰产栽培试验，建立剑麻丰产样板田。高标准建园，挖大沟、施重肥，良种壮苗，45亩样板田干麻丝单产500多斤。

1979年春，陈根填开展荔枝保花保果试验，指导果树喷施硼酸和磷氮肥，进行根外追肥，荔枝坐果率明显提高，产量比前一年提高1倍；指导柑橘园规划测量，建设等高梯田，搞好定植、抚育管理。

五、病虫防治

（一）主要病虫害

1. 水稻病虫害

水稻病害主要有稻瘟病、白叶枯病、纹枯病等，虫害主要是稻飞虱、螟虫、稻叶蝉、卷叶虫等。

稻瘟病又名稻热病，是大帽山农场水稻主要病害，常导致早稻颗粒无收。20 世纪 60 年代，因推广密植和矮秆稻种，稻瘟病发病率有所增加。白叶枯病主要发生在农场易涝稻田，发病期在 8 月下旬至 9 月下旬，是晚稻的主要病害。纹枯病在高产栽培的水稻，群体密度大，容易发生。

稻飞虱是水稻生长后期的主要迁飞性害虫，常发生稻田大面积圈塌，主要有褐飞虱、白背飞虱和灰飞虱 3 种。水稻螟虫有三化螟、二化螟、大螟等几种，尤以三化螟危害面积最大，白穗率达 18%～30%，严重的达 50%～60%。

2. 大、小麦病虫害

大、小麦病害主要有大麦坚黑穗病、小麦赤霉病、小麦锈病、白粉病等，虫害主要有蚜虫、黏虫等。

赤霉病危害最大，特别是春天长期阴雨，湿度大，最容易发生。白粉病是大、小麦常发性病害之一，常与小麦赤霉病、锈病并发。

3. 甘薯病虫害

甘薯病虫害主要有甘薯瘟病、软腐病、干腐病和甘薯小象虫。小象虫是甘薯地下害虫之一，主要发生在山坡旱地。

（二）病虫害防治

中华人民共和国成立之前，农家一般用烟茎、茶籽饼、草木灰等防治病虫害，效果差，发生大面积病虫害难以控制。1958 年，农场开始每年结合挖稻根消灭螟虫卵。

大帽山农场开始使用化学农药。1963 年，农场农药 666 原粉年初库存量 500 公斤，买入 1300 公斤，消费 1600 公斤，年末库存 200 公斤。1963 年农场有人力喷雾器 1 台，1979 年增加到 30 台；人力喷粉器也由 1970 年的 3 台，增加到 1979 年的 15 台。20 世纪 80 年代，农场推广高效、安全、经济的新农药，主要有乐果、敌敌畏、甲胺磷、杀虫霜、多菌灵、三氯杀螨醇、杀螟松等 20 几种农药。农场开始讲究施药策略、适期施药，提倡低害量喷雾，提高防效，减少农药对环境的污染。1984 年，农场农药施用量 26.5 吨。1987 年，农场开始推广化学除草剂。

第四节 生产工具

农业生产离不开省工省力的劳作工具，这些农具有的两千多年前就开始使用，有的逐渐被现代化农机所取代。

一、传统农具

场内传统农具分为耕作、收获、灌溉、运输、农产品加工 5 大类。

耕作农具有犁、耙、锄头、草锄、六齿、铁锹等。1963 年，大帽山农场有旧式中型农具犁 156 部，耙 142 部；收获农具有摔谷桶、连枷、镰刀、簸箕、石碾和风鼓等；灌溉农具有龙骨水车、戽桶、桔槔等，1963 年农场有龙骨水车 17 部，水车 27 部；运输工具有牛车、板车、独轮车、粪箕、粪桶、竹担、柴担等；加工农具有土垄、榨油车、糖蔗车、碓、臼等。

中华人民共和国成立之前，只有少数殷实农户农具较齐全，多数农户只有简单的劳动工具，大型农具一般是邻里之间互相借用。土地改革后，农民只添置小农具。大帽山农场建场后，大型农具均由农场购置，小型农具则为职工自行添置。实行家庭联产承包责任制后，农民家庭添置的大小型农具发生很大变化，农户基本都能自己添置常用的机械化农具。

二、畜力农具

畜力主要有黄牛、马、骡、驴，多用于耕作、运输。畜力农具则是以犁、耙，马车、牛车为主的大型传统农具。

1958 年，大帽山农场有从事农事劳役的耕牛 189 头，从事农事劳役的马 9 头，驴 2 头。1963 年，农场有役用牛 222 头，役用水牛 2 头。1969 年，农场有役用牛 268 头，役用马、骡、驴年终存栏 6 匹。1970 年，农场有役用牛 227 头，役用马、骡、驴年终存栏 5 匹。1972 年，农场有役用牛 253 头，役用马、骡、驴年终存栏 5 匹。2007 年，大帽山农场有耕牛 380 头。

三、农业机械化

中华人民共和国成立之前，场内农业生产基本依靠人力、畜力及手工农具。1970 年以后，农机在大帽山农场发挥巨大作用，汽车主要用于运输，拖拉机、手扶拖拉机除运输外，还可用于犁、耙田地。随着人力打谷机、插秧机等农业机械用于生产、加工、收获，耕作效益大大提高。

大帽山农场虽然地处丘陵地带，但机械化工具还是能有效发挥作用。1970 年，农场开始配备农业机械，并配备机修员 1 名随时检修，及时建设机耕道路，拖拉机、手扶拖拉机机耕面积逐步扩大，推土机在农场荒地开垦中效益明显。1980 年，农场可机耕耕地面积 1400 亩，当年机耕耕地面积 500 亩。

（一） 耕作机械

大帽山农场等高梯田随地势高低不平，耕作机械大多以小型手扶拖拉机为主。1971 年，农场有手扶拖拉机 4 台；1979 年，有手扶拖拉机 13 台。1973 年，农场开始使用机引犁（耙）；1975 年，农场机耕面积 500 亩；1976 年，机耕面积 810 亩；1973 年机耕面积 1000 亩。1980 年年末，农场拥有大型拖拉机 5 台，手扶拖拉机 14 台，推土机 3 台，大中型拖拉机机引耙 4 部，手扶拖拉机机引农具 6 部。1984 年，农场拥有大中型农用拖拉机 3 台，小型拖拉机及手扶拖拉机 20 台。2007 年，农业机械总动力 675 千瓦，其中柴油发动机 430 千瓦、汽油发动机 150 千瓦、电动机动力 95 千瓦。

（二） 提灌机械

1958 年，大帽山农场建场后，开始兴建小型水库，无法直灌的农田区域，使用传统的提水工具桔槔、龙骨水车、戽斗进行提灌。1972 年以后，农场开始购置排灌柴油机，传统提灌农具逐步被动力抽水机取代，用 8.8 千瓦的柴油抽水机抽水灌溉上游农田；1972—1979 年，农场有效灌溉面积 2000 余亩，其中机灌面积由 150 亩提高到 1500 亩。1980 年，农场拥有农用排灌柴油机 3 台，电动机 2 台，农用水泵 4 台。1984 年，农场排灌动力机械 5 台，其中柴油机 3 台，电动机 2 台。2000 年以后，农场职工开始使用潜水泵、深井泵灌溉耕地，一些电力设施不到位的小面积耕地，则保留戽斗提灌。2007 年，农场有排灌动力机械 17 台，总功率 18 千瓦。

（三） 收获机械

1968 年，大帽山农场开始使用人力脱粒机；1980 年，农场有机动收割机 8 台，人力脱粒机 42 台。1990 年以后，人力脱粒机经改造为动力打谷机，减轻了劳动强度。

（四） 加工机械

1967 年，大帽山农场添置 2 台碾米机；1979 年，农场有 7 台碾米机，除碾米外，还提供电力照明。大帽山农场大面积种植剑麻。1967 年，首台剑麻加工机开始使用；1979 年，剑麻加工机发展到 5 台。饲料粉碎机、小型榨油机等农机也以个体户加工工具的形式出现。

（五） 运输机械

1970 年，大帽山农场运输机械主要以胶轮手推机为主，数量有 60 部。1979 年，全场胶轮手推车 80 部，拖拉机 5 台，汽车 2 辆。2007 年，农场农用运输车辆 29 辆，总功率 575 千瓦。

1969—1980 年，大帽山农场农机具拥有量见表 2-4-19，表 2-4-20。

表 2-4-19 1969—1980 年大帽山农场农机具拥有量

年度	拖拉机（台）	手扶拖拉机（台）	机耕船（艘）	机引犁（部）	机引耙（部）	排灌柴油机（台）	排灌电动机（台）	农用水泵（台）
1969	—	—	—	—	—	—	4	—
1970	1	—	—	—	—	—	—	—
1971	1	4	—	—	—	—	—	—
1972	1	4	—	—	—	6	—	—
1973	1	5	—	2	2	—	—	—
1974	2	1	—	3	3	—	—	—
1975	3	3	—	3	3	—	—	—
1976	4	4	1	4	4	—	1	3
1977	5	6	1	4	4	2	1	3
1978	5	13	—	4	4	2	1	3
1979	5	13	—	4	4	2	—	4
1980	5	14	—	4	4	3	2	4

表 2-4-20 1969—1980 年大帽山农场农机具拥有量一览表

年度	汽车（辆）	胶轮手推车（部）	人力喷雾器（部）	人力喷粉器（部）	饲料粉碎机（部）	龙舌兰加工机（部）	碾米机（部）	人力脱粒机（部）
1969	1	—	—	—	1	2	2	9
1970	1	60	21	3	1	4	6	9
1971	1	62	21	3	1	4	6	10
1972	1	62	21	3	1	5	6	18
1973	1	62	23	13	1	5	6	—
1974	1	65	30	13	1	5	6	10
1975	1	—	30	13	1	6	6	12
1976	1	—	23	8	1	5	7	13
1977	2	80	25	12	7	5	7	13
1978	2	80	25	12	7	5	7	40
1979	2	80	30	15	7	5	7	40
1980	2	80	35	18	—	7	7	42

第五节 肥 料

一、农家肥

传统的农家肥有人畜粪尿、土杂肥圈肥、草木灰、火烧粪等。大帽山农场建场后，开始建猪舍圈猪积肥、建牛厩施杂草沤肥。20 世纪 60 年代，农场推广畜杂肥上山田，建田间粪坑。1976 年，农场职工户的草木灰、家禽粪由农业专业队统一收购使用。随着化学肥料大量使用，农家肥使用逐年减少，土壤产生板结现象。20 世纪 90 年代，农场畜禽养殖户增加，畜禽提供大量有机农家肥，农场因此大力推广生态种植。

二、化学肥料

新中国成立前，农场开始使用进口的硫酸铵这一化学肥料。中华人民共和国成立后，化学肥料逐渐增加。化学肥料也从单一氮肥发展为氮、磷、钾肥料并用，品种增多。氮肥品种有硫酸铵、硝酸铵、氯化铵、尿素、碳酸氢铵，以碳酸氢铵为主。磷肥主要品种有过磷酸钙、钙镁磷和骨粉。钾肥品种有硫酸钾和氯化钾。20 世纪 70 年代末，农场开始使用复合肥，使用量逐年增加。

1963 年，国家分配给大帽山农场化学肥料 110.20 吨，农场消费 70.60 吨、盘亏 0.15 吨，年末库存 39.45 吨。氮肥购入 49.20 吨，消费 39.10 吨，盘盈 0.06 吨，年末库存 10.16 吨；磷肥购入 61 吨，消费 31.50 吨，盘亏 1.5 吨，年末库存 28 吨。1969 年，农场施用化肥 40 吨，其中氮肥 28 吨，磷肥 12 吨。1970 年，农场施用化肥 38.5 吨，其中氮肥 28.5 吨，磷肥 10 吨。1971 年，农场施用化肥 39 吨，其中氮肥 29 吨，磷肥 10 吨。大帽山农场化肥使用量每年保持在 40 吨左右。

1980 年，农场全年农业化肥施用量 347.25 吨，其中氮肥 191.45 吨，磷肥 151.5 吨，钾肥 0.2 吨，复合肥 4.1 吨。1982 年，农场全年农业化肥施用量 396.6 吨，其中氮肥 321.1 吨，磷肥 63.5 吨，钾肥 6.5 吨，复合肥 5.5 吨。1984 年，农场全年农业化肥施用量 453 吨，其中氮肥 370 吨，磷肥 50 吨，钾肥 15 吨，复合肥 18 吨。

2013—2021 年，大帽山农场化肥、农药、地膜使用量见表 2-4-21。

表 2-4-21　2013—2021 年大帽山农场化肥农药地膜使用量

单位：吨、亩

年度	年化肥使用量（折吨）	化肥使用量				农药使用量	地膜使用量	地膜覆盖面积
		氮肥	磷肥	钾肥	复合肥			
2013 年	350	161	77	21	91	3.2	3	350
2014 年	87.7	35	9.5	6.6	36.6	3.2	3	350
2015 年	82.5	33	8.5	6	35	3	3	350
2016 年	80	30	8	6	36	2	2	320
2017 年	75	28	7	6	34	2	2	330
2018 年	85	31	8	7	39	2	2.5	350
2019 年	185	67	17	15	86	3	5	400

（续）

年度	年化肥使用量（折吨）	化肥使用量				农药使用量	地膜使用量	地膜覆盖面积
		氮肥	磷肥	钾肥	复合肥			
2020年	174.4	62.8	15.9	14.9	80.8	2	4.5	400
2021年	179.5	65.6	16.1	15.2	82.6	2	4.2	400

三、绿肥

中华人民共和国成立之前，场内常种植豌豆、蚕豆、油菜，利用茎叶春耕沤青作基肥。20世纪60年代后，农场推广种植紫云英、金光菊等绿肥作物沤田，在水稻田放养红萍、绿萍。

1964—1979年，大帽山农场绿肥种植面积见表2-4-22。

表2-4-22　1964—1979年大帽山农场绿肥种植面积

单位：亩

年度	1964	1965	1967	1968	1970	1971	1972	1973	1974	1975	1977	1978	1979
面积	131	336	273	297	98	436	766	501	504	62	78	98	60

四、饼肥

饼肥是油料种子经压榨出油后剩下的残渣。饼肥经过腐熟发酵，是优质有机肥料。压榨后的花生饼、豆饼、茶子饼，除作肥料外，也可作牲口饲料。

五、海肥

海肥指沿海地区苔藻类植物腐烂，沉积于滩涂表层的腐熟土壤。海肥盐分含量高，须与畜禽土粪、杂土等混合沤制，腐熟后作基肥施用。

六、秸秆还田

秋收后，花生蔓、甘薯蔓、稻草、豆秆、麦秆等秸秆还田，常用作“包心肥”和水稻田初耕沤肥。

第六节　惠农政策

各级人民政府对种粮农民实行补贴政策，实行粮食直补、良种补贴和大型农机具购置补贴政策，随后又出台保护耕地、加大农业投入、严格控制农资价格和实行粮食最低收购价等各项保障措施，对种粮农民直接补贴，使种粮农民直接受益。

一、种粮农民农资综合直补

厦门市、区两级人民政府为充分调动农民种粮积极性，鼓励多种粮、产好粮，缓解化肥、柴油等农资价格变动对农户的影响，2007年在国家对种粮农民农资综合直补每亩30元、市级财政补贴每亩20元的基础上，翔安区下达种粮农民农资综合直补资金。大帽山农场入户核实农户种粮面积，抓紧办理拨款手续，采取直接发放方式，把补贴资金兑现到农户手中。

2009年，大帽山农场根据职工实际种粮情况，发放种粮补贴75799.2元。其中洪毛岭29户，3175.2元；后炉2户、上廊5户，637.2元；集体户4户，410.4元；加塘15户，1728元；刘厝72户，6993元；罗田81户，8613元；山后桥108户，9855元；山仔头40户，4136.4元；尾厝40户，5092.2元；下厝51户，5097.6元；寨仔尾86户，10713.6；中心119户，8467.2元；山边116户，10681.2元；黄献民66.4元，黄温132.8元。

2010年，大帽山农场耕地面积2400.25亩，种粮面积1850亩，发放职工种粮补贴65141.5元。2014年，农场农资综合补贴0.14万亩，补贴资金7.5万元。

二、农作物良种补贴

根据翔安区农林水利局、区财政局《关于下达2010年翔安区农作物良种补贴资金的通知》（翔农〔2010〕113号）精神，为充分调动农民种粮积极性，鼓励农民多种粮产好粮，翔安区向种粮户发放良种补贴。

2010—2016年，大帽山农场发放早、晚稻良种补贴5510余亩，补贴金额7万余元。大帽山农场农作物良种补贴见表2-4-23。

表2-4-23　2010—2016年大帽山农场农作物良种补贴

年度		2010	2011	2012	2013	2014	2015	2016
早稻	面积（亩）	300	800	800	750	850	—	—
	补贴（元）	3000	8000	11138	8551	6551	—	—
晚稻	面积（亩）	—	300	450	350	350	—	—
	补贴（元）	—	4225.8	6265	3991	2698	—	—
合计	面积（亩）	300	1100	1250	1110	1200	—	550
	补贴（元）	3000	12225.8	17403	12542	9249	—	14959

2016年起，翔安区全面推行农业“三项补贴”改革，即将农作物良种补贴、种粮农

民直接补贴和农资综合补贴合并为“农业支持保护补贴”。

三、商品有机肥使用补助

2019年，翔安区政府加强商品有机肥推广力度，提高土壤有机质含量，改善耕地土壤肥力状况。大帽山农场山边村“厦门市翔安区火龙谷家庭农场”种植蔬菜，商品有机肥使用面积达15亩，根据《厦门市耕地质量保护与地力提升项目实施方案》，翔安区给予农场0.75万元补助。

2020年8月，大帽山农场后炉自然村“厦门市特房大帽山境旅游服务有限公司”果树、蔬菜种植，商品有机肥使用面积75.8亩，翔安区给予补助3.08万元。

2021年12月，大帽山社区“厦门特房大帽山境旅游服务有限公司”粮食、蔬菜、水果种植面积220亩，购买使用有机肥200吨，翔安区给予补助10万元。

四、农机补助

2015年4月，翔安区下达经费1万元，用于大帽山农场开展农机管理业务。

2015年，贯彻落实翔安区农林水利局、区财政局关于印发《2015—2017年厦门市翔安区农业机械购置补贴资金使用实施方案的通知》（翔农〔2015〕110号）文件精神，大帽山农场农户享受农机购置补贴，其中上廍（26号）洪水踏购置微耕机，补助1200元；大帽山尾厝（8号）黄水、尾厝（38号）黄火炎、中心（96号）黄兴贵、加塘（12号）黄华侨购置中耕机，各补助1275元；山边（8号）黄文可购置手扶拖拉机，补助2025元。

2017年，大帽山农场山后桥（38号）大雾山果蔬专业合作社购置旋耕机补助670元。

五、抗旱补助

2004年5月，翔安区农林水利局按照厦门市财政局、厦门市水利局《关于开挖第二批抗旱大井的通知》，批准大帽山农场开挖抗旱大井2口，每口大井市财政补贴4万元。

2017年，翔安区农林水利局、区财政局补助大帽山农场抗旱经费1万元。

2019年，翔安区农林水利局、区财政局批准大帽山农场开挖抗旱大井6口，共补助抗旱经费6万元。

2020年，翔安区农林水利局、区财政局批准大帽山农场开挖抗旱大井5口，共补助抗旱经费5万元。

2021年，翔安区农林水利局、区财政局批准大帽山农场开挖抗旱大井1口，补助抗旱经费1万元。

六、农业机械化补助

2022年9—10月，翔安区新圩镇下拨大帽山社区水稻全程机械化社会化服务补助。

2022年9月，新圩镇大帽山社区水稻全程机械化社会化服务补助见表2-4-24。

表2-4-24　2022年9月新圩镇大帽山社区水稻全程机械化社会化服务补助

单位：亩、元

序号	申请人	申报环节	申报面积	每亩补贴标准	申请补贴金额
1	厦门市特房大帽山境旅游服务有限公司	机收	29.74	90	2676.6
2	黄火党	机收	28	90	2520
3	厦门市特房大帽山境旅游服务有限公司	机烘	29.74	70	2081.8
4	黄火党	机烘	28	70	1960
5	大雾山果蔬专业合作社	机收	20	90	1800
6	黄建宗	机收	8	90	720
合计金额					11758.4

2022年10月，新圩镇大帽山社区水稻（中晚稻）全程机械化社会化补助见表2-4-25。

表2-4-25　2022年10月新圩镇大帽山社区水稻全程机械化社会化服务补助

单位：亩、元

序号	申请人	申报环节	申报面积	每亩补贴标准	申请补贴金额
1	厦门市特房大帽山境旅游服务有限公司	育秧	91.26	70	6388.2
2	厦门市特房大帽山境旅游服务有限公司	机耕	91.26	140	12776.4
3	厦门市特房大帽山境旅游服务有限公司	机插	91.26	80	7300.8
4	厦门市特房大帽山境旅游服务有限公司	机收	91.26	90	8213.4
5	厦门市特房大帽山境旅游服务有限公司	机烘	91.26	70	6388.2
合计金额					41067

第五章　林　　业

大帽山农场主要山峰有罗田东西尖、埔顶加塘大帽山、洪毛岭大尖山、红格寨山、加塘寨仔山、甘露寺观音山、上廊柏峰岭、刘厝蔡寮山，有着丰富的林业资源。全场土地总面积 3.36 万亩：林业用地 2.35 万亩，非林地 1.01 万亩。其中，林地 18781 亩、疏林地 23 亩、灌木林地 311 亩，无林地 4344 亩。林分结构：薪炭林 1.44 万亩，用材林 1053 亩，经济林 7500 亩。

1963 年，大帽山农场有林业工人 32 人，其中橡胶抚育工人 2 人，运输工人 5 人。

第一节　森林权属

场内山林权属原为各宗族所有，各宗族都有固定的山界，按山界进行经营管理。中华人民共和国成立后，山林收归集体所有。大帽山农场建场后，加强对山林的管理，山林权属归全民所有。

一、林权定界

大帽山农场建场前，山林权属一部分归古宅大队寨仔尾、后炉、上廊、罗田等 4 个自然村所有，一部分归埔顶大队 12 个自然村集体所有。1965 年，大帽山山林权属转为全民所有制。历史遗留下来的山林与周边社队的界限及插花地等问题，引发矛盾，导致纠纷、闹事、殴打事件时有发生，对山林管理、森林保护造成诸多困难与不便。乱砍滥伐现象也时有发生。争议双方虽经多次协商，但都因权益等许多问题未能达成一致而不了了之，纠纷现象还是此起彼伏、不断发生。

20 世纪 80 年代初，各级林业部门下大决心，组织专门、专业人员逐一解决各地存在的山林权属问题。同安林业局协同南安林业部门以及各有关社队，终于彻底解决了农场与新圩镇古宅、后埔、金柄、黄岗、乌山以及与南安市官桥镇的九溪、曙光、洪岭，水头镇的文斗、埕美、帮吟、曾岭，东田镇的凤巢等社队的山林权属和界线内插花地混淆等问题，平息了大帽山农场与周边村社关于山林权属的纠纷。

二、森林保护

大帽山农场建场后，全场林地以原有的生产队为单位分片进行管理，各生产队设有护林员 1 名，场部指派专人负责管理。20 世纪 60 年代至 80 年代初期，农场专门成立山林队，负责马尾松采种、杉木育苗、造林及日常的森林保护。20 世纪 80 年代中后期至 90 年代初期，农场林地采取承包制，发包给农场职工，由承包者组织人员负责森林保护。其间，为加强落实管理责任制，同安县林业局在农场建立林业站，同时终止原职工承包责任制，重新聘请防火护林人员 6 人，分片区负责防火、防盗伐为主的森林保护工作。

第二节　林木种类

大帽山农场林种分地产林种和引进林种两种，又可分用材林、经济林等。林种除榕树、樟树外，已很难见到古树名木，主要因为人们对自然环境保护意识淡薄，一些村落古树遭受毁坏。

一、用材林

农场用材林主要有马尾松、榕树、樟树、枫树、茄苳树、苦楝树、相思树、桉树等。

（一） 马尾松

马尾松是山坡上自然生长的树种。1980 年之前，林木是柴火的主要来源，因此存在乱砍滥伐现象。随着煤炭、电能的普及，以及人们对大自然保护意识的提高，原本荒秃的山坡又披上绿意。马尾松是农场主要林种。

（二） 榕树

榕树树干生出气根，根着地又可长为树干。榕树作为一种“风水树”，各自然村普遍种植。农场内还有一种自然生长的榕树，俗称“雀榕”。鸟类采食该榕树种子，随鸟粪四处播种。雀榕一般树型较小，当然也可长成大榕树。

（三） 樟树

后炉自然村东、北、西三片樟树林大约 200 亩，生长着上万棵樟树。2016 年，“莫兰蒂”台风刮断 3 棵古老的大樟树。现在，直径 1.5 米以上的大樟树约 200 棵。

（四） 枫树

洪毛岭自然村南面一棵枫树树龄 136 年，主干周长 3.5 米，直径 1.11 米，离地 10 米分两大杈，与近旁的大榕树依偎在一起，两树共冠，直径约 20 米，绿荫面积 314 平方米。

（五）茄苳树

茄苳树又叫重阳木，俗名“发财树”。该树位于山后桥坝仔后，私塾老师黄天香于1963年种植，树龄仅60年。现树干直径0.8米，周长2.5米，离地5.5米处分成两大杈，杈上分成许多枝杈，树高约13米，树冠14米，绿荫面积153平方米。树形挺拔优美，枝叶翠绿茂盛，远看像一把撑开的绿绒大伞，常年投下浓密绿荫。

（六）苦楝树

农场内苦楝树多属麻皮苦楝，生于路旁、坡脚、堤岸、屋旁。老苦楝树已不多见。新生的苦楝喜温暖气候，对土壤要求不严，耐潮、风、水湿，但在积水处则生长不良，不耐干旱。苦楝树开淡紫色花，结黄色花生豆大小的果子。

（七）相思树

相思树一般自然繁殖，生长迅速，耐干旱，为农场内荒山造林、水土保持、抵御风灾的重要树种。材质坚硬，是车轮、桨橹及农具等原材料。

（八）桉树

桉树又有大叶桉、柳叶桉、柠檬桉。桉树既是用材林，也是防护林。柠檬桉树干笔直，是造船的好材料。

二、经济林

农场经济林主要种有龙眼树、荔枝树、芒果树、油茶树、番石榴树等。

（一）龙眼树

中华人民共和国成立之前，龙眼树遍植于村落空地，随着经济效益提高，又往山地拓展。不过龙眼的经济效益并不稳定，经济效益高时，各村落跟风种植；近年龙眼滞销，销售额不够采摘工钱，又有任其自生自灭的现状。大帽山农场有龙眼树6000亩，因为经济效益不高而疏于管理。

（二）荔枝树

1958年，农场有荔枝树160亩，但没有收获记载。20世纪60年代，农场大量开垦后炉自然村周边的荒地，种植成片的荔枝树。

（三）芒果树

大帽山本地芒果果实小，味鲜美。20世纪80年代，农场引进外地芒果树，一般种植于道路两旁，是常绿果树，起美化环境作用。

（四）油茶树

农场油茶树主要种植在寨仔尾和大景源一带。1982年，大帽山农场在内官种植油茶树 100 亩，以后陆续种植，扩种到 300 多亩。

（五） 番石榴树

本地番石榴分黄心、红心两种，番石榴树型高大，果实小。引进番石榴树树型矮小，果实大，足有半斤重左右。近年果蝇入侵，如果没有套袋保护，果实尚未成熟，里面已生果蝇幼虫。

第三节　植树造林

一、中幼林抚育

20 世纪 80 年代前期，大帽山农场每年选择马尾松树生长较茂盛的林片进行修枝，对超密度的马尾松进行疏伐，出售给陶瓷厂、砖瓦厂充当燃料，但因修枝过度、间伐过多，影响林木的生长，加上管理粗放，偷砍滥伐时有发生，林木受破坏极为严重，已经出现林地变为荒山的险象。农场虽然每年都造林几百亩，但多因重造轻管，导致成活率低。20 世纪 80 年代，在上级主管部门的指导下，大帽山农场采取断然措施，封山育林，停止修枝、间伐，严格农业用材取用。经过二十多年的抚育，通过加强管理和严厉打击破坏森林的各种违法行为，农场林貌大大改观，林木长势良好，呈现茂密的自然景象。

（一） 林木抚育管护

大帽山农场落实中幼林抚育工作，及时补苗、除草、松土、施肥，防治病虫害，预防人畜危害，确保中幼林成活率，促进林木生长。1983 年，农场幼林抚育 1300 亩。农场在中幼林抚育方面，2008 年完成 1589 亩，2009 年完成 2011 亩，2010 年完成 1240 亩，2011 年完成 1375 亩。2012 年，翔安区农林水利局、区财政局下达 2012 年大帽山农场森林抚育项目资金 35.8 万元。2014 年，大帽山农场完成对大箱、后头洋、红坝、村门尖山等山片共 1150 亩生态公益林后续抚育管理。2015 年，大帽山农场对刘厝观音泉、后头洋等山片 1194 亩人造林进行后续抚育管理。2017 年 6 月，翔安区农林水利局、区财政局下达大帽山农场森林抚育资金 42.4 万元。

2016 年，14 号台风“莫兰蒂”在翔安沿海登陆，对大帽山农场森林造成严重破坏。大帽山农场组织灾后重点区位林分修复和台风灾后生态林人工更新工作。2017 年，大帽山农场罗田林分修复 214 亩、大尖山林分修复 21 亩、补充设计罗田林分修复 11 亩，共计 246 亩。翔安区农林水利局组织台风灾后重点区位林分修复工程、幼林抚育验收，并下达工程款 7.55 万元。

2017 年底，翔安区农林水利局对农场中幼林抚育验收，下达大帽山农场 2016 年山上造林补助款、2017 年造林绿化和森林抚育资金共 132.71 万元。

2018 年 12 月，翔安区农业农村局、区财政局下达 2016—2018 年度大帽山农场造林及森林抚育资金共 44.02 万元。

2019 年 12 月，翔安区农业农村局、区财政局下达大帽山农场 2019 年 1321 亩森林抚育资金 91.14 万元。

2020 年 12 月，翔安区农业农村局、区财政局下达大帽山农场森林抚育补助款 100.76 万元，管理费 2.94 万元。2020 年，大帽山农场森林抚育投资情况见表 2-5-1。

表 2-5-1　2020 年大帽山农场森林抚育投资情况

班号	抚育面积（亩）	本次应付款（元）	投资总额（元）	直接投资（元）					间接投资（元）				
				小计	割灌除草	穴状抚育	施肥	复合肥	小计	税金	管理费	设计费	监理费
05—010	35	24216	26247	23511	13423	7000	1103	1985	2736	705	705	705	621
05—020	28	19372	20997	18808	10738	5600	882	1588	2189	564	564	564	497
05—040	46	31830	34500	30903	16744	9200	1771	3188	3597	927	927	927	816
05—060	69	47745	51751	46354	24633	13800	2829	5092	5397	1391	1391	1391	1224
05—140	108	74742	81012	72565	44010	21600	2484	4471	8447	2177	2177	2177	1916
05—150	9	6229	6751	6048	3668	1800	207	373	703	181	181	181	160
05—200	14	9687	10499	9405	4508	2800	749	1348	1094	282	282	282	248
05—240	62	42914	46514	41664	22754	12400	2325	4185	4850	1250	1250	1250	1100
05—320	19	13152	14255	12769	6973	3800	713	1283	1486	383	383	383	337
05—330	14	9687	10499	9405	4998	2800	574	1033	1094	282	282	282	248
05—801	9	6226	6748	6045	3627	1800	221	397	703	181	181	181	160
12—010	250	173014	187527	167975	101875	50000	5750	10350	19552	5039	5039	5039	4435
12—020	142	98272	106515	95410	57865	28400	3266	5879	11105	2862	2862	2862	2519
12—050	51	35294	38256	34267	20783	10200	1173	2111	3989	1028	1028	1028	905
12—060	37	25606	27755	24861	15078	7400	851	1532	2894	746	746	746	656
12—100	70	48444	52508	47033	28525	14000	1610	2898	5475	1411	1411	1411	1242
12—190	91	62977	68259	61143	37083	18200	2093	3767	7116	1834	1834	1834	1614
12—200	76	52596	57008	51064	30970	15200	1748	3146	5944	1532	1532	1532	1348
13—020	19	13149	14253	12767	7743	3800	437	787	1486	383	383	383	337
13—030	102	70590	76511	68534	41565	20400	2346	4223	7977	2056	2056	2056	1809
13—050	8	5536	6000	5375	3260	1600	184	331	625	161	161	161	142
13—060	50	34603	37506	33595	20375	10000	1150	2070	3911	1008	1008	1008	887
13—070	20	13841	15002	13438	8150	4000	460	828	1564	403	403	403	355
13—080	56	38755	42006	37626	22820	11200	1288	2318	4380	1129	1129	1129	993
15—130	71	49122	53244	47692	27229	14200	2237	4026	5552	1431	1431	1431	1259
小计	1456	1007601	1092124	978254	579394	291200	38451	69209	113870	29348	29348	29348	25826

（二）天然林停伐

2017年，翔安区农林水利局、区财政局联合下达2017年中央财政天然林停伐管护补助资金，天然商品林补助资金每亩15元，其中公共管护每亩0.25元、管护补助每亩14.75元。

2017年1月，大帽山农场省级、市级财政森林生态效益补偿1.31万亩，每亩管护补助36元，补助45.85万元。翔安区农林水利局、区财政局按补助总额的80%提前下达36.65万元；5月，下达剩余的20%补助资金9.16万元。12月，下达2018年林业改革发展资金，补助3289亩，共3.29万元。

2018年2月，翔安区农业农村局、区财政局下达第一批中央财政天然林停伐管护补助资金1.21万元。

2019年1月，翔安区农林水利局、区财政局下达森林生态效益补偿资金，国有公益林每亩36元，大帽山农场国有公益林1.31万亩，补偿45.85万元。4月，翔安区农业农村局、区财政局下达大帽山农场2019年度中央财政林业专项资金4.83万元，用于森林资源保护、天然林停伐管护支出。

2020年2月，翔安区决定从2019年起，天然商品林停伐管护补助标准由每亩15元提高到每亩20元。翔安区农业农村局、区财政局下达大帽山农场2019年度新增天然商品林停伐管护补助资金1.67万元，下达2020年天然商品林停伐管护补助资金6.67万元。10月，翔安区农业农村局、区财政局下达大帽山农场2020年中央财政林业发展改革资金，补助面积3336亩、资金10万元。

2021年2月，翔安区天然商品林停伐管护补助资金标准由每亩20元提高到每亩23元。翔安区农业农村局、区财政局下达大帽山农场天然林商品林停伐管护补助资金6.46万元，下达森林生态效益补偿资金37.41万元。

二、防火林带

2005年，大帽山农场有商品林1.22万亩、生态公益林1.42万亩。为巩固现有茂密的山林景象，防止山林大面积烧毁，在林火易发的危险林区地段，农场科学规划和建设森林防火道路及生物防火林带，形成布局合理的森林防火道路网络。同时，农场对原有的防火林带进行拓宽，改造、新建防火林带面积601亩，共投入250多万元。

大帽山农场严禁私自放火烧荒。农场组织引导职工开展林缘田边可燃物计划烧除，解决森林防火与职工农业生产用火的矛盾，并督促防林员每年秋冬季加强上山巡逻。每年春节、清明节、“三月三”期间，大帽山农场都聘请30名临时防林员，以加强森林防火力量。

2015 年，大帽山农场与南安市交界的蜂腰山发生火灾，大火从南安方向往农场分水岭防火带蔓延。农场组织消防队员赶到火场，消防技术员分析风向和火势，提出“以火攻火”的灭火思路：从防火林带往南安方向顶风放火燃烧，加宽防火林带宽度，防止山火越过防火林带进入农场。最终消防队员成功熄灭山火。

（一）防火林带建设

2005—2007 年，大帽山农场建设森林防火林带 26.69 公里。其中，科仔林至罗田宫 2.2 公里，林带面积 53 亩；罗田至后炉 3.7 公里，林带面积 89 亩；柏峰岭至石壁水库 2.91 公里，林带面积 74 亩；观音山至十八间 2.7 公里，林带面积 61 亩；寨仔山至大景源 2.26 公里，林带面积 58 亩；岭脚宫至寨仔山 0.52 公里，林带面积 13 亩；柏峰岭至店仔坑 2 公里，林带面积 51 亩；古坑至五斗埔 3.4 公里，林带面积 77 亩；蔡寮至石壁水库 3 公里，林带面积 35 亩；后头洋至古坑虎仔头 4 公里，林带面积 90 亩。2006 年，大帽山农场建设护林防火便道工程 3.3 公里，投资 38.6 万元。

2011 年 10 月，翔安区农林水利局、区财政局下达大帽山农场大景源水塘至红坝水库、红坝水库至内官路口、三角梅园下路口至锄山山地总长 4122 米的森林防火便道建设改造经费 37.91 万元；2012 年，下达大帽山农场生物防火林带建设工程资金 12.89 万元。

（二）防火林带维修

防火林带建设后，一般都是土质道路，只要几年不维修，就会导致杂草林木丛生，从而找不到护林防火便道。翔安区每年下达护林防火便道维修经费，大帽山农场按时组织维修。2007 年 12 月，翔安区农林水利局下达大帽山农场 2008 年度护林防火便道维修专项资金 10.18 万元。

2011 年，厦门市、翔安区下达大帽山农场护林防火便道(市、区)维修资金见表 2-5-2。

表 2-5-2　2011 年度大帽山农场护林防火便道维修情况

序号	起止地点	长度（公里）	补助资金（万元）		备注
			市	区	
1	后垅—大湖—猪槽寨	3.4	0.34	0.34	—
2	刘厝—古坑	2.6	0.26	0.26	—
3	鹿场—大寨尾	1.7	0.17	0.17	—
4	山后桥路口—大帽山	4.0	0.4	0.4	—
5	山边—大帽山水库	1.9	0.19	0.19	—
6	大箱头—大箱	2.7	0.27	0.27	—
7	后炉—锄山	1.7	0.17	0.17	—
8	内官—内庵	1.2	0.12	0.12	—

（续）

序号	起止地点	长度（公里）	补助资金（万元）		备注
			市	区	
9	后炉—蜂岭尾—上廊—长仑	4.4	0.44	0.44	—
10	村门—小尖山	0.6	0.06	0.06	—
11	红架—寨仔尾九母山	1.7	0.17	0.17	—
12	甘露寺—六房山—后炉埔	3.1	0.31	0.31	—
13	最高公路—寨坪	1.5	0.15	0.15	—
14	刘厝—蔡辽山顶	1.5	0.15	0.15	—
15	洪毛岭上公路—山边后山—坑埔水库—大尖	1.9	0.19	0.19	—
16	观音架—观音山	0.3	0.03	—	瞭望探头点，路宽1.5米，清杂、整修路面、台阶
17	大景源—大帽山	0.5	0.05	—	
18	合计	34.7	3.47	3.39	

2012年，厦门市、翔安区下达大帽山农场护林防火便道（市、区）维修资金见表2-5-3。

表2-5-3 大帽山农场2012年度护林防火便道维修明细表

序号	起止地点	长度（公里）	补助资金（万元）		备注
			市	区	
1	水库—猪槽寨	2.4	0.24	0.24	—
2	刘厝—古坑	2.6	0.26	0.26	—
3	鹿场—大寨尾	1.7	0.17	0.17	—
4	山后桥路口—大帽山	4.0	0.4	0.4	—
5	山边—大帽山水库	2.7	0.27	0.27	—
6	大箱头—大箱	2.7	0.27	0.27	—
7	后炉—锄山	1.7	0.17	0.17	—
8	内官—内庵	1.2	0.12	0.12	—
9	后炉—蜂岭尾—上廊—长仑	4.4	0.44	0.44	—
10	村门—小尖山	0.6	0.06	0.06	—
11	红架—寨仔尾九母山	0.7	0.07	0.07	—
12	甘露寺—六房山—后炉埔	3.1	0.31	0.31	—
13	最高公路—寨坪	1.5	0.15	0.15	—
14	刘厝—蔡辽山顶	1.5	0.15	0.15	—
15	洪毛岭上公路—山边后山—坑埔水库—大尖	1.9	0.19	0.19	—
16	观音架—观音山	0.3	0.03	—	瞭望探头点，路宽1.5米，清杂、整修路面、台阶
17	大景源—大帽山	0.5	0.05	—	
18	合计	33.5	3.35	3.27	

2013年翔安区农林水利局、区财政局下达大帽山农场护林防火便道维修资金23.38万元，15条生物防火林带等总长32.4公里清杂维护任务和经费9.5万元。

2013 年，大帽山农场护林防火便道维修资金执行情况见表 2-5-4；大帽山农场生物防火林带清杂维护任务和经费明细见表 2-5-5。

表 2-5-4　大帽山农场 2013 年度护林防火便道维修资金执行金额明细

序号	防火便道、步行道起止地点	长度（公里）	设计金额（万元）	审核金额（万元）	执行金额（万元）
1	水库—猪槽寨	2.4	2.1	1.89	1.89
2	鹿场—大寨尾	1.7	1.56	1.41	1.41
3	山后桥路口—大帽山	4.0	3.29	2.96	2.96
4	山边—大帽山水库	2.7	2.5	2.25	2.25
5	大箱头—大箱	2.7	2.38	2.14	2.14
6	内宫—内庵	1.2	1.14	1.02	1.02
7	后炉—长仑	4.4	4.09	3.68	3.68
8	村门—小尖山	0.8	0.69	0.62	0.62
9	红架—寨仔尾九母山	0.7	0.64	0.58	0.58
10	甘露寺—后炉铺	3.1	2.51	2.26	2.26
11	最高公路—寨坪	1.5	1.41	1.26	1.26
12	刘厝—蔡辽山顶	1.5	1.44	1.3	1.3
13	洪毛岭上公路—大尖	1.9	1.46	1.32	1.32
14	三角梅园路口—水库坝头	3.0	0.58	0.52	0.52
15	观音架—观音山	0.3	0.07	0.06	0.06
16	大景源—大帽山	0.5	0.12	0.11	0.11
合计		32.4	25.98	23.38	23.38

表 2-5-5　2013 年大帽山农场生物防火林带清杂维护任务和经费明细

地名	长度（公里）	维修经费（万元）	备注
东西尖—罗田	1.751	0.525	林带内杂物要清理干净，清理的杂草要低于 5 厘米，清理的杂物要拉出防火林带以外
竹仔垵—山脊	2.053	0.616	
罗田—后炉	3.658	1.097	
十八间—观音山	1.983	0.595	
柏峰岭—长仑（粪箕仑）—电站	4.439	1.332	
山尾-店仔坑—长仑尾	1.901	0.570	
寨仔山—岭脚宫	1.045	0.314	
寨仔山—粪箕仑脊	0.413	0.124	
古坑—蔡辽山—后头洋	2.950	0.885	
石罗山—竹坑	0.967	0.290	
古坑—五斗铺	2.664	0.799	
村门前—大帽山水库	1.906	0.572	
观音山—龙潭坑	1.041	0.312	
大箱屿—路边	0.898	0.269	
后头洋—水库边	0.977	0.293	
大尖—路	0.714	0.214	
合计	29.36	8.808	

2014 年，翔安区下拨 2.8 万元用于大帽山农场森林防火便道的排水涵洞两边砌石维修。

2015 年，翔安区农林水利局、区财政局下达大帽山农场森林防火便道及步行道维修经费 15.5 万元；10 月，下达维修经费 25.3 万元，用于农场 17 条生物防火林带总长 31.15 公里维修。

2016 年 10 月，翔安区农林水利局、区财政局下达维修经费 24.06 万元，用于大帽山农场 16 条生物防火林带总长 30.08 公里维修。

2017 年 11 月，翔安区农林水利局、区财政局下达维修经费 21.26 万元，用于大帽山农场 15 条防火便道及步行道总长 37.4 公里维修；维修生物防火林带 31 公里，下达维修经费 24 万元。

2018 年 11 月，翔安区农林水利局、区财政局要求大帽山农场维修防火便道及步行道 15 条总长 37.4 公里，下达维修经费 14.96 万元；要求农场维修生物防火林带 31 公里，下达维修经费 24.8 万元。

2019 年 6 月，翔安区农业农村局、区财政局下达维修经费 16.78 万元，用于大帽山农场维修防火便道及步行道 16 条总长 29.4 公里；维修生物防火林带 31 公里，下达维修经费 24.8 万元。

2020 年 9 月，翔安区农业农村局、区财政局下达维修经费 16.78 万元，用于大帽山农场维修防火便道及步行道 16 条总长 29.4 公里；维修生物防火林带 31 公里，下达维修经费 24.8 万元。

2022 年 3 月，翔安区农业农村局、区财政局下达维修经费 16.78 万元，用于大帽山农场维修防火便道及步行道 16 条总长 29.4 公里；维修生物防火林带 31 公里，下达维修经费 24.8 万元。

2008—2022 年，大帽山农场护林防火便道和生物防火林带维修资金汇总见表 2-5-6。

表 2-5-6　2008—2022 年大帽山农场护林防火便道和生物防火林带维修资金汇总

年度	防火便道及步行道			生物防火林带			合计（万元）
	数量（条）	长度（公里）	维修经费（万元）	数量（条）	长度（公里）	维修经费（万元）	
2008	—	—	—	—	—	—	10.18
2011	17	34.7	6.86	—	—	—	6.86
2012	17	33.5	66.2	—	—	—	66.2
2013	16	32.3	23.38	15	31.67	9.5	32.88
2015	—	—	15.5	17	31.15	25.3	40.8
2016	—	—	—	16	30.08	24.06	24.06

（续）

年度	防火便道及步行道			生物防火林带			合计（万元）
	数量（条）	长度（公里）	维修经费（万元）	数量（条）	长度（公里）	维修经费（万元）	
2017	15	37.4	21.26	—	31	24	45.26
2018	15	37.4	14.96	—	31	24.8	39.76
2019	16	29.4	16.78	—	31	24.8	41.58
2020	16	29.4	16.78	—	31	24.8	41.58
2022	16	29.4	16.78	—	31	24.8	41.58

（三）防火培训与宣传

大帽山农场重视森林防火工作，执行森林防火责任。2006年，大帽山农场组建半专业扑火队伍，为扑救队员配备必要的装备、备足扑火机具和物资。农场每年组织扑救队进行一次扑救安全培训，从提高扑救技能，做到“打早、打小、打了”，确保扑救安全。

2011年10月，翔安区农林水利局、区财政局根据厦门市农业与林业局、市财政局《关于下达2011年森林防火专项补助经费的通知》，下达大帽山农场2011年森林防火专项经费10万元，用于完善物资库建设与物资采购。

2017年12月，翔安区森林防火指挥部对大帽山农场2016年度森林防火责任书执行情况进行检查考核，大帽山农场得分90分以上，获5000元奖励，用于防火工作专项业务。

每逢节假日期间，大帽山农场尤其重视森林防火工作。农场多渠道开展宣传，在主要进山路口、人员密集区等重点位置悬挂森林防火横幅、张贴森林防火标语，利用广播、微信、各种LED显示屏、手机短信等方式，发布森林防火宣传内容，确保做到家喻户晓。

2020年国庆、中秋期间，大帽山农场护林员责任分工情况见表2-5-7。

表2-5-7　2020年国庆中秋期间大帽山农场护林员责任分工情况

序号	管辖山地名称	护林员	备注
1	山边、大帽山顶、虎头山	黄全民	临时护林员30名
2	加塘、大帽山顶、老鼠窟	黄兴贵	
3	三角梅园、猪槽寨、长仑	黄火烈	
4	三角梅园、锄山	黄东怀	
5	大尖、小尖、刘厝后山	黄文贤	
6	大寨山、南坑、骑仔下	黄海滨	
7	古坑、蔡辽山、	黄和级	
8	后头洋、大箱	黄昆仑	
9	农场后、后钻、洪毛岭面前	黄永春	
10	内官、村门	黄车轮	
11	甘露寺、寨仔尾周边	黄节约	

（续）

序号	管辖山地名称	护林员	备注
12	后炉、上廊、峰柏岭	洪水踏	
13	罗田周边、观音山	黄巡铁	
14	罗田周边、观音山	黄建置	临时护林员 30 名
15	山后桥、岭脚宫、寨仔山	蔡坤明	
16	山后桥周边、芹菜坑	蔡万福	

（四） 森林防火哨卡建设

2016 年，大帽山农场森林防火检查站被“莫兰蒂”台风摧毁。2017 年 6 月，翔安区农林水利局下拨森林防火检查哨卡建设经费 9.46 万元，在委托翔安区防火办设计的基础上，根据实际情况进行相应修改重建。

2021 年，大帽山农场启动森林防火哨卡规范化建设。甘露寺森林防火哨卡，建筑面积 45 平方米；三角梅园森林防火哨卡，建筑面积 20 平方米；古坑森林防火哨卡，建筑面积 45 平方米。

2021 年，大帽山农场森林防火哨卡物资储备情况见表 2-5-8。

表 2-5-8 2021 年大帽山农场森林防火哨卡物资储备情况

序号	物资种类	单位	数量	备注
1	风力灭火机	台	2	
2	油锯	台	1	根据实际酌情配备
3	灭火弹	箱	10	
4	背负电动水枪	台	15	
5	铁锹	把	10	
6	二号工具	把	30	
7	柴刀	把	10	
8	背水箱	个	30	
9	火场导向牌	块	5	

三、造林绿化

大帽山农场为改变原有以马尾松为主的单一林相和美化生态环境，在厦门市、区主管部门的支持下，对各个林区段进行勘测、设计，制定实施细则方案。2005—2007 年，大帽山农场投入数百万元资金进行林相改造。兴造生态风景林，每个林带多树种搭配，主要品种有铁刀木、高山榕、樟树、台湾栾树、马占相思、麻楝、春不老、黄花槐、刺桐、巨尾桉、本地相思。2005 年，罗田至上廊造林 60 亩，寨仔山造林 14 亩，罗田至后炉造林

108亩，蔡寮山造林33亩，共计造林215亩。2006—2021年，大帽山农场兴造生态景观林1.39万亩。

2009年2月，翔安区农林水利局下达大帽山农场2023亩生态风景林建设任务，要求每亩投资1588元、总投资321.25万元。大帽山农场对观音山、上廊山片、刘厝后山片、内官自然村后火烧辽山片进行生态风景林建设。

2011年，翔安区农林水利局、区财政局下达大帽山农场造林工程资金36.694万元，其中生态风景林建设33.33万元、纯无林地造林7040元、纯疏林地造林2.66万元。

2012年3月，翔安区农林水利局、区财政局下达大帽山农场2011年第二批1135亩生态风景林工程建设任务，并补助34.05万元。第一批生态风景林加密补植补助资金6.02万元，用于301亩荒山造林。

2013年，翔安区农林水利局下达大帽山农场造林工程第三批补助资金39.21万元。12月，翔安区农林水利局下达2013年度大帽山农场13143亩省级生态公益林森林生态效益补偿性支出资金25.78万元。农场省级生态公益林分布在11个自然村，罗田2344亩，寨仔尾2619亩，洪毛岭841亩，中心1439亩，刘厝890亩，山后桥1399亩，尾厝616亩，下厝635亩，山边1444亩，山仔头516亩，加塘400亩。

2014年8月，翔安区农林水利局、财政局下发大帽山农场造林工程补助资金13.67万元；10月，翔安区农林水利局、财政局下发造林工程补助资金34.33万元。

2015年，大帽山农场在上廍、刘厝、大尖等山片完成植树造林绿化任务27.27公顷。12月，翔安区农林水利局、区财政局下达大帽山农场2014年山上造林绿化市级补助资金16.8万元，下达2015年造林工程资金29.15万元，下达2015年森林生态效益补偿性资金41.32万元。

2016年8月，翔安区农林水利局下达大帽山农场山上造林绿化补助资金158万元。9月，翔安区农林水利局、区财政局下达大帽山农场1.28万亩森林生态效益补偿资金41.82万元，其中省级财政每亩补偿16.17元，补偿金额20.70万元；市级财政每亩补偿16.5元，补偿21.12万元。12月，翔安区农林水利局、区财政局根据厦门市财政局、厦门市政园林局《关于下达2016年第二批造林绿化补助资金的通知》，下达2014年造林绿化工程财政补助资金12.29万元；下达2016年山上造林补助款67.8万元；下达2015年山上造林进度款10万元。

2017年6月，翔安区农林水利局、区财政局下达2017年大帽山农场山上造林绿化和森林经营经费补助103.13万元，其中人工更新造林经费51.35万元，重点区位林分修复经费51.78万元；9月，下达2017年台风灾后重点区位林分修复工程和生态林人工更新造林工程验收付款 72.06 万元。

2017 年，大帽山台风灾后重点区位林分修复工程验收付款情况见表 2-5-9。

表 2-5-9 2017 年台风灾后重点区位林分修复工程验收付款情况

工区	面积（亩）	本次应付工程款（元）	直接投资（元）	造林工程费（元）		三年管护费（元）		
				人工费	材料费	第一年	第二年	第三年
罗田	214	334642	844336	409863	259421	38006	65549	71496
大尖山	21	29447	76072	40220	18674	3730	6432	7016
补充设计（罗田）	11	19452	48281	26695	12209	1954	3521	3903
小计	246	383541	968689	476778	290304	43689	75503	82415

2017 年，大帽山农场台风灾后生态林人工更新造林工程验收付款情况见表 2-5-10。

表 2-5-10 2017 年台风灾后生态林人工更新造林工程验收付款情况

工区	面积（亩）	已付工程款（元）	本次应付工程款（元）	直接投资（元）	造林工程费（元）		三年管护费（元）		
					人工费	材料费	第一年	第二年	第三年
罗田	221	0	337060	854897	423270	250849	39249	67694	73835
合计	221	0	337060	854897	423270	250849	39249	67694	73835

2018 年 1 月，翔安区农林水利局、区财政局下拨 2018 年翔安区森林生态效益补偿资金，大帽山农场国有公益林 1.31 万亩，每亩补助 36 元，下达 47.16 万元。3 月，翔安区农林水利局、区财政局下达大帽山农场市级专项造林绿化补助资金 26.4 万元，其中森林抚育 18 万，生物防火林带建设 8.4 万。12 月，翔安区下达大帽山农场 2018 年林业改革发展资金 3.29 万元，用于天然林有关管护人员劳务补助、森林防火、有害生物防治、林区道路维护等支出。12 月，大帽山农场因 2015 年 6 月完成 4 村 8 处畜禽退养造林任务 29.2 亩，翔安区农林水利局、区财政局下达大帽山畜禽退养地造林经费 5.22 万元。12 月，翔安区农业农村局、区财政局下达大帽山农场 2016—2018 年度村门——水库生物防火林带造林项目投资款 3.95 万元；下达大帽山农场“两沿一环”林相改造款 18.41 万元，改造面积 640 亩；改造“防火林带”270 亩，下达 6.79 万元；罗田工区林分修复 221 亩，下达 6.77 万元。2018 年下达造林工程补助资金、企业管理费 5472 元。

2019 年 12 月，翔安区农业农村局下达大帽山农场 2019 年山上造林及森林经营补助经费 15.63 万元；下达大帽山农场 2017 年度造林人工更新 7.38 万元、林分修复 8.24 万元；下达 2018 年度生物防火林带 1.14 万元；下达 2019 年因 2017 年台风灾后生态林人工更新造林工程，抚育验收付款资金 7.81 万元；下达大帽山农场村门——水库 2018 年生物防火林带造林项目投资决算应付款 1.14 万元。

2020 年 12 月，翔安区农业农村局下拨补助 1.14 万元，用于资助大帽山农场 32 亩村门——水库生物防火林带造林项目。

2021 年 4 月，翔安区农业农村局下达大帽山农场 2021 年度营造林“先建后补”项目“三沿一环”森林景观带 120.6 万元、乡村生态景观林 39.6 万元、森林抚育 33.8 万元。7 月，翔安区农业农村局下达建设大帽山农场 272 亩“三沿一环”森林景观带项目 64.36 万元、44 亩乡村生态景观林项目建设 22.42 万元；下达大帽山农场 2021 年度营造林“先建后补”项目实施补助资金代理费 7.15 万元。12 月，区农业农村局下达大帽山农场管理费 1.54 万元。

2006—2021 年，大帽山农场各年度造林情况见表 2-5-11。

表 2-5-11　2006—2021 年大帽山农场各年度造林情况

年度	面积（亩）	地点	造林模式
2006	1235	长仓	全面造林
		小尖山	6 米带状造林
		狮子岭	16 大班 45 亩
		甘露寺	5 大班 1、2、4、6、19、20 小班 369 亩
2007	789	东岭后山	全面造林
		寨仔山	9 米带状造林
2008	1388	刘麻山	种植油茶
		寨仔尾	
		崎仔下	
		后钻山	9 米带状造林
		长仓	
		水库上	
		刘厝	
		大景源	种植油茶
2009	1824	观音山	全面造林
		上廊	9 米带状造林
		火烧辽	
		刘厝后山	
		锄山	
2010	1240	寨仔尾	9 米带状造林
		大尖山	
2011	1375	甘露寺	全面造林
		古坑	30 米带状造林
		内官	疏林地造林
		山边	无林地造林

（续）

年度	面积（亩）	地点	造林模式
2012	49.2	寨仔山到加塘	生物防火林带造林
2013	680	大坑内 三角梅园路下 大箱 观音泉 尖山尾地后	松线虫病除治更新造林
2015	463.4	上廊 刘厝大荒 大尖山	病虫害除治，原2009年带状造林409亩
		寨仔尾 村门 内官 刘厝	退养地造林（寨仔尾5处21.8亩、村门5处21.1亩、内官2.2亩、刘厝5处9.3亩，合计54.4亩）
2016	66	甘露寺	全面更新造林
	548	崎仔下 寨仔山 东岭后山	带状更新造林，原2007年带状造林
	18	上廊学农基地	裸露山体造林
	126	罗田—后炉 店仔坑—长仑 柏峰岭—发电站	防火林带造林（原林带整段无林）
	156	罗田—后炉 店仔坑—长仑 柏峰岭—发电站	防火林带造林（原林带补植造林）
2017	225	罗田加冬区	台风灾后重点区位林分修复造林
	21	大尖山	防火林带造林
	221	罗田加冬区	台风灾后生态林人工更新造林
2018	32	村门—水库	防火林带造林
2019	1396	大寨山 大尖山	森林抚育
2020	1456	甘露寺 三角梅园 大寮	森林抚育
2021	684	大尖山 古坑	森林抚育
	316	上廊 寨仔尾	“三沿一环”环城森林景观带造林

四、苗木基地

大帽山农场林木以马尾松、相思树、樟树为主，大多自然繁殖、自然生长。

1960年，大帽山农场建苗圃71亩，从事马尾松、杉木育苗。1963年，橡胶抚育管理面积11亩，其中大田管理11亩。农场多年生经济作物以剑麻、茶树为主，每年都建有苗圃。

2014年，大帽山生态农业（厦门）有限公司建设罗田村苗木基地，项目占地面积33.73公顷。基地划分5个功能区：乔木假植区，约3.13公顷；乔木种植区，约2.73公顷；乔木培育区，约3.33公顷；蔬菜种植区，约3.8公顷；小乔森灌木种植区，约2.2公顷。

五、三角梅园

三角梅园位于大帽山农场东北2公里处，原本是一片荒山，毗邻溪美水库。2005年11月，三角梅园开始规划建设，陆续种植三角梅700多亩，近10万株，有大红、粉红、紫色、银白、橘黄、变色花、鸳鸯双色花等数十种，以红色三角梅为主。园区内铺设总长7公里的环山公路和步行道，兴建4座观景亭和1个停车场。

翔安区委、区政府重视生态建设，力图改变大帽山生态环境，全力把大帽山建成厦门市后花园。2006年，在翔安区财政十分困难的情况下，拨专款由大帽山农场负责完成钟厝山和牛拔尾山三角梅种植任务，投入1000多万元。3月13日，大帽山农场场长召开场委会，形成大帽山农场专题会议纪要〔2006〕02号文，决定采用承包方式开发种植三角梅园区风景林，同意由农场职工黄结束承包。12月25日，三角梅园完成第一期种植任务720亩及公路两边绿化。2008年11月，农场完成园区设计、施工、种植、配套建设，三角梅园举行开园仪式，向市民免费开放。

2015年，大帽山三角梅园区受台风等因素影响，损坏严重。农场在原有建设基础上，投入50万元，修缮园区栈道、凉亭、观景台，抽调专门人员进行管理，进一步做好重点景点等相关配套设施建设。2016年1月25—27日，三角梅园区由于受连续三天低温天气影响严重。灾害性天气对三角梅植株产生巨大破坏，大部分叶片脱落、枝杆干枯，死亡率达26.3%。农场成立专门领导小组组织施工和管理，翔安区政府拨款212.69万元，用于园区受冻害三角梅的修复。

2016年4月，大帽山三角梅园获市级休闲农业示范点称号，获奖励10万元。

第四节 病虫害防治

病虫害防治是防止森林大面积死亡的有效途径。大帽山农场每年春秋两季组织护林员巡山普查森林病虫害情况，及时制定病虫害防治计划，组织清理枯死树木，对病株施药防治。

一、林木病虫害除治

2010年2月，大帽山农场组织各责任片区护林员进行秋季松枯死木普查。截至3月30日，大帽山农场发现松枯死木392株。翔安区农林水利局下达大帽山农场春季松枯死木除治经费1.96万元，除治费按每株50元测算包干使用。大帽山农场组织职工办理林木采伐手续。采伐时桩面砍数刀，使之容易吸收药物，树桩及周围喷洒4～5次药物后，伐根再覆土；松枯死木伐除后，对可利用材同时开具《木材检尺码单》和《松材线虫病疫木安全利用特别通行证》，及时派专人押运到省厅指定加工厂切片进行无害化处理；及时把其他部分1厘米以上的树干、枝条搬到林外空地上烧毁，以彻底杀灭松墨天牛。

2011年10月，大帽山农场调查松枯死株数3996株。翔安区农林水利局下达20.06万元，其中除治经费19.98万元、药费0.08万元。

2012年秋季，大帽山农场松枯死木除治6112株，除治金额29.55万元、药费0.11万元。

2012年，大帽山农场松枯死木除治验收付款明细见表2-5-12。

表2-5-12 2012年大帽山农场松枯死木除治验收付款明细

单位：株、万元

施工单位	除治株数	除治经费	除治总合格率	药费	应付款	备注
黄全民	2062	10.31	97.9%	—	10.09	
黄火烈	2002	10.01	95.5%	—	9.56	
黄文可	2048	10.24	96.7%	—	9.9	
小计	6112	30.56	—	0.11	29.55	拨款29.66

2013年，翔安区农林水利局、区财政局下达大帽山农场松材线虫病除治性皆伐补贴资金13.91万元。

2014年，大帽山农场完成后头洋、后坝、村门尖山等山片约30.53公顷的松材线虫除治性皆伐、更新造林及林分修复。11月，翔安区农林水利局、区财政局下达松枯死木清理除治资金29.73万元；12月，下达松材线虫病除治性皆伐补贴资金3.88万元。

2015年，大帽山农场对松材线虫病疫区进行皆伐更新造林，清理除治松枯死木3870株；投放白僵菌2750发、诱捕器15处，扑杀松毛虫和消灭松墨天牛。5月，翔安区农林水利局下达大帽山农场松枯死病清理除治预付款12.35万元。10月，区农林水利局、区财政局下达大帽山农场2015年松材线虫病除治性皆伐补贴资金3.27万元。

2016年春季，大帽山农场松枯死木清理除治6105株，翔安区补贴清理除治经费35.41万元。

2017年2月，根据《2017年翔安区松风折风倒枯死森清理除治实施方案》，翔安区农林水利局拨款31.9万元，对大帽山农场5500株松风折风倒枯死木进行及时清理除治。6月，翔安区农林水利局下达大帽山农场2017年度松风折风倒枯死木清理除治2550株，结算款14.79万元。

2018年3月，翔安区农林水利局下拨大帽山农场2016年松材线虫病林分改造补贴资金1.14万元。

二、林业有害生物监测

2015年，大帽山农场对林业有害生物应施监测面积进行规划，应施监测面积合计71952亩，现有林面积合计20622亩。马尾松毛虫寄主树种面积11539亩，偶发区面积11529亩，应施监测面积合计34587亩，分3次监测；松突圆蚧、松材线虫病、松墨天牛寄主树种面积11529亩，应施监测面积11529亩；木麻黄毒蛾寄主树种面积1037亩，应施监测1037亩；桉树焦枯病寄主树种面积7亩，应施监测面积7亩；黑翅土白蚁寄主树种867亩，应施监测面积1734亩。

第五节　古树名木

农场内山林面积约占农场总面积的70％。山上古树众多，无从统计，且古树被砍伐的较多。各自然村庙旁宫边、房前屋后、道路边上的古树能幸存至今，得力于村民自发保护。

一、场内主要古树名木

（一）甘露寺榕树、茶树

古榕树在甘露寺左侧，主干直径1.03米，周长6.5米。主干1.1米处分4杈，树冠直径24米，绿荫面积452.16平方米。清顺治四年（1647年）甘露寺住持无疑亲手种植该树，树龄377年（截至2024年）。榕树下建造双层水泥坛，外围一圈圆形铁护栏。

古茶树在甘露寺左侧，主干直径 0.8 米，周长 2.5 米。清顺治四年（1647 年），甘露寺住持无疑亲手种植该树，树龄 377 年（截至 2024 年）。

（二） 寨仔尾自然村樟树、芒果树

古樟树在寨仔尾自然村入口处右上方，树干直径 1.34 米，周长 4.2 米。主干 1.7 米处分 3 杈，树冠直径 27 米，绿荫面积 572 平方米，树龄 359 年（截至 2024 年）。树下铺着长方形石板埕，主干四周围着方形的竹篱笆，篱笆外摆放长方形石墩。把石墩当作长石椅，游客能坐下乘荫休息。

芒果树在寨仔尾自然村入口处左侧，树干直径 0.8 米，周长 2.6 米。主干 1.8 米处分 2 杈，树的大分杈已枯萎，又长出一些小枝，枝上依然绿叶葱郁。主干上爬满绿色野藤，树龄 139 年（截至 2024 年）。

古榕树在寨仔尾自然村南面，树干直径 2.7 米，周长 8.6 米。主干 3.5 米处分 3 杈，树冠直径 25 米，树龄 93 年（截至 2024 年）。

古樟树在寨仔尾自然村水尾宫右侧，直径 0.83 米，周长 2.6 米。主干 2.35 米处分 3 大杈，树冠直径 14 米，树龄 159 年（截至 2024 年）。

（三） 中心自然村榕树

古榕树在中心自然村村道旁，直径 1.75 米，周长 5.5 米。主干 2 米处分 4 杈，树冠直径 25 米，绿荫面积 490 平方米，树龄 348 年（截至 2024 年）。紫云黄氏大帽山开基祖黄卿进康熙十五年（1676 年）迁居大帽山时亲手种植，该树是大帽山最大的一棵古榕树。树下铺着石板砖，砌 2 层石块圆坛加以保护。

古榕树在宫仔尾道旁，直径 0.96 米，周长 3 米。主干 1.5 米处分 2 杈，树冠直径 7 米，绿荫面积 154 平方米，树龄 129 年（截至 2024 年）。村民黄章坚种植。树下铺着小方块石砖，环境干净整齐。

古榕树在宫仔尾道旁，直径 1.43 米，周长 4.5 米，主干 1.5 米处分 6 杈，树冠直径 13 米，绿荫 133 平方米，树龄 129 年（截至 2024 年）。村民黄章坚种植。

古榕树在祖厝后道旁，直径 1.2 米，周长 3.8 米，主干 1.5 米处分 3 杈，树冠直径 15 米，绿荫 177 平方米，树龄 129 年（截至 2024 年）。村民黄章坚种植。

（四） 后炉自然村樟树林

后炉自然村被葱郁的樟树林环抱。农场建场前，据统计，后炉自然村周边生长着 160 棵的古樟树。1960 年之后，农场大量开垦周边的荒地，种植成片的橡胶树、龙眼树、荔枝树、剑麻、茶树等。大量的鸟儿栖息在樟树上，吃着樟树籽的果皮，使得樟树种子掉落在土壤中。种子生根发芽，长成小樟树。60 多年后，后炉东、北、西三片樟树林大约 200

亩，林中生长着上万棵樟树。2016 年，“莫兰蒂”台风刮断 3 棵古老的大樟树。现在，后炉自然村生长着直径 1.5 米以上的大樟树 200 余棵，成为大帽山一道美丽的景观。

（五） 罗田自然村樟树

古樟树在罗田自然村帝君王宫右侧，直径 1.24 米，周长 3.88 米，主干 3.5 米处分 2 大杈，树冠直径 16.4 米，树形优美，树龄 319 年（截至 2024 年）。

（六） 古坑自然村古榕树

古坑自然村村前的溪边长着一棵大榕树，主干周长 6.5 米，直径 2.07 米，离地 2.5 米处分成 5 个大树杈，树冠直径 20 米，绿荫面积 314 平方米，树龄 503 年（截至 2024 年）。

（七） 洪毛岭自然村榕树、枫树

古榕树位于洪毛岭自然村南面，主干周长 4.05 米，直径 1.28 米，离地 2 米分 2 大杈，树冠直径约 15 米，绿荫面积 176.6 平方米，树龄 139 年（截至 2024 年）。树下摆设一块圆形石桌和长条石椅，供村民和游客乘凉休息。

古枫树位于洪毛岭自然村南面，主干直径 1.11 米，周长 3.5 米，离地 10 米分 2 大杈，树龄 139 年（截至 2024 年）。枫树与近旁的大榕树依偎在一起，两树共冠，直径约 20 米，绿荫面积 314 平方米。

古榕树位于洪毛岭自然村南面，树龄 159 年（截至 2024 年），周长 4.08 米，主干直径 1.3 米，离地 4.5 米分 3 大杈，树冠直径约 10 米，绿荫面积 78.5 平方米。树下搭设一顶方形帐篷，供村民和游客乘凉休息。

古榕树位于洪毛岭自然村南面水坝堤岸外侧，1970 年种植，树龄 50 多年（截至 2024 年），主干直径 1.6 米，周长 5 米，离地 1.5 米分 6 大杈，树冠直径约 20 米，绿荫面积 314 平方米。树形优美，如一把撑开的大绿伞。

（八） 村门自然村榕树、相思树

古榕树位于村门自然村南部，树龄 149 年（截至 2024 年），周长 6.5 米，主干直径 2.07 米，离地 1.5 米分 3 大杈，树冠直径约 15 米，绿荫面积 177 平方米。树干旁摆放着一尊金黄色的关公塑像。

古榕树位于村门自然村南部的榕仔尾下，树龄 129 年（截至 2024 年）。主干直径 1.21 米，周长 1.21 米，离地 2.1 米分 3 大杈，树冠直径约 16 米，绿荫面积 210 平方米。

古榕树位于村门自然村南部的王公宫，主干直径 0.96 米，周长 3 米，离地 2 米分 2 大杈，树冠直径约 14 米，绿荫面积 153 平方米，树龄 138 年（截至 2024 年）。

公母相思树位于村门自然村南部的臼下，树龄 209 年（截至 2024 年）。公相思树主干直径 0.64 米，周长 2 米，离地 6.5 米分杈。母相思树主干直径 0.86 米，周长 2.7 米，离地 5 米分 2 大杈，两树树冠直径约 16 米，绿荫面积 210 平方米。

古榕树位于村门自然村南部，树龄 253 年（截至 2024 年），主干直径 1.91 米，周长 6 米，离地 2 米分 2 大杈，树冠直径约 20 米，绿荫面积 314 平方米。树旁修建一座小小的水尾宫。

（九）山边自然村榕树

古榕树位于山边自然村中部，主干周长 4 米，直径 1.27 米，离地 1.8 米分 3 大树杈，杈上又分杈，枝叶繁茂，树冠直径 15.3 米，绿荫面积 183.8 平方米，树形优美，如一把绿绒大伞。

（十）刘厝自然村芒果树

芒果树位于刘厝自然村中部溪流的东岸上，树干直径 1 米，周长 3.14 米，主干 3 米处分 2 大杈，树冠面积约 28 平方米。每年秋季结果，籽大肉少，但十分香甜。

大帽山农场古树名木情况见表 2-5-13。

表 2-5-13　大帽山农场古树名木情况

序号	位置	具体位置	树种	数量（株）	是否上牌	管护费	备注
1	甘露寺	寺东北面左侧	榕树	1	是	无	
2		寺东北面左侧	茶树	1	是	无	
3	寨仔尾	村口	樟树	1	是	有	
4			芒果树	1	是	有	
5		水尾宫右侧	樟树	1	是	有	
6		村南面	榕树	1	是	无	
7	中心	祖厝后	榕树	1	否	无	
8		宫仔尾	榕树	1	否	无	
9			榕树	1	否	无	
10		村道旁	榕树	1	否	无	
11	后厝	村东、北西	樟树群	约 200	是	无	
12	罗田	帝君宫旁	樟树	1	是	有	
13	古坑	村口	榕树	1	否	无	
14	洪毛岭	村南部	榕树	1	否	无	
15		村南部	枫树	1	否	无	
16		村南部	榕树	1	否	无	
17		村南部坝下	榕树	1	否	无	
18	村门	村南部	榕树	1	否	无	
19		村南部	榕树	1	否	无	
20		村南部	榕树	1	否	无	
21		村南部	相思树	2	否	无	
22		村南部	榕树	1	否	无	

（续）

序号	位置	具体位置	树种	数量（株）	是否上牌	管护费	备注
23	山边	村内	榕树	1	否	无	
24	刘厝	村内	芒果树	1	否	无	

二、区级保护古树名木

古树名木是悠久历史与文化的象征，是绿色文物、活的化石，是自然界和前人留下的无价珍宝。

2007 年 7 月 27 日，翔安区人民政府根据《福建省森林条例》等有关规定，经普查和专家鉴定，确定场内 6 株古树名木及 1 个古树群为区级保护第一批古树名木。

2009—2011 年，翔安区人民政府下拨古树名木保护经费，每株 500 元，用于古树名木修整、加固、病虫害防治等保护工作。

大帽山农场区级第一批保护古树名木情况见表 2-5-14。

表 2-5-14　大帽山农场区级古树名木一览表

编号	树名	树高（米）	分布地点	保护单位	备注
XA203	樟树	15	大帽山农场寨仔尾自然村水尾宫公路边	大帽山农场	
XA204	相思树	8	大帽山农场寨仔尾自然村黄忠义厝前	大帽山农场	
XA205	樟树	29	大帽山农场寨仔尾自然村黄彪厝前	大帽山农场	
XA206	樟树	15.5	大帽山农场罗田自然村帝君宫	大帽山农场	
XA207	榕树	20	大帽山农场罗田自然村村南面	大帽山农场	
XA208	芒果树	15	大帽山农场寨仔尾自然村口公路边	大帽山农场	
XA213	樟树		大帽山农场后炉自然村		古树群

第六章 养 殖 业

清代，场内饲养畜禽有马、驴、骡、牛、猪、羊、兔、狗、猫、鸡、鸭、鹅等。民国时期，主要用于运输畜力的马、驴、骡逐渐减少。黄牛场内农田耕作主要畜力，俗称耕牛。部分家庭把猫、狗当宠物饲养。

20世纪50年代初，场内农民拥有耕作自主权，开始饲养耕牛和生猪。1952年，场内建立互助组，畜类饲养量有所增加。1955年，公私饲养并举，耕牛、生猪饲养量增加。1958年5月，大帽山农场建场后，各生产队都建有猪舍，发展生猪饲养。1961年，农场因粮食减产，导致饲料不足，生猪饲养量因此大幅减少；后又因经营管理不善、连年亏损而停止生猪养殖。耕牛是农场主要畜力，养殖数量每年基本持平。20世纪80年代前，农户都散养禽类，因此养殖数量少；推行家庭联产承包责任制后，因耕地需要，农场耕牛饲养量增加，一些职工利用农场的自然优势，发展猪、肉牛、禽类饲养，并发展成为畜禽养殖专业户、重点户。2013年12月，政府下达46.58万元，其中厦门市、翔安区财政补助资金各23.29万元，专款专用于大帽山农场37户家禽规模养殖场23.29万羽家禽养殖补助。

第一节 畜 牧 业

大帽山农场建场以来，畜牧业是农场的主要产业，以饲养耕牛、生猪为主，兼养山羊。猪、羊舍遍布农场各个角落。农场曾为社会提供不少的猪、羊肉等食品。1958年，农场建设218平方米畜舍和16平方米粪池。1960年，农场猪舍878平方米、牛舍70平方米、羊舍150平方米、禽舍60平方米、饲料室103平方米。

一、牲畜饲养

（一）牛

场内养牛以耕牛为主。成立高级农业合作社后，耕牛折价归公，自然繁殖，以应农耕需求。实行家庭联产承包责任制后，农场政策放宽，依法维护农场居民土地承包经营权，私人养牛逐年增加，耕牛饲养量回升。

牛的传统品种为闽南黄牛。黄牛早熟，耐粗饲料、耐热、步快，抗病力强，性情温驯，容易驾驭，适合坡地、水田耕作役使。

1958年，大帽山农场全年黄牛总饲养量254头，全年死亡10头，年终存栏数244头。其中农业社并入193头，包括能繁母牛69头，种公牛23头；奶牛8头，其中农业社并入2头；能繁母奶牛8头。1963年，农场全年饲养黄牛583头，年末存栏473头，其中成年母牛204头，能配种公牛4头，牛犊129头；饲养水牛2头，年末存栏2头。一头耕牛平均负担耕地面积10.9亩。1969年，农场黄牛年终存栏658头；1972年，农场黄牛年终存栏740头；1979年，黄牛年终存栏491头。1980年，农场黄牛总头数419头，其中从事劳役262头，当年生牛犊69头。1982年，农场牛总头数499头，职工自养63头。其中黄牛494头，水牛5头。1983年，农场牛总头数598头。其中黄牛592头，水牛6头。1984年，农场牛总头数636头，其中能繁母牛354头。

（二）马、驴

大帽山农场饲养晋江马，平时可挽马拉车运输货物，农忙时可用于农田耕作。因农业机械化发展，农场马的数量逐年自然减少。

1958年，大帽山农场马全年饲养10匹，死亡1匹，年终存栏9匹；驴全年饲养7头，年终存栏数7头，其中农业社并入4头。1969年，马、驴存栏6匹（头）；1972年，马、驴存栏4匹（头）。

（三）羊

大帽山农场饲养的山羊属闽南山羊，都为家养，数量少。1980年后，引入萨能奶羊、南江黄羊、西农奶羊、马头羊、湖羊、波尔肉羊等优良品种。一部分家庭开始羊群圈养、山上放养，使其自然繁殖。

1958年，大帽山农场全年饲养山羊104头，年终存栏104头。1963年，农场全年饲养山羊95头，年末存栏75头，其中成年母羊12头。1969年，农场山羊年终存栏350头。1982年，农场职工自养羊420头，当年出售和自宰自食280头。1983年，农场职工自养山羊570头，其中能繁母山羊200头，仔羊180头。

（四）兔

农场内家兔属福建兔，一般饲养150～170天，体重达1.5～2公斤。60年代中期，农场开始饲养长毛兔。1983年，农场职工养兔500头。1990年以后，农场引进肉用日本大耳兔、新西兰兔、青紫蓝兔、塞北兔、哈白兔、安哥拉长毛兔、竹鼠兔，但只是个别农户家养，未得到推广。

二、生猪饲养

大帽山农场建场之前，生猪的品种大多为本地槐猪（五峰猪），出肉率低，一般饲养一年体重可达50公斤左右。1958年，农场开始引入国外优良肉用猪品种，采用优良约克种公猪和本地槐猪母猪杂交改良。该改良品种饲养六七个月后，体重可达90公斤。同安天马种猪场引进约克夏猪、长白猪，该品种生长迅速，饲养一年体重可达100多公斤。1995年后，个体养猪专业场主要饲养杜洛克、长白猪和大约克杂交瘦肉猪（俗称“外三元猪”）。

1958年，大帽山农场全年生猪总饲养量1168头，全年销售8头、宰杀5头、死亡45头，年终存栏数1110头。其中能繁母猪21头，种公猪21头。1963年，农场全年饲养生猪540头，年终存栏448头，其中成年母猪7头、成年公猪1头、仔猪21头。1969年，农场生猪年终存栏860头，全年出栏肥猪174头。1972年，农场生猪存栏2359头，全年出栏生猪621头。

1980年，农场全年饲养生猪2917头，当年出售肥猪912头、毛重72.8吨。年末生猪存栏1928头，其中能繁母猪239头。

1982年，农场职工生猪全年饲养3500头，当年出售肥猪1200头、毛重90吨，农场职工自宰自食300头；年末生猪存栏2000头，其中能繁母猪320头。年末农场有1户养猪专业户，饲养生猪28头。1983年，农场职工饲养生猪3500头，其中能繁母猪340头、仔猪780头。

1984年，大帽山农场生猪全年饲养量3300头，年终存栏1800头，其中能繁母猪340头。

2021年4月，翔安区为稳定生猪生产保障市场供应，区农业农村局对大帽山农场2家禽畜专业合作社从2019年8月至2020年12月底能繁母猪存栏增加数量清点核实，对增加的108头存栏的能繁母猪每头给予1000元财政资金补贴。

2020年，大帽山生猪规模养殖场能繁母猪存栏数情况见表2-6-1。

表2-6-1　2020年大帽山生猪规模养殖场能繁母猪存栏数

单位：头、万元

序号	养殖场名称	2019年8月底能繁母猪存栏数	2020年12月31日能繁母猪存栏数	能繁母猪存栏数增加数量	财政补贴资金	市级财政补贴资金	区级财政补贴资金	养殖场负责人
1	厦门市翔安区翔帽兴禽畜专业合作社	152	245	93	9.3	5.58	3.72	黄水笔
2	厦门市翔安区农创富禽畜专业合作社	83	98	15	1.5	0.9	0.6	黄桶
	合计	235	343	108	10.8	6.48	4.32	

三、禽类饲养

1958年5月，大帽山农场建场时，寨仔尾、后炉、上廍、罗田4个自然村居民饲养的鸡、鸭等禽类共1448只，并入农场全民所有。农场禽类逐年自然繁育。1979年，农场禽类年末存栏15391只；1980年，农场家禽年末存栏17869只。1982年，农场职工自养家禽7158只。

（一）鸡

鸡的传统品种有本地黑鸡、平河鸡和闽南火鸡。本地土鸡以家庭饲养为主，不拘数量，品种混杂，平时产蛋，年节宰杀，用于滋补。20世纪30年代，场内引进白来航蛋鸡；60年代，农场引进河田鸡、白绒乌骨鸡、漳州斗鸡；80年代，农场引进罗斯鸡、依沙鸡、星杂鸡、艾维茵、红婆罗鸡。

1958年底，大帽山农场全年饲养鸡1400只，年末存栏1400只。1963年，农场鸡年终存栏140只。1983年，农场养鸡5230只，总产值1.23万元；鸡蛋收获12吨，总产值2.6万元。

2000年后，农场逐渐有个体户大量饲养蛋鸡、肉鸡。2004年，农场引导村民发展山地养鸡，并提供山地资源，帮助联系鸡苗、饲料，做好防疫等服务。农场全年发展32家养鸡场，存栏30万羽，年出栏120万羽，经济收入100余万元，村民人均收入增加230元。

（二）鸭

家养鸭品种有黑番鸭，一般为农户零星散养，场内把黑番鸭当作冬季滋补良品。农场还养麻鸭，麻鸭俗称“菜鸭”，大多成群沿干渠、溪流放养，农场利用水库、池塘，定点养殖，是商品鸭蛋的主要来源。黑番鸭与麻鸭的杂交后代称土番鸭，成长速度快，属肉用鸭，无繁殖能力。成年公番鸭3.5～4公斤，成年母番鸭2～2.3公斤；土番鸭生长速度快，生长56天平均体重达1.75公斤。

1958年底，大帽山农场全年鸭总饲养量48只，年终存栏数48只，均为农业社并入。1990年后，农场内引进法国白番鸭。2000年后，农场内民间育成的杂交肉鸭，俗称“北鸭”，35日龄体重可达1.75～2公斤，45日龄达2.5～3公斤。1983年，农场养鸭2000只，总产值0.47万元。2015年，大帽山农场活鸭散养户全年出栏1.79万只，年末存栏1.35万只。

（三）鹅

农场内主要品种有狮头鹅、长乐灰鹅、闽北白鹅，数量较少，以狮头鹅为主。

1990 年后，农场内还饲养美国七彩山鸡、鹧鸪、鹌鹑、鸽等。

四、畜禽养殖存出栏情况

1958—1983 年，大帽山农场畜牧业以农场经营为主，重点发展黄牛与生猪养殖，各年度年末存栏情况见表 3-6-2。

表 2-6-2　1958—1983 年大帽山农场畜牧年末存栏情况

年度	大牲畜（头）			生猪（头）	羊（头）	家禽（只）
	黄牛	马驴骡	合计			
1958	260	244	16	1110	104	1448
1959	—	—	—	—	—	—
1960	172	172	—	—	—	—
1961	346	334	12	654	—	1643
1962	448	438	10	512	—	2537
1963	483	473	10	448	75	1920
1964	655	642	13	862	—	3200
1965	788	776	12	1003	—	2120
1966	279	272	7	1154	—	—
1967	783	776	7	1346	420	—
1968	686	680	6	924	170	—
1969	664	658	6	860	350	—
1970	697	692	5	1698	250	—
1971	793	788	5	2920	92	—
1972	744	740	4	2359	—	—
1973	622	619	3	1595	—	1768
1974	576	573	3	1490	—	1785
1975	591	588	3	1763	—	1386
1976	532	531	1	1759	—	—
1977	532	532	—	1616	—	—
1978	501	501	—	2568	—	5336
1979	491	491	—	1927	287	15391
1983	598	598	—	3500	570	7230

1983 年以后，大帽山农场畜牧业以个体经营为主。

2008 年，大帽山农场家禽养殖达到高峰，规模养殖户年存出栏数见表 2-6-3。

表 2-6-3　大帽山农场 2008 年畜禽规模养殖户存出栏情况表

单位：羽、头

序号	户名	养殖种类	第一季度		第二季度		第三季度		第四季度		备注
			存栏	出栏	存栏	出栏	存栏	出栏	存栏	出栏	
1	黄祥	鸡	3000	4200	12000	3000	3900	12000	4500	3900	—
2	黄章土	鸡	8300	9000	4100	8300	4000	4100	4100	4000	—
3	黄电船	鸡	20000	8000	25000	19500	13000	25000	13500	13000	—
4	郑清河	鸡	4500	5200	3500	4500	3500	3500	—	3500	—
5	黄和吉	猪	1200	—	1200	—	900	300	1050	280	母猪 110 头
6	洪祭明	鸡	8000	7500	10000	8000	—	10000	4000	—	—
7	洪　新	鸡	5000	5500	6000	5000	—	6000	4000	—	—
8	洪培金	鸡	4500	13300	9500	4500	6000	9500	2000	6000	—
9	洪祥价	鸡	3200	11500	4800	3200	9200	4800	7000	9200	—
10	洪钟涤	鸡	—	12000	—	—	—	—	8000	—	—
11	洪造	鸡	11000	14200	12000	11000	8200	12000	10000	8200	—
12	洪金巡	鸡	—	6000	—	—	—	—	3000	—	—
13	洪水踏	鸡	12000	8300	6500	12000	1500	6500	6000	1500	—
14	黄停	鸡	11000	8000	13000	11000	22000	13000	20000	22000	—
15	黄昆明	鸡	3700	3500	7000	3700	7000	7000	4000	7000	—
16	黄计划	鸡	150	9850	14000	13000	—	14000	8500	—	—
17	黄水生	鸡	5000	8500	8500	5000	5000	8500	3500	5000	—
		猪	150	—	180	80	160	20	—	45	母猪 18 头
18	黄海	鸡	—	8900	8000	—	—	8000	0	—	—
19	黄献明	猪	1200	132	1600	350	1800	—	1600	405	母猪 150 头
20	黄主要	鸡	6300	16000	6500	6300	8000	8500	—	8000	—
21	郑贞	鸡	—	—	—	—	—	20000	—	—	—

2011—2021 年，大帽山农场畜牧业养殖户侧重发展生猪与家禽养殖，畜牧业生产情况见表 2-6-4。

表 2-6-4　2011—2021 年大帽山农场畜牧业生产情况表

年度	猪		肉牛（头）	羊（头）	家禽			蜂蜜（吨）
	出栏数（头）	能繁母猪（头）			鸡（羽）	鸭（羽）	其他（羽）	
2011	10100	900	700	115	450000	66000	9100	3
2012	11520	2850	235	13	169500	39800	3490	1
2013	9300	2250	350	—	182000	18900	—	2
2014	7500	2000	1330	—	109000	30000	—	3.5

（续）

年度	猪		肉牛（头）	羊（头）	家禽			蜂蜜（吨）
	出栏数（头）	能繁母猪（头）			鸡（羽）	鸭（羽）	其他（羽）	
2015	30555	1570	1190	—	251500	41000	—	7
2016	25381	1580	990	—	211300	3000	—	6
2017	25046	1500	1010	—	89500	—	—	8
2018	27343	1000	1630	—	354500	—	—	8
2019	28363	1137	1159	110	296000	—	—	7
2021	21903	2207	650	130	73000	—	—	8

五、特色养殖

（一）蜜蜂

蜜蜂养殖是人工饲养蜜蜂，为获取其产品，包括蜂蜜、蜂王浆、蜂胶、花粉、蜂蜡及蜂毒等。农场内养蜂品种分中蜂和意蜂两种。中蜂喜分蜂，可以采集细小花朵的蜂蜜，主要产品为蜂蜜；意蜂可以双王大群饲养，但要随花源迁移饲养，收获蜜蜂系列产品比较齐全。

大帽山农场以饲养中蜂为主，产品主要是蜂蜜。中蜂是地产蜂种。野生中蜂主要生活在雨水较多、空气湿润、蜜粉源植物种类较多的山区和丘陵区域，在树洞、崖下、岩缝、土穴等防风避雨处营造巢穴、繁衍生息。中蜂个小，性烈，虽经人为干预收回家养，甚至过箱活框饲养，但仍无法改变其原始野性。

1958 年 5 月，古宅大队寨仔尾、后炉、上廍、罗田 4 个自然村饲养的 100 箱蜜蜂并入农场。1963 年年末，农场存养 33 箱蜜蜂。1966 年，农场家具厂制作统一规格蜜蜂蜂箱，替代原来就地取材土蜂箱。1970—1975 年，农场职工零星散养的蜜蜂收归农场统一经营管理。1982 年，农场职工养蜂 110 箱，全年生产蜂蜜 2 吨。1983 年，农场职工饲养蜜蜂全年生产蜂蜜 1.5 吨。2021 年，大帽山农场职工养蜂 1500 箱，年产蜂蜜 8 吨。

（二）肉牛

大帽山肉牛场位于农场中部的红架寨山西面山坡下，海拔 300 米，南距农场场部 1.5 公里，北距寨仔尾自然村 1.5 公里，农场修有硬质混凝土道路直达肉牛养殖场。肉牛养殖场左有海拔 431 米的红架寨山峰，右有新圩镇的石狮水库，植被茂盛，空气清新，地理生态环境良好，养殖水源是无污染的山泉水和深井水，电力通信具备，交通便捷。

大帽山良种肉牛养殖场是厦门市第四批“同发展”工程项目。2003 年 5 月，厦门市“同发展、共富裕”工程扶持大帽山农场无公害肉牛养殖场配套设施建设，补助资金 300

万元用于农场畜牧开发区配套建设道路 3.4 公里；补助 100 万元用于挖深水井及电力配套设施；补助 200 万元用于大帽山农场肉牛养殖项目。第一期 232 头优质杂交肉牛生长状况良好，达到饲养、良种、营销的示范作用。农场为职工母牛养殖户每户提供 1000 元用于购买母牛，每年向养殖户收取 50 元管理费。2004 年，厦门市委农办将农场肉牛养殖二期项目纳入“同发展”范围，落实扶持资金 50 万元，主要用于养殖场 2 幢牛棚建设、扩大肉牛养殖规模。厦门市农业局安排 20 万专项资金，用于肉牛养殖场围墙及无害化处理设施建设，完善养殖场防疫薄弱环节，提高养殖场标准化和规范化水平，并申请无公害示范基地认定。

肉牛养殖场总占地面积 80 亩，建有钢架养牛大棚 4 幢、2880 平方米，可存栏饲养肉牛 600 头，农场每年可增加 10 万元经济收入。配套建设管理房、仓库、青贮房、加工房、值班室、消毒房、病畜隔离房，共计 912 平方米；还有 30 吨电子地磅 1 台，消毒池 3 个，牛粪晒场 4000 平方米，排污化粪池 2 个、280 立方米。配备饲料粉碎机、搅拌机、饲草破碎机等机械和农用运输车 1 部，配套牧草基地 50 亩。

肉牛场采用承包方式，农场提供牛棚及配套设施，由承包者自主经营，自负盈亏，农场每年收取一定数额的承包款。2015 年，农场肉牛 1190 头，年末存栏 950 头。

（三） 梅花鹿

2009 年 10 月 1 日，大帽山翔鹿园开业。翔鹿园是集观赏、游玩、怀旧等功能于一体的生态旅游休闲景区。厦门首家梅花鹿驯养企业——厦门市翔鹿鹿业有限公司在翔安区工商局登记成立后，取得国家林业局批准的《国家重点保护野生动物驯养繁殖许可证》，成为厦门唯一一家获许经营梅花鹿的企业。该公司养殖场位于翔安大帽山，占地 100 多亩，投资 4000 多万元人民币，从东北吉林引进 300 余只梅花鹿。

六、畜禽退养

大帽山农场建场后，生猪饲养饲料来源主要是地里种植的地瓜、地瓜蔓、莙荙菜，以及淘米水、米糠、麦麸和平时三餐的残羹剩饭，生猪饲养量少，粪尿收集用于沤制有机肥，生态环境污染小。20 世纪 90 年代，农场个体户建猪场大量饲养生猪，由于场地简陋，生猪排泄物自然流入溪流、沟渠、池塘，导致臭气熏天、污染环境。

2014 年，大帽山农场按照翔安区委、区政府关于做好畜禽退养文件规定，经调查统计，全场有畜禽养殖专业户 236 户，养殖场建筑面积 18.02 万平方米，畜禽存栏数 72.96 万头（羽）。其中，养猪户 107 户，养殖场 10.62 万平方米；养禽户 129 户，养殖场 7.4 万平方米。农场拆除 8 户小规模养猪场，面积为 0.46 万平方米。

2014 年 9 月，翔安区农林水利局、区财政局根据翔安区 2014 年第 13 次区委常委会会议和区政府第 56 次常务会议关于实施畜禽养殖退养工作的相关要求，下达给大帽山农场 200 万元，用于辖区内畜禽养殖退养工作补偿资金。

2015 年，大帽山农场拆除 189 户养殖户养殖场 9.83 万平方米。其中，拆除移民村养殖户 126 户，面积 6.37 万平方米；拆除未移民村养殖户 63 户，面积 3.46 万平方米。在退养地开展植被恢复工作，宜林则林，宜耕则耕，完成植被恢复面积 5.2 万平方米。3 月，翔安区农林水利局、区财政局下达第一批畜禽退养补偿经费 2400 万元、工作经费 7 万元；10 月，下达第二批退养补偿经费 200 万元、工作经费 1 万元、第二批畜禽退养工作经费 3.2 万元。

2015 年，大帽山农场经上级主管部门同意保留的 7 家生猪规模养殖户，严格按照《厦门市生猪养殖污染防治专项行动计划（2014—2017）》的五种模式要求和环保标准整治整改。农场完成改造工作，达到市级验收标准并通过验收。

2015 年，大帽山农场保留的生猪、肉牛养殖场存栏情况见表 2-6-5。

表 2-6-5　2015 年大帽山农场保留的生猪、肉牛养殖场存栏情况

单位：头

序号	户主	地址	存栏数	备注
1	黄龙松	山后桥	1263	生猪
2	黄美英	山仔头	1519	生猪
3	黄献明	山边	12698	生猪
4	黄青山	山边	1408	生猪
5	黄奕派	刘厝	1260	生猪
6	黄坝	山后桥	1135	生猪
7	黄桶	山后桥	1055	生猪
8	吴建斌	红架山	800	肉牛

七、标准化养殖场建设

大帽山农场生猪养殖场标准化要求如下：养殖场无污水排放口，沼液废水经氧化池厌氧处理后，安装固定的输送管道及自然沟渠将沼液尾水回用农业浇灌；猪场周围配有足够的土地和相对集中连片的种植基地，用以消纳尾水（原则上以生猪计算每存栏 6 头不少于 1 亩土地）；5000 头以上的猪场，粪便及沼渣要配套有机肥的生产设备和病死猪的专用处理设备，用以生产有机肥，做到粪便废弃物完全综合利用，“粪便、污水、尿液经堆肥、有机肥和沼气厌氧发酵处理”后应分别达到堆肥、有机肥标准和沼气厌氧处理出水标准。

八、“瘦肉精”整治

“瘦肉精”是盐酸克仑特罗等类似药物的总称，能使生猪提高生长速度，增加瘦肉率，但生猪饲喂“瘦肉精”后，会逐渐产生四肢震颤无力、心肌肥大、心力衰竭等毒副作用。人类食用含有“瘦肉精”的肉类后，会对身体产生危害。

2011 年 6 月，翔安区农林水利局下达“瘦肉精”专项整治工作经费 6600 元，大帽山农场组织抽检“瘦肉精”49 份。8 月，翔安区确定大帽山农场后炉黄和吉养殖场、山边龟仔山黄密养殖场为“瘦肉精”专项监测对象。大帽山农场对 7 家生猪标准化养殖场示范场进行监管，落实用药、用料等各种记录和检查，确保养殖场科学用药、用料，安全生产，保证养殖环节无使用“瘦肉精”的行为。

2012 年 4 月，大帽山农场组织监管员对 7 家生猪养殖场育肥后期的生猪尿液进行盐酸克仑特罗、莱克多巴胺、沙丁胺醇抽检，每月“瘦肉精”抽检 30 份，抽检合格率为 100%。

2014 年 12 月，翔安区农林水利局下拨 2 万元，专项用于大帽山农场开展畜产品质量安全监管工作。

2015 年，大帽山农场对全年抽检任务数量进行科学分配、责任到人，实施监督抽检，全年监督抽检 480 份。全年，大帽山农场 7 家生猪标准化养殖示范场自检 1250 份。

九、病死畜禽无害化处理

大帽山农场建场之前，村民文化程度低，防疫意识薄弱。肉类食物来源短缺的时候，农场宰杀食用病死猪，不敢食用的病死畜禽被随意抛弃。大帽山农场建场后，农场统一建设猪舍，病死猪统一深埋处理。

2006 年，大帽山农场引导辖内禽类养殖场对病死鸡鸭进行无害化处理，督促养殖户建设化尸井。

2007 年，大帽山农场畜禽化尸井建设情况见表 2-6-6。

表 2-6-6　2007 年度大帽山农场畜禽化尸井建设情况

区域	地点	规格				受益者（鸡农）
		长（米）	宽（米）	高（米）	体积（立方米）	
后炉	后茶寮	2	1	3.5	7	郑文答、黄红柑（古宅）
寨仔尾	南坑	2	1	3.5	7	黄图、黄文可
红架	红架	2	1	3.5	7	黄文吾、黄火烈

（续）

区域	地点	规格				受益者（鸡农）
		长（米）	宽（米）	高（米）	体积（立方米）	
山后桥	崎坑	2	1	3.5	7	黄有利
寨仔尾	寨仔山	2	1	3.5	7	黄作水、黄果
最高公路	最高公路	2	1	3.5	7	黄停、黄昆明
后钻	后钻	2	1	3.5	7	黄海宾、黄生水
加塘后	加塘	2	1	3.5	7	黄侨、黄全民、黄丁山
公山	公山	2	1	3.5	7	黄教、黄清云
大尖后	大尖后	2	1	3.5	7	黄农场、黄丽
永元坑	永元坑	2	1	3.5	7	黄和金
寨仔尾	寨仔尾往甘露寺	2	1	6.5	13	寨仔尾全村
寨仔尾	路口	1.2	1	6.5	7.8	寨仔尾全村
刘厝	湖仔内	3	1.2	2.5	9	黄水生
黄水泉	湖仔内	3	1.2	2.5	9	黄水泉
黄计划	湖仔内	3	1.2	2.5	9	黄计划

2013年，大帽山农场将无害化处理设施作为禽畜养殖场的必备条件，要求养殖场采用化尸井无害化处理。化尸井为钢筋混凝土现浇结构，池口封闭。规模养殖场（户）建设化尸井按存栏每百头猪5～6立方米、每千只鸡鸭2～3立方米标准建设。

2014年开始，翔安区每年下达病死猪无害化处理监管经费6.15万元，补助给农场3名病死猪无害化处理监管人员。农场生猪规模养殖场病死猪无害化处理采取自行处理和集中处理两种模式。自行处理是指规模化养殖场具备无害化处理设施、技术人员和工作制度等，对病死猪在本场采取焚毁、掩埋、化制、高温处理。集中处理模式是指规模化养殖场或散养户无法自行无害化处理以及乱抛乱丢在野外等公共场所无法找到相关责任人的病死猪，实行统一收集，运送到厦门市东部固废动物无害化处理中心实施无害化处理。集中处理过程中的收集、运送事务委托给翔安区动物产品质量安全促进会。

翔安区农林水利局、区财政局对大帽山农场生猪规模养殖场审核通过的病死猪无害化处理费用按照每头80元的标准给予补助。对由规模化养猪场自行无害化处理病死猪的，补助经费全额付给规模化养殖场；对采用集中处理模式的，补助经费按1∶1比例分别付给养殖场及动物无害化处理收集运送单位。补助资金采取统一发放的形式，一般每半年发放一次，由农场通过“一卡通”或“一折通”将补助资金直接拨付到养殖场。

2015年，厦门市落实病死猪无害化处理政策，扶持年出栏1500头以上规模养殖场配备病死动物无害化处理机，对年出栏生猪50头以上规模养殖场的病死猪按照每头80元的标准补助无害化处理费用。

2014—2022 年，大帽山农场生猪规模化养殖场病死猪无害化处理补助情况见表 2-6-7。

表 2-6-7 大帽山农场生猪规模化养殖场病死猪无害化处理补助情况

单位：头、万元

起止年月	自行处理	集中处理	总处理	补助日期	补助金额
2014.4—2014.5	29	622	651	2015.7	2.72
2014.6—2015.2	359	625	984	2015.10	5.372
2015.3—2016.2	—	—	—	2016.9	9.42
2016.3—2017.2	—	—	—	2017.12	26.609
2017.3—2018.1	—	—	—	2018.6	24.914
2018.2	—	—	—	2018.11	3.511
2018.3—2018.8	—	—	—	2018.8	15.462
2018.9—2019.2	—	—	—	2019.9	13.519
2019.3—2019.8	—	—	—	2020.3	8.28
2019.9—2020.1	—	—	—	2020.6	13.632
2020.2	—	—	—	2020.10	3.848
2020.3—2020.8	—	—	—	2021.1	18.504
2020.9—2021.2	—	—	—	2021.6	18.592
2021.3—2021.8	—	—	—	2022.1	23.52
2021.9—2022.2	—	—	—	2022.9	30

2019 年 4 月，翔安区对大帽山农场 7 家生猪规模养殖场配备建设病死猪无害化处理机械设备，按时完成设备建设，每台设备给予奖补 20 万元。7 月 1 日起，生猪规模化养殖场无害化处理模式调整为养殖场自行处理。

2019 年，大帽山农场配备无害化处理机械设备养殖场情况见表 2-6-8。

表 2-6-8 大帽山农场配备无害化处理机械设备养殖场情况

单位：万元

养殖场	地址	联系人	奖补金额
厦门市翔安区淡石畜牧专业合作社	大帽山刘厝自然村	黄奕派	20
厦门市翔安区众诚兴禽畜专业合作社	大帽山山边自然村	黄青山	20
厦门市翔安区翔帽兴禽畜专业合作社	大帽山山仔头自然村	黄水笔	20
厦门太阳堡农业开发有限公司	大帽山山边自然村	黄根填	20
厦门市翔安区侨和禽畜专业合作社	大帽山山后桥自然村	黄华侨	20
厦门市翔安区农创富禽畜专业合作社	大帽山山后桥自然村	黄桶	20
厦门市翔安区骏龙发禽畜专业合作社	大帽山山后桥自然村	黄龙松	20

十、畜牧业技术推广创新

1958—1965 年，大帽山农场畜牧技术人员指导全场耕牛饲养，在饲养员的努力下，饲养管理条件改善，疫病得到有效控制。农场耕牛数量由建场初期300多头发展到1000多头，有效解决全省各地畜力不足问题。这一做法引起上级部门的重视和好评，相关新闻记者曾多次到农场采访。

1959年，刘以岩从福州农校兽医专业毕业分配到国营同安竹坝农场工作，1961年1月调到大帽山农场工作，担任兽医技术员。1973年，农场任命兽医刘以岩兼任畜牧组组长，负责制定畜牧业生产计划，并指导技术工作。1979年8月，刘以岩指导生猪养殖场配合饲料养猪，对经粉碎的配合饲料养猪与单调饲料养猪进行对比试验，在同类型生猪饲养、同等管理的条件下，饲养干配合饲料的生猪长得快、出栏快，饲料、工本费都较低；饲养单调煮熟饲料的生猪长得慢、出栏慢，成本反而较高。1980年7月，干配合饲料养猪经验在全场各生产单位生猪养殖场进行推广。农场生猪养殖取得效益，扭亏为盈。

第二节 饲　　料

一、资源

1960年，大帽山农场有放牧地1.5万亩；1963年，农场有放牧地1万亩。农场每亩放牧地年产青草约750公斤，适合放养大型牲畜。农场放牧地虽然历年有所变化，但一直是黄牛等牲畜饲料的主要来源。农场工副业生产的米糠、麦皮、酒糟等产品是牲畜饲养的主要精饲料。1963年，大帽山农场加工稻谷240吨，可产生72吨统糠。1972年，农场碾米780吨，可产生234吨统糠。

1972年，大帽山农场青饲料播种面积39亩。2004年，农场引进优良牧草种植，增加饲料资源。

二、饲料加工

饲料加工方法有晒干、粉碎、磨碎、切短和蒸煮等。稻草、花生蔓、甘薯蔓等茎蔓晒干有利于贮存，饲养前采用粉碎机粉碎，提高饲料消化率。生猪饲料一般采用蒸煮消毒，利于防虫防病。1963—1977年，农场饲料粉碎机从1台增加到7台。饲料粉碎机以机械加工代替人力，减轻职工劳动强度。1979年，农场研制加工生猪干配合饲料。

第三节 疫病防治

1953年，同安县农业部门组织民间兽医，成立县兽医诊所。农场内兽医站相继建立，并配备防疫员，初步形成县、村、队三级兽医网。1961 年 1 月，刘以岩担任农场专职兽医，畜禽疫病防治得到保证。1980 年，大帽山农场基本消灭牛瘟、牛气肿疽，稳定控制牛炭疽、猪丹毒、猪肺疫。

2004 年 1 月，翔安区重大动物疫情应急控制指挥部成立；下半年，建立村级动物防检员队伍，形成区、场、自然村三级防控网络。农场没有发生高致病性禽流感、牲畜口蹄疫、高致病性蓝耳病、猪瘟等重大动物疫情。

2006 年 10—11 月，大帽山农场防检员分 4 个片区开展重大动物疫病防控工作。全场防疫鸡 191155 羽，用禽流感疫苗 118250 毫升；鸭 3365 羽，火鸡 23 羽，鹅 2 羽用禽流感疫苗 3550 毫升；牛 496 头，用口蹄疫苗 900 毫升；羊 16 只，用口蹄疫苗 30 毫升；猪 250 头，用口蹄疫苗 500 毫升，做好档案记录，发放省动物免疫证 550 本。

2010 年 11 月，翔安区对 2008—2009 年度重大动物疫病防控工作做出突出贡献的先进集体和先进个人进行表彰，大帽山农场被评为先进集体，黄水湧、黄献稳、黄水土、黄水生、黄建华被评为先进个人。2014 年，大帽山农场 2 名村级动物防疫员被评为区级先进，补助 0.24 万元。

2021 年 7 月，大帽山农场黄远派、黄兴贵、黄水生 3 名兽医被纳入翔安区备案乡村兽医名单。

一、疫病

大帽山农场建场之前，农场人畜共患传染病有炭疽、破伤风、结核病、大肠杆菌病、沙门氏杆菌病、钩端旋体病、牲畜五号病、狂犬病、血吸虫病等。生猪传染病有猪瘟、猪丹毒、猪肺疫、猪气喘病、猪流行感冒、猪传染性胃肠炎、猪弓形体病、仔猪白痢病等。牛传染病主要有流行性热、血痢。家禽主要有鸡瘟、鸭瘟、鸡白痢、禽霍乱、鸡痘等 5 种传染病，有蛔虫、绦虫等 2 种寄生虫病。禽畜中毒病主要是有机磷中毒。2016 年 1 月，大帽山农场加强 H7N9 禽流感防控，组织人员全场消杀。

二、防治

中华人民共和国成立之前，场内无畜禽防疫，常流行鸡瘟、猪瘟等动物传染疫病。1952 年起，场内通过检疫、检验、预防注射，应用中医药、针灸等多种方法，对牛瘟、牛气肿疽、牛炭疽、猪瘟、猪丹毒、猪肺疫、鸡瘟等多种畜禽常见病进行防疫。在禽畜疫病防治中，贯彻“以防为主，防治并举”方针，尤其重视对禽畜危害大的传染病，实行预防注射。1962 年以后，农场每年春、秋两次全面开展禽畜疫病预防，对病死禽畜尸体采取深埋处理，并形成制度。农场特别重视牛、生猪疫病防治，以免影响生产劳动。

2014年，翔安区农林水利局、区财政局下达大帽山农场第一批动物疫情防控经费6152元。2014年开始，翔安区对大帽山农场6名动物防疫防检员每年共补助2.16万元。

2015年12月，翔安区农林水利局下达大帽山农场第一批动物疫情防控经费，抽样人员共补贴5880元，抽样动物应激补贴共1992元。

2017年4月，翔安区创新重大动物疫病防控机制，发挥重大动物疫病政策支持作用，落实养殖企业强制免疫主体责任，开展免疫疫苗“先打后补”试点工作。大帽山农场7户提升改造保留猪场，实施O型猪口蹄疫强制免疫，并对农场符合市级“先打后补”政策的养禽场开展高致病性禽流感强制免疫试点工作。高致病性猪蓝耳病、猪瘟不再实施强制免疫，但仍纳入一类动物疫病防控监管。

2017年5月，翔安区农林水利局根据2016年7月1日至9月15日禽类免疫档案核实汇总情况，解决规模化养禽场因灾（莫兰蒂台风）死亡禽类无害化处理经费问题。大帽山农场存栏2000～4999羽养殖场1户、存栏5000～9999羽养殖场1户、存栏10000～19999羽养殖场2户、存栏20000羽以上养殖户1户，合计补贴消毒药130公斤，补贴处理费用1.3万元。

第四节　水产养殖

大帽山农场有1961年竣工的红坝水库和1966年建成的新生水库2座小（2）型水库，还有1万立方米以上水库16座和众多的山塘小水坝，总库容达80多万立方米，既可蓄水灌溉农田，又可供淡水鱼养殖。

水库、池塘淡水养殖主要放养鳙鱼、鲢鱼、草鱼、鲤鱼、青鱼等鱼类鱼苗，在同一水体里放养栖息习性不同、食性各异的异种同龄和同种异龄不同规格的鱼类，能充分利用水体空间。本地鲫鱼为自然繁殖，个体小。20世纪60年代，外来品种非洲鲫鱼开始在农场水库、池塘养殖。水库除放养以上鱼类之外，还养殖经济价值高的淡水鲈鱼。

1983年，大帽山农场水面面积100亩，可养殖水面面积75亩，已养殖淡水鱼水面面积25亩，淡水鱼年总产量1吨。1984年，农场淡水鱼养殖面积100亩，水产品总产量1.65吨。

第七章　水　　利

水利是农业命脉，民生之本。大帽山农场地域广阔，山峦起伏，有众多的山谷和小溪。农场内有罗田溪和锄山溪，常年溪水潺潺，溪流灌溉农场35%的耕地。农场有红坝水库、新生水库2座小（2）型水库与上万立方米以上水库16座，还有众多的池塘、水坝，总库容达450多万立方米，这些能有效灌溉全场50%的耕地。

1963年，农场被有效灌溉面积中，水库渠道灌溉面积1500亩，塘坝灌溉面积426亩，水井灌溉面积172亩，水利有效灌溉面积占耕地面积的91.9%。1980年，农场农田有效灌溉面积2276亩，旱涝保收面积1336亩，其中旱涝保收稳产高产田585亩。

2011年7月，翔安区根据第一次全国水利普查相关文件要求和区政府第113次常务会会议纪要精神，下达大帽山农场水利普查经费2万元，专款专用于水利普查宣传、普查员和普查指导员工资补贴以及保险费用等。2012年3月，大帽山农场参加第一次全国水利普查。

第一节　水利设施

源于埔顶、寨仔尾、上廊的3条溪流汇集锄山溪，自北向东南流入南安石壁水库，溪流地势低，一般与山峰相差100～150米左右，雨后溪洪直漫而下，排水快，荒地地势复杂，小山垄多。农场建场前，群众已建有小山塘、拦河坝共23处，保证了30天以下的旱期可免灾害。

锄山溪合流处实测一股流量为0.1立方米每秒，枯水期流量约0.06立方米每秒；农场西北面罗田自然村前九溪支流常年流量0.3立方米每秒，最大流量为4立方米每秒。

1996年，大帽山农场拨出小水利专款，筑坝修渠，兴修水利，修复小水库2座、水坝12个、水渠5.6公里，恢复和增加农田灌溉面积600多亩。

2003年以来，大帽山农场多次对重点水库、水坝进行维修加固，把原拉索开关涵洞改建成卧式放水涵洞，陆续修复被洪水冲毁的小水坝，新建大寮水坝、蟹仔脚水坝、寨坪水坝，提高耕地的抗旱保收能力。

一、水库

（一）溪美水库

溪美水库位于大帽山农场中北部，为小（1）型水库，2005年11月开工，2008年竣工。所在河流为大盈溪，控制流域面积9.6平方公里，调节性能为年调节，工程等别为Ⅳ级，校核洪水位197.29米，设计洪水位196.82米，正常蓄水位195米，死水位179米，总库容373.5万立方米，兴利库容253.89万立方米，死库容44.69万立方米。设计防洪标准30年一遇，校核防洪标准200年一遇，主要工程任务是饮用水保护和景观功能。大坝为浆砌石双曲拱坝，大坝级别4级，坝顶高程198.5米，坝顶长156米，坝高35.5米，溢洪道形式坝顶溢流，堰顶高程195米，溢流堰净宽36米，最大泄流量214.6立方米/小时，涵管型式为坡岸式，闸门型式为平面钢闸门，启闭机形式为手、电动两用螺杆式，进口高程179米。

（二）新生水库

新生水库位于大帽山农场北面约6公里处，为小（2）型水库，工程开工时间为1965年1月，竣工时间为1966年1月。所在河流为寨仔尾溪，控制流域面积0.42平方公里，调节性能多年调节，工程等别为Ⅴ级，校核洪水位270.08米，设计洪水位为269.72米，正常蓄水位268.9米，死水位260.89米，总库容16.61万立方米，兴利库容11.60万立方米，死库容1.50万立方米。设计防洪标准20年一遇，校核防洪标准200年一遇，主要工程任务为景观开发利用、农用功能。大坝类型为均质土坝，大坝级别为5级，坝顶高程为271.32米，坝顶长98.6米，坝高18.4米，溢洪道型式宽顶堰，堰顶高268.9米，溢流堰净宽6.8米，最大泄洪流量12.84立方米/小时，涵管型式混凝土管，进口高程260.89米，断面尺寸直径0.25米。

（三）红坝水库

红坝水库位于大帽山农场南部，为小（2）型水库，工程开工时间为1959年1月，竣工时间为1961年，控制流域面积0.81平方公里，调节性能多年调节，工程等别为Ⅴ级，校核洪水位347.14米，设计洪水位为346.56米，正常蓄水位344.82米，死水位338.19米，总库容11.15万立方米，兴利库容6.12万立方米，死库容1.60万立方米。设计防洪标准20年一遇，校核防洪标准200年一遇，主要工程任务为景观开发利用、农用功能。主/副坝类型为均质土坝，主/副坝级别为5级，溢洪道型式开敞式宽顶堰，堰顶高程344.82米，溢流堰净宽4米，最大泄洪流量23立方米/小时，涵管型式为浆砌石（左）/砼管（右），启闭机型式卧管，进口高程338.19米，断面直径0.25米。

二、塘坝

（一）内寮水坝

内寮水坝位于大帽山农场埔顶自然村北面约 1 公里处，1964 年竣工。内寮水坝总库容 5 万立方米，均质土坝，坝高 16 米，坝顶长 70 米，为明渠式溢洪道。

（二）大帽山塘

大帽山塘位于大帽山农场山边自然村东南面约 1.2 公里处，1958 年竣工。大帽山塘总库容 4.2 万立方米，均质土坝，坝高 20 米，坝顶长 105 米，为明渠式溢洪道。

（三）大帽山坑

大帽山坑位于大帽山农场加塘自然村东南面约 0.9 公里处，1972 年竣工。大帽山坑总库容 3.5 万立方米，均质土坝，坝高 26 米，坝顶长 70 米，为明渠式溢洪道。

（四）永元坑（上）

永元坑（上）位于大帽山农场刘厝自然村西面，1965 年竣工。永元坑（上）总库容 2.4 万立方米，均质土坝，坝高 12 米，坝顶长 80 米，为明渠式溢洪道。

（五）永元坑（下）

永元坑（下）位于大帽山农场刘厝自然村东南面约 0.6 公里处，1965 年竣工。永元坑（下）总库容 3.8 万立方米，均质土坝，坝高 22 米，坝顶长 130 米，为明渠式溢洪道。

（六）崎坑坝

崎坑坝位于大帽山农场山后桥自然村东南面约 0.5 公里处，1963 年竣工。崎坑坝总库容 3.5 万立方米，均质土坝，坝高 25 米，坝顶长 107 米，为明渠式溢洪道。

（七）坑埔坝

坑埔坝位于大帽山农场山边自然村东北面约 0.6 公里处，1967 年竣工。坑埔坝总库容 3.6 万立方米，均质土坝，坝高 17 米，坝顶长 55 米，为明渠式溢洪道。

（八）蔡寮坝

蔡寮坝位于大帽山农场刘厝自然村东面约 1.5 公里处，1962 年竣工。蔡寮坝总库容 2.5 万立方米，均质土坝，坝高 14 米，坝顶长 45 米，为明渠式溢洪道。

（九）大湖坝

大湖坝位于大帽山农场刘厝自然村西北面约 0.8 公里处，1966 年竣工。大湖坝总库容 2.8 万立方米，均质土坝，坝高 16 米，坝顶长 38 米，为明渠式溢洪道。

（十）下深湖

下深湖位于大帽山农场下厝自然村村口，1958 年竣工。下深湖总库容 3 万立方米，均质土坝，坝高 12 米，坝顶长 42 米，为明渠式溢洪道。

（十一） 坑口坝

坑口坝位于大帽山农场大寨山东面山脚下，1965 年竣工。坑口坝总库容 4.4 万立方米，均质土坝，坝高 18 米，坝顶长 65 米，为明渠式溢洪道。

（十二） 上廊大坝

上廊大坝位于大帽山农场上廊自然村西面约 0.1 公里处，1962 年竣工。上廊大坝总库容 3.8 万立方米，均质土坝，坝高 22 米，坝顶长 45 米，为明渠式溢洪道。

（十三） 大坑内坝

大坑内坝位于大帽山农场寨仔尾自然村西北面约 1 公里处，1966 年竣工。大坑内坝总库容 3.6 万立方米，均质土坝，坝高 17 米，坝顶长 65 米，为明渠式溢洪道。

（十四） 孔内水坝

孔内水坝位于大帽山农场上廊自然村东北面约 0.4 公里处，1963 年竣工。孔内水坝总库容 1.5 万立方米，均质土坝，坝高 7 米，坝顶长 35 米，为明渠式溢洪道。

（十五） 大寮水坝

大寮水坝位于大帽山农场后炉自然村后厝门口，2004 年月竣工。大寮水坝总库容 0.65 万立方米，均质土坝，坝高 7 米，坝顶长 30 米，为明渠式溢洪道。

大帽山农场水库、塘坝大多建于 20 世纪 60 年代，主要水库、塘坝情况见表 2-7-1。

表 2-7-1 大帽山农场主要水库塘坝情况

水库、塘坝名称	库容万（万立方米）	坝高（米）	坝顶长（米）	建库时间	管理方
溪美水库	373.5	35.5	156	2008	农场
新生水库	16.61	18.4	98.6	1966	寨仔尾、后炉、上廊
红坝水库	11.5	24.5	132.9	1961	内官、村门
内寮水坝	5	16	70	1964	中心
大帽山塘	4.2	20	105	1958	山边等
大帽山坑	3.5	26	70	1972	联合等
永元坑（下）	3.8	22	130	1965	刘厝
永元坑（上）	2.4	12	80	1965	刘厝
崎坑坝	3.5	25	107	1963	山后桥
坑埔坝	3.6	17	55	1967	山边
蔡寮坝	2.5	14	45	1962	刘厝
大湖坝	2.8	16	38	1966	中心
下深湖	3	12	42	1958	山后桥

（续）

水库、塘坝名称	库容万（万立方米）	坝高（米）	坝顶长（米）	建库时间	管理方
坑口坝	4.4	18	65	1965	上廊
上廊大坝	3.8	22	45	1962	上廊
大坑内坝	3.6	17	65	1966	寨仔尾
孔内水坝	1.5	7	35	1963	上廊
大寮水坝	0.65	7	30	2004	后炉

三、引水渠

（一）下厝引水渠

下厝自然村居民从发源于大帽山脉的尾桥溪加塘段开渠引水，流经山仔头、下厝至下深水坝，流入山后桥，流向大帽山农场西麓的新圩镇金柄村。

（二）刘厝引水渠

2019 年，大帽山农场启动刘厝自然村引水渠改造加固工程，改造加固引水渠 2.88 公里，增设拦水坝 2 座、跌水 1 座。

四、水井

2004 年 7 月 2 日，大帽山农场在后炉自然村大寮宫边建设抗旱大井一口，投资 5.2 万元。

2018 年 1 月，大帽山农场做好抗旱应急工作，开挖抗旱深水井 1 口，翔安区政府补助 1 万元。

2019—2021 年，翔安区政府补助 12 万元用于大帽山农场开挖抗旱大井 12 口。

大帽山水库（山塘）饮用水源地备用水源配备 3 口应急地下水机井。

第二节　水库加固

水火无情，大帽山农场水库都兴建于 20 世纪 60—70 年代，均为土坝，构建质量低、配套设施不到位，很多水库水坝的功能不能正常运行。农场通过砌石护坡、清淤扩容、防治白蚁、疏通渠道对水库、坝塘进行加固。

1973 年 7 月，大帽山顶水库垮坝，冲垮下游的红坝水库，后修复。

1996 年，受 8 号台风影响，大帽山农场水库、塘坝、渠道均受到不同程度损失。寨仔尾大坑内水库溢洪道塌方长 3.5 米、高 4 米；新坝水库出水道阻塞，水漫桥面，水沟塌方约 4 米；新生水库水沟塌方 6 米；村门红坝水库冲毁水渠 50 米。农场结合实际情况，及时拨款维修。

2008 年 6 月，翔安区组织相关专家对红坝水库大坝进行安全鉴定评价，大坝安全综合评价为三类坝。为确保水库工程运行及下游防洪安全、保障灌溉用水、改善水库周边生态环境等，大帽山农场决定对红坝水库进行除险加固，委托三明市明兴水利水电勘察设计有限公司编制完成红坝水库大坝除险加固工程初步设计报告，提请厦门市水利局组织审查。

2009 年 3 月，大帽山农场对红坝水库、新生水库进行白蚂蚁防治，对水库大坝杂树、杂草进行清除；在防治范围内寻找蚁巢，抓出蚁王、蚁后；在白蚁活动季节 4—9 月，每月复查一次，次年 1—3 月、10—12 月再复查，发现白蚁及时防治。2010 年 11 月和 2011 年 7 月，翔安区下达大帽山农场新生水库、红坝水库和 14 处塘坝白蚂蚁除治经费各 17.8 万元，农场按时完成水库塘坝除险加固工作。

2012 年 12 月 5 日，大帽山农场新生水库除险加固工程正式开工。工程由福建省水利水电工程局有限公司中标，中标价 100.85 万元。工程建设内容包括：大坝迎水坡坡脚 C30 砼截渗墙和部分复合土工膜防渗、迎水坡干砌块石护坡，背水坡设置浆砌块石网格、下坝台阶和排水沟等，新建溢洪道底板、侧墙和消力池，重建溢洪道右侧引水渠，更换卧管进口拦污栅、大坝安全监测设施配套建设和白蚁防治等。2014 年 6 月 26 日，翔安区农林水利局组织召开大帽山农场新生水库除险加固工程投入使用验收会议，共计评定 54 个单元工程，质量评定全部为合格，移交大帽山农场管理使用。

2016 年 4 月，翔安区农林水利局下达补助资金 4 万元，对新生、红坝 2 座小（2）型水库进行白蚂蚁专项防治。大帽山农场委托有专业技术的施工单位对水库大坝进行白蚂蚁除治工作，工作内容包括清除水库大坝杂树杂草和对水库大坝内外坡挖找蚁巢、打药防治，确保保治期一年。除治期间，农场指定专人负责跟踪白蚂蚁防治工作，确保除治到位。12 月，因大帽山农场受到台风、暴雨影响，小型水利设施遭受冲毁破坏，翔安区农林水利局、区财政局下达 2016 年水利设施水毁应急修复补助经费 9.5 万元，下达防汛指挥作战图编制经费 3.3 万元。

2019 年 10 月，大帽山农场除险加固改造大帽山塘坝、大帽山坑塘坝、坑埔塘坝、内寮塘坝，总投资 336.58 万元。改造坝顶、迎水坡面、背水坡面、放水涵洞出口、溢洪道 462.62 米，新建进坝道路 142 米，挖淤泥流沙 9594.65 立方米，新建围堰。

第三节　水库管理

一、水库安全管理

“千里之堤，溃于蚁穴”，水库管理是大帽山农场工作重点。农场制订“行政、技术、管护人员”三个责任人名单，做到领导班子、抢险队伍、防灾预案、抗灾物料“四落实”。农场在每年汛期到来之前，加强水库维修养护；进入汛期后，督促水库管护人员严格执行24小时值守制度。2004年，翔安区农林水利局制定小（1）型、小（2）型水库汛期限制水位，强调任何单位不得擅自决定超限蓄水。

2011年8月，翔安区加强小型水库安全管理，规范小型水库防汛信息报汛工作，确保小型水库度汛安全，下达0.96万元专款专用于水库管理员补助经费。

2014年12月，翔安区提高水库专职管理人员补助资金，大帽山农场4名水库管理人员补助1.92万元；2015年11月，下达补助资金1.92万元。

2016年，大帽山农场由于区场内水库多、管理不到位，导致水情雨情数据乱编报。农场针对水库专职管理人员年龄偏高、文化水平低、不会利用手机传送水情雨情数据等问题，重新聘用年龄小于55周岁、能够确保台风暴雨期间应急值守、有一定文化水平且能够使用手机软件传送水情雨情的专职管理人员。农场对专职管理人员进行培训，明确水库专职管理人员职责，要求各管理人员明确各自管理水库的基本情况，掌握水利防汛相关业务知识、管理要求、报表填写及上报和报汛要求等，完成水情雨情观测及上报等工作。4月，翔安区农林水利局下达大帽山农场4名水库专职管理人员补助资金0.96万元。

2017年10月，翔安区农林水利局、区财政局下达2017年水库安全鉴定任务，每座小（1）型水库补助15万元，每座小（2）型水库补助10万元。大帽山农场对溪美、红坝、新生水库进行安全鉴定。

2019年，翔安区农业农村局、区财政局下达2019年水库安全鉴定任务补助资金10万元，专项用于农场新生水库安全鉴定工作。

2020年，大帽山农场明确水库安全度汛责任人，见表2-7-2。

表2-7-2　2020年大帽山农场水库安全度汛责任人名单

序号	水库名称	行政责任人	职务	技术责任人	职务	水库巡查员	职务
1	溪美水库	曾清根	农场副场长	黄洁完	农场职员	黄聪明	水库专职管理员
						黄挑来	水库专职管理员
2	新生水库	郑坂	农场副场长	黄洁完	农场职员	黄建国	水库专职管理员

（续）

序号	水库名称	行政责任人	职务	技术责任人	职务	水库巡查员	职务
3	红坝水库	曾清根	农场副场长	黄洁完	农场职员	黄建设	水库专职管理员

2022年，大帽山农场小（1）型、小（2）型水库划定库区管理、水库大坝管理和水库大坝保护范围线，见表2-7-3。

表2-7-3　2022年大帽山农场水库管理划界范围

序号	水库名称	水库等级	库区管理范围线	水库大坝管理范围线		水库大坝保护范围线
			校核水位（米）	大坝长度（米）	距坝脚/坝两侧距离（米）	距坝脚/坝两侧距离（米）
1	溪美水库	小（1）型水库	197.29	156	50/50	50/50
2	红坝水库	小（2）型水库	347.14	106.4/22.88	50/50	50/50
3	新生水库	小（2）型水库	270.08	98.6	50/50	50/50

二、饮用水源保护

2021年11月，翔安区新圩镇人民政府为提高新圩镇大帽山水库（山塘）农村饮用水水源地突发环境事件的预防、预警和应急处置能力，控制、解除水源地突发环境事件危机，减轻水源地突发环境事件的影响及其可能造成的危害，编制《新圩镇大帽山水库（山塘）农村饮用水水源地突发环境事件应急方案》。大帽山农场加强水源地监测、监控、监督管理，构建水源地环境风险防范体系，在新圩镇应急指挥部的统一领导下，综合协调、分级负责，明确各相关部门的职责分工、应急流程，确保应急处置工作高效、有序运转；充实应急救援队伍，增强社会力量，提高核心应急救援能力、社会协同应对能力和基层应急能力。大帽山简易水厂由陈水苗负责，并设立3名兼职管理员负责水厂的日常管理。

第四节　水系整治

大帽山农场为改变原有溪床弯曲淤积、排洪不畅、耕地被淹等弊病，先后组织对宫仔尾溪、寨仔尾溪等小溪进行改造，共改造1000多米。农场结合修路、平整耕地等，有效改善该区域的排洪和耕作条件。

2005年5月，厦门市人民政府针对大帽山农场溪美水库电站项目建设召开专题会议。会议确定由厦门市水利局会同翔安区和大帽山农场对项目建设再做研究，优化设计方案；确定由大帽山农场作为项目的实施主体，承担项目建设单位的责任；项目资金筹措采取市、区、农场“各出一点”的原则，市财政采取补助包干的办法，补助250万元，翔安区政府配套投入100万元，其余资金由大帽山农场采取多渠道多形式筹集。11月，大帽山农场开始在锄山溪截流兴建1座小（1）型溪美水库，库容370万立方米，作为三角梅观赏园区的水景资源基础和水力发电设施，增加农场的经济收入。2008年，溪美水库建成投入运行。

2005年11月，大帽山农场水库、塘坝水葫芦整治3270平方米，其中山后桥下深水库2000平方米、寨仔尾新坝600平方米、寨仔尾后茶寮溪400平方米、上廍下溪坝150平方米、上廍铁石窟120平方米。

2008年8月，大帽山农场水葫芦整治185亩，总投资2万元。其中下深水库30亩、寨仔尾溪35亩、上廍溪20亩、加塘溪10亩、尾桥溪25亩、锄山溪40亩、溪美水库10亩、古坑溪15亩。

2013年11月27日，翔安区农林水利局印发《关于开展水葫芦的专项治理和常年保洁的通知》，12月，大帽山农场开展河道、水库、塘坝、沟渠水葫芦的专项治理和常年保洁工作。2014年4月汛期前，大帽山农场完成水葫芦的全面打捞，对打捞的水葫芦进行外运、填埋。2014年5月、7月，区农林水利局、区财政局组织两次专项治理验收，大帽山农场经验收合格，补助专项治理经费3.46万元。2014年，大帽山河道、水库、塘坝、沟渠保洁经费补助5万元。

2020年，大帽山农场启动尾桥溪和山后桥溪水系改造工程。其中河道清淤约3581.67立方米、修建滚水坝6座、跌水1座、卵石滩207.84平方米、挡墙护岸约2194.39米。

第五节　水土保持

2020年7月1日起，厦门水利局印发的《厦门市水利局关于进一步深化“放管服”改革全面加强水土保持监管的通知》正式施行，对水土保持方案审批范围和程序进一步精简，生产建设项目不在水土流失易发区内，不用报批水土保持方案。

2021年8月，新圩镇人民政府向翔安区农业农村局提出新圩镇大帽山防火便道提升工程水土保持方案行政许可申请。翔安区农业农村局经审查通过，同意建设期水土流失防治责任范围面积为0.89公顷，项目开工前一次性缴纳水土保持补偿费0.89万元。

2021年11月，大帽山农场向翔安区农业农村局提出大帽山三角梅园环路工程水土保持方案行政许可申请。翔安区农业农村局经审查通过，同意建设期水土流失防治责任范围面积为 4.7 公顷，开工前一次性缴纳水土保持补偿费 4.7 万元，配合做好事中事后监管。12 月，农场向翔安区农业农村局提出大帽山太子宫至三角梅园桥梁工程水土保持方案行政许可申请，翔安区农业农村局同意建设期水土流失防治责任范围面积为 0.42 公顷，一次性缴纳水土保持补偿费 0.42 万元。

第八章　工业企业

大帽山农场处于山区丘陵地带，工业基础薄弱。农场建场前，仅有部分个体手工业者，从事制糖、烧砖瓦、烧炭等农副产品加工工作。罗田自然村现存旧砖瓦窑遗址。清代，场内农民开始种植甘蔗，制糖业兴起。民国时期，场内有油坊、糖廍、纺织坊，以家庭作坊为主，中心自然村一户人家至今仍保留一块用于碾整染布成品的“元宝石”。

第一节　工业发展概况

1958年，国营大帽山农场建场后，创办剑麻加工厂、白棕绳厂、茶厂、碾米厂、酒厂、糖厂，从事剑麻加工、麻丝加工、茶叶采制、大米加工和糖蔗加工等。这些加工点在消化农场自产农作物的同时，提高了农产品价值，也取得了一定的经济效益。随着时代变迁、体制改革，这些工业企业厂点均已不再加工生产。

一、从业工人

1960年，大帽山农场有工业职工20人。其中家具厂工人6人，除完成家具生产外，兼顾农具维修。

1963年，大帽山农场有工副业从业人员9人，专业性基建工人15人。

1969年，大帽山农场有工副业从业人员9人。

1983年，大帽山农场有精制茶厂和白棕绳厂2个企业单位。年末，农场企业职工49人，其中工人47人、技术人员2人。

1984年年末，大帽山农场有企业职工20人，其中工人19人、技术人员1人；从事副业工人32人，基建工程工人42人，汽车运输工人2人。

二、工副业产量

1960年，大帽山农场砖瓦厂每月生产砖瓦3000块；粮食加工厂每日加工粮食1.5

吨。粮食加工厂以碾米为主要业务，有时兼小麦磨粉、地瓜淀粉制作。

1963 年，大帽山农场粮食加工厂全年碾米 240 吨。

1969 年，大帽山酿酒厂全年生产米酒 6.6 吨，茶叶厂全年生产茶叶 4680.5 公斤，粮食加工厂全年碾米 1148 吨。

1970 年，农场酿酒 3.58 吨，茶叶生产 6450 公斤。

1971 年，农场酿酒 38.4 吨，精制茶 5.24 吨，碾米 108.06 吨。

1972 年，农场酿酒 29.9 吨，精制茶 5.6 吨，碾米 780 吨。

1983 年，农场后炉埔精制茶叶加工厂精制茶 15 吨，后炉埔白棕绳加工厂年产白棕绳 21 吨，麻丝加工厂年加工麻丝 51 吨。农场粮食加工厂碾米 700 吨，磨面粉 15 吨。

1960—1982 年，大帽山农场工业企业生产情况见表 2-8-1。

表 2-8-1　1960—1982 年大帽山农场工业企业生产情况

项目 年度	干麻丝产量（吨）	白棕绳产量（吨）	白米酒（吨）	红糖（吨）	茶叶（公斤）	
					生产	统购
1960	—	—	0.7	—	—	—
1961	—	—	—	—	400	—
1962	—	—	—	—	700	—
1963	—	—	3.5	—	500	—
1964	—	—	8.3	—	700	—
1965	1.95	—	13.3	—	1150	—
1966	2.55	—	42.1	—	1500	—
1967	5.25	—	21.55	—	2500	—
1968	2	—	8.15	—	2700	—
1969	12.55	—	6.6	—	4680.5	—
1970	22	—	3.58	—	6450	—
1971	22.1	—	38.4	—	5237.5	—
1972	29.25	—	29.9	—	5598.5	—
1973	34.15	—	—	—	5600	—
1974	30.7	—	—	—	6950	—
1975	25	58.5	—	—	7350	—
1976	36.8	—	—	—	9200	—
1977	45.55	—	—	—	9950	—
1978	40.5	—	—	—	10350	4259.15
1979	47.15	—	—	—	8700	2154.75
1980	34.05	—	—	—	9650	3821.25
1981	45.55	—	—	—	—	6342.75
1982	49.85	—	—	17.3	—	63150
1983	51	21	—	86.5	—	—

三、工副业产值

1963年，大帽山农场工副业产值按1957年不变价格计算2408元，按1963年价格计算2800元。

1969年，农场工副业产值8.64万元，盈余1.69万元。

1970年，农场工副业产值8.04万元，盈余2.29万元。

1971年，农场工副业产值9.62万元，盈余1.44万元。

1972年，农场工副业产值10.03万元，盈余1万元。

1983年，农场年末固定资产原值8.1万元，其中用于工副业生产8.1万元，固定资产净值4.9万元，定额流动资金年末占用1.04万元，产品销售收入15.6万元，提取折旧基金0.4万元，产品销售税金0.55万元，利润税金总和0.55万元。农场2个企业单位实现总产值21.64万元，其中精制茶厂总产值9.3万元，白棕绳厂总产值5.2万元，麻丝加工业总产值7.14万元。农场粮食加工厂碾米产值0.66万元；磨面粉产值0.06万元。

1984年，农场年末固定资产原值3.1万元，其中用于工业生产2.5万元，固定资产净值1.7万元，定额流动资金年末占用0.5万元，产品销售收入4万元，提取折旧资金0.03万元，产品销售税金0.6万元，利润税金总和1万元。农场2个工业企业单位实现工业总产值6万元，其中精制茶产量7.5吨，总产值6万元；白棕绳厂停产。

第二节　食品加工业

农场内食品加工以舂米、面粉、淀粉、豆腐、豆豉为主。建场之前，场内很多民众会自制豆制品，自酿豆豉供三餐食用；逢年过节自作豆腐、炸枣、米糕，食品加工技艺大多以家庭传授为主。

一、酿豆豉技艺

农场内称酿豆豉为“化豆豉”。豆豉是农场职工吃稀饭时用来佐餐、增强食欲的食品，也是烹饪时用来做炒肉丝、炒菜、清蒸鱼等菜肴的上等佐料。它风味独特，味道香甜。

把大豆放在簸箕里，挑去沙粒和虫子啃过的、表皮不完整的大豆，并扬去杂物。选晴天，把选好的大豆放进井水里洗干净，充分浸泡一夜。隔天把大豆放进锅里加适量的水煮熟煮透，滤去汁液。熟透的大豆均匀铺在大簸箕里，放在烈日下曝晒，六七成干时收起。把湿润的熟大豆铺放在阁楼上的大簸箕里，上面覆盖折来的相思树枝叶。几天后，大豆表面长出嫩绿的霉菌。以后还要时常观察大豆表面绿霉菌的生长，用手掌试温度，温度太高容易烧死绿霉菌，出现其他杂菌。因此，时常要轻轻搅动大豆，调节温度，让绿霉菌均匀依附在大豆的表面，这个过程俗称“绿豆豉”。用黄豆制豆酱，在“绿豆豉”状态下还可拌入适量蒸熟的大米，增加豆豉的甜度。

把“绿豆豉”倒进水桶里洗去绿霉，如果不洗净绿霉，制成的豆豉就会有苦涩感。捞出大豆放进箧箩里，盖上布巾，待豆发热发酵后，一般按5公斤豆1公斤盐比例，拌入食盐，拌匀后装入干净的陶瓷瓮里，装八九成满压实。荫豉加温开水湿润，就可装瓮；黑豆豉、黄豆豉根据需要可以适当多加温盐开水，盖上大碗，放在大厝榉头上的砖坪曝晒、发酵，一般半个月左右，豆豉就制成了。如果打开碗盖发现酱油面长出白色霉点，就要在晴天里，打开碗盖曝晒；如果发现豆豉里有白色蛆虫蠕动，就挑掉。这些都是酿豆豉过程中处理不当造成的，但不大影响豆豉的品质。

根据大豆的不同颜色，可制成黑豆豉、黄豆豉、荫豉。黄豆豉用黄豆制成，俗称豆酱。黑豆豉、荫豉用黑豆制成，主要区别在于，黑豆豉带酱油；荫豉是干燥的，荫豉表面附着细小的精盐颗粒。

二、麦芽糖制作技艺

大帽山农场盛产大小麦、花生，这些是制作贡糖的主要原材料。麦芽糖制作以家庭作坊为主。

麦芽糖制作通常选用纯净、无杂质的糯米和小麦。把麦粒洗净装袋，扛到村边小溪，埋在干净的溪沙里，也可以用家中的木桶、水缸浸泡。一天后，把小麦粒放进箩筐，每天淋水保湿，经过三四天，小麦长出一寸来长、二叶包心的小芽。

糯米淘净，在水中浸泡5小时左右。糯米充分吸水膨胀后，滤干水分放在大锅里或蒸笼里煮熟蒸透，到无硬心为止。把糯米取出摊开，晾到50℃左右。在25公斤蒸熟的白糯米中，拌入1.5公斤被剁碎的麦芽，然后一齐放进缸内。在缸内注入40公斤90℃的水，搅拌均匀，加盖保温3小时，再翻糊搅匀。继续保温3小时后，取出装入纱袋里，扎紧袋口，压干汁液。最后，把汁液倒进大锅里熬煮，不断搅拌以防烧焦，浓缩到一定程度，麦芽糖就制成了。麦芽糖含水量越少，存放时间越长。

三、土法榨糖技艺

到了甘蔗收成季节，农场职工把甘蔗踩倒，用镰刀剔去蔗叶、削去蔗尾，将捆好的糖蔗挑到糖廊附近，集中堆放在糖廊榨轮旁边。

糖廍土法榨蔗器械主体是两个大青石碾，石碾直径约60～80厘米，高约50～70厘米。石碾上下两端圆心处都凿有一个直径约15厘米的八角形孔，用来安装石碾的上下轴。石碾底部凿有一周石齿，两个石碾的石齿轮互相咬合，转动一个石碾可以带动另一个石碾。把上下加轴、互相咬合的两个大青石碾，并排竖放在石制底座里，其中一个青石碾的上轴伸出一根粗长的圆木，在圆木末端并排套上三头牛，赶牛的一吆喝，三头牛就拉着石碾绕着走，两个石碾转动起来“吱吱”作响。榨糖师傅随即将三支五支甘蔗，塞进两个石碾中间，被挤压过的蔗渣就从石碾的另一边出来，副手们把蔗渣浸入清水里，让蔗渣再过一遍石碾，把当中的糖分充分挤出。蔗汁从石碾中间流进凹槽内，再汇集到一个小池。

把蔗汁挑到旁边的大开口低屋里，屋里灶上排列着5个大锅，俗称“糖廍鼎”。大铁锅按田字形排放着，用来熬煮蔗汁。灶台的灶门设在屋外，灶门宽如普通的房门，只是低矮一些，由于灶膛太大，烧火时，柴必须整捆地扔进灶膛，在灶门边上放着一支长约3米、甘蔗般粗的长铁条，用于搅动灶内未燃透的柴火。屋里熬煮甘蔗汁的师傅在第一锅蔗汁熬煮到一定程度时，就要用特大的勺子把蔗汁舀到第二锅，然后在第一锅里倒入新鲜的蔗汁，第二锅熬到一定程度，再舀入第三锅，同时把第一锅的蔗汁舀入腾出的第二锅，就这样把先后入锅的蔗汁分开来，不停地捞去蔗汁里的杂质。师傅往往要高声向烧火的人喊话，以便控制火势，以防烧糊。到第五锅熬成后，蔗汁变成红褐色粘手的糖浆。此时，师傅就用大勺子一勺一勺地把熬成的糖浆泼入糖槽。糖槽约2米宽、3米长，七八个蔗工都围着兜巾，赶到糖槽边，用大铲子将逐渐凝固的糖浆翻来覆去，一会儿就变赤、变沙，随后红糖便制成了。

第三节　农场企业

一、粮食加工厂

早期场内粮食加工以人力或以牛、马为动力，通过推磨、杵臼碾磨稻谷、小麦，制作大米、面粉。稻谷用石臼或木臼，经杵捣去除谷皮，制成糙米，再细捣制成大米。小麦用石磨、石碓、石臼，经人工去皮，再经多次细磨细捣，用过细目筛去粗取精，最后制成面皮和面粉。淀粉用锯齿搓板把去皮的地瓜搓碎，经二三次水洗，沉淀而成。

大帽山农场在后炉埔创办粮食综合加工厂，集碾米、面粉、粮食加工于一体，粮食加工逐步由粗制转向精制。1962年3月，大帽山农场有碾米职工3人，米粉制作职工7人。

二、砖瓦窑厂

大帽山农场建场前，民众建造房屋所需的石块、木材、茅草、沙土等建筑材料可以就地取材，砖瓦等建筑材料都要到山下购买。建造一座房屋需要大量的砖瓦，料多量重，运输不便，是建筑过程中的一大负担。农场在后炉埔深井巷顶建造砖瓦厂，年产砖瓦 6 万余块，解决了建筑过程中运输砖瓦不便的问题。

砖瓦厂范围较大，统称瓦窑。砖瓦烧制场所占地约 40 平方米，用土墼环砌成一面直线约 5 米的马蹄型窑膛，窑膛下面部分是高约一米的底座，在弧形窑墙中间留一个 1 米宽、2.5 米高的拱形窑门，门内留有 1 米见方的炉膛。窑膛直墙部分高约 4.5 米，外面四周用石块砌成近正方形的基座，在石墙与土墼墙之间填土夯实，窑膛直线的一面继续往上砌成约 3 米高的拱形直墙，墙外留两个烟囱。窑膛拱形部分从三面以弧线形砌法逐渐向拱形直墙顶部收尖。

砖瓦制坯场所场地宽阔。坯房是一列长为 30～40 米、宽约 8 米的人字形屋盖的瓦房，瓦房三面砌墙，一面敞口。敞口前面是一个篮球场大小的土埕，土埕用石碾碾压、黏土覆盖，经过平整后不开裂、不生杂草，是晾砖瓦的场地。坯房每个工作位置前都挖一口长宽 2 米、深 1.5 米的水池。水池五面砌砖，制砖瓦之前，干燥的粘土块要先倒进水池里充分浸泡。

手工制作砖瓦需要模具，不同产品有不同的模具，模具都是用木料做成。制瓦模具一次印制两块瓦，模具的深度就是瓦的厚度，制瓦前要先用黏土把模具底部与四周刮平。制砖工具根据砖的类型、大小不同而有所不同。颜紫砖、窑口砖、甓砖的模具是用木板合成的长方形框体，上下通透；尺二砖、尺四砖、七寸砖的模具和制瓦的模具一样，只是大小深浅不同，尺二砖、尺四砖一次印制一块。

砖瓦制作是一项体力活，经过充分浸泡的黏土用铁锹铲到瓦房里堆成堆，制砖师傅把用相思树和钢丝弯成的泥弓插进黏土堆里，手握泥弓另一头，进行逐层切割。根据砖瓦产品的用料不同，切割的细腻程度也有所不同，一般来说，瓦的厚度较薄，切割的次数就要多一些。切割后的黏土堆高熟透，准备工作就完成了。师傅制作红瓦和尺二砖时，先在模具里面均匀撒上灰黑色的脱模粉，把模具放置地上，用泥弓切下一块黏土，用力甩在模具里；接着两脚相互配合，一脚跳动，同时一脚把黏土从中间往模具四周刮实；然后掀起模具一端靠在小腿上，用泥弓刮下凸出的黏土，再用竹片把切面扫平；最后两手端起模具，走向土埕，把砖坯或瓦坯按顺序轻轻地磕放在地面上晾干。制砖时，用泥弓切下砖坯大小的黏土，奋力甩向砖模里，用手拍实，再用小泥弓刮下凸出的黏土，顺手在切面上抠出两道小沟，最后用砖坯切面大小的木板退模。制砖相对来说比较轻松，可以坐着，制完两块砖后，再一起拿到土埕上竖着晾干。烧窑看火候，制砖瓦要看天气，晾在土埕上的砖瓦到六七分干时就可以收坯，收好的砖瓦坯一筒一筒整齐堆放在坯房里。

砖瓦入窑烧制前，还要经过的一道工序是同样的瓦坯用不同的弧形基座拍出仰瓦和覆瓦。拍瓦时，把一叠一尺来高的瓦坯堆放在基座上，用木制的拍锤拍成型，覆瓦的弧度比仰瓦大。砖坯入窑前的加工流程较为复杂，先把七八块尺二、尺四砖整齐叠放在长条椅上拍平，再把砖块一块块平放在椅上，用竹刀把砖面刮平，再用黄釉泥水均匀粉刷在砖面上，晾干收起，堆齐备用。窑口砖不上釉面。入窑前几天，看砖瓦坯的干湿度，有时还要把砖瓦再搬到土埕里晾晒，这个过程俗称“走坯”。

砖瓦入窑烧制，按不同类型、不同规格，把瓦、尺二砖、尺四砖、颜紫砖、六寸、七寸、甓等，按需求有规律地摆放在窑里，最后堆放粗糙的窑口砖。入窑是经验活，既要注意堆放的顺序，又要留有火路，丝毫不能马虎，一般得请有经验的老师傅。

瓦窑开烧，燃料可用木柴、花生壳、谷壳等。先敞开窑门慢火熏窑；再用土墼封住窑门，窑门下面留一尺见方的灶口，继续烘窑；通过观察烟囱出烟情况，判断烘窑的程度，来确定是否大火烧窑，烘窑火势不能太旺，以防倒窑。不分昼夜连续大火烧窑，时常还要靠窑门预留的观察孔和烟囱来观察火候，大概十来天，一窑砖瓦就可烧成。

20 世纪 80 年代，钢筋混凝土建筑取代传统建筑，新型建筑材料瓷砖广泛使用，农场砖瓦厂停产。

三、后炉埔茶厂

大帽山农场每年一般按春夏秋冬四季采制茶叶 4 次，其中冬季产量低，仅采制一些“冬片”。采制期间，农场统一组织人员采茶，各茶队的茶青集中到茶厂，经过茶厂师傅进行评级，统一加工制造成干毛茶。20 世纪 60 年代初，农场种茶面积少，多为新茶，茶叶产量低。制茶采用原始的老式制作工具，从采茶、杀青、揉软到烘干都靠老办法制作，工效低。随着茶叶种植面积的增加，农场先后购置 40 千瓦发电机组 1 台、244 动力发动机 1 台、杀青机 3 台、电动双锅杀青机 3 台、摇青机 6 台、揉软机 9 台、烘干机 3 台、电动鼓风机 8 台等机电设备，提高了茶叶制作效率，减轻了制茶人员的劳动强度。

1983 年，大帽山农场茶叶新厂初制厂、精制厂联产运营，全年职工定员 45 名。农场制定各品种茶青收购参考价格，茶青等次分 6 个级别，新生、大仑山、大埔、向一茶、向二茶、刘厝茶、新茶共 7 个茶叶专业队把采收的茶叶送农场初制厂制成干毛茶。

1983 年，大帽山农场茶叶初制厂茶青收购参考价格见表 2-8-2。

表 2-8-2　1983 年大帽山农场茶叶初制厂茶青收购参考价格

单位：元/担

级别	春秋茶青价格				夏暑茶青价格			
	铁观音	本山	黄旦	色种	铁观音	本山	黄旦	色种
特级	50	40	40	—	—	—	—	—
一级	45	35	35	32	40	30	30	28
二级	35	28	28	28	35	25	25	25
三级	25	20	20	20	25	18	18	18
四级	15	15	15	15	15	13	13	10
五级	10	10	10	10	—	—	—	—

农场茶叶初制厂全年生产干毛茶 520 担，精制厂生产各种等级茶叶 300 担，总产值 24.48 万元，总成本 16.56 万元，直接成本 14.79 万元，支付工资 1.77 万元，盈利 7.92 万元。其中初制干毛茶 2.6 万公斤，总产值 21.64 万元，总成本 9.17 万元，直接成本 8.29 万元，支付工资 8736 元，盈利 3.31 万元。茶叶初制厂成本中，茶青 2084 担，每担成本 34.79 元，总成本 7.25 万元；使用柴油 2.5 吨，每吨成本 480 元，总成本 1200 元；使用白煤 30 吨，每吨成本 56 元，总成本 1680 元；使用木柴 1300 担，每担成本 3 元，总成本 3900 元；使用机油 160 公斤，每公斤成本 1.48 元，总成本 237 元；用电 4800 度，每度成本 0.25 元，总成本 1200 元；其他成本共 2215 元。

大帽山农场茶叶初制厂干毛茶按铁观音、本山、色种 3 个品种，分 10 个级别。农场制定干毛茶收购参考价格。

1983 年，大帽山农场茶叶初制厂干毛茶收购参考价格见表 2-8-3。

表 2-8-3　1983 年大帽山农场茶叶初制厂干毛茶收购参考价格

单位：元/担

品种＼级别	一级	二级	三级	四级	五级	六级	七级	八级	九级	十级
铁观音	570	520	470	420	370	330	290	250	215	190
本山	450	400	360	320	290	260	230	200	180	150
色种	258	236	214	192	174	150	140	125	115	105

农场精制厂全年精制茶叶 300 担，每担精制茶生产费用 40 元，制作总成本 1.2 万元；每担支付工资 30 元，工资总成本 9000 元；每担干毛茶原材料 190 元，原材料总成本 5.7 万元；每担使用燃料 1.5 元，燃料总成本 450 元；茶叶包装费每担 20 元，包装总成本 6000 元；每担损耗 5 元，共损耗 1500 元。

农场精制厂根据茶叶不同品种，挑拣茶梗，再经特别炒制，包装成茗种、茗香、留香、色香、红牡丹、合欢、名茶等 7 个级别的精制茶，按国家调拨和零售制定参考价格。

1983年，大帽山农场精制茶调拨零售参考价格见表2-8-4。

表2-8-4 1983年大帽山农场精制茶调拨零售参考价格

单位：元/斤

级别	特级	一级	二级	三级	四级	五级	六级	茶梗
品牌	茗种	茗香	留香	色香	红牡丹	合欢	名茶	—
国家调拨价	5.6	4.93	3.99	3.51	2.19	2.8	2.4	1.1
零售价	6.5	5.7	4.7	4.2	3.4	3.4	2.8	1.4

1985—1989年，农场茶叶生产量达到高峰，每年加工几十万公斤茶青，生产20～30吨干毛茶。

四、剑麻加工

剑麻鲜叶片经过脱皮去汁，加工成干麻丝，1担剑麻鲜叶片，可加工4斤干麻丝。剑麻收割加工没有固定场所，都在野外进行，随时移动，就近加工。剑麻收割阶段，农场专业队抽调职工培训，每队配备1～2台剑麻动力加工机。剑麻鲜叶片经过人工采割、肩挑运送到野外加工点，经脱皮去汁晾晒，制成剑麻干麻丝，劳动强度大。剑麻盛产期间，农场每年加工数千吨鲜剑麻叶片，加工十几吨干麻丝成品数。

1965—1976年，农场生产干麻丝187.53吨，直接出售给场外制绳厂。1977年以后，农场转变经营方式，采取自产自销，提高生产利润，每年生产干麻丝40～50吨，直接提供给农场白棕绳厂制成各种规格的白棕绳。1983年，农场剑麻干麻丝收购价格：一级直丝每担72元，二级直丝每担68元，三级直丝每担63元，四级直丝每担58元，乱丝每担19元。

20世纪90年代，市场上尼龙绳逐步取代以植物纤维制成的绳子。大帽山农场剑麻园全部改种龙眼。

五、后炉埔酒厂

1963年，大帽山农场在后炉埔兴建酒厂400平方米，以积存多年的陈粮及每年余粮为原材料酿造米酒。后炉埔酒厂办厂初期，农场聘请外地酿酒师傅到场培训指导，自制酒曲。之后聘请同安糖酒厂技术员魏诗镇指导培训农场职工，提高酿造米酒技艺。国营同安竹坝农场酒厂建厂初期，大帽山农场酿酒师傅受邀前往指导兴建酒厂，传授制曲、酿酒技艺；新圩乡良种场建酒厂，农场也选派酿酒师傅传授指导。1960—1971年，大帽山农场共生产米酒176.55吨，出售给同安糖烟酒公司。1973年，农场因余粮不多，后炉埔酒厂停产。

六、白棕绳厂

大帽山农场生产的工业原材料剑麻干麻丝原来都直接销售给厦门绳网厂，综合经济效益低。1976年，农场把后炉埔酒厂改扩建为白棕绳厂，利用自产的干麻丝加工成不同规格的白棕绳，提高干麻丝价值，解决干麻丝销售问题。1976—1978年，白棕绳厂共生产白棕绳164.5吨。

1983年，农场白棕绳厂全年职工定员30名。白棕绳厂首先按已订货的各种规格、数量（即12毫米、7吨，16毫米、6吨，20毫米、1吨，24毫米、1吨）生产绳子。每件白棕绳200米，12毫米规格绳子每件22公斤，每日生产132公斤，每吨成本2045.5元；14毫米规格绳子每件29公斤，每日生产174公斤，每吨成本1978.5元；16毫米规格绳子每件38公斤，每日生产228公斤，每吨成本1910.5元；18毫米规格绳子每件49公斤，每日生产294公斤，每吨成本1861.5元；20毫米规格绳子每件60公斤，每日生产360公斤，每吨成本1834.5元；22毫米规格绳子每件71公斤，每日生产426公斤，每吨成本1813元；24毫米规格绳子每件82.5公斤，每日生产495公斤，每吨成本1798.5元。

农场全年生产白棕绳45吨，总产值9.9万元，总成本8.6万元。直接成本7.69万元，其中麻丝6.21万元，软麻油4387元，机修机油费用2025元，电费支出3600元，包装费用2430元，夜班费675元，劳保用具1440元，其他费用216元。工资支付9187元。

七、蔗糖厂

1981—1983年，大帽山农场种植糖蔗数百亩，总产量数千担，农场生产的糖蔗均运送到杏林厦门糖厂出售，因山地运输困难，路途遥远，价格低，没有利润。

1982年，大帽山农场种植糖蔗365亩，平均亩产80担，总产量29200担。农场把后炉埔深井巷顶砖瓦窑厂改造成土榨糖廍，生产红糖17.3吨，销售给同安糖烟酒公司。

第九章　商　　业

大帽山人充分利用地理资源，建窑烧火炭，把柴火、木炭挑到新圩、古宅等地进行交易，换取日常生活必需品。大帽山农场建场后，农产品、工副业产品也和场外进行交易，农场日常生产生活所需的物资需要从外地采购。

第一节　商业管理

1960 年，庄恭寿任大帽山农场供销负责人。

1961 年，大帽山农场信贷员郑鱼池，供销社营业员叶清根、黄牵地、叶昌义、林少甫。

1962 年，陈来添任大帽山农场供销股股长；王进治从厦门轴承厂下放到大帽山农场，长期担任农场供销社营业员。

1964 年，许金殿任农场供销负责人。

1973 年，农场供销社有黄金镇、林秋萍、李水仙、陈培钦、洪水德、黄满水 6 名职工。

1975 年 9 月，农场从中心队抽调黄帮到供销社工作。

1976 年，大帽山农场供销社做好购销，组织货源，支援生产和供应群众生活需要，设立粮油供应点，方便群众生活。

1980 年，大帽山农场设供销财务股，陈文章任副股长，黄奕沙任供销员，余克泗、叶昌义任农场采购员。

第二节　商业机构

一、粮食管理

大帽山农场建场后，设立粮食管理站。粮食管理站既是粮食商业企业，又是粮油管理机构。农业队以生产队为经营核算单位，按照农场下达的生产任务计划指标，领取农场发给的种子、肥料、农具、耕作工资等各种农业生产工具和费用；每年把收获的稻谷、甘薯、花生等农产品按计划上交农场粮食管理站。粮食管理站向农场职工家庭供应粮食、食用油。1993 年，粮油价格开放后，农场粮食管理站取消。

二、商业网点

1983 年，大帽山农场有商业企业 1 个，商业网点有后炉埔、罗田、埔顶、刘厝、同安 5 个代销店，商业营业用房 755 平方米。商业职工人数 13 人，商业零售额 29 万元，上缴税金 0.91 万元，盈利 1.2 万元。

1984 年，农场有商业企业 1 个，商业网点 11 个，商业营业用房 1000 平方米。年末商业职工 20 人，商业零售额 33.2 万元，上缴税金 0.9 万元，盈利 0.5 万元。

1985 年，大帽山农场有各类商店 123 家。

第三节　商品购买

大帽山农场建场初期，国家在资金、物资调配上给予了一定的支持。农场采购钢筋、水泥、原木、铁线等基建材料，用于场部职工宿舍、食堂、养殖场设施建设；组织化肥、农药、中小农具、农用柴油、劳保用品等农业生产资料供应。农场在农业现代化生产资料方面主要侧重采购机械设备、机修零配件等物资。职工衣、食、住、行等日常生活必需品也是农场必备的物资。

大帽山农场建场初期，总投资中比重最大的是种植投资 94.75 万元，占总投资额 79.7%。因生产资料准备不足，亚热带作物、果树及特产茶叶的苗木等供应不上，仅先进行开荒，种上甘薯、绿肥和饲养部分牲畜。

1958 年，农场购置基建运输工具 4 件，花费占总支出的 2.16%；其他基本建设花费 955 元，占总支出的 4.93%；购买役畜 25 头，投资 955 元。农场多年生作物种植 320.5 亩，种苗采购投资 9960 元。其中，菠萝种植 230 亩，投资 7491 元；龙眼种植 10 亩，投资 146 元；香蕉种植 80 亩，投资 1521 元；橡胶种植 0.5 亩，投资 802 元。

1960 年上半年，农场购置 12 马力柴油机 1 台。

1963 年，大帽山农场多年生作物定植中造林面积 8 亩，投资 0.01 万元；多年生作物定植面积 223 亩，投资 0.52 万元；多年生作物培育面积 805 亩，投资 0.77 万元，其中橡胶定植面积 37 亩、投资 0.1 万元，茶叶定植面积 210 亩、投资 0.38 万元，其他杂果定植面积 58 亩、投资 0.01 万元。农场全年农机具购置 0.55 万元，采购柴油 2 吨，原木 17.4

立方米；采购化学肥料 110.20 吨，其中氮肥 49.20 吨，磷肥 61 吨；采购农药 666 原粉 1300 公斤。农场基建建设采购 200 钢材 1.25 吨，611 水泥 32 吨；700 原木年初库存 19 立方米。

1969 年，大帽山农场采购 72 马力排灌动力机械 4 台，载重汽车 1 辆，农用船 2 艘；采购化学肥料 40 吨，其中氮肥 28 吨，磷肥 12 吨。

1970 年，大帽山农场农机具购置 1.1 万元；采购化肥 38.5 吨，其中氮肥 28.5 吨，磷肥 10 吨。

1971 年，大帽山农场采购 20 马力手扶拖拉机 4 台；化肥 39 吨，其中氮肥 29 吨，磷肥 10 吨。

第四节　农产品销售

一、商品销售量

1963 年，大帽山农场农产品销售主要有交售国家和场内自用两种形式。

农场种植业全年粮食销售总量 580.15 吨，其中交售国家 86.8 吨，场内自用 493.35 吨；大豆全年销售总量 7.25 吨，场内自用 7.25 吨；花生全年销售 17.2 吨，其中交售国家 1.15 吨，场内自用 16.05 吨；黄麻全年场内自用 1.3 吨；棉花全年交售给国家 0.05 吨；水果全年销售 4 吨，其中交售国家 3.8 吨，场内自用 0.2 吨；茶叶全年销售 0.7 吨，其中交售国家 0.6 吨，场内自用 0.1 吨。

农场养殖业全年销售肉类 2 吨，交售国家 1.65 吨，场内自用 0.35 吨。其中，生猪销售 19 头，猪肉 1.15 吨，交售国家 16 头、猪肉 0.95 吨，场内自用 3 头、肉 0.2 吨；羊销售 12 头，羊肉 0.25 吨，交售国家 7 头、羊肉 0.15 吨，场内自用 5 头、肉 0.1 吨。家禽销售 500 只，禽肉 0.6 吨，其中交售国家 450 只、禽肉 0.55 吨，场内自用 50 只、肉 0.05 吨。蜂蜜销售 0.3 吨，其中交售国家 0.2 吨，场内自用 0.1 吨。碾米 240 吨，场内自用。

1969 年，大帽山农场全年粮豆交售国家 13 吨，肉类交售国家 1.21 吨，茶叶交售国家 0.37 吨，凤梨交售 27.54 吨。剑麻纤维总产量 12.58 吨，销售给厦门、福州白棕绳厂。

1970 年，大帽山农场粮豆交售 5.5 吨，猪肉交售 2.06 吨，茶叶交售 0.54 吨，凤梨交售 30.9 吨，剑麻纤维销售 22 吨。

1971 年，大帽山农场粮豆交售 90 吨，猪肉交售 26.85 吨，茶叶交售 4 吨，水果交售 20.29 吨；剑麻纤维总产量 22.09 吨，销售 22 吨。

1972 年，大帽山农场粮豆交售 17.5 吨，猪肉交售 21.3 吨，茶叶交售 4.5 吨，水果交售 2.35 吨；剑麻纤维销售 29.25 吨。

1983 年，大帽山农场粮豆交售 150 吨，其中上交 150 吨；油料交售 1.25 吨；肉类交售 32.5 吨，其中上交 22.5 吨；干毛茶交售 7.5 吨，其中上交 4 吨；精制茶交售 15 吨。

1984 年，大帽山农场粮豆交售 225 吨；油料交售 3.7 吨；生猪交售 1500 头、折猪肉 112.5 吨，小猪交售 800 头；茶叶交售 6.35 吨，其中上交 1.35 吨；精制茶交售 5.75 吨。

二、商品销售产值

1979 年，大帽山农场农业商品产值 320 万元。

大帽山农场 1978 年农产品销售收入 74.6 万元，1981 年农产品销售收入 48.73 万元，1982 年农产品销售收入 62.72 万元；1982 年比 1978 年年减 15.9%，1982 年比 1981 年年增 28.7%。1982 年上缴税金 2.18 万元，比上年减少 47.8%。农场 1978 年亏损 16.4 万元，1981 年亏损 1.8 万元，1982 年盈利 1.27 万元；1982 年比 1978 年盈利增加 107.7%，1982 年比 1981 年盈利增加 170.6%。

1982 年，大帽山农场有固定和临时职工共 1839 人，其中全员职工 1777 人，按固定和临时职工计算，每名职工平均销售收入 341 元；按全员职工计算，每名职工平均销售收入 353 元，每名职工平均盈利 7 元。

1983 年，大帽山农场农产品交售 62.7 万元，其中上交 44.8 万元。

1984 年，大帽山农场全年产品销售收入 874803.28 元，扣除销售产品生产成本 839241.51 元、销售费用 444.79 元、税金 31815.36 元（其中农业税金 12374.75 元），产品销售利润 3301.62 元。农业种植业销售收入 441432.96 元，其中水稻销售 15000 担，收入 172500 元；花生销售 640 担，收入 23041 元；甘蔗销售 19360 担，收入 70664 元；剑麻销售 1306 担，收入 71809.72 元。果林业销售收入 158478.95 元，其中干毛茶销售 462 担，收入 111709.72 元。畜牧业销售收入 100105 元。工业销售收入 59914.3 元，其中精制茶叶销售 88 担，收入 34921.14 元；白棕绳销售 171.5 担，收入 18102.41 元。副业销售收入 104580 元。大包干户及家庭农场上缴利润 9846.5 元。农场全年场办商业收入 409974.07 元，全年销售利润 23000 元。

1987 年，大帽山农场粮食产量 1343 吨，农产品产值 127.5 万元，总产值 347.4 万元，上缴税金 16 万元。

大帽山农场若干年农业商品产值：1991 年 230 万元，1992 年 163 万元，1993 年 165 万元，1994 年 192 万元，1995 年 173 万元，1996 年 345 万元，1997 年 370 万元。

三、外贸出口

1983 年，大帽山农场出口鲜地瓜 700 吨，外贸出口商品金额 5 万元。

1984 年，大帽山农场出口鲜地瓜 200 吨、甜豆 25 吨，外贸出口商品总金额 21 万元。

1987 年，大帽山农场从厦门外贸冷冻厂出口地瓜 1250 吨，外贸出口商品金额 27.5 万元。

第五节　场内原材料供应

大帽山农场建场后，场内原材料有一套循环利用系统。林业队耕山修枝的枝叶提供给砖瓦厂为燃料，砖瓦厂生产的砖瓦提供给基建队为建筑材料。农业队水稻收割后的稻草、畜牧场产生的牛粪，提供给蘑菇场为原料。粮食产品消耗不了产生陈粮，多年积余不可造成浪费，陈粮除作为禽畜饲料外，还为农场酒厂提供酿酒原材料。农场碾米厂生产的副产品统糠提供给养殖场为禽畜饲料。

茶叶专业队采摘的茶青出售给农场茶叶加工厂。茶叶加工厂生产的干毛茶从品相、价格上没有竞争力，出售给茶叶精制厂，经过进一步炒制、加工创出不同品牌，提高销售价值。

剑麻专业队之前把收割的剑麻叶加工成干麻丝出售给场外制绳厂，经过长途运输，麻丝容易散乱，价格自然不高，农场白棕绳厂应运而生。白棕绳厂直接收购本场干麻丝，制作成不同规格的成品棕绳，经济价值提高。

第三编

建　　设

中国农垦农场志丛

第十章　场村建设

大帽山农场地处古同安县东面，翔安区北面。汉武帝时，就有官道打通场内与外界的联系。南宋末年，陆秀夫、张世杰拥宋幼主赵昺由泉州越小盈岭进入同安，曾驻于大帽山西麓山脚下的御宅。中华人民共和国成立以前，大帽山自然村落遭遇异主、废村，仅余16个自然村落，地广人稀。2006年开始，后炉、寨仔尾等8个自然村分2批整村移民安置，房屋拆除，农场场村面貌发生巨大变化。

第一节　规划与投资

中华人民共和国成立之前，场内村落聚族而居，自主建造居所，部分村落依家族规定、按风水迷信，顺应地理位置进行建房，也有一定的建设规划。

一、场村规划

大帽山农场的16个自然村，除埔顶片区8个自然村相对集中外，其余8个自然村村落分散，其中古坑、罗田自然村距离农场场部6～7公里。自然村村落建造在丘陵地带，受到地形、宅基地的限制，居住用地分散、零乱，房屋建造杂乱无序，建筑物构建质量较差。各自然村村中道路狭窄弯曲，交通不畅，职工的交通工具多数无法直达自家门口，给生产生活带来诸多不便；所建的住宅缺少统一规划，存在村落布局不合理、用地浪费等问题。

1958年，大帽山农场建场时，场部从寨仔尾迁至甘露寺办公，开始在后炉埔规划农场基础设施建设，建设五开间“大六路”场部及其他配套建筑。

1998年以来，大帽山农场对埔顶片区等9个自然村共1.5平方公里的土地进行规划，对16个自然村的道路、饮水工程、房屋建设等进行整改，规划平整山边、琼美、办公楼前、寨仔尾等4大片共1万多平方米土地作为民居建设用地，规范建筑布局，控制用地面积，减少土地浪费。农场投入近10万元资金，对易滑坡、易塌方的地质灾害区进行整治，通过挖平台、砌挡土墙等，消除职工居住生活的安全隐患，建立群防群治的地质灾害监测网络。

2003年，厦门市规划局翔安分局成立后，开始制定翔安区建设总规划。2005年，翔安区农业空间布局将农业用地划分为7个功能区，包括综合农业区、蔬菜基地、林果茶园、水源保护区、水产养殖区、农业风光风景区及重点农副产品加工基地。大帽山农场被规划为林果茶园、水源保护区、农业风光风景区。

2006年，翔安区分别委托厦门市城市规划设计研究院、重庆规划设计研究院厦门分院等单位，对大帽山农场场村现状建设情况进行调查，对农场中心村及其他自然村统一规划。调查内容包括人口、土地利用、村庄建设、公共服务设施、道路等现状概况，规划内容包括人口、用地规模、公共建设设施、公用工程设施、村庄建设、道路、绿地景观、环境保护、环卫、抗震防火防灾、给排水、燃气、电力、电信、有线电视、管线等市政工程。2007年7月，大帽山农场实施移民造福工程，农场被规划为大帽山森林公园——厦门后花园。

2014年，大帽山农场对未移民的山后桥、中心、山边、刘厝、尾厝、下厝、山仔头、加塘等8个自然村的村庄建设进行规划。2015年6月8日，翔安区人民政府同意大帽山农场的村庄规划，要求严格按批准的村庄规划组织实施，落实“一户一宅”政策，确保村（居）开发建设有序推进。

2019年6月10日，翔安区人民政府同意《翔安区大帽山农场村庄建设规划（2018—2035）》，对大帽山农场村庄进行规划建设和管理。

二、基本建设投资

大帽山农场建场时总投资135.89万元，第一年的基本建设投资较少，仅29.21万元，占总投资的21.5%；第二年的投资额106.68万元，占总投资的78.5%。农场的基本建设分两年完成。

1958年，福建省转拨大帽山农场6万元，用于农场建场启动经费。大帽山农场实际开支1.94万元，年终结余合计8.02万元，其中结存农场本部4.02万元。农场建筑工程总投资额8048元。其中，建设宿舍133平方米，投资2394元；畜舍218平方米，投资1526元；粪池16平方米，投资128元；开荒500亩，投资4000元。

1963年，大帽山农场总投资14.98万元。农林建设3.2万元，其中开荒投资1.55万元；晒场建设面积300平方米，投资0.21万元；禽畜舍建设投资0.46万元；道路建设投资10.12万元；非生产房屋投资0.99万元。

1970年，大帽山农场基建总投资75539元，其中国家投资75539元。农业建设开荒投资 12555 元，畜牧建设投资 2156 元，园林建设投资 11600 元，水利建设投资 21521 元，电力建设投资 11150 元，工副业建设投资 1175 元，交通电讯建设投资 960 元，非生产性建设投资 14422 元。

1971 年，大帽山农场基建总投资 1.8 万元，其中国家投资 1.8 万元。农业建设投资开荒 4100 元，畜牧建设投资 13500 元，非生产性建设投资 400 元。

1972 年，大帽山农场基建投资总数 4.5 万元，其中国家投资 4.5 万元。农业建设投资开荒 3000 元，畜牧建设投资 4000 元，水利建设投资 29000，工副业建设投资 9000 元。

1975 年，厦门市农垦局立项投建大帽山农场二层办公楼，石墙、石板构筑，建筑面积 1238 平方米。

1983 年，农场投资维修糖厂、车库共 9000 元，职工宿舍 2200 元，厕所、牛舍 8000 元。

第二节　公房建设

1960 年，大帽山农场成立全民所有制建设队伍，有专业性基建工人 14 名，有规划地进行农场公房建设，在后炉埔建设场部、职工宿舍、各类企业厂房。

一、场房营建

1958 年 5 月，大帽山农场建场后，暂借寨仔尾自然村民居办公。1959 年，农场场部改驻甘露寺。1958—1960 年，农场在甘露寺左侧营建 5 间房屋为宿舍，在寺前放生池南面建造 3 间厂房为粮食加工厂，放生池右侧建造食堂、厨房 1 栋。

1960 年 6 月，大帽山农场选址后炉埔建设场部，累计建设各类用房 2663 平方米。累计建设各类生产性用房 1695 平方米，其中猪舍 878 平方米，牛舍 70 平方米，羊舍 150 平方米，禽舍 60 平方米，禽畜饲料室 103 平方米，仓库 230 平方米，企业厂房 149 平方米，其他 55 平方米；非生产性用房 968 平方米，宿舍 917 平方米，厨房、食堂 51 平方米，无办公室用房。

1960 年至 1979 年，大帽山农场陆续建造后炉埔场部办公室、家属宿舍、粮油仓库、肥料仓库、工业仓库、制绳厂、供销社、酒厂、茶厂、粮食加工厂、各专业队职工宿舍、埔顶片区办公大楼、供销社、知青宿舍、粮食仓库（含各生产队仓库）等，共计 9920 平方米。

1980 年至 2007 年，大帽山农场陆续建设制茶厂茶青房 3 座；建设场部协警室、车库、肉牛场管理房、青贮房、仓库、隔离房、养牛大棚以及三角梅园区的管理房、溪美水电站厂房等，共计4600平方米。农场新建小学教学楼1座、礼堂（部分侨建）以及刘厝、古坑、罗田教学点等，共计建筑面积4045平方米。

1983年2月，大帽山农场连续数月阴雨天气，粮食、肥料、制绳仓库等设施倒塌2400平方米。

1984年年末，农场实有房屋面积10000平方米，其中住房2100平方米；部分房屋经主管部门同意，报废2500平方米。

2006年12月16日，翔安区人防办在顶埔片区农场办公楼后面选址建设人防指挥部，经农场集体研究，决定成立大帽山农场人防指挥部工程建设领导小组，负责落实工程前期工作和施工协助工作。

2007年，大帽山农场公建房屋中，有3307平方米房屋因年久失修，或停用，或倒塌，或拆除。大部分房屋仍由农场直接管理，一部分出租或承包给个人经营管理。

二、建筑材料

大帽山农场公房建设所用钢材、水泥、原木等建筑材料由国家分配，石块、沙土等建筑材料就地取材。1960年起，大帽山农场砖瓦厂每年为农场提供4万～5万块砖瓦。

1962年，国家分配大帽山农场原木17.4立方米，年末库存17.4立方米。

1963年，大帽山农场200钢材年初库存1.81吨，年中国家分配1.25吨，全年消费0.75吨，年末库存2.31吨；214（6）小型钢年初库存1.04吨，年末库存1.04吨。611水泥收入32吨，其中国家分配32吨，全年使用16吨，年末库存16吨。700原木年初库存19立方米，全年使用12立方米，年末库存7立方米。

第三节　私房建设

明清时期，场内房屋建设依家庭成员多少，一般建造五架三开间住房，为节省建筑材料，房屋大多低矮阴暗。大户人家建造不超过九架三开间二进的简易住房。民国时期，大帽山旅外华侨一部分先富裕起来，开始营建三开间二进、九架、十一架燕尾脊、马鞍脊等富有地方特色的华丽闽南汉式民居。20世纪80年代开始，农场职工私房营造日趋现代化，机砖、瓷砖、钢筋混凝土等新型建筑材料被广泛使用，房屋结构由单层平房向多层楼房发展。1982年，农场职工私人建设住宅实际竣工86间，实际竣工面积1740平方米。

1997年农场换发《国有土地使用证》803宗，面积129552平方米，未办的有28宗共

3583 平方米，属历史遗留问题；1999—2002 年上报已审批的有 27 宗 3082 平方米，上报未审批的有 14 宗，其中新建 7 宗、改建 7 宗，总面积 2162 平方米。

一、私房营造

大帽山农场建场前，民众居住的房屋多为土石木结构、盖红砖瓦的平屋，基本设计单元为单进式三开间住房，随着家庭人口逐渐增加，在经济和周围宅地允许的条件下，向前建两榉头。典型的房屋是二进式五开间大六路，单边或双边护厝。

农场大部分村庄沿山坡地形而建，没有统一的朝向、格式，土地没有平整，高低落差较大，村落所建民居杂乱无章，房屋大小不一。规模较大的大六路房屋，面积达 360 平方米以上，小的不规则房屋，面积只有 40～50 平方米。自然村的交通条件差，公共场所很少，民房通风、采光、排污等功能低，直到 20 世纪 80—90 年代，才逐步改变民居状况。原来的建筑大多为四壁七架、四壁九架的平屋，20 世纪 90 年代后，逐渐以三室一厅或四室一厅及卫生间、梯间等配套设施取代老式三开间结构的建造格式，每幢建筑占地面积在 120 平方米左右，其中建有二层和三层楼房的有 104 宗。截至 2007 年，全场私人房屋建筑 985 宗，建筑占地面积 15.13 万平方米，人均 34 平方米，2～3 层楼房建筑有 104 户，占全场职工户的十分之一。

大帽山农场民房建筑情况见表 3-10-1。

表 3-10-1 大帽山农场民房建筑情况表

建筑年代	建筑面积（含加层）（平方米）	建筑结构	备注
1949 年以前	51500	主要以土木、块石土木结构	
1950—1969 年	30600	石木为主、少部分土木	
1970—1989 年	38400	石木为主、少部分砖混	
1990—2003 年	44800	砖混为主、少部分石木	
2003 年以后	4600	砖混为主、少数半框架	规划需要控制建设
合计	169900		

二、建筑设计

（一）开间厝

清康熙年间营造的开间厝，一般为一开间、二开间、三开间，最多五开间。开间始为单一的储藏柴木草间或牛马寮（棚），都为独户的单扇门，留一窗，不置后门，称为“一开间”。一开间房结构简单，建筑用料粗劣，国字框基址上，留下门位，卵石垒砌墙体，以松木为椽，松木片为桷，上面覆盖茅草、稻草编成的草席，此类屋红砖瓦用得极少。由原一开间的柴草间或牲寮衍生出附加一个开间的民居建筑称“二开间”。家族人口增多，二开间的建筑为供人居住，这种开间厝矮小简陋，不符合建造格式，后期再行扩增至一厅两房的一字形平面宅屋，称“三开间”，三开间房屋是以后建筑的最基本单元。

（二） 二三落厝

随人口的增加，原有住房适应不了要求，大厝营造开始向前、向后、向左右扩建。建筑物前后两进、左右榉头与天井组成的四合院，古称“二落厝”。民国之前的二落大厝大都是悬山顶、燕尾脊；民国时期的二落大厝则改为硬山顶、燕尾脊。

二落大厝后落中间的空间位置称为“大厅”，大厅是一宅之中心场所，红白大事都在这里举行。大厅的两侧是寝房。二落厝的前落是一厅两房，居中一间称“前厅”，是进宅的过渡空间，其中墙多作“架梁”及木雕隔屏，前厅的后檐墙多为木制的三关六扇屏门，称“三川门”，中间宽大，可拆卸。

三落大厝是三进式住宅，第一进称“前落”，第二进称“中落”，也叫大厝落；第三进称“后落”，也叫后界落，左右两侧为护龙厝。三落大厝由双落大厝扩建而成，在双落大厝身后加盖一落。后落房屋地平线高于中落，但挑高较矮。后落拟再扩建前，势必在中落的后壁墙左右侧开凿后门，使之与中落直接相连，左边的后门称“龙门”，右边的后门称“虎门”，合称“龙虎门”，也有的只在左边开一个后门。

三落大厝神主佛龛的供奉案桌置于二落大厅的寿堂前，故中落是整座阳宅的中心。后落的空间组合为一幢三开间二榉头，后落的巷头所置之小门称“三落巷头门”。一般第三落大厝的后落之榉头的檐口都出挑，以防雨天家人出入被淋湿。

古代房屋建筑已能充分运用单元组合，与现代宅楼的单元套房有异曲同工之妙。

场内民居建筑较为典型的是中心自然村华侨黄章灶建的大六路，占地540平方米；四房祖厝六路加两边护厝，占地面积466平方米；四房井仔巷祖厝11架两落，249.6平方米。原后炉自然村郑文国的四壁九架石木平房，占地面积190平方米（已征地拆除）。原上廊自然村洪青湖兄弟三户的别墅型三层楼房，每幢建筑面积265平方米（已征地拆除）。寨仔尾自然村黄允等户的三进式大厝，前落七架、中落九架、后落十一架，加上两边护厝，占地面积662.8平方米。

（三） 施工技术

建筑工匠沿用闽南传统的庭院式营造模式，营建红砖红瓦、土木石结构的大厝。大卵石排好大厝地基，地基上石块做内外夹层垒砌至乌踏，墙角做“圣旨砌”，中间墙体做“人字砌”，墙体外侧用接近四方形的石块垒砌，内侧用不规则的杂石平整砌筑；山墙用七寸红砖做“斗子砌”。屋檐用尺二红砖做三层或五层出料，以防雨水直冲墙脚。房屋屋脊成弧形两头上翘，造燕尾脊或马鞍脊，两披屋面两侧造规带，屋面红瓦条形仰覆排列，蚵壳灰填缝。

根据屋主个人经济能力，对大厝外部的镜面水车堵、身堵、腰堵、墙裙和屋脊进行不同程度的装饰，大厝内部则以木作的浅浮雕、透雕、镂空雕、圆雕，髹漆鎏金装饰重点部位。

1978年以后，住宅建筑设计以“适用、经济，在可能的条件下注意美观”为设计原则，建筑材料发生变化，设计也不同。在使用功能方面提出三明（明厨、明卫、明厅）、五独（独立门户、独用厨房、独用厕所、独用浴室、独用阳台），房屋层数由传统的平屋，提高到3～5层。

2007年，大帽山农场职工建房用地情况见表3-10-2。

表3-10-2 2007年大帽山农场职工建房用地情况

自然村	1997年办证数（宗）	建筑占地面积（平方米）	未办证/面积（宗/平方米）	1998年后新建（宗）	建筑占地面积（平方米）	发产权证（宗/平方米）
寨仔尾	73	10943.6	3/350.6	18	2160	7/864.2
后炉	43	7802.5	—	9	1120	1/118.0
上廍	45	7749.2	2/287.4	11	1280	2/241.4
罗田	53	6086.3	3/349.1	14	1670	1/85.8
山后桥	117	12754.8	—	29	3420	2/225.8
尾厝	36	4969.4	1/92.1	10	1180	2/209.9
下厝	49	8008.9	3/440.9	5	590	2/230.9
山仔头	25	4957.1	—	8	930	—
加塘	10	1893.1	—	2	210	—
中心	102	17348.3	1/116.7	4	370	—
山边	79	14661.7	6/707.7	26	3020	2/200.2
洪毛岭	19	3934.1	—	3	350	—
内官	34	5708.1	—	3	360	1/106.2
村门	33	5014.7	2/233.2	6	720	1/114.4
刘厝	61	11426.8	7/1012.4	13	1530	1/115.6
古坑	24	6293.1	—	8	930	—
合计	803	129551.7	—	169（含改建）	19840	—
公建房屋	—		47/14422.2	3	550	—

第四节 公共设施

一、水电设施

20世纪60年代之前，场内饮用水主要以井水、山泉、溪水为主，村民劳动强度大，饮水卫生达不到要求。1964 年始，农场建设水电厂、火电厂，农场职工逐渐用电照明。2016 年，大帽山农场完成未移民的中心、山边、山后桥等 7 个自然村 80 盏路灯安装建设工作；2020 年，刘厝自然村安装路灯，未移民自然村路灯实现全覆盖。

（一）供水

大帽山农场“人饮工程”是时任厦门市副市长詹沧洲到大帽山农场调研时为民办实事项目。2004 年初，詹沧洲率相关部门领导到农场现场办公，重点解决农场职工人饮工程问题，落实投入项目资金 138.8 万元，其中厦门市财政扶持 90 万元，翔安区财政配套 30 万元，农场自筹资金 18.8 万元。大帽山农场开展“人饮工程”建设，把大帽山水库和上游的泉水引到 200 立方米的大蓄水池中，经过过滤消毒后，供给埔顶片区的 8 个自然村村民饮用，其余 8 个自然村也都建造卫生清洁的自引泉水管道工程。农场还开挖 2 口深水井，建造一口直径 10 米的大井，作为备用水源。2005 年，大帽山农场“人饮工程”竣工投入使用。

2014 年，“人饮工程”饮用水设备出现老化损坏。在翔安区农林水利局帮助下，大帽山农场组织专业队伍，对“人饮工程”系统进行全面改造提升，对饮用水水源地进行清淤、管道疏通、净水设备更新，开挖 2 口深水井作为预备水源，投入资金近 30 万元。2020 年，新增一口深水井加强供水保障。

“人饮工程”覆盖的用户有中心、山边、加塘、山仔头、下厝、尾厝等 6 个自然村人口约 2500 人。另外山后桥、刘厝 2 个自然村人口约 960 人，因水源地泉水不足且距离较远无法加入集中统一供水，采取由农场购置水管等配件进行补充、2 个自然村自行挖深水井解决村民用水需求。目前，大部分村民已经通过集约挖深水井取水，使用“人饮工程”的户数大幅减少。

（二）供电

中华人民共和国成立之前，场内民众夜晚一般用动植物油脂照明，更简约的用燃松明照明。20 世纪 50 年代中期，场内夜间照明主要用煤油灯。

1964 年，大帽山农场罗田自然村首建 5 千瓦小型水电站，水力发电供应罗田生产队照明、碾米用电。1970 年，农场投资 1.12 万元，建设 20 千瓦火力电机站，供场部加工厂用电及后炉、上廍、寨仔尾自然村照明。1972 年，大帽山农场购置通用变压器，全场供电。

1978 年，大帽山农场规划建设畚箕湖水电站，上级部门预拨 8 万元。农场备材料及投工开挖引水渠一条 2.5 公里，水泥砌石结构开支 11.5 万元，组织验收 5000 立方米土方工资 1.1 万元，申请追补 4.6 万元完成水电站建设工程。

1980 年，农场水电站 2 处，总装机量 8 千瓦，年发电 1.5 万千瓦时。农场年用电量 17.5 万千瓦时，其中农副产品加工用电 6 万千瓦时，生活用电 11.5 万千瓦时。1984 年，农场用电量 3.3 万千瓦时，其中农业用电 0.8 万千瓦时。

2006 年 1 月，大帽山溪美水库电站工程开工建设，2008 年 5 月工程主体基本完工，进行蓄水验收。2008 年 6 月 23 日，大帽山溪美水库电站下闸封堵成功；6 月 24 日，完成导流底孔砼回填工作，水库分期蓄水，首期蓄水位控制在 187 米高程以下。2011 年 6 月，溪美水库电站通过投入使用验收，工程运行良好。溪美水库电站建成后并入翔安区电网，电站装机容量 640 千瓦，年平均发电量为 216 万千瓦时。2013 年 2 月，溪美水库电站通过厦门市水利局组织的竣工验收。

2018 年，为落实上级环保督察和自然资源审计整改要求，翔安区制定《厦门市翔安区水电退出实施方案》，对水电站生态下泄流量进行整改，对无法落实生态下泄流量的水电站，吊销取水许可证，要求在 2020 年底前关停。2020 年 8 月，大帽山农场小水电站退出，拆除水轮机叶片、发电机组，办理电网解列、注销取水许可和电力业务许可，保留厂房、变压器、配电盘和管理房，保留压力管道作为腾空库容的放水涵洞。大帽山农场获得水电退出奖励金 208 万元，其中装机容量奖励金 204.8 万元，配合安装生态流量设施奖励金 3.2 万元。

2021 年 9 月，大帽山社区尾厝自然村建设山仔头污水处理站，用地面积 150 平方米。翔安市政集团水务管理有限公司取得山仔头污水处理站建筑及设施的合法使用权，投资 5 万元建设 5.28 千瓦分布式光伏，自发自用，余电上网，年发电量约 5500 千瓦时。

二、卫生设施

场内各村落传统延续已久的旱厕，主要集中于村外，虽然可用于积肥，但既占农村用地，又不卫生、不安全；污水自然排放，水沟、溪流臭气熏天。大帽山农场成立专门卫生保洁队伍，完成进场道路绿化提升、旧场部周边改造、下深水塘改造提升等项目，进行后续维护和管理，有效改变村容村貌，改善职工的生产生活环境。

（一）公厕整治

2003 年，大帽山农场实施改水、改厕、改道路“三改”工程，厦门市财政下拨专项资金 48 万元，用于部分村路改建及厕所建设，拆除 56 座碉堡式厕所，建成 11 座公厕及 5 座垃圾池，改造村道 4.7 公里。2005 年 5 月，大帽山农场根据厦门市翔安区爱国卫生运动委员会办公室《关于建设千座卫生公厕的实施意见》文件要求，为完成建设卫生公厕的目标任务，成立卫生公厕工作领导小组。2006 年，农场埔顶片区拆填“掩体式”私厕 120

座。农场卫生公厕工作领导小组规范卫生公厕建设标准，保质、保量、保进度，确保卫生公厕通电、通水，保持卫生整洁，修建卫生公厕17座，新建卫生公厕做到质量统一、规格统一、外观统一。

（二）污水治理

生活污水自然排放，在农场职工中形成一种习惯。随着农场职工、村民生活习惯改变，日常用水量提高，卫生间生活污水处理标准不一，造成严重环境污染。

2015年，大帽山农场进行污水收集、污水处理及尾水排放系统建设。农场下厝、尾厝、山仔头3个自然村建设灌溉用污水处理站点1座，每天处理污水50吨；山后桥自然村修建排河污水处理站点1座，每天处理生活污水50吨。2016年，农场完成农村生活污水管网建设。

2018年8月，大帽山农场实施雨污分流管网建设工程。工程包括土方开挖、排水沟修复、道路破路及修复等，其中污水工程含高密度聚乙烯（HDPE）双壁波纹管管道敷设、成品塑料检查井及入户支管等。

大帽山社区作为翔安区分散式污水处理站及农村生活污水治理试点，按照“问题在水里、根源在岸上、核心在管网”的治理思路，明确把污水收集率作为重要考核指标，对标农村生活污水全收集、全治理的要求，在原有工作基础上，开展管网规划设计提标、建管治理模式创新以及景观湿地、尾水回用等新工艺探索，推动辖区生活污水提升治理工作理念更系统、标准更高、效果更好。农场对厨房、卫生间、洗涤池等3处的水管实施“明改暗”源头截污，有利于保护建筑外观、美化村庄环境，避免日晒雨淋，延长管道使用寿命。农场探索“呼吸型人工湿地”工艺，进一步净化尾水，使水中氨氮、总磷达到再生水标准，实现尾水既能安全用于农作物灌溉，富余部分又能用于景观补水，确保污水零排放、全利用。结合村民农田耕作的用水习惯实际情况，农场在确保水质达标率稳定的前提下，优先将尾水提供给职工作为农灌用水，进一步探索治理效果与景观、湿地建设相融合。

2021年5月11日，厦门市农村生活污水治理提升现场会在翔安区大帽山社区举行，中共福建省委常委、厦门市委书记赵龙率市领导陈秋雄、黄文辉、黄燕添、卢炳椿和岛外各区党政主要负责人及市直有关部门领导实地察看大帽山社区山仔头自然村分散式污水处理站及农村生活污水治理工作情况。福建省生态环境厅党组成员、总工程师郑彧到会指导，翔安区领导胡盛、连坤明、陈佳锻、王婴水等参加活动。

2021年底，大帽山农场实施加塘、刘厝、山边及山后桥共4个自然村雨污分流提升工程。工程包括巷道内排水管网的改造提升、化粪池改造或新增、村民房屋卫生间排水改造、厨房排水及洗涤池排水管雨污分流改造、污水提升泵站建设等。提升工程安装缠绕管1552米，污水出户管1.15万米，新增化粪池38座，破除及恢复水泥路面6464.95平方米，新建1座一体化农村小型生活废水污水提升泵站，每天处理污水50吨，脉冲势能复氧人工湿地110平方米、污泥消解湿地8平方米等。

第五节　新农村建设

2004年8月，翔安区委、区政府制定《关于文明生态村培育工作的实施意见》，以改善人居环境为突破口，提高农民素质和生活质量为根本，实现“经济发展、社会稳定、精神充实、生态良好”为目标，每年在各镇、街、场党委申报推荐基础上，翔安区文明委再研究确定一批文明生态村培育点，重点进行“三化”（道路硬化、环境净化、街院美化）建设。

大帽山农场根据场村实际，编制和修订环境规划，调查现有的和可能出现的生态问题，提出生态调控的规划方案和生态工程措施。农场抓紧排污管网工程、污水接管工程建设，确保污水排放达标，分类处理各类垃圾。农场抓好道路绿化和林地绿化工作，营造生态风景林，保护山体植被，实现人与自然的和谐发展。农场实施“青山、碧水、蓝天、绿地”工程，加大水土流失治理力度，保护自然植被，严格查处毁林种果、乱砍滥伐、乱开垦、乱采石、乱倒建筑废土和捕杀、销售、食用珍稀野生动物等破坏生态环境的不法行为，清除水源保护区内的违章养殖场，加强农药安全使用管理，采取切实措施降低农药残留量。农场严格执行环保“三同时”（与主体工程同时设计、同时施工、同时投产使用），抓住经济结构调整的契机，优化产业结构，推广清洁能源，减少结构性污染。农场在整治“六乱”（指乱搭建、乱堆摆、乱拉挂、乱停放、乱贴画、乱扔倒）、清除“四害”（指“蚊子、苍蝇、老鼠、蟑螂”滋生地），控制白色污染，彻底整治场村结合部的卫生死角中，做到主要道路平整、两侧无暴露垃圾、无乱搭乱建、无污水横流等现象。

2016年12月，大帽山农场全面推进生态文明建设和环境保护工作，强化环境保护目标责任制管理，成立生态文明建设领导小组，下设办公室，负责领导小组日常具体工作，统筹抓好大帽山农场生态文明建设工作，建立健全环境保护齐抓共管工作机制。

一、新村建设

2006年6月，大帽山农场埔顶中心自然村是厦门市新村建设试点村之一，投入300多万元，完成大量基础设施建设。中心自然村村内道路硬质化4公里，路侧绿化3公里，安装路灯65盏，拆除破旧房屋和简易搭盖6000平方米，埋建排水排污管沟5000米，集资兴建老人活动室1座，全场新建垃圾池22个，建立卫生保洁制度，加强卫生保洁队伍建设，村容村貌焕然一新，村民生活居住环境得到改善。

二、富美山村建设

2014年，大帽山农场被列为翔安区区级“富美山村”建设示范点之一，启动试点建设，全面提升改善乡村环境状况，完成2批、8个自然村移民安置工作。翔安区将大帽山已移村民纳入全区失地失海农渔民的转产就业工作目标范围，确保他们基本生活有保障、就业创业有渠道；多渠道促进留守村民转产就业和增收致富。大帽山农场在符合生态红线规划要求的前提下，对农场进行低度开发，推动重点区域畜禽养殖退养，严格控制养殖规模，禁止新建扩建养殖场，现有养殖场全部按照生态环境部鼓励的十种治理模式实施改造，实现生态型零排放。

大帽山农场投入607.46万元，拆除旧场部围墙及厕所，修建大帽山第一个休闲广场及纳凉点7500平方米，投资209.48万元；在进场9.5公里的道路两侧进行绿化植树，进场标识景观处理，投资128.16万元；整治大帽山埔顶水塘周边环境，水塘四周道路铺砖硬化，设置亲水平台、水上汀步与小型休闲广场，整治面积约4.8万平方米，投资198.9万元；在大帽山中心街拆除遗留老建筑，修建停车场、休闲公园和纳凉木亭，投资70.92万元。

2016年，刘厝自然村乡贤理事会成员协同大帽山农场走访职工、村民，配合刘厝自然村道路整治工程“以奖代补”项目建设，协助收集填写“以奖代补”项目征询意见表，向广大职工、村民宣传“以奖代补”项目的意义，取得职工、村民的支持。刘厝自然村内道路整治工程（一期）建设主要包括村内道路硬质化及部分挡土墙等项目，其中道路长度1100米，宽3.5米，挡土墙长度60米，高度2.5～4米，总投资100万元；村内房前屋后环境提升建设，针对村内主要道路外各分叉道路，建设透水砖面积1050平方米，花池面积220平方米，水泥硬质化1400平方米，总投资50万元，“以奖代补”工程顺利竣工。

2017年11月，翔安区农林水利局、区财政局根据相关会议纪要精神、厦门市翔安投资集团有限公司《关于申请支付大帽山农场“富美山村”资金的函》及区财政审核中心的审核结论，下达大帽山农场富美山村建设项目经费186.48万元（含5%工程保修金）。

2017年，大帽山农场富美山村建设项目汇总情况见表3-10-3。

表 3-10-3 翔安区大帽山农场富美山村建设项目汇总

单位：万元

项目名称		已决算	已支付	本次下达金额
大帽山进场道路绿化提升项目	工程款	165.05	108	57.05
	监理费	4.36	2	2.36
	代理费	0.86	0.86	—
	测绘费	0.74	0.74	—
	小计	171.01	111.6	59.41
大帽山农场旧场部周边改造项目	工程款	209.98	178	31.98
	监理费	5.54	3	2.54
	代理费	1.45	1.45	—
	测绘费	0.36	0.36	—
	小计	217.33	182.81	34.52
大帽山中心街绿化改造项目	工程款	81.6	60	21.6
	监理费	2.15	1.17	0.98
	代理费	0.5	0.5	—
	测绘费	0.29	0.29	—
	小计	84.54	61.96	22.58
大帽山埔顶片区水塘改造工程	工程款	235.75	169	66.75
	监理费	6.22	3	3.22
	代理费	1.38	1.38	—
	测绘费	0.55	0.55	—
	小计	243.9	173.93	69.97

三、乡村振兴

2018年，大帽山社区被列入厦门市乡村振兴市级重点示范村，同年8月份又被列入厦门市农村人居环境试点示范村。8月29日，翔安区成立以王婴水为组长的大帽山乡村振兴及生态旅游工作推进领导小组，加快城乡区域协同发展，推进乡村振兴及生态旅游建设工作。领导小组下设综合协调组、入户宣传组、项目策划组、建设管理组4个工作小组。

大帽山社区聚焦产业发展和农村人居环境整治等重点工作，策划生成2018—2020年三年乡村振兴项目，总投资21.4亿元。其中，人居环境整治4类15个项目，重点进行农房整治，启动美丽乡村、雨污分流及村容村貌提升工程等。大帽山社区农房“平改坡”整治完工306栋、“裸房”整治完工208栋，发动村民参与房前屋后整治约2.8万平方米，沿线路边清杂及杂乱搭盖拆除1.6万平方米。挖掘山后桥自然村入口至大帽山农场1.2公里沿线景观元素，种植花草树木，提升绿化水平，美化村庄环境，改善农村生态宜居环境。

大帽山农场创新方式方法建宜居农场。农场全力推进人居环境整治工作，建立每周调度机制，及时研究解决项目推进中的问题：创新农房整治立机制模式，破组织难题；立标准典范，破实施难题；立方法举措，破质量难题的“三立三破”工作方法。

2019 年 2 月 15 日，厦门市农村人居环境整治工作现场会议在大帽山召开，会议强调大帽山社区人居环境整治的经验和做法值得全市各区学习借鉴。福建省住房和城乡建设厅把大帽山社区农房改造经验列入《福建省农房屋顶平改坡设计建造一体化导则》，作为全省的范本，经验和做法在全省进行推广。农场对振兴湖周边节点进行提升，建设绿化种植、园路铺装、点风景石、石桌石凳、块石挡墙、防护栏杆、竹篱笆围栏、树池、边沟明渠、弧形廊架、拦水坝、警示牌、排水及电气等，工程总投资 420 余万元。

2021 年 12 月 6 日，大帽山农场召开低碳社区、寨仔尾里近零碳排放景区创建专家评审验收会议。翔安区生态环境局邀请 3 名专家，组织区发改局、工信局、资源规划分局、建设与交通局、农业农村局、市政园林局、中国科学院城市环境研究所、国网厦门供电公司翔安分中心等代表，通过实地察看、查阅资料、听取汇报等方式，认为大帽山农场和寨仔尾里在太阳能利用、污水处理设施、垃圾分类、建筑节能改造、雨水利用、厨余资源化等方面采取一系列工程措施，营造出低碳节能、绿色生活、舒适宜居的社区环境、景区环境。大帽山农场低碳社区和寨仔尾里近零碳排放景区创建均达到预期目标，完成低碳能源改造与提升工程、低碳交通与出行工程、低碳生活与消费工程等指标任务，同意通过验收。

四、“大帽山境”田园综合体

大帽山农场原有 16 个村庄，人口约 5500 人，村庄规模较小，分布较零散。2006 年，农场实施移民造福工程，2015 年完成 8 个村庄移民。为推进农村一二三产业融合发展，促进农民转产就业增收，厦门市特房集团与翔安投资集团合资 4000 万元成立大帽山生态农业有限公司，首创市级国企、区级国企、国有农场联合开发休闲农业的新模式，打造集休闲农业、文旅、居住为一体的“大帽山境”田园综合体，项目落地在大帽山寨仔尾自然村。

“大帽山境”田园综合体项目，依托古老的闽南山乡村落进行改造，打造出以红砖古厝为主的闽南特色村落，与绿色山林、田园交相辉映、相得益彰。建筑采用环保型材料，设施设备采用清洁能源，建筑设计与自然环境完美结合。围绕休闲农业主题，“大帽山境”田园综合体布局生产、旅游、休闲、运动、教育、养生、养老等产业，规划形成“三天两夜”旅游线路，将质朴的田园生活、浓郁的民俗风情和丰富的乡土文化融入项目的设计建设理念当中，构建原汁原味的闽南乡土田园生活。

“大帽山境”分古韵民宿区、乡朴民宿区。古韵民宿区按“五星级”标准进行古厝改造，将古厝原有翻新改造，通过现代施工，让老旧的宅子焕然一新，同时保留古厝原有的韵味；部分古厝的室外墙壁、梁栋、窗户、天井依然保留着原始的样貌，房间内部升级为古朴与现代相结合的空间布局；室外的草木庭院也进行了丰富的植物布景，为民宿增添更多灵气。“红砖白石双拨器，出砖入石燕尾脊。雕梁画栋皇宫起，石雕木雕双合璧”，闽南古建筑文化的特色在这个小山村里得到充分诠释与呈现。乡朴民宿区则是以具有老厦门传统味道、南洋风格、乡朴风格民宿为主要布局的民宿区，体现了设计师提炼自然精髓融合建筑理念的各种巧思妙想，空间大、采光足、布置佳的豪华山景房给人们带来休憩身心、放牧心灵的归宿。“山遇”旗下的两家餐厅，主打不同招牌美食，一家轻奢文化风，一家闽南特色风。翻新建于青山绿水间的桃源餐厅，古朴优雅的环境，配以主厨大师的绝活料理，让游客在深山里也能吃出洋味、吃出精致。“大帽山境·小南山”取地道山间食材烹制的姜母鸭、封肉、菌皇汤、新圩豆干等闽南风味让人品尽家乡味。

“大帽山境”拥有300多亩农田，专业从事农业研学产品设计开发，着力发展采摘园、观光园、农事体验园等现代农业场地，让游客走进自然，享受身心回归的体验。“奇妙田园”设有牧歌水田、一米菜地、农夫菜园、星光花房、自然课堂等农业休闲养生体验场馆，活动形式不仅包括各种农耕体验，还包括其他自然养生活动，游客可以通过深度养生体验掌握养生茶艺、养生书法课程、插花课程等，在颐养身心的同时，获得趣味体验。另外基地同时设有休闲棋牌室、多功能活动室，可根据客人需求定制养生娱乐项目。

“大帽山境”基地定期举行养生活动，适时推出“山境番薯节”“春耕节”“玉米节”“花生节”“龙眼节”“秋收节”等一系具有山境特色的节庆活动，丰富养生活动内容，形成康养旅游业态与观光度假、乡村旅游、休闲农业、体育旅游、研修旅游等旅游业态的产业联动，与本地医疗业、绿色有机农业、美丽乡村建设、养老产业、文化创意等相关产业融合发展。

“大帽山境”田园综合体品牌特色明显，获评福建省“2019年省级养生旅游休闲基地”，寨仔尾民宿项目已成为厦门的网红景点。截至2021年，“大帽山境”已接待游客20余万人次，旅游收入约1000万元，辐射带动周边大雾山果蔬专业合作社、火龙谷家庭农场等新型经营主体经济发展，推动新圩北部旅游圈联动发展。

第十一章　交通通信

大帽山西麓与翔安区新圩镇金柄村、凤路村交界，东与南安市官桥镇九溪村、曙光村毗邻。中华人民共和国成立之前，场内各村落之间并不封闭，与外界也互通往来，不过可走的山路只有羊肠小道，通过肩挑贸易，山路崎岖难行。大帽山农场建场后，场部后炉埔至新圩乡11公里简易县道，于1964年建成通车。全场16个自然村之间经规划、依山势陆续修建简易村间小道，小道大都随地形弯曲狭窄，但既通行人，又供胶轮手推车运载货物。1971年以后，农场配备拖拉机、手扶拖拉机等动力运输工具，初期的简易道路经重修，个别道路逐步修成可通行拖拉机的机耕路。

2003年以来，大帽山农场道路建设经加宽、硬质化，交通更加顺畅，林区防火便道进一步完善。

第一节　道路建设

一、古道

场内有一条古道是从古宅十八弯经寨仔尾至蜂岭尾，过骆驼岭前往泉州。大帽山农场寨仔尾大埔路旁，原立有1方南宋景定元年（1260）石碑，碑高0.35米，宽0.38米，阴刻楷书8行，碑文为："郑公祥化忌经井自舍，又僧妙谦十千足，计夕（钱）乙伯（壹百）贯足，铺修此路，计八百余丈，以济往来。景定元年记"，载述郑祥化和僧人妙谦为方便旅人往来合力捐款修路之事。1993年，石碑由同安博物馆收藏。

另一条古道大帽山路段，宽0.8～2米，全长约20千米，以不规则块石、卵石铺砌而成，陡坡处加砌石台阶。古道由新圩乌山，经黄岗、路坂尾、岭脚宫、大帽山埔顶、山仔头、山边、东岭、大尖山、永元坑、刘厝、猪槽寨，通往南安九溪院口，再经东村坑内、黄山，到达南安官桥。

二、公路

1962年，大帽山农场组建公路队，有队员15人。公路队下设会计、总务、采购、仓管、炊事员等职位，负责农场村间道路建设。

（一）道路建设

1963—1964年，同安县从开山炸石、填沟造桥到平整路面，修建新圩至大帽山农场场部后炉埔全长11千米、路面宽约5米的简易公路，新圩乡黄岗村与路坂尾自然村之间的公路桥命名为“农垦第一桥”。

1993年，同安县修建新圩古宅至大帽山农场罗田自然村，通往南安县官桥镇九溪村的简易公路，是农场连接外界的第二条通道。

1998—1999年，大帽山农场各自然村的村间公路相继开通，总里程达25千米。

截至2002年，大帽山农场有道路15条，其中只有一条进场道路实现硬质化，其他道路都是砂土路面。道路具体状况见表3-11-1。

表3-11-1　2002年前大帽山农场道路状况

单位：米、万平方米

序号	道路名称	长度	宽度	总面积	机动车道	路面结构	起止地点
1	场部路	4100	8	2.46	2.46	混凝土路面	路坂尾—场部
2	上廊路	4460	5	2.23	2.23	砂土路	场部—上廊
3	甘露寺路	1400	5	0.7	0.7	砂土路	寨仔尾—甘露寺
4	罗田路	2000	4.5	0.9	0.9	砂土路	甘露寺—罗田
5	古宅水库路	3500	5	1.75	1.75	砂土路	罗田—古宅水库
6	刘厝路	3000	5	1.5	1.5	砂土路	场部—刘厝
7	古坑路	2800	4.5	1.26	1.26	砂土路	刘厝—古坑
8	虎坑路	3100	5	1.55	1.55	砂土路	刘厝—虎坑
9	太子宫路	600	4.5	0.27	0.27	砂土路	后炉—太子宫
10	村门路	3000	5	1.5	1.5	砂土路	后笼尾—村门
11	加塘路	724	4	0.29	0.29	砂土路	山边—加塘
12	大景源路	3740	5	1.87	1.87	砂土路	山后桥—大景源
13	山仔头路	980	4	0.39	0.39	砂土路	下厝—山仔头
14	钟厝山路	1600	5	0.8	0.8	砂土路	石垒坑—钟厝山
15	溪美路	1850	4.5	0.83	0.83	砂土路	钟厝山—溪美水库

（二）道路质量提升

1998—1999年，大帽山农场场部至新圩的公路进行拓宽改建和硬质化。农场辖区路段路面宽8.5米，全长4.1千米。

2004年9月，大帽山农场实施改厕、改水、改道路“三改”工程，改造4条村间道路，总长4.7千米。

2006年，厦门市财政扶持资金600万元，建设大帽山农场场部至后炉埔、场部至刘厝路面宽 5 米，全长 7.8 公里水泥硬质化道路。埔顶片区新村建设，改造建设硬质化道路 4 千米，完成照明配套设施。

2007 年，大帽山农场乡村道路建设情况见表 3-11-2。

表 3-11-2　2007 年大帽山农场乡村道路建设情况

单位：千米

序号	路段名称	里程	水泥沥青路	砂土路	备注
1	场部—寨仔尾	2.8	2.8	—	
2	寨仔尾—后炉埔	1.5	1.5	—	
3	寨仔尾—罗田	3.6	—	3.6	
4	后炉埔—太子宫	1.5	—	1.5	
5	场部—中心	1	1	—	
6	中心—刘厝	2.5	2.5	—	
7	刘厝—古坑	2.8	—	2.8	
8	刘厝—村门	3	—	3	
9	中心—山边	1	1	—	
10	山边—加塘	1	—	1	
11	中心—尾厝、下厝	1.5	1.5	—	
12	山后桥—大景源	4.1	—	4.1	
13	场刘路口—溪美水库	2.7	—	2.7	
	合计	29	10.3	18.7	

2007 年 1 月 18 日，大帽山农场对乡村道路情况进行调查，寨仔尾至甘露寺，后炉至太子灵宫，刘厝路至三角梅园、溪美水库大坝等公路段实现混凝土硬质化，总里程 5.7 千米，路面宽 3.5～5 米。厦门市交通委补助建安费 178 万元，农场业主自筹 160 万元。

农场陆续修建硬质化混凝土公路 23.2 千米。其中，后笼尾至村门 2.9 千米、刘厝至古坑 3.0 千米、刘厝至发电站 3.0 千米、太子灵宫至锄山 1.8 千米、埔顶至加塘环路 1.5 千米、寨仔尾至罗田 3.2 千米、古宅水库至罗 3.1 千米、寨仔尾北环路 0.3 千米、三角梅园环山公路 1.6 千米、三角梅园路口至溪美水库 2.8 千米，实现村村通硬质化公路。

2014 年，大帽山农场寨仔尾至甘露寺道路建设等 5 个安保项目投资 102.55 万元。

（三）道路维修

1983 年，大帽山农场公路路基、涵洞被水冲毁维修 5000 元。

1984 年，农场道路维修费 2030 元。

1996 年 8 月 1—2 日，受 8 号台风影响，大帽山农场县道 7.8 千米，路段受暴雨冲刷

34处，其中8处被冲走土方20立方米；农场场部至古坑公路8.4千米，全部被暴雨冲刷损毁；寨仔尾至罗田公路塌方，后笼尾至村门公路3公里淤泥填没。大帽山公路站抢修县道和村道，用款1.55万元。

2015年，大帽山及古宅至罗田公路水毁修复工程投入11.7万元。中心自然村到山边自然村道路水毁抢险工程投入5.95万元。4月，刘厝至古坑公路工程项目，总长2778米，中标价164.5573万元。公路项目竣工验收，决算审核价为163.8749万元，工程变更减少工程价6824元。

2016年9月15日，第14号台风“莫兰蒂”登陆翔安区后，翔安区交通局组织人员对新圩至大帽山公路进行清障抢通。山边自然村村道防护工程，投资15.81万元。

2018年7月，受台风影响，大帽山农场对大帽山场部至刘厝（Y603）、大帽山至路坂尾（X422）水毁工程进行抢修，对局部已垮塌裸露的边坡修整后，对坡面采用片石混凝土挡墙加固，截水沟砌筑。

2018年，大帽山农场根据福建省人民政府关于进一步创新农村公路管理体制机制的意见，为做好农村道路养护工作，提高农村公路的养护质量和通行能力，将管辖范围内农村公路养护工程委托中心村黄师进行日常养护。

2018年，大帽山农场公路养护日程见表3-11-3。

表3-11-3　大帽山农场公路养护里程

单位：千米

序号	管养单位	路线编号	路线名称	长度
1	大帽山农场	Y601	场部—后炉埔	4.481
2	大帽山农场	Y602	寨仔尾—罗田（新圩北路）	3.526
3	大帽山农场	Y603	刘厝—古坑	2.514
4	大帽山农场	C518	内官—村门	2.602
5	大帽山农场	C515	刘厝—发电站	3.032
6	大帽山农场	C784	太子宫—三角梅水库公路	2.115
7	大帽山农场	—	三角梅路口—刘厝	2.5
8	大帽山农场	—	三角梅路口—水库坝头	2.5
9	大帽山农场	—	山边—加塘	1.8
10	大帽山农场	—	下厝—山仔头至尾厝	1.8
11	大帽山农场	—	中心—宫仔尾至山边	1.6
12	大帽山农场	—	后炉—太子宫	1.5
合计	大帽山农场	—		29.97

2019 年，翔安区建设与交通局对大帽山农场场部至刘厝、场部至路坂尾水毁公路进行修复。

（四） 机耕路建设

1971 年，大帽山农场购置 20 马力手扶拖拉机 4 台，农场开始规划机耕路建设。1978 年，农场手扶拖拉机增加到 13 台。

2004 年，大帽山农场修建农田机耕路与改造部分溪流投资结算情况见表 3-11-4.

表 3-11-4　2004 年大帽山农场修建农田机耕路、改溪投资结算

单位：米、元

单位	起止、地段	里程	挖掘工资	杂工工资	材料款	青苗补偿	耕地损失	合计
综合	钟厝山—溪美	2850	32800	2200	1600	550	2050	39200
中心	钟厝山—加冬	1950	14620	1250	500	—	—	16370
山仔头	钟厝山—锄山洋	1250	10200	460	—	—	—	10660
山边	牛泼尾—下洋口	600	3900	280	320	—	—	4500
上廊	村边—桥仔头	1500	12250	1350	800	600	—	15000
后炉等	后厝—山外	1700	13260	780	460	2600	—	17100
山后桥	后厝—锄山	2500	17000	620	320	—	—	17940
尾厝	刘厝路—永元坑	1200	8550	670	820	—	—	10040
中心	洪毛岭—下洋	700	6300	860	1260	650	2250	11320
洪毛岭	村前	800	7200	240	1380	800	—	9620
尾下厝	内庵	1800	13500	280	1050	—	525	15355
山边	火烧寮	2500	16250	220	—	—	300	16770
村门	尾地后二条	800	6560	180	300	—	—	7040
内官	永元坑、面前	400	3320	140	340	800	900	5500
山后桥	芹菜坑	1400	13300	580	3550	—	—	17430
后炉	大寮—水尾	500	4100	220	800	—	2700	7820
罗田	过溪、加冬区	1100	9020	160	2200	—	—	11380
寨仔尾	面前改溪、改路	1200	14400	1300	5600	2200	4.5 亩	23500
刘厝	大荒—蔡寮	1300	8840	200	—	—	—	9040
后炉	送洋	1200	8160	280	320	—	—	8760
	甘露寺—后炉	1150	16400	3800	5355	—	—	25655
合计	—	28400	240030	16070	26975	8200	8725	300000
备注	另外规划再建有：苛郎—后茶寮—后炉埔、古坑宫头洋、后钻、崎路下等路段。							

2006 年 8 月，大帽山农场完成 22 条总长 28.4 千米的机耕道路建设，厦门市农业局拨款 30 万元。

大帽山农场经过历年的努力，对全场各个片区的农田机耕道路进行全面规划建设，修建机耕道路和村边道路 30 多千米，林区防火便道 15 千米，为村民的生产生活和植树造林、森林防火提供了便捷的交通条件。

第二节 货物运输

一、人力畜力运输

大帽山场内地貌属低山丘陵，海拔高度在64.5～704米。人力畜力是主要的交通运输力量，包括肩挑、手推、骡驮、牛拉。

中华人民共和国成立之前，大帽山民众货物运输多以肩挑背负为主，扁担、柴担是最简易的运输工具。柴担两头尖，是专门用于挑整捆木柴的工具，为减轻负担，又衍生出辅助工具，以短木棍架在肩膀上承挑柴担，形成双肩挑，左右肩轮流负重。挑夫卸担休息时，短木棍竖于地上，从柴担中间支撑担子。

中华人民共和国成立后，大帽山民众逐渐拓宽山间小路，用骡驮货物，既减轻人力运输的劳动强度，又增加货物运输量。骡驮货物时，把比较粗重的货物捆绑在木制驮架上，然后由两人把驮架扛到骡背上，一个人可牵一至两头骡，从山下或更远的地方把货物运到山上来。这种运输工具一直到简易公路开通后才逐渐停止使用。

二、非机动车运输

农场简易公路开通后，非机动车运输大大减轻人力运输的负担。手推车、手板车、独轮车、牛车、自行车是重要交通工具，提高运输速度和运输效率。自行车发展为载客载货工具，速度快，但在山路骑行，安全系数低。独轮车是仿古式木制单人手推车，适用于大帽山丘陵地带乡间小道和田间农业运输，载重100～200公斤。1970年，大帽山农场拥有60辆胶轮手推车，胶轮手推车改用钢环胶轮代替木轮，负重达500公斤。1979年，农场胶轮手推车达到80辆，是农场田间主要运输工具。

三、机动车运输

1965年，大帽山农场配置第一辆汽车；1970—1979年，农场拖拉机从1台增加到5台，手扶拖拉机从4台增加到13台。农场机动车配置，依靠日趋成熟的交通路网，货物运输量大大提高，拖拉机可从沿海把海土运到农场改良土壤，手扶拖拉机也可在面积较大的农田中旋耕，提高农耕工作效率，减轻职工劳动强度。

20世纪80年代，农场购置摩托车用于公务和运输，农场职工个人购置摩托车自用、专业营运也迅速发展。2003年以来，随着农场职工经济收入稳定提高，先富起来的职工家庭开始购买小汽车，交通出行便加舒适便捷。

四、农客运输

1978 年，同安县城至大帽山农场后炉埔公交车首次开通，方便职工出行。

2004 年，翔安区农村客运公司开通大帽山农场的农村客运班车，大帽山农场至新店线全长 25 千米，途经 19 个行政村。7 月，大帽山农场完成候车亭建设。7 月 28 日，大帽山农场举行农客开通仪式，每天固定 6 班次，解决农场村民外出活动的交通问题。

2011 年 4 月 1 日起，厦门公交集团翔安公司开通 713 路农客线路（新圩站往返大帽山站）。公交线路新圩站始发，经何圩南路、舫山北路、镇口路、龙新路、大帽山路至大帽山站，往返一致。

2012 年 4 月 28 日起，农客 713 路调整运营走向，沿县道 422 运行到金柄村路口时，拐往金柄村增停金柄村站，然后返回接原线路运行。

2014 年 6 月 11 日起，翔安新圩镇片区内的 713 路公交线路调整部分线路走向，713 线路增停新圩客运站。此外，2 处站点更名，新圩站更名为新圩小学站，新圩转盘处的新圩站更名为新圩邮局站。713 路增停新圩客运站，线路由新圩客运站始发，改经林尾路、新霞南路、新圩镇口路、龙新路至乌市站，接原线路至大帽山，返程亦同。

2022 年 9 月，大帽山农场新增 D764 路定制公交专线。D764 路公交车每月农历初一、十五等节假日，发班时间为 8：20、9：30，从大帽山场部始发，途经大帽山路、Y602 路至甘露寺，往返一致。公交线路全长 4.3 千米，沿途依靠大帽山、大帽山境寨仔尾里、甘露寺；到达甘露寺后，即停即走返回大帽山场部。

第三节　通信、广播、邮政

一、通信

1970 年，大帽山农场交通电信建设投资 960.00 元。

（一）有线电话

1959 年，大帽山农场建场后，农场与场外联系由通讯员联络。大帽山农场从新圩乡古宅大队架设电线杆，连接安装甘露寺场部手摇电话机，场部与四个生产队电话相继开通。

1983 年，大帽山农场场部至新圩电话线路全程 9.1 千米，需要石柱 250 根，铁夹板 240 支，12 号铁线 900 公斤，角铁铁担 200 支，磁瓶 500 只，扁铁顶担 50 支。架线运输、拉线、安装费用 9000 元。合计投资 4.42 万元。

1995年，大帽山农场开通程控电话90门。1996年，农场第一期11个自然村86门电话付诸使用。

2004年，大帽山农场在厦门市、区电信部门领导的关心和支持下，农场全体干管人员积极配合，克服山高路陡、地形复杂、村落分散等困难，精心设计施工，采用先进技术和光缆线路，在短期间内，完成大帽山16个自然村架线任务，实现村村通电话，彻底改变原来通信闭塞的落后局面。

（二）移动通信

1996年以来，中国电信、中国移动、中国联通三大运营商通信设备、通信讯号覆盖大帽山埔顶片区。农场职工移动电话基本普及，多数家庭用上互联网。

2001年4月，福建省电信公司厦门市分公司在大帽山农场场部底层租赁2个房间，面积共40平方米，用于现场办公。

2005年，大帽山农场辖区内4个管区，其中有2个管区移动通讯处于盲区。第3管区刘厝、村门、内官、古坑4个自然村移动信号极弱；第4管区后炉、上廊、寨仔尾、罗田4个自然村的移动电话音讯全无。在第4管区内有水产养殖基地200亩、如意食用菌基地3000平方米、每月存栏50万头的养鸡专业户及珍珠柿种植大户。移动通信公司在农场建设移动通信差转台，为2个管区提供良好的通信服务网络。6月，福建移动通信有限公司厦门分公司租用村门面积300平方米场地，做移动通信基站用地。

2009年7月，中国电信集团公司福建网络资产公司与大帽山农场签订通信基站场地，刘厝山地面积约20平方米有偿使用协议。

2011年7月，中国电信股份有限公司厦门分公司与大帽山农场签订三角梅园区三翼微型设备三线安装协议。

2014年12月，大帽山农场与中国移动通信集团福建有限公司厦门分公司签订“网格化服务管理信息平台建设及运营合作”协议，平台汇集工作人员、老人协会、党员、退休人员、低保人员、安置帮扶、社区矫正、残疾人、党员义工队、优抚对象等19项内容，实现农场信息网格化管理。

2017年3月，翔安区农林水利局、区财政局下达2017年大帽山农场网格化建设平台运维费及光纤租赁费3万元。

二、广播

（一）有线广播

1971年，大帽山农场在大帽山茶厂东边角落设立有线广播站。

1983 年 1 月 12 日，厦门市农垦局下发通知，要求加强有线广播基础设施建设。大帽山农场对维修有线广播经费进行预算编制，需竖立 22×22×500 厘米石柱 200 根，通往各自然村的木柱 600 根，12 号铁线 1800 公斤，铁担（4×40×500 毫米角铁）400 支，铁夹板 240 个，磁瓶 1500 只，顶担 3×25 毫米扁铁 100 支，25 瓦喇叭 14 个，12.5 瓦喇叭 16 个，另加运输费、安装费、广播维修费，合计投资 4.97 万元。

（二） 有线电视

2006 年，大帽山农场除计划移民村外，各自然村开通安装有线电视网络。

2015 年 1 月，厦门广播电视集团向大帽山农场租用场部 1 间房屋 15 平方米，用为办公场所，开发农场广播电视事业。

三、邮政

1958 年 5 月，大帽山农场建场，特别是厦门部分工厂上山职工到农场后，农场与厦门市和同安县的联系日渐频繁，信件都由交通员接送。

2021 年 1 月 7 日，翔安区新圩镇大帽山邮政驿站正式揭牌运营。邮政驿站开通，解决大帽山社区快递物流寄送、配送服务难题。大帽山居民可以在山上就近领取、寄递包裹，大帽山的农特产品也可以直接由山上销往全国各地。

第四编

管　理

中国农垦农场志丛

第十二章　经营管理

大帽山农场建场后，农场经营以种植业、养殖业、工副业为主，生产大量粮食、工副产品，为国家粮食安全贡献力量。经济体制改革后，农场转为重视生态环境建设，发展林业，加强森林抚育、防火、病虫害防治等工作，引导社会劳动者发展休闲农业等综合体。

第一节　管理机构

1958年5月，大帽山农场建场，相当于副县级建制，郭清渊任副场长。郭清渊带领会计罗元彬、技术员林天出、陈文章、陈课、叶清根、许金电，医生陈玉贝进驻寨仔尾自然村，择地临时办公，有干部9人。先锋高级社（古宅大队）寨仔尾、后炉、上廊、罗田等4个自然村所辖土地第一批划归农场经营管理，生产队社员统一由集体制农民改为全民所有制职工。农场录用本场职工郑鱼池、黄碗、洪水德为农场管理人员。原同安县新圩公社社办溪园内林场并入农场，其中林场管理人员陈光觅、陈登科随同并入。清风高级社（埔顶大队）下辖12个自然村保留集体所有制，经济独立核算。

1959年，大帽山农场迁址甘露寺办公。2月，国营同安竹坝农场与大帽山农场合并。陈启谦任国营同安竹坝农场场长，人员有陈开通、陈萍、黄撮、黄语。国营同安竹坝农场位于同安县城东北8公里的三秀山南麓，那里原是一片风大水缺、土地贫瘠的丘陵地，前身是同安商业部门在五显乡上寮创办的综合农场。1959年间，印度尼西亚当局反华排华，华侨遭受惨重迫害。党和国家为保护侨胞正当利益，决定派船接运难侨回国安置，中共福建省委、省政府决定在同安创办农场以安置回国侨胞。1960年3月，同安县委、县政府组织人员进行勘察，确定上寮为农场地址。经中侨委批准，农场命名为“国营福建省同安竹坝华侨农场”，所需经费由中侨委投资，行政事务委托福建省侨委管理。1960年4月，竹坝农场正式与大帽山农场脱离。

1963年，大帽山农场选址后炉埔，有2个作业区，27个生产队。1965年，埔顶大队12自然村全部并入大帽山农场。1969—1972年，农场有3个管理区，18个生产队。

1979年2月17日，大帽山农场建立党委集体领导下的场长分工负责制，恢复原农场副场长郭清渊的职务，下设人秘、生产、财务购销、治保、农机等5个股。叶亚灿任人秘股股长；副场长郭清渊兼任生产股股长，郭文安、梁昆标任生产股副股长；陈文章任财务购销股股长，主办会计叶振专；干事黄乌踏、黄奕垢负责保卫股工作；许国珍、杨清江负责农机股生产。农场以生产队为主，开展企业生产活动。

1980年，大帽山农场实行改革开放政策，贯彻执行中华人民共和国政府和农业部关于《加快农垦企业改革的意见》和《大力发展和办好职工家族农场》的文件精神，多次进行经济体制改革可行性研究。农场开展产前服务，组织职工家族农场间的各种经济联合。

5月，大帽山农场干部和领导班子成员情况见表4-12-1。

表4-12-1　1980年5月大帽山农场干部和领导班子成员

姓名	性别	出生年月	民族	籍　贯	文化程度	现任职务	工资情况
王建东	男	1932	汉	同安县新店公社珩厝大队	初中	支部书记	行政20级
颜尧宗	男	1924.12	汉	同安县洪塘公社碧岳大队	高中	副场长	行政21级
叶亚灿	男	1932.6	汉	同安县莲花公社莲花大队	初中	人秘股股长	行政23级
许国珍	男	1939.10	汉	同安县新店公社许厝大队	中专	工业股副股长	农技16级
陈文章	男	1932.1	汉	同安县马巷公社山亭大队	初中	财务供销副股长	行政23级
梁昆标	男	1936.3	汉	南安县官桥公社泗溪大队	大学	生产副股长	农技13级
黄乌踏	男	1943.3	汉	同安县新圩公社后埔大队	高小	武装干事	行政24级
郭文安	男	1939.11	汉	同安县新圩公社面前埔大队	高小	人秘股副股长	行政23级
杨清江	男	1938.9	汉	同安县新店公社洪厝大队	中专	农技员	农技16级
陈根填	男	1950.6	汉	同安县城关三秀街	大学	农技员	农技15级
潘金钟	男	1945.8	汉	同安县巷东公社山峰大队	中专	卫生所负责人	卫生18级
刘以岩	男	1935.6	汉	泉州市城东公社桥南大队	中专	兽医	农技14级
黄先腾	男	1926.5	汉	同安县新圩公社帽山大队	高中	干事	行政22级
沈尧	男	1935.5	汉	浙江省绍兴市	高中	医士	卫技14级

1988年底，大帽山农场党政管理人员在后炉埔二楼办公室召开会议，重点讨论解决农场以股室机构管理农场，不利工作开展，冲淡了职工联产承包责任制意识等问题。农场进一步深化改革，建立和完善以职工联产承包责任制为主的统分结合的双层经营体制，全面推行承包到户、核算到户、盈亏到户、风险到户和生产费、生活费自理的“四到户、两自理”经营机制，调动职工生产积极性，减轻国家财政负担。农场划分4个管区，下辖16个自然村，管区设主任，负责开展管区各项工作。第一管区辖山后桥、尾厝、下厝、山仔头、加塘5个自然村；第二管区辖中心、山边、洪毛岭3个自然村，第一二管区也称为埔顶片区；第三管区辖内官、村门、刘厝、古坑4个自然村，也称后四村；第四管区辖寨仔尾、后炉、上廊、罗田4个自然村。

1996年，李金水任大帽山农场场长兼副书记，黄水涌任副场长。农场下设办公室、生产股、保卫股、财务股、计生办。黄本希任办公室主任，负责农场劳工统计，档案保管、户口管理等文秘工作。陈金壇任生产股股长，黄水土任副股长；生产股成员黄献江任林业站站长，黄允任土地管理所所长，黄献湾、黄建设等主要负责全场生产管理、科技指导和生产统计。黄章源任保卫股股长，成员郑坂，负责农场社会治安保卫工作、民事调解兼管征兵工作。黄奕沙任财务股股长，成员郑文国、郑有才、黄金镇、黄建社，主要负责农场的财务、税务工作。郑含目任计生办主任，成员黄惠珍、张生源、黄梅霜，主要负责全场计生工作。

2000 年，大帽山农场根据具体情况，经研究决定调整农场人事管理机构。农场管理机构人事调整情况见表 4-12-2。

表 4-12-2 2000 年大帽山农场管理机构人事调整情况

管理机构	职 务	
	主任（股长）	成 员
一、管区机构		
第一管区	黄本希	黄献江、郑文国、郑有才、黄献湾、黄水苗
第二管区	郑含目	郑 坂、黄建设、黄梅霜、黄聪明
第三管区	黄奕沙	黄献稳、黄建社、黄青山
第四管区	黄水土	黄水龙、洪钟塗、黄惠珍
二、股室机构		
办公室	黄本希	黄建设、黄献湾、黄青山
生产股	陈金壇	黄水土（副股长）、郑含目（副股长）、黄献江（林业股长）、洪钟塗、黄惠珍、洪钟炎、黄水龙、黄建社、黄献稳（兼）
财务股	黄奕沙	郑文国、郑有才
计生办	张生源	叶加白、黄聪明、黄梅霜、陈水苗（兼）
保卫股	郑 坂	黄献稳、陈水苗

2003 年 12 月 18 日，大帽山农场事权由厦门市农业局成建制下放翔安区管理。

2004 年 3 月 18 日，翔安区委、区政府领导到大帽山农场就农场体制等相关问题召开现场办公会。5 月 12 日，翔安区人民政府召开关于大帽山农场体制等相关问题的专题会议，根据翔安区委《关于翔安区干部管理权限和干部任免程序的通知》精神，确定大帽山农场为企业单位，加挂公司牌子，实行一套班子两块牌子，负责农场的开发建设。农场党支部归翔安区区直机关党工委管理，农场业务由翔安区农林水利局主管，农场的正职领导由区委管理，副职领导由区委组织部管理，其他工作人员由区人事劳动和社会保障局管理。农场的正副职领导职数 3 名，工资参照事业单位人员待遇，经费由区政府给予适当补助，每人每年补助 3 万元。农场 4 个作业区参照社区管理方法，从农场现有的 22 名管理人员分流14名到作业区做管理工作，其中一、二管区各4人，三、四管区各3人，经费由区政府按村级干部待遇给予。

2006年，大帽山农场针对内部管理存在的问题以及农场“剥离社会管理职能”改革发展趋势，从职能划分，拟定内设机构改革方案。农场原有6个科室整合成3个科室，即综合办公室、社会事务办、生产经营办；管理人员由原来25人精简为17人。在人员配置上实施竞聘上岗，进行人员分流，把内设机构改革作为抓好基层组织建设，加强领导班子凝聚力的突破口和重要举措。内设机构调整后，农场各项工作责、权、利明确，工作有序，转变干部管理人员的工作作风和思想观念，提高办事效率和工作积极性，为农场脱贫致富奠定基础。农场对16个自然村实施有效管理和服务，参照村民组织法，配齐16个自然村组长，把自然村的管理工作纳入农场管理范围。

2015年，大帽山农场干管人员17人，内设办公室、生产经营科。农场加挂翔安区大帽山综合保障中心牌子，实行“一套班子两块牌子”。大帽山农场党支部，隶属翔安区区直机关党工委管理。农场设正、副职领导2名，其中党支部书记及综合保障中心主任由场长兼任；综合保障中心人员6名，设领导2名；办公室人员3名，设领导1名；生产经营科人员6名，设领导2名。

2018年6月26日，翔安区人民政府根据新圩镇送报的《关于设立大帽山社区居民委员会的请示》，同意设立新圩镇大帽山社区居民委员会，下辖山后桥、尾厝、下厝、山仔头、加塘、中心、山边、刘厝8个自然村和后炉埔集体户。

第二节　场务管理

大帽山农场建场初期，农场本部除农业生产外，逐步筹建多年生经济作物专业队、畜牧养殖场。1959年，农场本部除寨仔尾等4个生产单位外，增加外来队4个生产单位；1961年，农场取消外来队，增加甘露寺、罗田专业队、后炉埔队3个生产单位。1963年，农场增加山根专业队，负责菠萝、黄麻生产管理。埔顶大队仍以生产队为单位发展农业、养殖业。1971年，农场实行“统一核算、统一分配、统一计划、统一成本、统一调动劳力”，掀起“农业学大寨”高潮。1985年，农场企业整顿，兴办职工家庭农场615个，其中联户15个。2006年，农场转变社会职能，场务侧重社会事务和生产经营管理。

一、建章立制

1976年，大帽山农场提出经营管理意见，贯彻党中央“关于全党动员，大办农业普及大寨县”的要求，加强农场职工管理。农场对场区自然增长的劳力，包括合法迁入人员，年满16周岁确实不能升学者，经本人申请，所在单位职工讨论，报农场研究，在国家许可范围内，根据农场生产发展的需要，报上级批准，安排为临时工，工资由生产队支出，不占农场工资指标。

职工全年劳动工日最多不超过340天，最高每天记10分，取消定额包工，加班加点不得抵工日，鼓励职工为革命多做贡献，及时表扬记载好人好事，作为年终考评参考。男劳力每月出勤天数没有达到26日，女劳力没有达到24天，不能享受劳力粮食定量标准和粮差补贴，短期病假须有医生证明。

农场建立健全劳动出勤登记、会议学习、请假考核制度，有条件的单位实行8小时工作制，每月最少安排两个晚上的政治学习时间，一个晚上的业务学习时间和一次民主生活会。单位职工在本单位所在地住宿，每月在本单位住宿不满20天者不能领取附加工资的20%补贴。领取固定工资的职工按规定假日休息，缺勤部分工资照扣；参加评工记分，家住场外职工（不包括上山下乡知青）每月照顾回乡探亲假2天，工分照付。

农场要求职工正确对待国家、集体和个人关系，正确处理家庭副业，严禁私开黑地、养鸭群，严禁做私工赚钱和乱砍山林、出卖柴草、牛粪等损害集体利益的做法，房前屋后种瓜果要有一定限制，每户不得超过5棵。家庭厨房用燃料柴不得砍伐松柏、相思树等用材林。家禽、家畜损坏作物应当赔偿损失。农场对政治表现好，对农场贡献突出，工作积极苦干的职工及时给予表扬鼓励；对违法乱纪，违反农场规章制度，消极怠工，不服从调动等不良行为及时给予批评、帮助和教育，人事部门建立职工档案、归档存查。

2006年7月，大帽山农场根据厦门市人民政府办《关于厦门市国有农场改制指导意见的通知》精神，结合农场在管理体制上存在的瓶颈和今后开发建设发展规划，提出农场改制方案。

农场仍保持计划经济时期的管理模式，集“党、政、经”于一体，担负行政、经济、社会管理等多重职能。现行管理体制改革滞后，历史遗留问题得不到解决，农场经济社会负担日益加重，职工增收受到限制，管理体制已难以适应经济社会的发展要求。农场属国有农垦企业，担负着行政、经济、社会管理多重职能，承担一级基层政府的管理职能。由于政企不分，在行使一级政府的管理职能上力不从心，如计生工作、对社区居民的社会福利保障方面等政府性工作均难以到位，除了学校剥离外，农场在教育、医疗、卫生、治安、民政优抚等社会性工作上，均由农场企业负担，尤其是社会性优抚政策，如低保、义务兵优待金等，形成了企业办社会的弊端。

农场按行政管理职能与资产运营管理相分离的原则，成立大帽山开发公司，负责农场改制后原农场资产、土地的开发运营和管理，确保国有资产的保值、增值。农场成立大帽山社区居委会，纳入新圩镇管理，妥善处理职工改制和非职工安置问题。

二、各部门分工与任务

1976年，大帽山农场各部门分工合作，在农场党支部的统一领导下，根据业务性质做好本职工作。政工组负责共青团、妇联、组织建设、人事宣传、文教卫生以及知青工作。办公室负责处理日常事务和食堂工作。武装部负责征兵、民兵、治安保卫、处理偶发案件等工作。农场生产组划分为农业、经济作物、工副业、畜牧、财务仓管5个小组。

（一）农业专业队

1971年，大帽山农场要求各农业生产队必须接受农场下达的各项生产指标、任务（产量、产值、工数），年终各队根据农场下达的任务完成优劣，经过评定给予酌情增减，指标不能完成的生产队，收入相应降低。各生产队原个体果树、竹等各种零星经济作物收归各生产队统一经营管理，其收入可以加入各生产队农产品产值。

1976年，农场农业专业队首先解决农业发展的方向和道路问题，原包、定、奖的经营管理制度已适应不了形势发展的需要，不能充分调动职工劳动积极性。4月5日，原分配给职工的菜地全部收归农场所有，由农场统一下达蔬菜种植任务。各农业专业队生产的蔬菜由农场根据各时期蔬菜价格统一定价，出售给个人。农业专业队所有固定财产及非固定财产归农场所有，由农场财务组盘点登记造册。各队生产资料及生产工具暂不变动，特殊情况下需变动者应由农场审批。

农场每年给每个劳动力工具费用7元。职工户的农家肥尿、草木灰、家禽粪由各所在生产队统一收购使用，农场付给收购款。生猪实行圈养积肥，每长膘50公斤交售给国家，农场供应地瓜30公斤，给付肥料24元；每头生猪必须上缴猪粪100担，不足者每担扣回10分。

农场各生产队及个人的劳动报酬体现按劳取酬原则，全场在年终组织检查评比，每季度结合平时由农场农业组负责布置检查督促等工作，根据评比的结果，对国家贡献较大的生产队给予表扬鼓励，预评工分，作为年底总评工分参考。农场每年根据各生产队贡献大小，自然增长劳动力多少等各种具体情况，核定给各生产队提升劳动力工分的人数，各生产队根据农场控制的人数，详细评定到个人。

各生产队职工在一般季节每天都保证有8小时的工作时间，农忙季节可以根据农活情况适当延长工作时间，但延长的时间不抵扣工日（包括平时加班加点），而将各人参加延长的时间或加班加点的时间及次数登记在“三簿”中，以供季度及年终考核时查考。

农场各单位调用劳动力都详细登记人数及每个人的上下班时间，禁止任何单位及个人利用职便给任何人开付不切合实际的调工条，向农场领取工资及劳力粮，对存在冒领状况的工作单位，追究经办人责任，追回冒领钱粮。

（二）经济作物专业队

1976年，大帽山农场经济作物专业队根据农场的经营方针，大力扩展剑麻种植面积；根据土地条件，适当增加茶叶种植面积，立足现有条件，加强平时管理，提高单产产值。大帽山农场经济作物专业队包括垦荒专业队、山林专业队等。

垦荒专业队主要任务是开垦荒地，扩大经济作物种植面积，年初制定垦荒计划，组织职工按计划开垦，定期检查进度，确保任务完成。

山林专业队负责管理保护山林，特别是杉木管理和育苗、绿化工作，深入林区巡查，处理破坏山林事件，负责供应制茶所需的柴火。出售柴草林木与本场单位及个人需要的用材申请，一律提交农场研究处理，批准后执行。

（三）工副业小组

1976年，大帽山农场工副业小组包括运输、机修、木工、石工、锻工、泥水工、加工供电、养路、蘑菇场、麻绳厂、供销社等小组，各单位实行单独核算。

农场运输队大型拖拉机主要任务是负责运输肥料以及农场物资，为发展生产大搞农田基本建设，为逐步实现农业机械化创造条件。在此前提下，应当解决其他运输问题，一般不外出搞其他业务。大型拖拉机出勤由调度人员安排，任务完成后随时交班，集中场部统一管理。运输队建立运转登记，检查里程、行驶任务执行情况，实行单车核算，按月公布进度。物资、零件集中管理，领取原材料必须经过部门负责人审批办理出仓手续，方可领用。

农场机修组职工负责为各单位车辆、机器等维修，必须随时开具发票，收取工本费。

基建队和农具厂的主要任务是农场基本建设、农具、垦荒工具的制作和维修，支援农业生产和农田基本建设，在保证完成农场下达的计划外，适当解决农场职工生活需求。农具厂、基建队人员的工作，一律由本单位负责业务的人员统一安排，各单位或私人基建维修应与负责业务人员接洽。

木工厂要充分利用本山原材料制作农具、垦荒用具，农场办公各种家具，也可为群众来料加工。

加工供电组负责加工农场农产品和电力供应，检查维修电话、广播线路和各单位用电情况，分开计算，按月收取电费，电费、加工费收入要及时上缴农场。

养路队负责农场公路维修，确保车辆畅通，为农场装卸物资。农场收取装卸费及养路费，成本费用、人员工资由农场负责。养路用沙应制定计划，经审查批准，控制使用。

蘑菇场主要任务是努力提高产量，节约原材料，争取收入。蘑菇床（架）、稻草、干牛粪等材料要提前制订计划，与农场相关单位挂钩，确保各单位按时完成材料供应，以免耽误生产。

工副业小组负责筹建麻绳厂，确保正常投入生产。

（四）畜牧组

1971 年，各生产队集体养猪收归农场统一饲养，猪舍得价归场所有，年终农场组织专人到实地丈量猪舍面积，按质量好坏分级支付工数，每平方米付给 8 工、7 工、6 工、不列等的评定，猪舍运动场铺设石头的按猪舍一半面积计算。生产队现有生猪统一进行得价，1 月份进栏的仔猪按发票付给；40～60 斤，每百斤得价 60 元、65 元、70 元；61～100 斤，每百斤得价 50 元、55 元、60 元；100 斤以上，每百斤得价 60 元。生产队承养的生猪，每一个一级劳力饲养 8 头，每头生猪每年应达到 130 斤（三级水平），农场拨给生产队每头生猪 0.15 亩饲料地，每亩饲料地给付 100 工；每一个一级劳力饲养 3 头母猪，农场拨给生产队每头母猪 0.25 亩饲料地。

生产队饲养的役使耕牛每头每年给付 40 工。除山根、后炉埔、新生、大箱保留牛群外，原农场牛群从当年 2 月 1 日起移交各生产队饲养管理，每个一级劳力饲养 12 头。

1976 年，畜牧组主要任务是坚持禽畜自繁自养原则，发展猪、牛养殖，办好大寮养猪场，繁殖禽畜良种，供应农场集体养猪需求，指导检查各单位生猪、黄牛饲养，帮助解决饲料分配，做好动物疫情防治工作。畜牧组发现动物疫情应及时报告农场，由兽医部门治疗，禽畜死亡要追溯原因，报农场处理。

农场管理的牛群，由农场安排责任心强的饲养员负责，实行定员定额和管理责任制。各牛群、大寮养猪场单独设立账目，农场经常组织检查，计算盈亏。农场对饲养较好，积极繁殖小牛，降低费用，减少亏损的职工给予表扬鼓励。

畜牧组对各牛群使用的工具进行盘点，确实需要适当添置工具，要求建立用具登记卡，用具损坏要查明原因，酌情处理。

第三节　人事管理

大帽山农场人事或人口变动原因包括：厦门工厂职工下放上山，城镇知识青年上山下乡，其他个别场外企事业职工调入，职工回城、回乡、调出、出嫁，农场 16 个自然村人口自然增减等。

一、干部职工人数

1958年，大帽山农场总人数262人。其中工人222人，其他人员40人。

1959年，大帽山农场总人口1176人，其中男641人，女535人；农场劳动力1122人，其中男662人，女460人。

1960年，大帽山农场总人数618人，其中公社并入转为全民所有的433人。农场职工人数348人，干部4人，其中公社并入转为全民所有的182人。种植业工人263人，其中公社并入166人；畜牧业工人34人，其中公社并入4人；工业工人14人；专业性基建工人15人；服务业职工18人，其中公社并入12人。职工家属270人，其中公社并入251人。

1962年年末，农场有职工326人，新增职工3名，由其他全民所有制单位调入；减少职工10名，其中1958年新职工回农村6名，调入其他全民所有制单位的职工3名，其他1名。

1963年，大帽山农场总人口2143人，其中全劳力530人，半劳力206人。农场年末职工总人数319人，职工中女性职工110人。农场年末固定工人人数278人。年末固定工人中，种植业工人222人，畜牧工人15人，工副业工人9人，林业工人32人。林业工人中，橡胶抚育工人2人，运输工人5人。农场管理人员年末人数25人，其中干部9人，农业技术人员4人，畜牧技术人员1人，服务人员6人，其他人员5人。大帽山农场埔顶大队依旧保持单独核算集体所有制，总人口1484人，其中全劳动力300人，半劳动力115人。

1969年，大帽山农场总人口2649人，男女全、半劳力年末人数1240人。职工年末人数1240人，其中干部人数17人，工人1223人。

1970年，大帽山农场总人口2753人，男女全、半劳力年末人数1244人。职工年末人数1244人，其中干部人数11人，农业工人1233人。

1971年，大帽山农场总人口2806人，男女全、半劳力年末人数1273人。职工年末人数1273人，其中干部人数11人，农业工人1262人。

1972年，大帽山农场总人口2868人，男女全、半劳力年末人数1326人。职工年末人数1326人，其中干部人数12人，农业工人1314人。

1973年，农场总人口2896人，职工人数1267人，其中固定职工257人，工人1010人。

1974年，农场总人口2983人。农场自然减员32人，其中外出打工3人，出嫁4人，知青回镇2人，升学3人，迁出2人，参军入伍8人，判刑劳改2人，死亡8人。农场经调查摸底，因减员按规定需增员95人。

1975年，大帽山农场总人口3063人，职工人数1481人。农场企事业单位职工人数为461，其中有固定工资人员22人，脱产干部16人，食堂（含理发）后勤人员8人，场部管理人员5人，供销社职工6人，学校教师9人，医疗室卫生人员2人。

1975年，大帽山农场企事业单位职工人数汇总情况见表4-12-3。

表4-12-3　1975年大帽山农场企事业单位职工人数汇总

单位：人

单位	人数	单位	人数	单位	人数
固定工资	22	蘑菇场	16	场部管理	5
后炉专业队	35	机修车队	7	山林队	12
供销社	6	养路队	6	果林队	21
学校	9	大箱专业队	17	向阳一队	20
垦荒1队	41	山根专业队	17	制绳厂	19
医疗室	2	向阳二队	14	垦荒2队	69
加工供电	5	大寮猪场	6	新生专业队	67
养牛队	2	食堂（理发）	8	脱产干部	16
职工总数			461		

1980年1月14日，大帽山农场对干部夫妇分居情况进行调查，兽医干部刘以岩、农技干部陈根填、医士沈尧、医生吴德俊夫妇分居两地，分居年限最长20年，最短2年。9月，医士沈尧等调出农场。

1983年，大帽山农场年末职工总数1995人，其中工人1895人，技术人员9人，管理人员40人，服务人员50人，长期病休人员1人。农业工人1829人，其中机务工人9人；林业工人14人；工业工人49人，汽车运输工人2人，其他工人1人。服务人员50人，其中服务性质人员27人，医疗人员6人，商店人员13人，政法邮政人员4人。农场增加和调入的职工人数175人，其中统一分配的复员、转业、退役军人2人，大中专技工学校毕业生2人，安置户口在农场的职工子女170人，其他职工1人。固定职工中减少和调出19人，其中死亡12人，调出其他系统5人，其他2人。

1984年大帽山农场年初职工人数1995人，其中固定职工人数1995人。职工减少14人，其中不带工资入学1人，劳动教养5人，死亡4人，出境出国1人，出嫁2人，调到本地区外县1人。年末职工人数1981人，固定职工人数1981人。

1984年2月，大帽山农场原系其他企事业单位职工调入情况见表4-12-4。

表 4-12-4 大帽山农场原系其他企事业单位职工调入花名册

截至 1984 年 2 月

姓名	性别	出生年月	参加工作时间	现工种职务	工资级别	党团员	调入农场时间	何单位调入
陈光觅	男	1922	1958	茶厂	农牧 6 级	党员	1958	办场老职工
李盘石	男	1939	1956	司机	驾驶员	—	1972	同安合作总社
王进和	男	1926	1969	护林员	—	—	1968.12	同安北山农场
庄来安	男	1925.4	1969	专业队	—	—	1968.12	同安北山农场
傅仰川	男	1948.4	1969	专业队	—	—	1969.10	同安五七农场
陈英杰	男	1927.12	1959	会计	农牧 3 级	—	1962	同安六中
苏金水	男	1942.11	1961.9	制茶	农管 14	党员	1960	同安林校
陈玉贝	男	1932.12	1958	医生	农牧 4 级	—	1958	同安巷南
王进治	女	1943.11	1957.3	营业员	农牧 4 级	—	1962	厦门轴承厂
黄泼水	男	1942	1961	—	—	—	1959	同安
叶昌义	男	1936.3	1961.11	供销	农牧 3 级	—	1961	同安
庄恭寿	男	1931.3	1954.3	副股长	农牧 4 级	—	1960	省冶金学院
沈建国	男	1941.7	1961	副股长	农牧 4 级	—	1960	同安农校
吴志鸿	男	1928.4	1961.11	—	农牧 4 级	—	1961.11	同安
陈金壇	男	1944.9	1961	总务	农管 15	—	1961	同安农校
陈四维	男	1938.11	1961	治安	农管 15	—	1961	同安农校
李宜宾	男	1936.12	1960	热作	重工 4	—	1961	厦门机电厂
叶水木	男	1940.12	1958	仓管	农牧 4 级	—	1961	厦门机电厂
杨文铺	男	1935.4	—	户籍员	农牧 3 级	—	1961	南平轻工业局
叶振专	男	1938.12	1960	治安	农牧 4 级	—	1960	同安城关
温汉光	男	1933.10	1959	热作	农牧 2 级	—	1961	—
黄献切	男	1944.5	1960	民办教师	农牧 2 级	—	1961	新圩后埔大队
余克泗	男	1944	1961	—	重工 4	—	1961	厦门轴承厂

2003 年，农场职工总数 1759 人，其中参加社保职工 735 人，未参加社保职工 1024 人。职工总数 1759 人中，在职职工 1286 人，退休职工 473 人。在职干管人员 22 人，其中国家干部 5 人，管理人员 17 人；退休职工中 474 人，其中国家干部 19 人，管理人员 9 人，职工 446 人。

二、职工安置

（一）厦门工厂下放职工安置

1960 年 4 月，国家遭遇严重经济困难，国民经济调整，工厂精简大批工人。厦门通用机器厂、电机厂、电控厂、造船厂、锻压设备厂、滚珠轴承厂、503 工厂、机床厂、工具厂等 355 名职工陆续下放到大帽山农场，安置在后炉埔场部，组建外来生产队。外来生产队分4个中队，经济独立核算。第一中队指导员贺柳清，中队长赵纪洪；第二中队指导员孙章明，中队长袁代茂；第三中队中队长陈玉深；第四中队副中队长叶元堆。各中队下设小队长、会计、总务、出纳、统计、炊事员等岗位，负责各中队日常生产生活管理。厦门工厂下放职工因思想、环境、身体等原因，多数不能安心在农场工作，留下来的职工又与来自寨仔尾、罗田等4个自然村的带土地进场且习惯农业生产的职工形成对比，给农场职工管理带来很多问题。

1961年，大帽山农场对厦门工厂下放职工进行全面摸底，归纳为不安心在场工作、没有体力、政历复杂、表现不好等几种类型，经教育动员效果不大。3月，原厦门市工具厂书记张万发任农场场长，厦门市通用厂杨春娥任农场副场长，加强农场职工管理。

1962年3月，大帽山农场106名厦门工厂职工自动离开农场回乡。4月，农场对30名在厦门工厂是干部，下放农场成为工人的编余干部和17名工人，逐个提出处理意见，报厦门市主管部门另行安排工作；6月，农场上报37名干部，提请厦门市主管部门处理。6月30日，农场重新核对全场职工人数422人，其中新工人100人，旧工人130人，生产队工人192人。其中，农场职工28人，大帽山公路队7人，代销社、信贷部3人，碾米厂3人，米粉厂7人，酒厂4人，后炉专业队7人，畜牧场4人，气象员1人。第一中队工人93人，第二中队工人84人，第三中队工人38人，第四中队工人74人。

1964年，农场全场已评定为职工295人，其中干部16人，外地工人54人，当地工人225人；另有参加生产劳动，未评定为工人的人员40多人。

1965年5月，大帽山农场接收厦门工厂下放职工，其中54名职工户口保留在厦门岛内，具体情况见表4-12-5。

表4-12-5　大帽山农场职工户口在厦门市花名册

1965年5月6日

序号	姓名	性别	原工作单位	在厦住址	户口情况	备注
1	张锡珍	男	厦门市造船厂	厦门市土崎巷31号	户口在家中	
2	汪清泉	男	厦门市造船厂	厦门市鼓浪屿中华路	户口在家中	
3	陈丽彬	女	厦门市轴承厂	厦门市东砖仔埕巷12号	户口在家中	
4	肖秀玉	女	厦门市502厂	厦门市鹭江道16号	户口在家中	
5	苏圻群	男	厦门市通用厂	厦门市鼓山路143号	户口在家中	
6	柯文安	男	厦门市通用厂	厦门市校板宫59号	户口在家中	
7	余仲益	男	厦门市通用厂	厦门市磁安路327号	户口在家中	
8	蔡亲	男	厦门市通用厂	厦门市石壁巷84号	户口在家中	
9	林锡原	男	厦门市通用厂	厦门市民国路1号	户口在家中	
10	陈水标	男	厦门市通用厂	厦门市思明西路27号	户口在家中	

（续）

序号	姓名	性别	原工作单位	在厦住址	户口情况	备注
11	蔡水源	男	厦门市通用厂	厦门市海岸路 42 号	户口在家中	
12	陈仁生	女	厦门市通用厂	厦门市石顶巷 9 号	户口在家中	
13	郭天送	男	厦门市锻压厂	厦门市角尾路 30 号	户口在家中	
14	王进治	女	厦门市轴承厂	厦门市相公宫 27 号	户口在家中	
15	林志宏	男	厦门市通用厂	厦门市双莲池 52 号	户口在家中	
16	黄素云	女	厦门市机床厂	厦门市天一楼 10 号	户口在家中	
17	陈学书	男	厦门市机床厂	厦门市文渊井石坊横巷 37 号	户口在家中	
18	吴重久	男	厦门市机床厂	厦门市西应殿 35 号	户口在家中	
19	陈义祥	男	厦门市电机厂	厦门市鼓浪屿复兴路 23 号	户口在家中	
20	吴玉明	男	厦门市电机厂	厦门市思明北路 93 号	户口在家中	
21	白鹭州	男	厦门市电机厂	厦门市厦禾路 304 号	户口在家中	
22	陈银章	男	厦门市电机厂	厦门市洪本部 82 号	户口在家中	
23	黄元生	男	厦门市电机厂	厦门市大同路 251 号	户口在家中	
24	庄亚狮	男	厦门市造船厂	厦门市鼓浪屿龙头路 251 号	户口在家中	
25	周汗泉	男	厦门市造船厂	厦门市桥亭街 18 号	户口在家中	
26	陈金俊	男	厦门市造船厂	厦门市鼓浪屿海坛路 39 号	户口在家中	
27	吕爱治	女	厦门市机床厂	厦门市释仔街 54 号	户口在家中	
28	刘乙波	男	厦门市机床厂	厦门市新竹街 99 号	户口在家中	
29	陈宝生	男	厦门市机床厂	厦门市古营路 40 号	户口在家中	
30	陈宝玉	女	厦门市机床厂	厦门市大中路 85 号	户口在家中	
31	郑锦江	男	厦门市机床厂	厦门市思明北路 49 号	户口在家中	
32	蔡仲荣	男	厦门市机床厂	厦门市公园北路 70 号	户口在家中	
33	谢景昆	男	厦门市机床厂	厦门市三民路 10 号	户口在家中	
34	林明泉	男	厦门市机床厂	厦门市禾太街 209 号	户口在家中	
35	洪文彻	男	厦门市锻压厂	厦门市顶井巷 17 号	户口在家中	
36	陈文庆	男	厦门市绝缘厂	厦门市鼓浪屿中华路 34 号	户口在家中	
37	黄朝阳	男	厦门市电机厂	厦门市丹露宫 51 号	户口在家中	
38	林两德	男	厦门市造船厂	厦门市沟仔街 42 号	户口在家中	
39	洪铭党	男	厦门市造船厂	厦门市外板巷 37 号	户口在家中	
40	纪乃水	男	厦门市造船厂	厦门市厦禾路 228 号	户口在家中	
41	赵化宏	男	厦门市电机厂	厦门市共和路 22 号	户口在家中	
42	林宜真	女	厦门市通用厂	厦门市大同路 37 号	户口在家中	
43	郑志文	男	厦门市锻压厂	厦门市局口街 120 号	户口在家中	
44	陈淑宜	女	厦门市 502 厂	厦门市镇邦路 82 号	户口在家中	
45	吴荣华	男	厦门市电机厂	厦门市西边社	户口在家中	
46	李如道	男	厦门市通用厂	厦门市古营路 50 号	户口在家中	
47	黄天发	男	厦门市机床厂	厦门市鼓浪屿博爱路 4 号	户口在家中	
48	庄秀珍	女	厦门市绝缘厂	厦门市大同路 316 号	户口在家中	

（续）

序号	姓名	性别	原工作单位	在厦住址	户口情况	备注
49	郑国安	男	厦门市电机厂	厦门市美仁宫社 32 号	户口在家中	
50	王尔宫	女	厦门市电机厂	厦门市仁安巷 15 号	户口在家中	
51	张惠康	男	厦门市电机厂	厦门市鼓浪屿泉州路 20 号	户口在家中	
52	傅梅梯	男	厦门市电机厂	厦门市古城西路 10 号	户口在家中	
53	白玛珑	女	厦门市机床厂	厦门市城隍庙巷 15 号	户口在家中	
54	郭亚皮	男	厦门市机床厂	厦门市石顶巷 6 号	户口在家中	

1971 年 1 月，厦门工厂在大帽山农场工作的职工只剩下山根专业队李宜宾，新生专业队叶水木，农场酒厂余克泗、吴德俊和供销社王进治 5 人。

（二）知识青年上山职工

1966—1978 年，大帽山农场安置同安城关和马巷镇上山下乡知识青年 76 人、居民户 4 户，其中女性 29 人。截至 1978 年末，知青离场回城 58 人，其中女性 22 人。留在农场 18 人，其中女性 7 人；已婚 12 人，已婚中女性 6 人。

1973 年 3 月，大帽山农场上山下乡知识青年 47 名，具体情况见表 4-12-6。

表 4-12-6　国营大帽山农场上山下乡知识青年花名册

1973 年 3 月

姓名	性别	周岁	民族	家庭成分	本人成分	是否党团员		文化程度	现单位（职务）	家庭住址
施清普	男	—	汉	—	—	—	—	—	—	
张清源	男	21	汉	工人	学生	—	—	初中	农场总务	同安县东红街
秦革命	男	—	汉	—	—	—	—	—	—	
秦国庆	男	20	汉	贫农	学生	—	—	初中	—	上海南汇县
许目得	男	22	汉	贫农	学生	—	—	—	—	同安县向阳街
张清煌	男	—	汉	—	—	—	—	—	—	
陈文宙	男	—	汉	—	—	—	—	—	—	
王福在	男	22	汉	小商	学生	—	—	初中	—	同安县东红街
庄火烈	男	21	汉	贫农	学生	—	—	初中	—	同安县工农街
陈国太	男	—	汉	—	—	—	—	—	—	
傅仰川	男	—	汉	—	—	—	—	—	—	
张生源	男	—	汉	—	—	—	—	—	—	
陈月英	女	23	汉	工人	学生	—	团	初中	—	同安县卫东街
林美旋	女	21	汉	贫农	学生	—	团	初中	—	同安县红星街
陈培钦	女	23	汉	贫农	学生	—	—	初中	—	同安县卫东街

（续）

姓名	性别	周岁	民族	家庭成分	本人成分	是否党团员		文化程度	现单位（职务）	家庭住址
张慧燕	女	21	汉	小贩	学生	—	—	初中	—	同安县工农街
李水仙	女	23	汉	工人	学生	—	团	初中	—	同安县红星街
林秋萍	女	—	汉	—	—	—	—	—	—	
张淑惠	女	—	汉	—	—	—	—	—	—	
吴淑美	女	19	汉	—	学生	—	—	初中	—	同安县卫东街
郑珠珠	女	—	汉	—	—	—	—	—	—	
胡如意	女	21	汉	小贩	学生	—	—	—	—	同安县工农街
林晓吟	女	21	汉	小商	学生	—	—	—	—	同安县向阳街
秦慧敏	女	—	—	—	—	—	—	—	—	
陈淑贞	女	—	—	—	—	—	—	—	—	
颜希明	女	—	—	—	—	—	—	—	—	
许建成	男	20	汉	小商	学生	—	—	初中	—	
陈水程	男	18	汉	—	学生	—	—	初中	山后桥	马巷友民街
朱忠义	男	18	汉	小贩	学生	—	—	初中	中心队	马巷后亭街
王惠柳	男	21	汉	工人	学生	—	—	初中	中心队	马巷后亭街
张军绩	男	18	汉	工人	学生	—	—	初中	联合队	马巷三乡街
魏勇在	男	18	汉	小贩	学生	—	—	初中	联合队	马巷三乡街
许跃进	男	18	汉	工人	学生	—	—	初中	山边队	马巷后亭街
陈国营	男	25	汉	—	学生	—	—	初中	山边队	马巷五美街
黄胜利	男	18	汉	小贩	学生	—	—	初中	寨仔尾	马巷三乡街
朱胜利	男	19	汉	—	学生	—	—	初中	寨仔尾	马巷后亭街
吴元凯	男	19	汉	—	学生	—	—	—	罗田队	马巷后亭街
陈成通	男	19	汉	其他	学生	—	—	—	罗田队	马巷三乡街
陈球狮	男	22	汉	工人	学生	—	—	—	寨仔尾	马巷友民街
陈奇珍	女	18	汉	自由职业	学生	—	—	—	白沙仑	马巷后亭街
陈可君	女	19	汉	工人	学生	—	—	初中	后炉队	马巷五美街
洪金花	女	20	汉	小贩	学生	—	—	初中	后沪队	马巷后亭街
许锦旋	女	16	汉	工商业	学生	—	—	初中	罗田队	马巷友民街
陈碧旋	女	17	汉	工商业	学生	—	—	初中	罗田队	马巷友民街
洪永远	男	18	汉	贫农	学生	—	—	初中	中心队	马巷后亭街
杨惠卿	女	19	汉	小商	学生	—	—	初中	白沙仑	马巷三乡街

1970—1978年，大帽山农场132名干部和城镇知青相继调到系统外，其中干部36名，城镇知青58名，其他人员38名，具体情况见表4-12-7。

表 4-12-7 1970—1978 年大帽山农场外调职工情况

单位：人

	调到系统外人数	其中		其他人员
		干部	城镇知青	
合计	132	36	58	38
1970 年	38	16	10	12
1971 年	16	5	10	1
1972 年	17	5	10	2
1973 年	17	7	7	3
1974 年	10	—	9	1
1975 年	10	1	3	6
1976 年	5	1	1	3
1977 年	11	—	4	7
1978 年	8	1	4	3

三、职工培养

大帽山农场因缺乏正常吸收录用干部制度，为加强职工管理，选任部分职工从事干部岗位工作。

1978 年 12 月，大帽山农场以工代干人员情况见表 4-12-8。

表 4-12-8 1978 年 12 月大帽山农场以工代干人员

姓名	单位及职务	已担任干部时间
陈光觅	农场支委、管理员	1958 年
庄恭寿	农场工副业管理员	1960 年
杨文铺	农场管理员	1960 年
叶振专	农场出纳员	1960 年
黄章火	农场会计员	1965 年
苏金水	农场保管员	1960 年
黄章源	农场基建负责人	1959 年
黄奕坧	农场公安员	1965 年
黄奕潭	农场水利管理员	1965 年
黄章坚	农场供销负责人	1965 年
黄允	农场管理员	1965 年
黄章瑞	农场管理员	1965 年
叶昌义	农场供销员	1960 年
吴志鸿	农场工副业仓管员	1960 年
沈建国	农场劳工统计员	1961 年

2006年，大帽山农场根据人员结构现状，大部分干管人员已达法定退休年龄，办理退休手续。农场鉴于发展及经营管理需要，1996—2002年先后录用黄水土、郑坂、郑有才、黄梅霜、黄聪明等15位职工到农场场部充实各工作岗位，以便农场完成各级下达的任务。其录用人员依据农场岗位、个人特长，在农场范围里张榜公布，经场办公室考核，报农场党支部、农场场委会研究决定，报厦门市农业局批准，办理录用手续。

四、职工退休

1997年，大帽山农场年末总人口4344人，其中全民所有制人口4344人。职工人数1760人，退休职工人数20人，社会劳动者人数2856人。

1997年，大帽山农场退休干管人员具体情况见表4-12-9。

表4-12-9 1997年大帽山农场退休干管人员具体情况

姓名	何时入场	原单位职务	学历职称	调入农场任何职	退休时间	退休时职务	退休后退休金
王建东	1970.2	策槽公社副社长	小学	场长、书记	1988.2	党支部书记	374.3
黄加谋	1970.2	莲花公社副社长	小学	副场长	1979.12	副场长	352.17
颜尧宗	1970.2	马巷中心小学校长	小学	副场长	1987.2	副场长	381.73
杨文铺	1961.8	同安分配调入	中专	干事	1985.11	干事	340.43
黄奕潭	1965.4	本场	小学	干事	1991.10	干事	324.85
叶亚灿	1970.8	同安中国人民银行办事员	小学	办公室主任	1988.5	办公室主任	349.63
黄章火	1965.4	本场	助理会计师	1984年提干、会计员	1994.8	会计员	324.85
黄奕坧	1965.4	本场	小学	1984年提干、副股长	1994.11	保卫股副股长	324.85
温汉光	1961.1	同安分配调入	大专农艺师	1984年提干、工人	1993.10	生产股长	371.29
梁昆标	1961.8	福建农学院	大专农艺师	职工	1996.5	场长、书记	614.77
李宜宾	1962.1	厦门电机厂	中专	厦门电机厂下放上山	1996.11	生产副股长	409.64
刘以岩	1962.8	泉州农校	中专	毕业分配	1995.11	干事	355.59
黄章坚	1965.4	本场	小学	1984年提干	1997.11	干事	332.05

1997年，大帽山农场退休职工具体情况见表4-12-10。

表4-12-10 1997年大帽山农场退休职工具体情况

姓名	何时入场	原单位职务	学历职称	调入农场任何职	退休时间	退休时职务	退休后退休金
庄恭寿	1959.2	同安分配调入	中专	—	1985.4	办公室副主任	195.00
吴志鸿	1959.2	同安城关调入	小学	保管员	1985.4	保管员	182.75
宋瑾	1965.4	本场	小学	妇联主席	1985.4	妇联主任	183.5
陈英杰	1972.1	同安分配调入	中专	会计员	1991.1	会计员	189.9
陈玉贝	1958.8	马巷后廊招入	小学	医士	1988.1	医士	202.10
王进治	1962.1	厦门工厂下放	小学	售货员	1993.12	保管员	200.75
沈丽雪	1963.2	南安出嫁移入	小学	保管员	1993.12	保管员	199.70

五、职工身份确认

2006 年，大帽山农场为解决农场职工身份确认历史遗留问题，将《厦门市大帽山农场关于职工身份认定的函》（厦翔帽〔2006〕053 号）上报厦门市劳动和社会保障局。经厦门市劳动和社会保障局研究，同意具备 1986 年 12 月 31 日前，年满 16 周岁（即 1970 年 12 月 31 日前出生），现居住且户籍在大帽山农场的原职工子女；1986 年 12 月 31 日前，因婚嫁（具有合法婚姻关系）户籍迁入大帽山农场且现户籍仍在农场的 2 种条件人员确认为农场职工。

第十三章　专项管理

第一节　生产计划管理

大帽山农场生产计划指标包括作物播种面积、垦荒面积、全年生产产值、用工数、成本、盈利等项目的计划数。农场按上级部门下达计划指标，每年制定计划时，事前掌握季节特点和经营方针，根据资金能力与社会需求，由上而下制定各生产单位生产指标，分析研究、集中意见编制计划。经济体制改革后，农场生产计划管理失去其经济控制主体作用，转为主要根据市场需求自负盈亏。

一、农业生产计划

1959 年，大帽山农场建场初期，因农场面积较大，经过地质勘测，结合地势、地形、土壤、水利、气候等自然条件，农场分为大帽山总场和竹坝分场。大帽山农场计划分为 2 个作业区，自大帽山埔顶自然村以南起至槟榔山、金钟胡山麓划为林牧区，面积 35000 亩，因其土层较浅，大部分生长着茂密的禾本科杂草，可供放牧牛羊；山坳土层深，土壤较肥沃，可辟为饲料基地进行养猪，东西两边地势较陡，可用于造林。另一个作业区以寨仔尾为中心，总面积 40000 亩，在寨仔尾、后炉、上廊、甘露寺附近，选择土层较深，土壤较肥沃的土地 5000 亩，辟为果茶园；土层较浅，地势较低，气候温和之处种凤梨、剑麻等亚热带作物。

（一） 生产计划制定

1976 年 3 月，大帽山农场在“全党动员，大办农业普及大寨县”的号召下，在厦门市委、同安县委的指示和统一领导下，随着形势发展需要，根据农场“以粮为纲，剑麻为主，林木并举，全面发展”的经营方针，根据历年生产实践积累的经验，对生产计划和经营管理提出意见。农场要求职工必须积极参加劳动，搞好本职工作，加强组织纪律性，服从统一安排，遵守农场规定的各项规章制度；对于实行评工记分的职工，各生产单位根据其表现和贡献，每季初评绩效，年终评定一次工分等级，报农场研究调整，各生产单位不得随意更改。农场打破平均工资制度，发挥职工劳动积极性，为完成生产计划奠定基础。

1983年，农场根据16个生产单位实际情况，以粮食作物、大豆为主制定春、夏、秋3季生产计划。

1983年，大帽山农场农业生产计划见表4-13-1。

表 4-13-1　1983 年大帽山农场农业生产计划

队别	粮食、大豆总计			粮食作物合计			1. 春收作物小计		
	面积（亩）	单产（斤）	总产（担）	面积（亩）	单产（斤）	总产（担）	面积（亩）	单产（斤）	总产（担）
合　计	4515	489	22089	4235	510	21610	600	200	1200
寨仔尾	429	499	2139	401	521	2091	63	200	126
后　炉	281	504	1415	261	529	1381	40	200	80
上　廊	273	503	1372	255	—	1341	39	200	78
罗　田	470	469	2204	444	—	2160	61	200	122
山后桥	499	481	2400	469	—	2349	60	200	120
加　塘	83	483	401	78	—	392	13	200	26
山仔头	184	490	902	173	—	883	22	200	44
尾　厝	226	488	1104	213	—	1082	27	200	54
下　厝	245	491	1203	231	—	1179	30	200	60
中　心	479	499	2390	448	—	2337	59	200	118
山　边	487	495	2410	459	—	2362	60	200	120
洪毛岭	157	488	766	147	—	749	24	200	48
内　官	122	482	588	114	—	574	18	200	36
村　门	155	477	740	145	—	723	23	200	46
刘　厝	295	481	1418	275	—	1384	42	200	84
古　坑	130	490	637	122	—	623	19	200	38

1983 年大帽山农场农业生产计划（续 1）

队别	2. 夏收粮食小计			3. 秋收粮食小计			大豆合计		
	面积（亩）	单产（斤）	总产（担）	面积（亩）	单产（斤）	总产（担）	面积（亩）	单产（斤）	总产（担）
合　计	1360	494	6717	2275	602	13693	280	170	476
寨仔尾	120	504	605	218	—	1360	28	—	47.6
后　炉	82	515	422	139	—	879	20	—	34
上　廊	82	510	418	134	—	845	18	—	30.6
罗　田	133	470	625	250	—	1413	26	—	44.2
山后桥	158	490	774	251	—	1455	30	—	51
加　塘	25	492	123	40	—	243	5	—	8.5
山仔头	58	490	284	93	—	555	11	—	18.7
尾　厝	74	491	363	112	—	665	13	—	22.1
下　厝	78	490	382	123	—	737	14	—	23.8

（续）

队别	2. 夏收粮食小计			3. 秋收粮食小计			大豆合计		
	面积（亩）	单产（斤）	总产（担）	面积（亩）	单产（斤）	总产（担）	面积（亩）	单产（斤）	总产（担）
中　心	146	500	730	243	—	1489	31	—	52.7
山　边	154	500	770	245	—	1472	28	—	47.6
洪毛岭	46	500	230	77	—	471	10	—	17
内　官	35	485	170	61	—	368	8	—	13.6
村　门	45	485	218	77	—	459	10	—	17
刘　厝	87	485	422	146	—	878	20	—	34
古　坑	37	490	181	66	—	404	8	—	13.6

（二）产值计划

1976 年 3 月，大帽山农场党支部经过多次研究，发动全场管理干部及生产队（专业队）指导员、队长进行充分讨论，共同决定将 1967—1976 年，寨仔尾、上廍、中心、刘厝 4 个生产队全部改为农业专业队。农业专业队由梁昆标、许国珍、黄奕潭、黄培、黄佖负责，按照农场下达的生产任务，制定寨仔尾、后炉等 15 个生产单位全年农产品产值计划。1976 年，大帽山农场农产品产值计划见表 4-13-2。

表 4-13-2　1976 年大帽山农场农产品产值计划

单位	农业收入	农业成本	早稻（9.50 元/担）		晚稻（10.00 元/担）		旱地瓜（10.50 元/担）	
			总产（担）	金额（元）	总产（担）	金额（元）	总产（担）	金额（元）
合　计	367276	89689	7765	73768	10543	105430	3630	38115
寨仔尾	28330	8138	750	7125	1092	10920	250	2625
后　炉	21595	5936	626	5947	840	8400	200	2100
上　廍	79456	5294	513	4874	750	7500	200	2100
罗　田	29210	8726	816	7752	1242	12420	270	2835
山后桥	30519	9174	782	7429	950	9500	380	3990
联　合	40864	12202	938	8911	1350	13500	520	5460
中　心	33687	9799	768	7296	1053	10530	450	4725
山　边	28882	8421	682	6479	910	9100	380	3990
洪毛岭	10873	3202	263	2499	354	3540	120	1260
内　官	9432	2816	244	2318	302	3020	100	1050
村　门	11637	3385	306	2907	343	3430	150	1575
刘　厝	20290	6021	512	4864	640	6400	240	2520
古　坑	11460	3393	290	2755	354	3540	120	1260
大　箱	5608	1406	150	1425	195	1950	100	1050
后茶寮	5433	1776	125	1188	168	1680	150	1575

1976 年大帽山农场农产品产值计划（续 1）

单位	晚地瓜（10.50 元/担）		大　麦（8.70 元/担）		小　麦（13.50 元/担）		春花生（26.00 元/担）	
	总产（担）	金额（元）	总产（担）	金额（元）	总产（担）	金额（元）	总产（担）	金额（元）
合　计	2070	21735	990	8613	810	10935	552	14352
寨仔尾	180	1890	80	696	70	945	52	1352
后　炉	120	1260	70	609	40	540	34	884
上　廊	120	1260	60	522	40	540	72	1872
罗　田	120	1260	80	696	60	810	40	1040
山后桥	240	2520	100	870	80	1080	52	1352
联　合	300	3150	130	1131	120	1620	72	1872
中　心	240	2520	120	1044	120	1620	60	1560
山　边	216	2268	100	870	80	1080	50	1300
洪毛岭	78	819	40	348	30	405	18	468
内　官	72	756	40	348	30	405	16	416
村　门	108	1134	40	348	30	405	18	468
刘　厝	138	1449	70	609	60	810	36	936
古　坑	78	819	40	348	40	540	18	468
大　箱	30	315	20	174	10	135	4	104
后茶寮	30	315	—	—	—	—	10	260

1976 年大帽山农场农产品产值计划表（续 2）

单位	秋花生（26.00 元/担）		春大豆（17.90 元/担）		秋大豆（17.90 元/担）		黄　麻（28.00 元/担）	
	总产（担）	金额（元）	总产（担）	金额（元）	总产（担）	金额（元）	总产（担）	金额（元）
合　计	100	2600	389	6963	100	1790	30.6	857
寨仔尾	10	260	36	644	10	179	3	84
后　炉	6	156	24	430	6	107	2	56
上　廊	6	156	23	412	6	107	2	56
罗　田	8	208	30	537	8	143	3	84
山后桥	10	260	41	734	10	179	3	84
联　合	14	364	56	1002	14	251	5	140
中　心	12	312	45	806	12	215	3	84
山　边	8	208	41	734	8	143	3	84
洪毛岭	4	104	15	269	4	72	1	28
内　官	4	104	11	197	4	72	1	28
村　门	4	104	15	269	4	72	1	28
刘　厝	6	156	26	465	6	107	2	56
古　坑	4	104	15	269	4	72	1	28
大　箱	2	52	3	54	2	36	0.3	8
后茶寮	2	52	8	143	2	36	0.3	8

1976 年大帽山农场农产品产值计划表（续 3）

单位	芋 头（3.50 元/担）		蒜 头（10.00 元/担）		蔬 菜（100 元/亩）		烟 叶（50.00 元/担）		备注
	总产（担）	金额（元）	总产（担）	金额（元）	总产（担）	金额（元）	总产（担）	金额（元）	
合 计	690	2415	1176	11760	37	3700	114	5700	农业成本费用只包括种子、化肥、农家肥、农药、农具等费用，不包括工资及管理费用。
寨仔尾	60	210	60	600	3	300	10	500	
后 炉	40	140	48	480	2	200	6	300	
上 廍	40	140	48	480	2	200	6	300	
罗 田	50	175	60	600	3	300	8	400	
山后桥	80	280	120	1200	4	400	14	700	
联 合	110	385	180	1800	5	500	16	800	
中 心	90	315	156	1560	4	400	14	700	
山 边	70	245	144	1440	4	400	12	600	
洪毛岭	30	105	60	600	2	300	4	200	
内 官	20	70	36	360	1	100	4	200	
村 门	20	70	48	480	2	200	4	200	
刘 厝	40	140	120	1200	2	200	8	400	
古 坑	20	70	84	840	2	200	4	200	
大 箱	10	35	12	120	0.5	50	2	100	
后茶寮	10	35	—	—	0.5	50	2	100	

1983 年，大帽山农场以 16 个自然村为生产单位，根据具体情况制定农产品产值计划，见表 4-13-3。

表 4-13-3 1983 年大帽山农场农产品产值计划

队[illegible]	早稻 11.55 元/担				旱地瓜 11.00 元/担			
	面积（亩）	单产（斤）	总产（担）	产值（元）	面积（亩）	单产（斤）	总产（担）	产值（元）
[illegible] 计	1360	494	6717	77581	262	1000	2620	28820
寨仔尾	120	504	605	6988	30	1000	300	3300
后 炉	82	515	422	4874	16	1000	160	1760
上 廍	82	510	418	4828	15	1000	150	1650
罗 田	133	470	625	7219	25	1000	250	2750
山后桥	158	490	774	8940	26	1000	260	2860
加 塘	25	492	123	1421	5	1000	50	550
山仔头	58	490	284	3280	10	1000	100	1100
尾 厝	74	491	363	4193	11	1000	110	1210
下 厝	78	490	382	4412	14	1000	140	1540
中 心	146	500	730	8432	32	1000	320	3520
山 边	154	500	770	8894	27	1000	270	2970

（续）

队别	早稻 11.55 元/担				早地瓜 11.00 元/担			
	面积（亩）	单产（斤）	总产（担）	产值（元）	面积（亩）	单产（斤）	总产（担）	产值（元）
洪毛岭	46	500	230	2657	10	1000	100	1100
内 官	35	486	170	1964	8	1000	80	880
村 门	45	484	218	2518	9	1000	90	990
刘 厝	87	485	422	4874	16	1000	160	1760
古 坑	37	489	181	2091	8	1000	80	880

1983 年大帽山农场农产品产值计划（续 1）

队别	晚地瓜 11.00 元/担				晚稻 11.90 元/担			
	面积（亩）	单产（斤）	总产（担）	产值（元）	面积（亩）	单产（斤）	总产（担）	产值（元）
合 计	287	700	2009	22099	1726	525	9064	107862
寨仔尾	28	700	196	2156	160	540	864	10282
后 炉	18	700	126	1386	105	565	593	7057
上 廍	17	700	119	1309	102	565	576	6854
罗 田	25	700	175	1925	200	494	988	11757
山后桥	30	700	210	2310	195	505	985	11722
加 塘	5	700	35	385	30	527	158	1880
山仔头	11	700	77	847	72	525	378	4498
尾 厝	14	700	98	1078	87	525	457	5438
下 厝	14	700	98	1078	95	525	499	5938
中 心	35	700	245	2695	176	525	924	10996
山 边	33	700	231	2541	185	525	971	11555
洪毛岭	11	700	77	847	56	525	294	3499
内 官	8	700	56	616	45	516	232	2761
村 门	10	700	70	770	58	516	299	3558
刘 厝	20	700	140	1540	110	525	578	6878
古坑	8	700	56	616	50	536	268	3189

1983 年大帽山农场农产品产值计划表（续 2）

队别	大小麦 13.10 元/担				花生 36.00 元/担			
	面积（亩）	单产（斤）	总产（担）	产值（元）	面积（亩）	单产（斤）	总产（（担）	产值（元）
合 计	600	200	1200	15720	336	205	689.1	24808
寨仔尾	63	200	126	1651	32	205	65.6	2362
后 炉	40	200	80	1048	20	205	41	1476
上 廍	39	200	78	1022	18	205	36.9	1328
罗 田	61	200	122	1598	70	205	143.5	5166
山后桥	60	200	120	1572	30	205	61.5	2214

（续）

队别	大小麦 13.10 元/担				花生 36.00 元/担			
	面积（亩）	单产（斤）	总产（担）	产值（元）	面积（亩）	单产（斤）	总产（（担）	产值（元）
加　塘	13	200	26	341	5	206	10.3	371
山仔头	22	200	44	576	13	205	26.7	961
尾　厝	27	200	54	707	15	205	30.8	1109
下　厝	30	200	60	786	16	205	32.8	1181
中　心	59	200	118	1546	28	205	57.4	2066
山　边	60	200	120	1572	30	205	61.5	2214
洪毛岭	24	200	48	629	10	205	20.5	738
内　官	18	200	36	472	9	206	18.5	666
村　门	23	200	46	603	11	205	22.6	814
刘　厝	42	200	84	1100	20	205	41	1476
古　坑	19	200	38	498	9	206	18.5	666

1983 年大帽山农场农产品产值计划表（续 3）

队别	大豆 25.00 元/担				糖蔗 2.40 元/担				蔬菜 120 元/担	
	面积（亩）	单产（斤）	总产（担）	产值（元）	面积（亩）	单产（斤）	总产（担）	产值（元）	面积（亩）	产值（元）
合　计	280	170	476	11900	196	8000	15680	37632	200	24000
寨仔尾	28	170	47.6	1190	50	8000	4000	9600	21	2520
后　炉	20	170	34	850	28	8000	2240	5376	15	1800
上　廊	18	170	30.6	765	27	8000	2160	5184	14	1680
罗　田	26	170	44.2	1105	—	—	—	—	15	1800
山后桥	30	170	51	1275	—	—	—	—	21	2520
加　塘	5	170	8.5	213	—	—	—	—	4	480
山仔头	11	170	18.7	468	—	—	—	—	7	840
尾　厝	13	170	22.1	553	—	—	—	—	8	960
下　厝	14	170	23.8	595	—	—	—	—	9	1080
中　心	31	170	52.7	1318	—	—	—	—	20	2400
山　边	28	170	47.6	1190	—	—	—	—	20	2400
洪毛岭	10	170	17	425	15	8000	1200	2880	8	960
内　官	8	170	13.6	340	12	8000	960	2304	7	840
村　门	10	170	17	425	18	8000	1440	3456	9	1080
刘　厝	20	170	34	850	30	8000	2400	5760	15	1800
古　坑	8	170	13.6	340	16	8000	1280	3072	7	840

（三）费用计划

1976 年，大帽山农场各生产单位根据全年农作物种植面积，提前预估每亩农作物生产费用，由下而上报农场综合汇总。农场按各生产单位提交的农业种植费用，下达全年生产成本，保证各单位按计划完成全年生产任务。农场农业费用计划见表 4-13-4。

表 4-13-4　1976 年大帽山农场农业费用计划

单位：元、亩

单位	农业费用	早稻（14.88 元/亩）		晚稻（14.50 元/亩）		早地瓜（10.50 元/亩）		晚地瓜（9.00 元/亩）	
		面积	费用	面积	费用	面积	费用	面积	费用
合　计	89689	1600	23808	1956	28362	363	3812	345	3105
寨仔尾	8138	150	2232	195	2828	25	263	30	270
后　炉	5936	116	1726	138	2001	20	210	20	180
上　廊	5294	95	1414	125	1813	20	210	20	180
罗　田	8726	170	2530	230	3335	27	284	20	180
山后桥	9174	170	2530	187	2712	38	399	40	360
联　合	12202	204	3036	272	3944	52	546	50	450
中　心	9799	160	2381	196	2842	45	473	40	360
山　边	8421	145	2158	174	2523	38	399	36	324
洪毛岭	3202	56	833	62	899	12	126	13	117
内　官	2816	52	774	55	798	10	105	12	108
村　门	3385	65	967	70	1015	15	158	18	162
刘　厝	6021	109	1622	124	1798	24	252	23	207
古　坑	3393	58	863	68	986	12	126	13	117
大　箱	1406	25	372	30	435	10	105	5	45
后茶寮	1776	25	372	30	435	15	158	5	45

1976 年大帽山农场农业费用计划表（续 1）

单位	小麦（11.20 元/亩）		大麦（10.24 元/亩）		春花生（19.10 元/亩）		秋花生（19.10 元/亩）		春大豆（11.22 元/亩）	
	面积	费用	面积	费用	面积	费用	面积	费用	面积	费用
合　计	415	4648	662	6779	256	4890	50	955	257	2884
寨仔尾	35	392	50	512	26	497	5	96	24	269
后　炉	20	224	50	512	17	325	3	57	16	180
上　廊	20	224	40	410	16	306	3	57	15	168
罗　田	30	336	62	635	20	382	4	76	20	224
山后桥	40	448	62	635	26	497	5	96	27	303
联　合	60	672	80	819	36	688	7	134	37	415
中　心	60	672	70	717	30	573	6	115	30	337
山　边	40	448	65	666	25	478	4	76	27	303
洪毛岭	15	168	25	256	9	172	2	38	10	112
内　官	15	168	25	256	8	153	2	38	7	79
村　门	15	168	25	256	9	172	2	38	10	112
刘　厝	30	336	45	461	18	344	3	57	17	191
古　坑	20	224	25	256	9	172	2	38	10	112
大　箱	5	56	18	184	2	38	1	19	2	22
后茶寮	10	112	20	205	5	96	1	19	5	56

1976 年大帽山农场农业费用计划表（续 2）

单位	黄麻（18.50 元/亩）		芋头（6.50 元/亩）		蒜头（34.50 元/亩）		蔬菜（19.50 元/亩）		冬烟（19.50 元/亩）	
	面积	费用	面积	费用	面积	费用	面积	费用	面积	费用
合　计	9.5	176	34.5	224	100	3450	35.5	692	28.5	556
寨仔尾	1	19	3	20	5	173	3	59	2.5	49
后　炉	0.5	9	2	13	4	138	2	39	1.5	29
上　廊	0.5	9	2	13	4	138	2	39	1.5	29
罗　田	1	19	2.5	16	5	173	2.5	49	2	39
山后桥	1	19	4	26	10	345	2.5	49	3.5	68
联　合	1.5	28	5.5	36	15	518	3.5	68	4	78
中　心	1	19	4.5	29	13	449	3.5	68	3.5	68
山　边	1	19	3.5	23	12	414	4	78	3	59
洪毛岭	0.4	7	1.5	10	5	173	4	78	1	20
内　官	0.3	6	1	7	3	104	3.5	68	1	20
村　门	0.3	6	1	7	4	138	1.5	29	1	20
刘　厝	0.5	9	2	13	10	345	1	20	2	39
古　坑	0.3	6	1	7	7	242	1.5	29	1	20
大　箱	0.1	2	0.5	3	1	35	0.5	10	0.5	10
后茶寮	0.1	2	0.5	3	2	69	0.5	10	0.5	10

1976 年大帽山农场农业费用计划表（续 3）

单位	绿肥（11.50 元/亩）		秋大豆（11.23 元/亩）							
	面积	费用	面积	费用	面积	费用	面积	费用	面积	费用
合　计	405	4658	52	584						
寨仔尾	35	403	5	56						
后　炉	20	230	5	56						
上　廊	20	230	3	34						
罗　田	35	403	4	45						
山后桥	45	518	5	56						
联　合	60	690	7	79						
中　心	55	633	6	67						
山　边	35	403	4	45						
洪毛岭	15	173	2	22						
内　官	10	115	2	22						
村　门	15	173	2	22						
刘　厝	25	288	3	34						
古　坑	15	173	2	22						
大　箱	5	58	1	11						
后茶寮	15	173	1	11						

1983 年，大帽山农场农业费用以农作物播种面积、作物管理成本、每亩用工工资为依据，预估全年主要农作物直接成本，不再细化各生产单位的农业费用。农场农作物直接成本明细见表 4-13-5。

表 4-13-5　1983 年大帽山农场农作物直接成本明细

单位：元

项目 作物	播种面积（亩）	每亩工资	作物成本					亩成本	成本合计
			小计	肥料	种子	农药	工具		
合　计									281412
早　稻	1360	28	20	12	4	3	1	48	65280
早地瓜	262	60	27.5	20	6	0.5	1	87.5	22925
晚地瓜	287	50	24.5	20	3	0.5	1	74.5	21382
晚　稻	1726	23	18.7	10.9	3.8	3	1	41.7	71974
大小麦	600	20	15	9	4	1	1	35	21000
花　生	336	30	26.7	10.3	14.4	1	1	56.7	19051
大　豆	280	20	17	10	5	1	1	37	10360
糖　蔗	196	80	60	41	15	3	1	140	27440
蔬　菜	200	70	40	18	20	1	1	110	22000

（四）用工计划

1976 年，大帽山农场按多年积累的经验，根据农作物劳作、日常田间管理强度，提前详细制定各生产单位全年农作物生产用工计划，具体用工计划见表 4-13-6。

表 4-13-6　1976 年大帽山农场农业用工计划

单位：亩、头、工

单位	耕牛（30 工/头）		劳力情况				早稻（28 工/亩）		晚稻（23 工/亩）	
	头数	工数	折劳力	折工数	农用工	余工数	面积	工数	面积	工数
合　计	332	9960	787.15	267614	206447	61167	1600	44800	1956	44988
寨仔尾	36	1080	72	24480	18527	5953	150	4200	195	4485
后　炉	35	1050	46.35	15759	13345	2414	116	3248	138	3174
上　廍	24	720	46.35	15759	12248	3511	95	2660	125	2875
罗　田	26	780	55.2	18768	18768	0	170	4760	230	5290
山后桥	24	720	88.25	30005	20690	9315	170	4760	187	4301
联　合	40	1200	118	40103	27537	12566	204	5712	272	6256
中　心	47	1410	89.3	30362	24491	5871	160	4480	196	4508
山　边	25	750	86.4	29376	19788	9588	145	4060	174	4002
洪毛岭	11	330	25.95	8823	7456	1367	56	1568	62	1426
内　官	8	240	19.15	6511	6352	159	52	1456	55	1265
村　门	8	240	25.5	8670	7747	923	65	1820	70	1610

（续）

单位	耕牛（30工/头）		劳力情况				早稻（28工/亩）		晚稻（23工/亩）	
	头数	工数	折劳力	折工数	农用工	余工数	面积	工数	面积	工数
刘　厝	14	420	54.75	18615	13542	5073	109	3052	124	2852
古　坑	8	240	33	11220	7294	3926	58	1624	68	1564
大　箱	23	690	14	4760	4810	−50	25	700	30	690
后茶寮	3	90	12.95	4403	3852	551	25	700	30	690

1976年大帽山农场农业用工计划表（续1）

单位	早地瓜（43工/亩）		晚地瓜（35工/亩）		小麦（17工/亩）		大麦（17工/亩）		春花生（30工/亩）	
	面积	工数	面积	工数	面积	工数	面积	工数	面积	工数
合　计	363	15609	345	12075	415	7055	669	11373	256	7680
寨仔尾	25	1075	30	1050	35	595	50	850	26	780
后　炉	20	860	20	700	20	340	50	850	17	510
上　廊	20	860	20	700	20	340	42	714	16	480
罗　田	27	1161	20	700	30	510	62	1054	20	600
山后桥	38	1634	40	1400	40	680	67	1139	26	780
联　合	52	2236	50	1750	60	1020	80	1360	36	1080
中　心	45	1935	40	1400	60	1020	70	1190	30	900
山　边	38	1634	36	1260	40	680	65	1105	25	750
洪毛岭	12	516	13	455	15	255	25	425	9	270
内　官	10	430	12	420	15	255	25	425	8	240
村　门	15	645	18	630	15	255	25	425	9	270
刘　厝	24	1032	23	805	30	510	45	765	18	540
古　坑	12	516	13	455	20	340	25	425	9	270
大　箱	10	430	5	175	5	85	18	306	2	60
后茶寮	15	645	5	175	10	170	20	340	5	150

1976年大帽山农场农业用工计划表（续2）

单位	秋花生（30工/亩）		春大豆（20工/亩）		秋大豆（20工/亩）		黄麻（37工/亩）		芋头（35工/亩）	
	面积	工数	面积	工数	面积	工数	面积	工数	面积	工数
合　计	50	1500	257	5140	50	1000	9.5	354	34.5	1211
寨仔尾	5	150	24	480	5	100	1	37	3	105
后　炉	3	90	16	320	3	60	0.5	19	2	70
上　廊	3	90	15	300	3	60	0.5	19	2	70
罗　田	4	120	20	400	4	80	1	37	2.5	88
山后桥	5	150	27	540	5	100	1	37	4	140
联　合	7	210	37	740	7	140	1.5	56	5.5	193
中　心	6	180	30	600	6	120	1	37	4.5	158

（续）

单位	秋花生（30 工/亩）		春大豆（20 工/亩）		秋大豆（20 工/亩）		黄麻（37 工/亩）		芋头（35 工/亩）	
	面积	工数	面积	工数	面积	工数	面积	工数	面积	工数
山　边	4	120	27	540	4	80	1	37	3.5	123
洪毛岭	2	60	10	200	2	40	0.4	15	1.5	53
内　官	2	60	7	140	2	40	0.3	11	1	35
村　门	2	60	10	200	2	40	0.3	11	1	35
刘　厝	3	90	17	340	3	60	0.5	19	2	70
古　坑	2	60	10	200	2	40	0.3	11	1	35
大　箱	1	30	2	40	1	20	0.1	4	0.5	18
后茶寮	1	30	5	100	1	20	0.1	4	0.5	18

1976 年大帽山农场农业用工计划表（续 3）

单位	蒜头（42 工/亩）		蔬菜（60 工/亩）		冬烟（80 工/亩）		绿肥（10 工/亩）		集体养猪（30 工/亩）	
	面积	工数	面积	工数	面积	工数	面积	工数	头数	工数
合　计	98	4116	34	2040	28.5	2280	405	4050	610	18300
寨仔尾	5	210	3	180	2.5	200	35	350	70	2100
后　炉	4	168	2	120	1.5	120	20	200	30	900
上　廊	4	168	2	120	1.5	120	20	200	40	1200
罗　田	5	210	2.5	150	2	160	35	350	70	2100
山后桥	10	420	3.5	210	3.5	280	45	450	30	900
联　合	15	630	5	300	4	320	60	600	70	2100
中　心	13	546	4	240	3.5	280	55	550	110	3300
山　边	12	504	3.5	210	3	240	35	350	40	1200
洪毛岭	5	210	1.5	90	1	80	15	150	20	600
内　官	3	126	1	60	1	80	10	100	20	600
村　门	4	168	1.5	90	1	80	15	150	20	600
刘　厝	10	420	2	120	2	160	25	250	40	1200
古　坑	7	294	1.5	90	1	80	15	150	20	600
大　箱	1	42	0.5	30	0.5	40	5	50	30	900
后茶寮	0	0	0.5	30	0.5	40	15	150	0	0

1983 年，农场农业生产以 16 个自然村为生产单位，制定主要农作物生产用工计划。具体用工计划见表 4-13-7。

表 4-13-7　1983 年大帽山农场农业生产用工计划

单位：亩、工

队别	农业用工合计	早稻 28 工/亩		早地瓜 60 工/亩		晚地瓜 50 工/亩		晚稻 23 工/亩	
		面积	工数	面积	工数	面积	工数	面积	工数
合　计	165208	1360	38080	262	15720	287	14350	1726	39698
寨仔尾	18490	120	3360	30	1800	28	1400	160	3680

（续）

队别	农业用工合计	早稻 28 工/亩		早地瓜 60 工/亩		晚地瓜 50 工/亩		晚稻 23 工/亩	
		面积	工数	面积	工数	面积	工数	面积	工数
后　炉	11661	82	2296	16	960	18	900	105	2415
上　廊	11212	82	2296	15	900	17	850	102	2346
罗　田	14464	133	3724	25	1500	25	1250	200	4600
山后桥	16139	158	4424	26	1560	30	1500	195	4485
加　塘	2730	25	700	5	300	5	250	30	690
山仔头	5970	58	1624	10	600	11	550	72	1656
尾　厝	7243	74	2072	11	660	14	700	87	2001
下　厝	7899	78	2184	14	840	14	700	95	2185
中　心	15846	146	4088	32	1920	35	1750	176	4048
山　边	15897	154	4312	27	1620	33	1650	185	4255
洪毛岭	6466	46	1288	10	600	11	550	56	1288
内　官	5135	35	980	8	480	8	400	45	1035
村　门	6694	45	1260	9	540	10	500	58	1334
刘　厝	12216	87	2436	16	960	20	1000	110	2530
古　坑	5646	37	1036	8	480	8	400	50	1150

1983 年大帽山农场农业生产用工计划表（续 1）

队别	大小麦 20 工/亩		花生 30 工/亩		大豆 20 工/亩		糖蔗 80 工/亩		蔬菜 70 工/亩	
	面积	工数	面积	工数	面积	工数	面积	工数	面积	工数
合　计	600	12000	336	10080	280	5600	196	15680	200	14000
寨仔尾	63	1260	32	960	28	560	50	4000	21	1470
后　炉	40	800	20	600	20	400	28	2240	15	1050
上　廊	39	780	18	540	18	360	27	2160	14	980
罗　田	61	1220	20	600	26	520	—	—	15	1050
山后桥	60	1200	30	900	30	600	—	—	21	1470
加　塘	13	260	5	150	5	100	—	—	4	280
山仔头	22	440	13	390	11	220	—	—	7	490
尾　厝	27	540	15	450	13	260	—	—	8	560
下　厝	30	600	16	480	14	280	—	—	9	630
中　心	59	1180	28	840	31	620	—	—	20	1400
山　边	60	1200	30	900	28	560	—	—	20	1400
洪毛岭	24	480	10	300	10	200	15	1200	8	560
内　官	18	360	9	270	8	160	12	960	7	490
村　门	23	460	11	330	10	200	18	1440	9	630
刘　厝	42	840	20	600	20	400	30	2400	15	1050
古　坑	19	380	9	270	8	160	16	1280	7	490

二、工副业生产计划

1975 年，大帽山农场对山根、新生等 10 个专业队制定全年工副业生产计划。分配山林队计划收入杂草 1500 元，木柴 1000 担、1200 元，树木枝叶 10000 担、18000 元，炭 300 担、2850 元。运输队全年计划运输海肥 2950 吨，用于农田土壤改良。其中，新生 500 吨、后炉埔 900 吨、向阳①900 吨、向阳②400 吨，垦荒①、垦荒②共 100 吨，刘果 150 吨。加工供电全年计划收取加工费 4860 元、电费 3500 元。蘑菇场计划收获蘑菇 15000 元，白木耳 2000 元。留苗及其他共计 2000 元。

1975 年，大帽山农场其他工副业生产计划任务见表 4-13-8。

表 4-13-8　1975 年大帽山农场工副业生产计划任务表

单　位	开荒面积（亩）	龙舌兰				茶　叶			
		现有（亩）	产量（担）	定植（亩）	育苗（株）	现有（亩）	产量（担）	定植（亩）	育苗（株）
合　计	300	689.75	890	105	260000	209	180	80	2
山　根	—	103.72	150	5	5000	—	—	—	—
新　生	60	121.37	150	—	25000	105	85	20	2
后炉埔	50	141.22	260	40	50000	—	—	—	—
向阳①	—	207.96	260	—	25000	36	50	—	—
向阳②	—	115.48	70	—	125000	41	20	40	—
刘　果	—	—	—	—	—	27	25	20	—
山　林	—	—	—	—	—	—	—	—	—
垦荒①	80	—	—	30	15000	—	—	—	—
垦荒②	110	—	—	30	15000	—	—	—	—

1975 年大帽山农场工副业生产计划任务表（续）

单　位	荔　枝		梨		杉　木		套　种	套　种	油　桐	板　栗
	现有（株）	育苗（株）	现有（亩）	现有（亩）	定植（株）	育苗（亩）	绿肥（亩）	地瓜（亩）	现有（株）	现有（株）
合　计	3211	5000	3500	250	30000	2	120	45	300	12000
山　根	—	—	—	—	—	—	—	20	150	10000
新　生	267	1000	—	—	—	—	30	10	150	—
后炉埔	596	3000	—	—	—	—	30	15	—	—
向阳①		—	—	—	—	—	20	—	—	2000
向阳②	264	1000	—	—	—	—	20	—	—	—
刘　果	2084	—	3500	—	—	2	20	—	—	—
山　林	—	—	—	250	30000	—	—	—	—	—
垦荒①	—	—	—	—	—	—	—	—	—	—
垦荒②	—	—	—	—	—	—	—	—	—	—

（一）经济作物管理计划

1983年，大帽山农场制定经济作物管理计划，茶园、剑麻园管理细化要求，与劳动工分相结合。

1. 茶园管理

茶叶中耕除草需在茶叶采摘后20天内完成，中耕深度15厘米以上；每亩中耕3次，每次3工，每亩记9工。茶园在秋后进行深挖翻，要求深度30～40厘米，11月底前完成；要求人工深挖，清理园边、水沟杂草，不能用其他形式代替，每亩记8工。

茶园挑施杂肥，每亩开沟或开穴，施肥后回土；每亩施垃圾肥及海肥60担，不能重复施肥；每亩记1.5工。茶园开沟施化肥后要回土及防治病虫害，全年4次，每次0.5工；每亩记2工。

茶树修剪要根据生长情况，确定重剪、轻剪，每亩记1工。茶树补苗按每亩补苗成活情况，平均每亩记1.5工。烧制火烧土按1立方米36担计算，每亩记2.5工。个别茶园田面需清除杂石，每亩记0.5工。茶园管理每亩合记28工。

茶园要多施淤泥土，鼓励各队多积淤泥土，每1立方米按36担计算，全年每亩记6～10工。采茶结合茶叶规格标准要求，每担记6工。

2. 剑麻管理

剑麻全年中耕一次，在剑麻收割后进行，每亩记6工；挖沟要求宽40厘米，深30厘米以上，施肥后，沟土回畦覆盖杂草及垃圾肥，每亩记7工；施垃圾肥及海肥应开穴回土覆盖，每亩施肥60担，记1工；麻渣回田每亩60担，记1.5工；剑麻园清除园边草，开排水沟每亩记1.5工，合计每亩记16工。

剑麻按每株规定留叶数开割，注意质量，远近结合，每担干麻丝按3.5工计算；碾麻按干麻丝重量计算，结合麻丝等级分别为一级记6工，二级记4.5工，三级记3.5工，四级记2工，平均每担记4工。

3. 茶苗定植

茶苗定植按农场要求，挖定植沟、整畦，每亩记20工；下土杂肥及垃圾肥等基肥，每亩240担，记1工，合计21工。

定植成活率达90%以上，每亩记15工；定植成活率达80%以上，每亩记12工；定植成活率达70%以上，每亩记9工。

4. 苗圃育苗

茶苗圃育苗按2年成活率每亩达8万株计算，每亩每年记300工。

（二）经济作物收支计划

1976 年 3 月，大帽山农场经济作物专业队提前制定经济作物线生产费用收支计划，由郭清渊、陈根填写，李宜宾负责，向山根、新生、后炉埔、向阳、刘果、垦荒、山林等生产单位下达全年生产指标。农场全年经济作物收入计划以麻丝、茶叶、其他收入为主，不包括全年发展建设项目，如开荒、定植、育苗等；全年发展计划分为新开荒、剑麻、茶叶的定植、育苗，荔枝育苗；全年生产费用支出计划以肥料费用、种苗费、工具及其他支出为主；全年用工计划体现计划投工数、工人数、出勤工数、需调工数。

1976 年，大帽山农场经济作物线生产费用收支计划见表 4-13-9。

表 4-13-9　1976 年大帽山农场经济作物线生产费用收支计划

队别	全年经济收入					
	麻丝		茶叶		其他收入（元）	小计（元）
	数量（担）	金额（元）	数量（担）	金额（元）		
合计	1200	84000	230	45200	36700	165900
山根	180	12600	—	—	300	12900
新生	220	15400	100	20600	950	36950
后炉埔	350	24500	—	—	2250	26750
向阳①	350	24500	65	11000	150	35650
向阳②	100	7000	30	5600	750	13350
刘果	—	—	35	8000	700	8700
垦荒①	—	—	—	—	200	200
垦荒②	—	—	—	—	200	200
山林	—	—	—	—	31200	31200

1976 年大帽山农场经济作物线生产费用收支计划（续 1）

队别	全年发展计划					
	新开垦（亩）	剑麻定植（亩）	茶叶定植（亩）	育剑麻苗（株）	育茶亩（亩）	育荔枝（亩）
合计	230	200	100	120000	2.5	5000
山根	5	5	—	5000	—	—
新生	40	25	50	30000	2.5	1000
后炉埔	40	100	—	50000	—	3000
向阳①	5	—	10	20000	—	—
向阳②	—	—	40	—	—	1000
刘果	10	—	—	—	—	—
垦荒①	80	70	—	15000	—	—
垦荒②	50	—	—	—	—	—
山林	—	—	—	—	—	—

1976 年大帽山农场经济作物线生产费用收支计划（续 2）

队　别	全年生产费用支出						
	肥料费				种苗费（元）	工具及其他（元）	小计（元）
	金额（元）	海肥（吨）	垃圾（担）	壳灰（担）			
合计	53387.50	4000	17000	925	4200	28970	86557.50
山根	338	—	—	40	—	2230	2568
新生	14417	755	7500	146	1200	5730	21347
后炉埔	15285	1700	—	340	—	4100	19385
向阳①	8082	620	1940	214	500	4380	12962
向阳②	10192.50	575	5600	115	2300	2210	14702.50
刘果	1956	—	1960	—	200	1220	3376
垦荒①	3117	350	—	70	—	1400	4517
垦荒②	—	—	—	—	—	700	700
山林	—	—	—	—	—	7000	7000

1976 年大帽山农场经济作物线生产费用收支计划（续 3）

队别	全年用工计划				上缴金额（元）
	计划投工	现有工人	全年出勤（折大工）	需调工数（大工）	
合计	140610	250	69630	70980	+79342.50
山根	6800	12	3459	3341	+10332
新生	32520	53	14858	17662	+15603
后炉埔	24360	45	12342	12018	+7365
向阳①	14430	23	6341	8089	+22688
向阳②	13320	19	5661	7659	−1352.50
刘果	10240	23	7106	3134	+5324
垦荒①	10020	29	7735	2285	−4317
垦荒②	13520	34	8585	4935	−500
山林	15400	12	3543	11857	+24200

说明：一、上表“收入栏”不包括全年发展建设项目（如开荒、定植、育苗等）；“上缴金额栏”还未扣除全年工资额；“肥料费”包括运输费用及少量化肥。

二、“收入栏”每担麻丝按 70 元，每担干毛茶按 200 元计算，其他收入指各队所种烟叶、蔬菜及山林柴尾收入。

三、投工标准如下：1. 开荒每亩 250 工（包括推土机辅助）；2. 龙舌兰管理每亩 23 工；3. 茶叶管理每亩 40 工；4. 麻丝加工每担干麻丝 9.5 工；5. 茶叶加工按担 36 工；6. 育麻苗每亩 28 工；7. 育茶苗每亩 450 工；8. 定植茶每亩 70 工；9 定植麻每亩 20 工。

1976 年，大帽山农场工副业小组由黄先腾、杨清江、庄恭寿、黄章源负责，制定蘑菇场、白棕绳厂等生产单位收支计划。

大帽山农场工副业收支计划见表 4-13-10。

表 4-13-10　1976 年大帽山农场工副业收支计划

收支单位	产　值（元）	金　额（元）	上缴金额（元）	备注
蘑菇场	8649	3333	5316	
加工供电	13760	6042	7718	
白棕绳厂	140000	76450	63550	
锻工组	3200	830	2370	
农具厂	16810	4685	12125	
采石组	3000	900	2100	
泥水工	3696	350	3346	
机修组	2224	400	1824	
养路	2580	2100	480	
车队	56177	38842	17335	
合计	250096	133932	116164	

1979 年，大帽山农场围绕全年生产目标，每月底召开职工大会，总结当月劳动成绩，纠正缺点，下达下个月生产任务；打破旧的工级制度，实行比较合理的工分制度，尽量做到多劳多得，发挥职工的生产积极性；车间实行考勤登记，产量日清月结，开展车间与车间、班组与班组之间劳动竞赛，调动生产积极性；强调质量第一，每月进行 3～5 次的质量检查。农场全年下达生产产值 13.54 万元，实际完成产值 14.92 万元，超额完成 1.38 万元。全年计划用工 9800 元，实用工 7160 元，节约 2640 元。全年计划成本及费用 9.62 万元，实际成本及费用 9.15 万元，节约 4716 元。全年计划盈利 2.99 万元，实际盈利 5.78 万元，超计划盈利 2.7 万元。

1983 年，大帽山农场经济作物成本计划见表 4-13-11。

表 4-13-11　1983 年大帽山农场经济作物成本计划

单位：亩、元

队别	总产值	总成本	直接成本	作物成本				
				费用合计	误工补贴	工具费	其他费用	油料费
合　计	171291	177714	167748	9966	2100	2088	3589	2189
新　茶	25845	19245	18298	947	200	264	483	—
大仑山	7982	30148	29051	1097	200	328	569	—
大　埔	3125	5734	5379	355	160	80	115	—
向一茶	25284	18183	17234	949	200	288	461	—
向二茶	15656	20388	19488	900	200	256	444	—
刘厝茶	13819	11931	11298	633	200	160	273	—
后炉埔麻	38450	19398	17505	1893	200	224	413	1056
后厝麻	5360	6931	6419	512	160	72	126	154
新　麻	11650	11455	10665	790	180	120	202	288

（续）

队别	总产值	总成本	直接成本	作物成本				
				费用合计	误工补贴	工具费	其他费用	油料费
向一麻	14070	17850	16881	969	200	176	190	403
向二麻	10050	10379	9590	789	200	120	181	288
大 箱		1814	1782	32	—	—	32	

1983年大帽山农场经济作物成本计划（续1）

队别	收入部分				支出部分			
	合计	茶叶	茶苗	麻丝	合计	茶叶管理	采茶工	剑麻管理
合计	171291	72511	22400	76380	71390	33240	13560	11840
新茶	25845	21045	4800	—	9668	4833	3935	—
大仑山	7982	4782	3200	—	11386	9892	894	—
大埔	3124	1524	1600	—	2306	1721	285	—
向一茶	25284	22084	3200	—	9218	4489	4129	—
向二茶	15656	12456	3200	—	8875	5943	2332	—
刘厝茶	12219	10619	1600	—	5161	2876	1985	—
后炉埔麻	36850	—	—	36850	5764	191	—	3648
后厝麻	6960	—	1600	5360	2076	248	—	1248
新麻	10050	—	—	10050	3142	489	—	2128
向一麻	14070	—	—	14070	4969	986	—	3248
向二麻	10050	—	—	10050	3025	932	—	1568
大箱	—	—	—	—	640	640	—	—

1983年大帽山农场经济作物成本计划（续2）

队别	茶苗管理	割麻	碾麻	控制肥料指标数		盈 亏		
				面积	金额数	盈	亏	实亏
合 计	4200	3990	4560	1927.15	96357.5	34836	37001	2165
新茶	900	—	—	172.6	8630	6600	—	—
大仑山	600	—	—	353.29	17664.5	—	22166	—
大 埔	300	—	—	61.46	3073	—	2609	—
向一茶	600	—	—	160.32	8016	7101	—	—
向二茶	600	—	—	212.25	10612.5	—	4732	—
刘厝茶	300	—	—	102.73	6136.5	1888	—	—
后炉埔麻	—	—	1925	234.81	11740.5	19052	—	—
后厝麻	300	—	280	86.86	4343	—	1571	—
新 麻	—	—	525	150.46	7523	195	705	—
向一麻	—	—	735	238.23	11911.5	—	3780	—
向二麻	—	—	525	131.3	6565	—	329	—
大 箱	—	—	—	22.84	1142	—	1814	—

1983年，大帽山农场经济作物生产计划见表4-13-12。

表 4-13-12　1983 年大帽山农场经济作物生产计划

单位：亩、斤、元、担

队别	茶叶 32.08 元/担				其中：观音 40 元/担			
	面积	投产面积	茶青数	产值	面积	投产面积	茶青数	产值
合　计	1187.2	477.64	226000	72501	156.35	119.91	40742	16296.8
新　茶	172.6	140.35	65581	21038	72.55	66.62	25804	10321.6
大仑山	353.4	136.11	14899	4780	10.53	10.53	500	200
大　埔	61.5	20.86	4743	1522	0.55	0.55	76	30.40
向一茶	160.3	50.13	68817	22076	15.82	4.27	2426	970.4
向二茶	212.3	93.4	38870	12469	38.21	37.84	11936	4774.4
刘厝茶	102.7	36.79	33090	10615	4.94	—	—	—
后炉埔麻	6.8	—	—	—	—	—	—	—
后厝麻	8.8	—	—	—	—	—	—	—
新　麻	17.5	—	—	—	13.75	—	—	—
向一麻	35.2	—	—	—	—	—	—	—
向二麻	33.3	—	—	—	—	—	—	—
大　箱	22.8	—	—	—	—	—	—	—

1983 年大帽山农场经济作物生产计划（续 1）

队别	本山、黄旦　32 元/担				色种　30 元/担			
	面积	投产面积	茶青数	产值	面积	投产面积	茶青数	产值
合　计	314.29	92.07	31834	10186.88	719.51	265.27	153424	46027.2
新　茶	45.93	20.47	8171	2614.72	54.12	53.26	31606	9481.8
大仑山	67.37	32.23	2600	832	275.39	93.35	11799	3539.7
大　埔	32.33	11.85	1140	364.8	28.58	8.46	3527	1058.1
向一茶	38.48	0.89	400	128	106.02	44.87	65991	19797.3
向二茶	62.21	20.73	10774	3447.68	111.83	34.84	16160	4848
刘厝茶	28.73	5.9	8749	2799.68	72.06	30.89	24341	7302.3
后炉埔麻	—	—	—	—	6.81	—	—	—
后厝麻	—	—	—	—	8.86	—	—	—
新　麻	1.65	—	—	—	2.06	—	—	—
向一麻	19.44	—	—	—	15.79	—	—	—
向二麻	18.15	—	—	—	15.15	—	—	—
大　箱	—	—	—	—	22.84	—	—	—

1983 年大帽山农场经济作物生产计划（续 2）

队别	茶苗（株）　1600 元/亩			剑麻（担）　67 元/担		
	面积	总株数	产值	面积	麻丝产量	产值
合计	12	1120000	19200	740	1140	76380
新茶	3	240000	4800	—	—	—
大仑山	2	160000	3200	—	—	—
大埔	1	80000	1600	—	—	—

（续）

队别	茶苗（株）　1600元/亩			剑麻（担）　67元/担		
	面积	总株数	产值	面积	麻丝产量	产值
向一茶	2	160000	3200	—	—	—
向二茶	2	160000	3200	—	—	—
刘厝茶	1	80000	1600	—	—	—
后炉埔麻	—	—	—	228	550	36850
后厝麻	1	80000	1600	78	80	5360
新麻	—	—	—	133	150	10050
向一麻	—	—	—	203	210	14070
向二麻	—	—	—	98	150	10050
大箱	—	—	—	—	—	—

1983年，大帽山农场经济作物生产用工计划见表4-13-13。

表4-13-13　1983年大帽山农场经济作物生产用工计划

队别	茶叶		采茶		育茶苗	
	面积（亩）	工数（工）	茶青数（担）	工数（工）	面积（亩）	工数（工）
合计	1187.15	33240	226000	13560	14	4200
新茶	172.6	4833	65581	3935	3	900
大仑山	353.29	9892	14899	894	2	600
大埔	61.46	1721	4743	285	1	300
向一茶	160.32	4489	68817	4129	2	600
向二茶	212.25	5943	38870	2332	2	600
刘厝茶	102.73	2876	33090	1985	2	600
后炉埔麻	6.81	191	—	—	1	300
后厝麻	8.86	248	—	—	—	
新麻	17.46	489	—	—	1	300
向一麻	35.23	986	—	—	—	—
向二麻	33.30	932	—	—	—	—
大箱	22.84	640	—	—	—	—

1983年大帽山农场经济作物生产用工计划（续1）

队别	剑麻		割麻		碾麻		碾麻用油	
	面积（亩）	工数（工）	干麻丝（担）	工数（工）	干麻丝（担）	工数（工）	干麻丝（担）	油量（公斤）
合计	740	11840	1140	3990	1140	4560	1140	4560
新茶	—	—	—	—	—	—	—	—
大仑山	—	—	—	—	—	—	—	—
大埔	—	—	—	—	—	—	—	—

（续）

队别	剑麻		割麻		碾麻		碾麻用油	
	面积（亩）	工数（工）	干麻丝（担）	工数（工）	干麻丝（担）	工数（工）	干麻丝（担）	油量（公斤）
向一茶	—	—	—	—	—	—	—	—
向二茶	—	—	—	—	—	—	—	—
刘厝茶	—	—	—	—	—	—	—	—
后炉埔麻	228	3648	550	1925	550	2200	550	2200
后厝麻	78	1248	80	280	80	320	80	320
新麻	133	2128	150	525	150	600	150	600
向一麻	203	3248	210	735	210	840	210	840
向二麻	98	1568	150	525	150	600	150	600
大箱	—	—	—	—	—	—	—	—

1983年，大帽山农场根据当年行情，制定茶青、各种干毛茶和剑麻丝收购参考价格，详见表4-13-14、表4-13-15、表4-13-16。

表4-13-14　大帽山农场1983年茶青收购参考价格

单位：元、斤

	春秋茶青价格				夏暑茶青价格			
	铁观音	本山	黄旦	色种	铁观音	本山	黄旦	色种
特级	0.50	0.40	0.40	—	—	—	—	—
一级	0.45	0.35	0.35	0.32	0.40	0.30	0.30	0.28
二级	0.35	0.28	0.28	0.28	0.35	0.25	0.25	0.25
三级	0.25	0.20	0.20	0.20	0.25	0.18	0.18	0.18
四级	0.15	0.15	0.15	0.15	0.15	0.13	0.13	0.10
五级	0.10	0.10	0.10	0.10	—	—	—	—

表4-13-15　1983年大帽山农场各种干毛茶参考价格

单位：元/担

	一级	二级	三级	四级	五级	六级	七级	八级	九级	十级
铁观音	570	520	470	420	370	330	290	250	215	190
本　山	450	400	360	320	290	260	230	200	180	150
色　种	258	236	214	192	174	150	140	125	115	105

表4-13-16　1983年大帽山农场剑麻丝收购参考价格

单位：元/担

	剑麻丝价格				乱丝价格	说　明
	一级	二级	三级	四级		
直丝	72	68	63	58		剑麻丝质量应根据国家标准要求
乱丝					19	

第二节　统计管理

大帽山农场建场初期，每年或半年向福建省农业农垦局上报统计报表。统计工作设置户数、人口、耕地、林地、农业、养殖业、工业企业等统计项目，侧重于生产经营统计。1966年，“文化大革命”开始，统计工作受到冲击，缺乏对生产经营情况进行全面统计，但统计工作没有中断。1978年，农场年终统计又引起重视。2011年，农场每年按季度、按要求向翔安区统计局报送相关统计数据，也按省、市要求报送统计报表。

一、统计人员

1958年，陈文章任大帽山农场统计员。

1962—1972年，梁昆标任农场统计员。

1978—1980年，沈建国任农场统计员。

1983年，郑丙丁任农场统计员。

二、统计经费

2014年，翔安区统计局为确保农村基层统计工作的顺利开展，调动村级统计员的工作积极性，保证基层统计数据的质量，根据《厦门市财政局 厦门市统计局关于下达2014年村级统计人员补贴经费的通知》，每半年下达大帽山农场1800元补助经费。大帽山农场配备兼职统计人员1名，每月补贴统计经费300元。

三、农场统计

（一）基本情况统计

1958年底，大帽山农场统计员对农场生产建设情况进行统计，上报土地面积、职工人数、土地开荒及利用情况，农作物种植面积及产量，多年生作物种植面积及产量、历年新植情况，畜禽饲养量和基本建设情况。1960年，农场上半年统计增加主要机械设备、工副业设备能力等统计数据。

1963年，大帽山农场统计工作进一步规范化细致化，统计项目分为农场基本情况，基本建设投资项目，职工人数与工资，职工人数增减情况，保持单独核算集体所有制的人口与劳动力，生产用主要原料、材料、燃料收支与结存，基本建设用主要原料、材料、燃料收支与结存。其中，农场基本情况统计最为详细，分土地总面积、耕地面积、开荒利用情况及耕地分类、主要农业生产机具设备拥有量、农田水利灌溉设施、农作物面积及产量、园林生产、畜禽生产、工副业生产量、商品销售、农场总产值和劳动生产率、自然灾害等情况。

1969—1972年，农场统计分为农场基本情况、农作物播种面积和产量、畜牧生产情况、林茶果生产情况、主要产品上交量、农业现代化、工农业总产值、财务盈亏情况、农作物成本及畜产品成本、工副业产品产量、热带作物生产情况、农机具设备情况和基本建设完成情况，较全面地反映农场一年的各种信息。

1997年，大帽山农场对经济收益分配进行统计，见表4-13-17。

表4-13-17　1997年大帽山农场经济收益分配

单位：万元

项　目		金　额
一、总收入		1468
（一）按经营方式分组		1468
1	场办企业收入	—
2	联产承包收入	1468
3	土地租赁收入	—
4	联户企业收入	—
5	企业承包收入	—
（二）按收入来源分组		1468
1	种植业收入	692
2	林业收入	45
3	牧业收入	320
4	副业收入	225
5	渔业收入	—
6	工业收入	1
7	建筑业收入	—
8	运输业收入	—
9	其他收入	185
二、总费用		789
（一）生产费用		748
其中	种植业生产费用	352
	林果牧渔生产费用	187
	其他费用	209
（二）管理费用		32
其中	工资支出	18
	其他支出	14
（三）其他费用		9

（续）

项 目		金 额
其中	教育费用	7.5
	卫生防疫费用	1.5
三、净收入		679
四、国家税金		24
其中	农牧税	5
	其他	19
五、企业各项基金		40
1	公积金（捐赠款）	40
2	公益金	—
六、国家资本金		158
七、未分配利润		—70

（二）生产统计

大帽山农场建场后，生产统计以生产队、专业队为单位，经生产单位上报，农场集中统计汇总。生产统计由农场生产股负责，建立统计报表制度，统计工作以一次性调查为主，兼顾平时积累，分析估算农场经济生产基本数据，反映农场场情、场力，为计划生产提供支持。

1963年，农场对各农业队、专业队生产情况进行建场以来5年统计汇总。

1958—1963年，大帽山农场各生产单位农作物生产情况见表4-13-18。

表4-13-18 1958—1963年大帽山农场各生产单位农作物生产情况

单位：亩、斤、担

年度	队名		一、粮食作物合计			（一）春收作物合计			1. 大麦		
			收获面积	单产	总产	收获面积	单产	总产	收获面积	单产	总产
一九五八年	合计		3478	341	11853	556.5	102	567.1	391	125	489.1
	埔顶大队		2461	333	8195	514	103	529	351	129	453
	场本部		1017	360	3658	42.5	89	38.1	40	90	36.1
	其中	寨仔尾	374.5	363	1359	37.5	91	34.3	35	92	32.3
		后炉	183	382	699	—	—	—	—	—	—
		上廊	186	403	750	—	—	—	—	—	—
		罗田	273.2	311	849.65	5	76	3.8	5	76	3.8
一九五九年	合计		3048	372	11334	331	135.4	448	303	143.7	435
	埔顶大队		2115	358	7572	246	155	381	218	169	369
	场本部		933	403	3762	85	78	66.48	85	78	66.48
	其中	寨仔尾	251.5	448	1127	20	88	17.7	20	88	17.7
		后炉	163.5	396	647	15	60	8.96	15	60	8.96
		上廊	165	402	663.63	15	86	12.87	15	86	12.87
		罗田	193.5	397	768	20	65	13.04	20	65	13.04
		外来队	159	350	556.26	15	93	13.91	15	93	13.91

（续）

年度	队名		一、粮食作物合计			（一）春收作物合计			1. 大麦		
			收获面积	单产	总产	收获面积	单产	总产	收获面积	单产	总产
一九六〇年	合计		3613	359	12987	658	87	571	532	88	467.7
	埔顶大队		2487	332	8257	512	91	466	412	93	383
	场本部		1126	420	4730	146	72	104.9	120	71	84.7
	其中	寨仔尾	335	429	1437	42	—	39.96	34	101	34.14
		后炉	224.6	391	878.6	35	—	19.3	30	50.44	15.13
		上廊	213.8	416	889.7	30	—	28.9	25	100	25
		罗田	271	334.5	906	38	—	16.07	30	33	9.81
		外来队	81.5	759	618.6	1	60	0.6	1	60	0.6
一九六一年	合计		3666	343	12566	583	84	487	456	87	398
	埔顶大队		2492	305	7601	452	84	380	362	89	322
	场本部		1174	423	4965	131	82	107.4	94	81	75.97
	其中	寨仔尾	328	402.5	1320	38.6	—	25.9	30	64	19.3
		后炉	221	462	1021.6	28.7	—	18.6	22	67	14.8
		上廊	219	401	878	29	—	28.9	22	97	21.3
		罗田	301	367.5	1106	31	—	29.8	20	103	20.6
		甘露寺	74	689	510	3.5	—	4.2	—	—	—
		罗田专业队	18	355.4	64	—	—	—	—	—	—
		后炉埔队	13	506	66	—	—	—	—	—	—
一九六二年	合计		3504	306	10738	433	65	282	332	64	214
	埔顶大队		2332	286	6670	312	74	231	232	74	172
	场本部		1172	347	4067.7	121	42	50.9	100	42	41.9
	其中	寨仔尾	312	366.5	1143	30	41	12.4	30	41	12.4
		后炉	208.4	358	746	27.4	—	14.9	19	59	10.8
		上廊	202.7	351	711.8	26.7	—	12.1	20	46	9.1
		罗田	263	295	775.81	30	—	7.5	26	23	6.1
		甘露寺	109	416	453.7	7	—	3.98	5	69	3.5
		罗田专业队	62	289	179.4	—	—	—	—	—	—
		后炉埔队	15	392	58.8	—	—	—	—	—	—
一九六三年	合计		3113	355	11047	397	64	254	253	68	170.9
	埔顶大队		1966	326	6409	322	62	200	207	64	132
	场本部		1147	404	4637	75	72	54.2	46	84	38.9
	其中	寨仔尾	289	417.5	1206.6	15	—	10.2	10	83	8.3
		后炉	198	431	853	17	—	12.9	10	78	7.8
		上廊	163	413.5	674	13	—	15	9	143	12.9
		罗田	286.5	340.5	975.5	20	—	12.5	10	75	7.5
		甘露寺	104.5	480	502	8	—	3.6	5	47	2.4
		罗田专业队	75	448.7	336.5	2	—		2	—	—
		后炉埔队	25	293.5	73	—		—		—	—
		山根专业队	6	275	16.5	—		—		—	—

1958—1963 年大帽山农场各生产单位农作物生产情况（续 1）

年度	队名		2. 小麦			3. 蚕豌豆			4. 冬地瓜		
			收获面积	单产	总产	收获面积	单产	总产	收获面积	单产	总产
一九五八年	合计		165.5	47	79	—	—	—	—	—	—
	埔顶大队		163	47	77	—	—	—	—	—	—
	场本部		2.5	80	2	—	—	—	—	—	—
	其中	寨仔尾	2.5	80	2	—	—	—	—	—	—
		后炉	—	—	—	—	—	—	—	—	—
		上廊	—	—	—	—	—	—	—	—	—
		罗田	—	—	—	—	—	—	—	—	—
一九五九年	合计		28	49	14	—	—	—	—	—	—
	埔顶大队		28	49	14	—	—	—	—	—	—
	场本部		—	—	—	—	—	—	—	—	—
	其中	寨仔尾	—	—	—	—	—	—	—	—	—
		后炉	—	—	—	—	—	—	—	—	—
		上廊	—	—	—	—	—	—	—	—	—
		罗田	—	—	—	—	—	—	—	—	—
		外来队	—	—	—	—	—	—	—	—	—
一九六〇年	合计		126	81	102.2	—	—	—	—	—	—
	埔顶大队		100	82	82	—	—	—	—	—	—
	场本部		26	77.5	20.2	—	—	—	—	—	—
	其中	寨仔尾	8	73	5.82	—	—	—	—	—	—
		后炉	5	84	4.17	—	—	—	—	—	—
		上廊	5	78	3.91	—	—	—	—	—	—
		罗田	8	78	6.26	—	—	—	—	—	—
		外来队	—	—	—	—	—	—	—	—	—
一九六一年	合计		123	74	91.31	4	81	3.07	—	—	—
	埔顶大队		90	69	62	—	—	—	—	—	—
	场本部		33	87	28.3	4	81	3.07	—	—	—
	其中	寨仔尾	8	73	5.85	0.6	113	0.68	—	—	—
		后炉	6	69	3.68	0.7	26	0.18	—	—	—
		上廊	6	113	6.76	1	82	0.82	—	—	—
		罗田	10	81.5	8.15	1	106	1.06	—	—	—
		甘露寺	3	129	3.87	0.5	66	0.33	—	—	—
		罗田专业队	—	—	—	—	—	—	—	—	—
		后炉埔队	—	—	—	—	—	—	—	—	—
一九六二年	合计		135	60	81	9	37.5	3.38	—	—	—
	埔顶大队		115	60	69	—	—	—	—	—	—
	场本部		20	60	12	9	37.5	3.38	—	—	—
	其中	寨仔尾	4.8	38	1.8	—	—	—	—	—	—
		后炉	5	75	3.8	2	69	1.38	—	—	—

（续）

年度	队名		2. 小麦			3. 蚕豌豆			4. 冬地瓜		
			收获面积	单产	总产	收获面积	单产	总产	收获面积	单产	总产
一九六二年	其中	上廊	4	54	2.2	—	—	—	—	—	—
		罗田	6	70	4.2	4	20	0.8	—	—	—
		甘露寺	—	—	—	3	40	1.2	—	—	—
		罗田专业队	—	—	—	—	—	—	—	—	—
		后炉埔队	—	—	—	—	—	—	—	—	—
一九六三年	合计		—	—	—	—	—	—	—	—	—
	埔顶大队		—	—	—	—	—	—	—	—	—
	场本部		—	—	—	—	—	—	—	—	—
	其中	寨仔尾	—	—	—	—	—	—	—	—	—
		后炉	—	—	—	—	—	—	—	—	—
		上廊	—	—	—	—	—	—	—	—	—
		罗田	—	—	—	—	—	—	—	—	—
		甘露寺	—	—	—	—	—	—	—	—	—
		罗田专业队	—	—	—	—	—	—	—	—	—
		后炉埔队	—	—	—	—	—	—	—	—	—
		山根专业队	—	—	—	—	—	—	—	—	—

1958—1963 年大帽山农场各生产单位农作物生产情况（续 2）

年度	队名		（二）夏收合计			1. 早稻			2. 春高粱		
			收获面积	单产	总产	收获面积	单产	总产	收获面积	单产	总产
一九五八年	合计		1017	308	3132	1017	308	3132	—	—	—
	埔顶大队		700	314	2198	700	314	2198	—	—	—
	场本部		317	295	934	317	295	934	—	—	—
	其中	寨仔尾	113	290	328	113	290	328	—	—	—
		后炉	55	338	186.01	55	338	186.01	—	—	—
		上廊	55	360	198.27	55	360	198.27	—	—	—
		罗田	94	237	223.1	94	237	223.1	—	—	—
一九五九年	合计		804	380	3058	804	380	3058	—	—	—
	埔顶大队		560	370	2072	560	370	2072	—	—	—
	场本部		244	404	986	244	404	986	—	—	—
	其中	寨仔尾	69.5	493	343	69.5	493	343	—	—	—
		后炉	53	403	213.84	53	403	213.84	—	—	—
		上廊	44	380	167.4	44	380	167.4	—	—	—
		罗田	55	272	149.68	55	272	149.68	—	—	—
		外来队	22.5	501	112.73	22.5	501	112.73	—	—	—
一九六〇年	合计		1002	332	3329	1002	332	3329	—	—	—
	埔顶大队		636	338	2150	636	338	2150	—	—	—
	场本部		366	322	1179	366	322	1179	—	—	—

（续）

年度	队名		（二）夏收合计			1. 早稻			2. 春高粱		
			收获面积	单产	总产	收获面积	单产	总产	收获面积	单产	总产
一九六〇年	其中	寨仔尾	115	337	388.08	115	337	388.08	—	—	—
		后炉	74	351	260	74	351	260	—	—	—
		上廊	73	342	249.32	73	342	249.32	—	—	—
		罗田	82.5	255	210.43	82.5	255	210.43	—	—	—
		外来队	22	325	71.38	22	325	71.38	—	—	—
一九六一年	合计		1015	313	3179	1015	313	3179	—	—	—
	埔顶大队		642	288	1849	642	288	1849	—	—	—
	场本部		373	356	1330.04	373	356	1330.04	—	—	—
	其中	寨仔尾	110	329	362.02	110	329	362.02	—	—	—
		后炉	75	410	307.61	75	410	307.61	—	—	—
		上廊	75	394	295.1	75	394	295.1	—	—	—
		罗田	95	293	277.89	95	293	277.89	—	—	—
		甘露寺	18	481	86.54	18	481	86.54	—	—	—
		罗田专业队	0.4	22	0.88	0.4	22	0.88	—	—	—
		后炉埔队	—	—	—	—	—	—	—	—	—
一九六二年	合计		999	288	2861.1	999	288	2861.1	—	—	—
	埔顶大队		620	293	1796	620	293	1796	—	—	—
	场本部		379	281	1065.1	379	281	1065.1	—	—	—
	其中	寨仔尾	105	267	280.3	105	267	280.3	—	—	—
		后炉	68	341	232.3	68	341	232.3	—	—	—
		上廊	64	338	213.6	64	338	213.6	—	—	—
		罗田	86	208	179.3	86	208	179.3	—	—	—
		甘露寺	32	324	103.7	32	324	103.7	—	—	—
		罗田专业队	22	216	47.7	22	216	47.7	—	—	—
		后炉埔队	2	4.7	0.1	2	4.7	0.1	—	—	—
一九六三年	合计		649	184	1198	628.5	227	1223	23.8	56	13.3
	埔顶大队		322	188	605	317	215	682	5	100	5
	场本部		327	181	592	311.5	175	541	18.5	44	8.3
	其中	寨仔尾	89	193.5	172.2	78.5	158.5	124.6	10.5	45	4.8
		后炉	47.8	186	89.3	44	189	83	3.8	47	1.8
		上廊	32.5	181	59	30.5	191	58.2	2	41	0.8
		罗田	103	125	129	106	125	132.7	—	—	
		甘露寺	30	264	79.2	27.5	285	78.3	2.5	36	0.9
		罗田专业队	25	257	64.3	25	257	64.3	—	—	—
		后炉埔队	—	—	—	—	—	—	—	—	—
		山根专业队	—	—	—	—	—	—	—	—	—

1958—1963 年大帽山农场各生产单位农作物生产情况（续 3）

年度	队名		3. 玉小米			（三）秋收合计			1. 晚稻		
			收获面积	单产	总产	收获面积	单产	总产	收获面积	单产	总产
一九五八年	合计		—	—	—	1897	427	8096	1410	374	5280
	埔顶大队		—	—	—	1241	432.5	5367	920	359	3303
	场本部		—	—	—	656	416	2728.4	490	404	1976.8
	其中	寨仔尾	—	—	—	224	447	1001.1	189	415	784
		后炉	—	—	—	128	400.7	512.9	90	436	392.9
		上廊	—	—	—	131	451.7	591.7	83	440	364.7
		罗田	—	—	—	173	360	622.7	128	340	435.2
一九五九年	合计		—	—	—	1913	410.4	7844	1349	371	5011
	埔顶大队		—	—	—	1309	392	5131	909	345	3136
	场本部		—	—	—	604	449	2713	440	426	1875
	其中	寨仔尾	—	—	—	162	473	766.3	132	414	546.3
		后炉	—	—	—	95.5	446	426.3	75	440	330
		上廊	—	—	—	106	456	483.4	83	422	350.1
		罗田	—	—	—	118.5	513	608.5	100	426	426.4
		外来队	—	—	—	122	352	429.6	50	445.4	222.7
一九六〇年	合计		—	—	—	1968	473	9315	1390	374	5195
	埔顶大队		—	—	—	1339	440	5892	925	342	3164
	场本部		—	—	—	629	544	3423.8	465	437	2032
	其中	寨仔尾	—	—	—	178	—	1010.9	140	471	659
		后炉	—	—	—	126	—	600.65	90	438	393.9
		上廊	—	—	—	116	—	611.4	95	473	449
		罗田	—	—	—	150	—	650.1	118	360	424.6
		外来队	—	—	—	59	—	550.7	22	473	104
一九六一年	合计		—	—	—	2072	433	8977	1482	336	4973
	埔顶大队		—	—	—	1398	388	5424	993	313	3108
	场本部		—	—	—	674	527	3552.8	489	381	1865
	其中	寨仔尾	—	—	—	180	—	933.1	130	355	462
		后炉	—	—	—	118	—	695.4	85	423	359.2
		上廊	—	—	—	116	—	599.7	93	375	348.6
		罗田	—	—	—	176	—	799.5	140	348	487.6
		甘露寺	—	—	—	53	—	393.6	32	514	164.5
		罗田专业队	—	—	—	18	—	63.97	6	405	24.32
		后炉埔队	—	—	—	13	—	67.55	3	639	19.18
一九六二年	合计		—	—	—	2009	378	7591	1498	291	4357.6
	埔顶大队		—	—	—	1337	347	4639	971	265.7	2580
	场本部		—	—	—	672	439	2952	527	337.5	1778
	其中	寨仔尾	—	—	—	177	—	847.7	140	386	540.8
		后炉	—	—	—	113	—	500.4	90	331.5	298.4

（续）

年度	队名		3. 玉小米			（三）秋收合计			1. 晚稻		
			收获面积	单产	总产	收获面积	单产	总产	收获面积	单产	总产
一九六二年	其中	上廊	—	—	—	112	—	486.2	87	310.6	270.2
		罗田	—	—	—	147	—	589	120	297	356
		甘露寺	—	—	—	70	—	346	52	404	210
		罗田专业队	—	—	—	40	—	131.7	35	262	91.7
		后炉埔队	—	—	—	13	—	50.61	3	353	10.6
一九六三年	合计		—	—	—	2132	456	9713	1506	400	6026
	埔顶大队		—	—	—	1371	415	5690	934	344	3213
	场本部		—	—	—	761	529	4023	572	491	2813
	其中	寨仔尾	—	—	—	195.6	—	1067.1	157	511	802.5
		后炉	—	—	—	137	—	738.4	92	451	414.8
		上廊	—	—	—	119.5	—	600	84	397	333.4
		罗田	—	—	—	160.5	—	833.1	142	502	712.3
		甘露寺	—	—	—	69	—	419.8	55	574	315.9
		罗田专业队	—	—	—	48	—	272.3	42	549	230.5
		后炉埔队	—	—	—	25.5	—	76.3	0.5	624	2.8
		山根专业队	—	—	—	6	—	16.5	—	—	—

1958—1963 年大帽山农场各生产单位农作物生产情况（续 4）

年度	队名		2. 早地瓜			3、晚地瓜			二、大豆合计		
			收获面积	单产	总产	收获面积	单产	总产	收获面积	单产	总产
一九五八年	合计		442	591.5	2614.6	51	448	228	412	91	374
	埔顶大队		276	675	1863	51	448	228	288	91	262
	场本部		166	451	751.6	—	—	—	124	90	112
	其中	寨仔尾	35	620	217.1	—	—	—	—	—	—
		后炉	38	315.8	120	—	—	—	—	—	—
		上廊	48	473	227	—	—	—	—	—	—
		罗田	45.5	412	187.5	—	—	—	—	—	—
一九五九年	合计		464	540	2505	100	341	341	331	51	169.4
	埔顶大队		300	546	1638	100	341	341	219	522	114
	场本部		164	529	867	—	—	—	112	50	55.4
	其中	寨仔尾	30	733	220.1	—	—	—	—	—	—
		后炉	20.5	610	125	—	—	—	—	—	—
		上廊	23	579	133.24	—	—	—	—	—	—
		罗田	18.5	984	182.1	—	—	—	—	—	—
		外来队	72	287	206.9	—	—	—	—	—	—
一九六〇年	合计		463	776	3592	105	352	370	292	63	184.2
	埔顶大队		309	704	2175	105	352	370	192	65	125
	场本部		154	920	1416	—	—	—	100	59	59.2

（续）

年度	队名		2. 旱地瓜			3、晚地瓜			二、大豆合计		
			收获面积	单产	总产	收获面积	单产	总产	收获面积	单产	总产
一九六〇年	其中	寨仔尾	38	927	352.2	—	—	—	31	74.6	23.1
		后炉	26	795	206.8	—	—	—	20.5	41	8.26
		上廊	21	884	185.7	—	—	—	20	60	12.09
		罗田	32	704	225.4	—	—	—	22	44	9.75
		外来队	37	1207	446.7	—	—	—	6.5	91	5.94
一九六一年	合计		487	710	3457	103	356	367	266	58	154.1
	埔顶大队		302	653	1972	103	356	367	188	53	100
	场本部		185	802	1485	—	—	—	78	70	54.15
	其中	寨仔尾	50	941	470.7	—	—	—	27	59	15.85
		后炉	33	1018	336.2	—	—	—	15.5	80	12.25
		上廊	23	1091	251.1	—	—	—	16	59	9.37
		罗田	36	861	310	—	—	—	18	83	14.97
		甘露寺	21	139	29.11	—	—	—	1.6	100	1.61
		罗田专业队	12	330	39.65	—	—	—	—	—	—
		后炉埔队	10	484	48.37	—	—	—	—	—	—
一九六二年	合计		366	723	2647	145	421	610	294	50	147
	埔顶大队		265	644	1707	101	394	398	206	51	105
	场本部		101	931	941	44	481	212	88	47	41.8
	其中	寨仔尾	21	1060	223	16	393	63	27	54	14.5
		后炉	17	982	167	6	583	35	16	60	9.7
		上廊	17	1000	170	8	575	46	16	46	7.3
		罗田	19	974	185	8	587	47	20	32	6.3
		甘露寺	16	800	128	2	450	9	4	54	2.2
		罗田专业队	5	800	40	—	—	—	2	40	0.8
		后炉埔队	6	467	28	4	300	12	3	29	0.8
一九六三年	合计		420	653	2742	206	454	936	324	31	99.9
	埔顶大队		283	623	1763	154	457	704	222	26	57.8
	场本部		137	716	978.9	52	447	232.4	102	42	43
	其中	寨仔尾	25.7	742	190.5	13	570	74.1	28	28	8
		后炉	43	726	312.2	2	570	11.4	18	57	10.3
		上廊	34	759	258.1	1.5	570	8.6	16	37	5.9
		罗田	6	825	49.5	12.5	570	71.3	22	48	10.7
		甘露寺	14	742	104	—	—	—	7.5	38	2.9
		罗田专业队	3	825	24.8	3	570	17.1	4.6	49	2.3
		后炉埔队	10	360	36	15	250	37.5	—	—	—
		山根专业队	1	400	4	5	250	12.5	6	51	3

1958—1963 年大帽山农场各生产单位农作物生产情况（续 5）

年度	队名		其中：春大豆			三、经济作物			其中：黄麻		
			收获面积	单产	总产	收获面积	单产	总产	收获面积	单产	总产
一九五八年	合计		388	91	352	—	—	—	—	—	—
	埔顶大队		264	91	240	—	—	—	—	—	—
	场本部		124	90	112	—	—	—	—	—	—
	其中	寨仔尾	—	—	—	—	—	—	—	—	—
		后炉	—	—	—	—	—	—	—	—	—
		上廊	—	—	—	—	—	—	—	—	—
		罗田	—	—	—	—	—	—	—	—	—
一九五九年	合计		331	51	169	—	—	—	10	164	16.4
	埔顶大队		219	52	114	—	—	—	8	137	11
	场本部		112	50	55.4	—	—	—	2	267	5.4
	其中	寨仔尾	—	—	—	—	—	—	—	—	—
		后炉	—	—	—	—	—	—	—	—	—
		上廊	—	—	—	—	—	—	—	—	—
		罗田	—	—	—	—	—	—	—	—	—
		外来队	—	—	—	—	—	—	—	—	—
一九六〇年	合计		—	—	—	—	—	—	15	150	22
	埔顶大队		—	—	—	—	—	—	8	108	9
	场本部		—	—	—	—	—	—	7	199	13.9
	其中	寨仔尾	—	—	—	—	—	—	1.7	248	4.22
		后炉	—	—	—	—	—	—	1.1	221	2.43
		上廊	—	—	—	—	—	—	1	223	2.23
		罗田	—	—	—	—	—	—	1	95	0.95
		外来队	—	—	—	—	—	—	2.2	185	4.07
一九六一年	合计		—	—	—	—	—	—	15	202	30
	埔顶大队		—	—	—	—	—	—	8	135	11
	场本部		—	—	—	—	—	—	7.1	277	19.73
	其中	寨仔尾	—	—	—	—	—	—	1.5	420	6.31
		后炉	—	—	—	—	—	—	1.3	332	4.37
		上廊	—	—	—	—	—	—	1.2	330	3.96
		罗田	—	—	—	—	—	—	1.6	212	3.39
		甘露寺	—	—	—	—	—	—	1.5	113	1.7
		罗田专业队	—	—	—	—	—	—	—	—	—
		后炉埔队	—	—	—	—	—	—	—	—	—
一九六二年	合计		294	50	146	—	—	—	27	177	47.8
	埔顶大队		206	51	105	—	—	—	11	172	19
	场本部		88	47	41.8	—	—	—	16	180	28.8
	其中	寨仔尾	—	—	—	—	—	—	3	228	6.8
		后炉	—	—	—	—	—	—	3	170	5.1

（续）

年度	队名		其中：春大豆			三、经济作物			其中：黄麻		
			收获面积	单产	总产	收获面积	单产	总产	收获面积	单产	总产
一九六二年	其中	上廊	—	—	—	—	—	—	3	175	5.3
		罗田	—	—	—	—	—	—	3	170	5
		甘露寺	—	—	—	—	—	—	3	130	3.9
		罗田专业队	—	—	—	—	—	—	1	267	2.7
		后炉埔队	—	—	—	—	—	—	—	—	—
一九六三年	合计		320	32	104	—	—	—	18	133	24
	埔顶大队		222	26	57.8	—	—	—	7	150	11
	场本部		98	47	46	—	—	—	10.8	122	13
	其中	寨仔尾	—	—	—	—	—	—	2.8	74	2.1
		后炉	—	—	—	—	—	—	2.4	204	4.9
		上廊	—	—	—	—	—	—	2.4	160	3.8
		罗田	—	—	—	—	—	—	1	90	0.9
		甘露寺	—	—	—	—	—	—	1.5	—	—
		罗田专业队	—	—	—	—	—	—	0.2	450	0.9
		后炉埔队	—	—	—	—	—	—	—	—	—
		山根专业队	—	—	—	—	—	—	0.3	100	0.3

1958—1963年大帽山农场各生产单位农作物生产情况（续6）

年度	队名		花生			其中：春花生			其中：秋花生		
			收获面积	单产	总产	收获面积	单产	总产	收获面积	单产	总产
一九五八年	合计		233	205	478	233	205	478	—	—	—
	埔顶大队		129	209	270	129	209	270	—	—	—
	场本部		104	200	208	104	200	208	—	—	—
	其中	寨仔尾	—	—	—	—	—	—	—	—	—
		后炉	—	—	—	—	—	—	—	—	—
		上廊	—	—	—	—	—	—	—	—	—
		罗田	—	—	—	—	—	—	—	—	—
一九五九年	合计		231	131	303	231	131	303	—	—	—
	埔顶大队		127	157	200	127	157	200	—	—	—
	场本部		104	100	103.4	104	100	103.4	—	—	—
	其中	寨仔尾	—	—	—	—	—	—	—	—	—
		后炉	—	—	—	—	—	—	—	—	—
		上廊	—	—	—	—	—	—	—	—	—
		罗田	—	—	—	—	—	—	—	—	—
		外来队	—	—	—	—	—	—	—	—	—
一九六〇年	合计		133	97	128.46	133	97	128.46	—	—	—
	埔顶大队		107	101	108	107	101	108	—	—	—
	场本部		26	79	20.46	26	79	20.46	—	—	—

（续）

年度	队名		花　生			其中：春花生			其中：秋花生		
			收获面积	单产	总产	收获面积	单产	总产	收获面积	单产	总产
一九六〇年	其中	寨仔尾	10	93	9.27	10	93	9.27	—	—	—
		后炉	5.5	76.5	4.21	5.5	76.5	4.21	—	—	—
		上廊	3.5	98	3.42	3.5	98	3.42	—	—	—
		罗田	6	38	2.28	6	38	2.28	—	—	—
		外来队	1	127	1.27	1	127	1.27	—	—	—
一九六一年	合计		128.5	94	120.64	128.5	94	120.64	—	—	—
	埔顶大队		107	83	89	107	83	89	—	—	—
	场本部		21.5	147	31.64	21.5	147	31.64	—	—	—
	其中	寨仔尾	7.9	111	8.79	7.9	111	8.79	—	—	—
		后炉	4	245	9.81	4	245	9.81	—	—	—
		上廊	2	163	3.26	2	163	3.26	—	—	—
		罗田	5.6	136	7.61	5.6	136	7.61	—	—	—
		甘露寺	2	107	2.17	2	107	2.17	—	—	—
		罗田专业队	—	—	—	—	—	—	—	—	—
		后炉埔队	—	—	—	—	—	—	—	—	—
一九六二年	合计		162	86	140	162	86	140	—	—	—
	埔顶大队		122	76	93	122	76	93	—	—	—
	场本部		40	117	47.2	40	118	47.2	—	—	—
	其中	寨仔尾	10	115	11.5	—	—	—	—	—	—
		后炉	6	172	10.3	—	—	—	—	—	—
		上廊	5	133	6.7	—	—	—	—	—	—
		罗田	8	136	11.1	—	—	—	—	—	—
		甘露寺	2	95	1.9	—	—	—	—	—	—
		罗田专业队	3	122	3.7	—	—	—	—	—	—
		后炉埔队	6	33	2	—	—	—	—	—	—
一九六三年	合计		225	127	287	225	128	287	—	—	—
	埔顶大队		175	116	203	175	116	203	—	—	—
	场本部		50	167	84.3	50	167	84.3	—	—	—
	其中	寨仔尾	13	142	18.5	—	—	—	—	—	—
		后炉	11	154	17	—	—	—	—	—	—
		上廊	5.7	184	10.5	—	—	—	—	—	—
		罗田	8	206	16.5	—	—	—	—	—	—
		甘露寺	5	158	7.9	—	—	—	—	—	—
		罗田专业队	2.5	360	9	—	—	—	—	—	—
		后炉埔队	5	96	4.9	—	—	—	—	—	—
		山根专业队	—	—	—	—	—	—	—	—	—

1958—1963 年大帽山农场各生产单位农作物生产情况（续 7）

年度	队名		四：其他作物合计			其中：蔬菜			芋 头		
			收获面积	单产	总产	收获面积	单产	总产	收获面积	单产	总产
一九五八年	合计		—	—	—	42	1593	669	64	1633	1045
	埔顶大队		—	—	—	42	1593	669	42	1593	669
	场本部		—	—	—	—	—	—	22	1708	375.7
	其中	寨仔尾	—	—	—	—	—	—	—	—	—
		后炉	—	—	—	—	—	—	—	—	—
		上廊	—	—	—	—	—	—	—	—	—
		罗田	—	—	—	—	—	—	—	—	—
一九五九年	合计		—	—	—	42	567	238	64	1541	986
	埔顶大队		—	—	—	42	567	238	42	1415	594
	场本部		—	—	—	—	—	—	22	1781	392
	其中	寨仔尾	—	—	—	—	—	—	—	—	—
		后炉	—	—	—	—	—	—	—	—	—
		上廊	—	—	—	—	—	—	—	—	—
		罗田	—	—	—	—	—	—	—	—	—
		外来队	—	—	—	—	—	—	—	—	—
一九六〇年	合计		—	—	—	—	—	—	68	1247	847.4
	埔顶大队		—	—	—	—	—	—	42	718	301
	场本部		—	—	—	—	—	—	26	2101	546.4
	其中	寨仔尾	—	—	—	—	—	—	5	2349	117.5
		后炉	—	—	—	—	—	—	5	2184	109
		上廊	—	—	—	—	—	—	5	2830	141.5
		罗田	—	—	—	—	—	—	6	1949	116.9
		外来队	—	—	—	—	—	—	5	1225	61.3
一九六一年	合计		—	—	—	—	—	—	83.4	1349	1124.8
	埔顶大队		—	—	—	—	—	—	50	950	475
	场本部		—	—	—	—	—	—	33.4	1945	649.8
	其中	寨仔尾	—	—	—	—	—	—	9	1765	158.9
		后炉	—	—	—	—	—	—	5.5	2172	119.5
		上廊	—	—	—	—	—	—	6	2241	134.6
		罗田	—	—	—	—	—	—	6	1616	97
		甘露寺	—	—	—	—	—	—	6.9	2028	140
		罗田专业队	—	—	—	—	—	—	—	—	—
		后炉埔队	—	—	—	—	—	—	—	—	—
一九六二年	合计		—	—	—	—	—	—	77	1214	936
	埔顶大队		—	—	—	—	—	—	44	830	365
	场本部		—	—	—	—	—	—	33.1	1726	571
	其中	寨仔尾	—	—	—	—	—	—	7.5	1486	111.5
		后炉	—	—	—	—	—	—	6	2150	129

（续）

年度	队名		四：其他作物合计			其中：蔬菜			芋　头		
			收获面积	单产	总产	收获面积	单产	总产	收获面积	单产	总产
一九六二年	其中	上廊	—	—	—	—	—	—	5	2950	147.5
		罗田	—	—	—	—	—	—	6	1680	100.8
		甘露寺	—	—	—	—	—	—	5.5	930	51.1
		罗田专业队	—	—	—	—	—	—	1.8	1736	31
		后炉埔队	—	—	—	—	—	—	1.3	—	—
一九六三年	合计		—	—	—	—	—	—	85	801	685
	埔顶大队		—	—	—	—	—	—	55	600	330
	场本部		—	—	—	—	—	—	30	1163	355
	其中	寨仔尾	—	—	—	—	—	—	8	995	80
		后炉	—	—	—	—	—	—	5	1529	76.4
		上廊	—	—	—	—	—	—	5	1396	69.8
		罗田	—	—	—	—	—	—	6	1340	80.5
		甘露寺	—	—	—	—	—	—	2.5	648	16.2
		罗田专业队	—	—	—	—	—	—	3	1009	30.3
		后炉埔队	—	—	—	—	—	—	1	201	2
		山根专业队	—	—	—	—	—	—	—	—	—

1958—1963 年大帽山农场各生产单位农作物生产情况（续 8）

年度	队名		马铃薯			蒜　头			生　姜		
			收获面积	单产	总产	收获面积	单产	总产	收获面积	单产	总产
一九五八年	合计		—	—	—	36	897	323	53	1000	530
	埔顶大队		—	—	—	32	910	291	—	—	
	场本部		—	—	—	4	800	32	53	1000	530
	其中	寨仔尾	—	—	—	—	—	—	—	—	—
		后炉	—	—	—	—	—	—	—	—	—
		上廊	—	—	—	—	—	—	—	—	—
		罗田	—	—	—	—	—	—	—	—	—
一九五九年	合计		—	—	—	—	—	—	—	—	—
	埔顶大队		—	—	—	35	940	329	—	—	—
	场本部		—	—	—	20	772	154.3	83	1084	900
	其中	寨仔尾	—	—	—	—	—	—	—	—	—
		后炉	—	—	—	—	—	—	—	—	—
		上廊	—	—	—	—	—	—	—	—	—
		罗田	—	—	—	—	—	—	—	—	—
		外来队	—	—	—	—	—	—	—	—	—
一九六〇年	合计		19.5	518	101.16	67.5	968	653.89	17.5	824	144
	埔顶大队		—	—	—	34	702	238	—	—	—
	场本部		19.5	518	101.16	33.5	1241	415.89	17.5	824	144

（续）

年度	队名		马铃薯			蒜头			生姜		
			收获面积	单产	总产	收获面积	单产	总产	收获面积	单产	总产
一九六〇年	其中	寨仔尾	5	202	10.12	12	1345	161.61	2.75	183	5
		后炉	1.2	575	6.90	7	1117	78.2	1	300	3
		上廊	1	868	8.68	8.5	1314	111.68	3.7	423	16
		罗田	2.5	209	5.24	6	1073	64.4	5	768	38.4
		外来队	9.8	716	70.22	—	—	—	5	1633	82
一九六一年	合计		14	792	111.74	57.5	804	462	9.7	1303	126
	埔顶大队		—	—	—	30	650	195	—	—	—
	场本部		14	792	111.74	27.5	972	267.2	9.7	1303	126
	其中	寨仔尾	1.8	858	15.45	6	—	73.31	2.5	857	21
		后炉	1.5	988	14.82	5.7	—	52.45	2	750	15
		上廊	1	625	6.25	4.5	—	62.80	2	1500	30
		罗田	3	277	8.3	5.1	—	50	3.2	1875	60
		甘露寺	6.8	984	66.92	6.2	—	28.63	—	—	—
		罗田专业队	—	—	—	—	—	—	—	—	—
		后炉埔队	—	—	—	—	—	—	—	—	—
一九六二年	合计		25.4	242	61.2	—	—	—	—	—	—
	埔顶大队		—	—	—	—	—	—	—	—	—
	场本部		25.4	242	61.2	—	—	—	—	—	—
	其中	寨仔尾	3.5	423	14.8	—	—	—	—	—	—
		后炉	2.8	246	6.9	—	—	—	—	—	—
		上廊	3.9	275	10.7	—	—	—	—	—	—
		罗田	3.2	343	11	—	—	—	—	—	—
		甘露寺	5	214	10.7	—	—	—	—	—	—
		罗田专业队	2.5	160	4	—	—	—	—	—	—
		后炉埔队	4.4	69	3	—	—	—	—	—	—
一九六三年	合计		—	—	—	58	525	304	18	436	77
	埔顶大队		—	—	—	30	500	150	4	1000	40
	场本部		—	—	—	28	552	154	14	271	37
	其中	寨仔尾	—	—	—	8	642	51.4	0.5	1000	5
		后炉	—	—	—	7	669	46.8	1.25	360	4.5
		上廊	—	—	—	7	334	23.4	2	400	8
		罗田	—	—	—	6	550	33	6	250	15
		甘露寺	—	—	—	—	—	—	1.4	145	2
		罗田专业队	—	—	—	—	—	—	2.5	100	2.5
		后炉埔队	—	—	—	—	—	—	—	—	—
		山根专业队	—	—	—	—	—	—	—	—	—

大帽山农场实行联产承包责任制，统计人员无法直接获取第一手生产资料，只能通过

入户抽样调查，统计比较粗略。

2013—2018年，大帽山农场农作物产量汇总情况见表4-13-19。

表4-13-19　2013—2018年大帽山农场农作物产量汇总

年　度	水　稻		薯类		油料		甘蔗		蔬菜	
	播种面积（万亩）	总产量（吨）	播种面积（万亩）	总产量（吨）	播种面积（万亩）	总产量（吨）	播种面积（万亩）	总产量（吨）	播种面积（万亩）	总产量（吨）
2013年	0.12	447	0.02	100	0.025	33	0.0035	65	0.14	1267
2014年	0.03	135	0.03	135	—	—	—	—	0.07	638
2015年	0.1	447	0.03	130	0.018	23	—	—	0.145	1251
2016年	0.07	315	0.03	135	0.025	30	—	—	0.1	781
2017年	0.05	224	0.025	113	0.01	13	—	—	0.95	917
2018年	0.04	180	0.025	113	0.01	13	—	—	0.88	836

（三）劳工统计

大帽山农场办公室负责全场劳工统计。评分记工阶段，各农业队、专业队分设记工员，每日统计用工情况，每月公布记工结果，接受职工监督；年终以各生产单位农业、工副业总产值及全年用工情况，计算工分值和职工每月工资，各生产单位月工资有区别。职工领取平均工资阶段，劳工以各生产单位全劳力职工为基数进行统计，农场除固定工之外，一般职工由农场行政部门确定平均工资。

1984年，大帽山农场总户数675户，从事农业625户；总人口3655人，农业户口3541人，从事劳动1985人。

2022年，大帽山农场居民户1048户，人口3345人，其中男1756人，女1589人。劳动力资源数1856人，其中男劳动力1047人，女劳动力809人。农场从业人数1152人，其中男651人，从事农业生产213人；女501人，从事农业生产164人。

第三节　财务管理

一、财务人员

1958年5月，大帽山农场建场时，财务管理实行钱、账、物分管，配备会计、出纳、保管人员，罗元彬任农场场部会计。埔顶大队各生产队一般设会计员、记工员、保管员、出纳员，岗位各不互兼。

1960年11月，叶振专入场任总务，1962年任出纳。

1961年2月，杨文铺入场任总务，1962年任会计；3月，许金殿到农场任助理会计。

1962 年，苏圻群从厦门通用机器厂到农场任总务。

1963 年，罗元彬任主办会计、许金殿任助理会计、叶振专任出纳员、苏金水任仓管员、洪钟助任总务。

1964 年，袁代茂任农场基建负责人兼管财务，罗元彬任农场主办会计，陈凯香任农场助理会计。

1973 年 3 月，大帽山农场党支部要求各生产单位召开职工大会，进行无记名投票，选举产生会计员、保管员、出纳员，最终经队委研究同意，确定为“三员”。

1980 年，陈文章任农场财务供销副股长；9 月，叶振专任会计，黄献平、洪涂、黄献江任助理会计。杨文铺任总务。

1984 年，陈金壇任总务，叶振专任财务负责人。

1996 年，黄奕沙任财务股股长。

2000 年，黄奕沙任财务股股长，郑文国、郑有才为财务股成员。

二、建账

1958 年，大帽山农场建场初期，农场本部设置账簿，由出纳员向会计及时报送收支情况，按时记账。埔顶大队保持集体所有制，经济独立核算，由各生产队出纳员报会计员入账。各生产队、专业队财务管理不一，个别生产单位记账不及时，一年记四次账，或一年按夏季预分和年终决算各一次，有的一年只在年终决算时记一次账，账目较为混乱，影响生产积极性。1965 年，埔顶大队全体并入农场后，虽各生产队分设会计、出纳、总务，财务统一由农场管理，各生产队评工记分，按月发放统一固定工资。农场逐步完善财务制度，设财务负责人、主办会计、助理会计，层层把关，杜绝财产流失。

三、财务计划

1958 年，大帽山农场建场初期，财务计划主要侧重生产成本、基础设施建设支出以及农产品、工副业产品销售收入的预算。1970 年以后，农场财务计划倾向于发展农业机械化。

1985 年 3 月，大帽山农场根据厦门市农垦局要求，编制财务计划表，全年产品销售收入计划数 98.23 万元，扣除销售成本 90.8 万元、销售费用 0.68 万元、税金 49450 元（其中农业税金 1.12 万元），产品销售利润 1.8 万元；增加营业外利润 5 万元，其中商业供销利润 4 万；扣除营业外支出 4.3 万。1985 年，农场计划盈利 2.5 万元。

1985 年，大帽山农场销售利润计划见表 4-13-20。

表 4-13-20 1985 年大帽山农场销售利润计划

业别和主要产品名称	销售数量（担）	销售收入（元）		销售产品生产成本（元）		销售费用（元）	税金（元）	销售盈亏（元）
		单位销价	金额	单位成本	总成本			
种植业合计*	—	—	545560	—	520377	2000	15200	+7983
其中：水稻	—	11	182219	11	178000	1000	2500	+719
花生	—	36	24192	34	22892	—	1000	+300
甘蔗	27200	3.6	97920	3.5	95200	500	1000	+420
剑麻	—	75	75000	66.5	66500	—	3000	+5500
果林业合计*	—	—	188500	—	161933	500	11250	+15817
其中：柑橘	—	—	—	—	—	—	—	—
干毛茶	500	360	180000	322	161000	500	11250	+6917
龙眼	—	—	—	—	—	—	—	—
畜牧业合计*	—	—	90000	—	88200	1800	—	—
其中：生猪	—	—	—	—	—	—	—	—
家禽	—	—	—	—	—	—	—	—
加工业合计*	—	—	140400	—	121500	2500	21000	−4600
精制茶叶	350	400	140000	360	126000	2500	21000	+9500
白棕绳	—	—	—	—	—	—	—	—
制 纸	—	—	—	—	—	—	—	—
酿 酒	—	—	—	—	—	—	—	—
石 料	—	—	—	—	—	—	—	—
副业合计*	—	—	17800	—	12000	—	2000	+3800
上年产品差额	—	—	—	—	5000	—	—	−5000
总计	—	—	982260	—	909010	6800	49450	+18000
场办商业合计	—	—	500000	—	425000	20000	15000	+40000

1985 年，大帽山农场专用基金及专用拨款计划见表 4-13-21。

表 4-13-21 1985 年大帽山农场专用基金及专用拨款计划

单位：元

项目	年初数	增加数	支出数		年末数
			金额	计划项目支出说明	
更新改造基金	64065	43400	48000	购买 30 变压器换 100 的，年可节约 4992 元，茶队采用生产承包，茶青猛增，厂房不足，需扩建 150 平方米，造价 45000 元	59465
职工福利基金	7158	28000	22000	购教学室仪器 500 元，电影机（16 毫米）500 元，医药费 15000 元，其他 6000 元	13158
利润包干结余	13853	25000	9000	发 1984 年奖金 3800 元，1985 年奖金 5200 元	29853
小型农田水利支出	−5019	15000	20000	修建新生水库 15000 元，喷灌 5000 元	−10019

* 注：合计指所有合计，表中“其中”只列举部分。

（续）

项目	年初数	增加数	支出数		年末数
			金额	计划项目支出说明	
定植和培育费	8438	50000	55000	改造茶园 60 亩、12000 元，茶苗定植 50 亩、15000 元，培育 300 亩、2000 元，剑麻改造 150 亩、8000 元	3438
政策性社会性支出	9363	20000	25000	政法人员费用工资 8000 元，添置教室桌椅 1000 元，教师工资 90000 元，修理教室 1 座 7000 元	4363

四、财务物资管理

大帽山农场严格执行财务物资管理，建立完善收支登记、物资出入仓登记，加强平时监管、年终盘点结账，发现问题及时整改。

1962 年 6 月，大帽山农场基建负责人贪污盗窃农场财物计 300 元左右，经批评教育，未做处分。

1976 年，大帽山农场对财务物资管理提出管理意见：

（一）财务物资管理人员必须经常深入检查督促各单位物资管理、工日统计、财务收支执行情况，并向本单位职工公布，做到账款相符、账物相符。健全财务管理制度，做到消耗有定额、收支有手续、领料有凭证、开支有计划、用工有记载，实行民主理财，克服管理纷乱、无人负责的现象。

（二）各单位的基本建设、财产添置、费用开支必须在年初编造计划，送农场审批，未经批准的一律不予报销。财务组根据各单位报送的计划，发动职工讨论，报送农场党支部审查批准执行，做到一年早知道，同时还要定期进行经济活动分析，向职工公布各项生产指标完成情况，发动群众找差距、查原因、提措施，促进各项计划的顺利落实。

（三）各行各业计划内开支，由各主管部门负责人审批；办公用品、旅差费、会议费、家具添置等，由农场财务管理负责人审批。

（四）农场各种账簿、凭证、单据、报表建立严格保管领用制度，各种会计凭证、账簿、报表、财务收支计划、经济合同、承包合同等设立专门会计档案柜，由主办会计统一管理。

五、财务盈亏

1969 年，大帽山农场全年亏损 3.49 万元，其中农业亏损 0.16 万元，工副业亏损 1.69 万元。

1970年，农场全年亏损0万元，其中农业亏损1.8万元，工副业盈余2.29万元。

1971年，农场全年亏损2.82万元，其中农业亏损3.12万元，工副业盈余1.44万元。

1984年，大帽山农场在全面实行大包干及家庭农场、联合体的基础上，根据企业改革精神，农场领导彻底调整机构、整编人员，从根本上解决财务问题。财务决算中，农业、畜牧业的销售收入及销售成本是按生产计划、抽样和典型调查综合汇集，数据偏向于估算；剑麻的销售收入和销售成本才是财务结算的真实成果；果林业采用联产计酬、少赔多奖、成本控制，加强管理。农场全年利润2.052万元，比1983年多盈利0.218万元，其中生产盈利0.303万元，商业盈利1.5万元；种植花生全年生产成本12.9万元，比1983年多花3.2万元，这并不是浪费，而是在农场统一安排下，对一些该培育的茶果重点培育，多投肥投工；工副业成本10.1万元，比1983年少投9万元，主要是白棕绳厂停产，精制茶比上年减产；尽管工副业成本下降，还是亏本了4.6万元，比1983年多亏了2.2万元，其原因是农场原工副业厂房多、机器设备多；企业管理费1984年大幅下降，其原因是企业加强管理、压缩开支，全年企业管理费3.6万元，比1983年节约2.7万元。

2003年，大帽山农场国民生产总值963万元，各种收入23.7万元，费用支出76.7万元，亏损53万元，固定资产现值233.7万元，流动资金175万元。

截至2005年，大帽山农场年年出现小额亏损（含政策性亏损），累计账面负债509万元。

2018年6月15日，翔安区国有资产清理领导小组办公室对农场承担的社会职能资产实行综合核算，核定资产、债务、收入及支出等情况，完成专项审计工作。农场资产总额共计4836.88万元，其中货币资金2903.99万元，应收账款78.53万元，其他应收款1477.81万元，存货127.55万元，固定资产净值249万元。

六、财务监督

大帽山农场实行财务分管领导一支笔审批制度，制定审批权限，超过审批范围由农场领导班子集体研究决定。会计按期结账，按年结算，定期公布，接受监督，农场主管部门每年组织财务审计检查。区纪检监察部门根据审计部门的审查意见对涉及违规违纪人员进行纪律处分。

第四节　土地管理

一、土地面积

1958年5月，大帽山农场土地总面积118500亩，其中农业社并入2502亩。耕地

4303 亩，其中水田 3068 亩，旱地 1235 亩；农业社并入 2320 亩，其中水田 2270 亩，旱地 50 亩。果茶及其他多年生作物用地 1941 亩，其中农业社并入 182 亩。总面积中可开发利用荒山荒地 86274 亩。

1960 年 6 月，农场土地总面积 93000 亩，其中公社并入转为全民所有制土地 1000 亩。耕地面积 862 亩，其中公社并入转为全民所有制耕地 574 亩，水田面积 786 亩。多年生作物用地 2678 亩。林地 19317 亩，其中防护林 19317 亩。苗圃 71 亩，无水产养殖用地，放牧地 15000 亩。

1963 年，农场土地总面积 60000 亩。耕地面积 2428 亩，其中水田面积 2364 亩，旱地面积 64 亩。园林地 1379 亩，牧地 10000 亩，天然林地 19500 亩。总面积中可开发利用荒地 20000 亩。水面面积 120 亩，无养鱼面积。

1969—1972 年，农场耕地面积 2428 亩，其中水田 2318 亩，旱地 110 亩。

因农场土地面积与周边村庄土地面积有交叉，农场土地总面积一直在调整。1979 年，大帽山农场土地总面积 36450 亩，耕地面积 2520 亩，其中水浇田 2277 亩，旱地 244.5 亩。林地 27406.5 亩，果园 5224.5 亩，基地用地 1299 亩。总面积可开发利用的荒地 17724 亩。

2018 年，大帽山农场实际主张土地面积 34027 亩，已完成权籍调查面积 34027 亩，完成调查率 100％。

二、用地规划

2005 年 3—7 月，《厦门翔安大帽山用地整合规划》由厦门市城市规划设计研究院编制完成，通过厦门市城市规划局审查。由于地理条件和历史原因限制，大帽山农场始终跟不上厦门特区经济发展的步伐，经济发展缓慢，是厦门贫困的边远山区。基于大帽山农场的实际情况，厦门市委、市政府决定把农场作为“移民造福”试点区。

农场用地规划定位为实施退耕还林，保护生态环境，逐年进行林相改造，结合建设体育健身、休闲度假和开发生态旅游，把大帽山打造成远近闻名的厦门国际友城森林公园。规划功能分区根据森林公园综合发展需要，结合地域特点，因地制宜设置浏览区、游乐区、狩猎区、野营区、休疗养区、接待服务区、生态保护区、生产经营区、行政管理区和居民生活区 10 大功能区。项目策划以十大友城项目为主，辅以六大本源生态文化项目，打造集文化、旅游、运动、休闲、度假、会议等多种功能为一体的主题森林公园。

用地布局考虑到规划的不确定因素影响，规划采用在弹性规划结构的统一架构下，形成以溪园内峡谷探险、运动公园、三角梅园、溪美水库、服务管理和生活居住 6 个相对独立组团，组团规模随开发的进程逐渐减少，精明增长。组团之间结合现状林地、耕地和水库溪流形成大片生态的开敞空间，塑造大帽山生态景观形象。组团间的生态绿廊作为生态农业、观光农业、苗圃等内容，不做其他开发，虽减少土地收益，但会帮助大帽山形成生态旅游形象。

2018 年，大帽山农场位于厦门市生态控制区域，主体功能以生态保育为主。按照规划，大帽山农场确定打造“大帽山境田园综合体”的发展定位，明确按“市级国企、区级国企、国有农场”的发展模式开发寨仔尾里项目，同时培育家庭农场。

三、用地管理

1950 年 12 月 14 日，同安县开展第一期土地改革。1953 年 9 月，全县土地改革结束，所有民房由同安县人民政府发放土地证，确认房屋产权。大帽山农场建场后，房屋产权登记、用地申请由农场代行管理。20 世纪 80 年代，农场成立土地管理所，隶属同安县土地局，负责农场民房管理工作，包括土地登记、用地申请、预审、报批，现场勘测定点、调解土地纠纷，宣传土地政策、制止违法用地、整治地质灾害区域和危房，进行村庄的规划建设和改造。

1997 年，大帽山农场换发《国有土地使用证》的居民房屋有 803 宗，建筑占地面积 13 万平方米；未发证的有 28 宗（不含各村的宗祠），建筑占地面积 0.36 万平方米。公建房屋（含学校）47 宗，占地面积 1.45 万平方米。

1998 年，大帽山农场土地管理所取消，土地使用权归属新圩镇土地管理所管理。农场配备兼职土地管理员 1 名，配合同安县（区）国土局和新圩镇土地管理所处理土地管理中的一些日常事务。1998—2003 年，大帽山农场新建房屋 169 宗，占地面积 1.98 万平方米，已发房屋产权证 22 宗，占地面积 2512 平方米。

2004 年，大帽山农场进行整体场村建设规划，暂停民居建设审批。2005 年 10 月 21 日，厦门市人民政府下发《关于鼓励重点水源保护区和边远山区实施移民造福工程的指导意见》。12 月，大帽山农场制定移民搬迁工作方案，拟移民 8 个自然村。2007 年，翔安区制定大帽山农场移民安置工作方案，实施移民造福工程。2014 年底，后炉、上廊、洪毛岭、内官、村门、古坑共 6 个自然村移民对象的建筑物彻底拆除；罗田自然村建设大部分拆除，只保留部分老宅；寨仔尾自然村整体保留，以待开发建设。大帽山农场整体易地搬迁和就地集中安置腾出 22.4 平方公里山地，实施退耕还林，涵养水源，保护生态环境，促进生态旅游产业发展。

2014 年，大帽山农场对所有土地外业勘界、飞地调查，进行确权发证。

2018年，根据厦门市政府批复的《厦门市村庄空间布局规划（2018—2035）》，大帽山农场属于适建区；根据厦门市人民政府《关于印发加强农村村民住宅建设管理意见的通知》，适建区内可申请新建农村村民住宅和旧房翻改建。

2018年6月11日，翔安区委常委、常务副区长叶晓东、副区长王婴水共同召开专题会，研究大帽山宅基地审批及历史遗留问题解决措施，会议明确原则同意大帽山农场范围内宅基地申请审批参照《集体土地使用权证》办理程序执行，解决了一部分旧房翻建申请审批难题。

2022年7月7日起，根据《厦门市翔安区人民政府常务会议纪要》（第9—1次）文件精神，大帽山农场辖区内的新建、翻改建房屋审批和监管事宜，由新圩镇参照《进一步加强农村宅基地和村民住宅建设管理实施办法》（厦翔政规〔2022〕4号）执行，将大帽山社区个人新建宅基地参照集体用地农转用政策进行审批。

四、土地利用

大帽山农场1988—2005年，分别与各社会经济实体或村民签订约62份土地承包合同。截至2013年，大帽山农场尚有48份土地承包合同仍在合同期内，大部分合同都在2040年以后到期。48份土地承包合同涉及合同面积计9279.50亩，实际使用面积11007.78亩，附属物面积19007.42平方米。

1999年1月，大帽山农场与厦门市大景源开发有限公司签订“山地承包合同书”限期50年，面积2170亩。合同规定承包款第1至10年，每亩20元；第11至20年，每亩30元；第20年后每10年按每亩30元的基数递增20%，乙方公司自负盈亏。合同期前两年乙方按合同缴交承包款；自2001年开始，乙方没有履行合同义务缴交承包款。

2018年，大帽山农场果园自主经营1728亩，职工承包537亩，外来承包8742亩，承包年限均在10年以上；农场耕地2400亩，均由农场职工承包。农场在集中盘活用地的同时对具有保留价值的历史风貌进行优化利用，调研分析地上物的价值，提出将具有风貌保留保护价值的寨仔尾和后炉场部旧址进行保留利用，将罗田、后炉和上廊自然村进行拆除并重新规划利用，利用存量的建设用地发展旅游产业，破解旅游产业发展的空间难题。农场盘活寨仔尾村庄建设用地103.5亩，用于开发休闲农旅项目，拆除罗田、后炉、上廊3个自然村房屋，腾出建设用地390亩，用于住宿项目和老年康养项目开发建设。农场通过国有企业重点项目带动作用，共同开发“大帽山境”等休闲农业文旅项目，推动农场土地集约化开发利用。

2021年，大帽山农场完成300亩粮食和蔬菜种植、100亩果园种植及400亩苗木种植。

第五节　安全管理

大帽山农场坚持安全发展理念，坚持“安全第一，预防为主，综合治理”的方针，以落实企业安全主体责任为重点，深化安全生产执法、治理、宣教，加强法制体制机制、保障能力和监管监察队伍建设。

2011 年 2 月，翔安区人民政府对 2007—2010 年安全生产目标责任单位大帽山农场奖励 1 万元；2012 年 3 月，农场被翔安区人民政府评为 2011 年度安全生产目标责任先进单位，奖励 1 万元；黄火球被评为先进个人。

一、安全保卫

（一）保卫机构

1960 年，大帽山农场设立保卫股。

1976 年，农场武装部负责征兵、民兵、治安保卫、处理偶发案件等工作。

1979 年，大帽山农场设立治保股，隶属同安县公安局治安科。

2005 年 7 月，大帽山农场与翔安区委政法委、公安部门联系，成立大帽山协警中队。

2006 年 5 月 17 日，大帽山农场应急分队成立，分队负责人郑坂，联系人陈水苗，有黄火球、郑有才等 8 名队员。

2010 年 2 月 15 日，大帽山农场成立大帽山农场地质灾害抢险应急分队。地质灾害抢险应急分队第一分队负责人郑坂，负责中心自然村、山边自然村；第二分队负责人黄火球，负责山后桥、下厝、尾厝自然村；第三分队负责人陈水苗，负责洪毛岭、刘厝自然村；第四分队负责人叶加白，负责寨仔尾、罗田自然村。

2012 年 5 月，大帽山农场为加强对三角梅园区有效的管理，防止苗木被人为破坏和偷盗，经农场研究，决定在三角梅园区入口处设立安保设施。

（二）保卫人员

1962 年 7 月 4 日，中共同安县委组织部介绍 82 师 244 团 3 连排长陈金狮到农场任武装干部，除工资由同安县武装部发放外，其他物资供应和经费与农场干部等同。1965 年，陈金狮任大帽山农场武装部长。

1979 年，黄乌踏任农场治保股武装部干事、黄章源、黄奕坵任公安员特派员。

1984 年，叶振专、陈四维等人负责农场治安工作。

2000年，郑坂任保卫股股长，郑献稳、陈水苗为保卫股成员。

2005年8月，农场聘用协警人员7人，农场的治安情况进一步优化。

（三）治安管理

20世纪70年代，大帽山农场经常发生耕牛被盗现象。公安特派员黄奕垢判断盗贼来自南安方向。黄弈垢十几次翻山越岭步行到南安县梅山镇等地寻找，除1头耕牛被杀外，找回13头耕牛。

2004年9月，大帽山农场和翔安区诗坂中学联合向翔安区教文体局提出协调解决大帽山籍学生往返学校交通工具安全隐患问题。诗坂中学大帽山籍学生计262人，其中初一年100人，初二年98人，初三年64人，学生分布在大帽山的16个自然村。

2005年3月27日，大帽山农场结合群众关心的问题，开展“创安靠大家、平安为我家”的安全整改活动，针对两条通往南安的主干道进行重点整治，组织党员义务成立护场队。凌晨3点，护场队发现一部（闽C25＊09）可疑面包车，立刻上道跟踪，及时上报新圩镇派出所，配合查实是异地盗窃路过的车辆，协助通知水头镇车主吕某带证认领该车。

2015年5月12日，大帽山农场联合厦门市国土资源与房产管理局翔安分局在大帽山中心自然村举行全区地质灾害防治工作培训及应急抢险演练，全区110人参加演练。

2017年3月，大帽山农场加强治安综合治理，坚持源头治理，标本兼治，建设网格化平台。翔安区农林水利局、区财政局下达2017年农场网格化建设平台运维费及光纤租赁费3万元。4月，大帽山农场进一步创建“平安农机”，推进农机道路交通安全综合整治，翔安区农林水利局下达1万元创建经费。10月，大帽山农场、综合执法站组织联合执法，对大帽山特房规划建设区场内村民违法抢种的近10亩果树进行全部清除，打击违法乱占乱建乱种行为。

2022年2月18日，大帽山社区举行疫情应急演练。

二、人民调解

大帽山农场调解工作贯彻“以防为主，调防结合”的方针，耐心做好各种民间纠纷的疏导工作，有效防止矛盾激化。1958年，大帽山农场成立调委会，设主任1名，委员若干名。

1980年起，大帽山农场调解工作由治保股负责，主要通过群众自己管理自己、自己教育自己、自己约束自己的方法调解民间纠纷，增强人民内部团结，维护社会秩序安定。

1970年11月17日，农场调委会接到黄水摇、黄帮控告书，中心自然村黄解与黄乾叔侄因养鸡事宜引起斗殴，黄解拿木屐敲打黄乾头部3次，致流血轻伤。农场及时组织调委会询问黄解事情经过，经黄解本人交代，大箱队黄海、联合队黄壁旁证，达成处理意见。黄解赔偿黄乾身体调理费用30元，黄乾误工由黄解负责。

1989年6月，农场开始执行《人民调解委员会组织条例》，调解工作重点在于预防各类纠纷的发生，预防民间纠纷激化。

2007年4月17日，翔安区司法局制定《翔安区司法局关于开展“十百千万”人民调解示范活动的具体实施意见》，决定在2007—2009年期间，在全区范围内开展“十百千万”人民调解示范活动。农场设立纠纷解决服务中心，设立专门的接待岗，将工作职责、工作流程等制度上墙公布，向群众作出公开承诺，接受群众监督。

大帽山农场社会事务办公室配备专人负责信访工作。农场信访突出问题主要发生在移民安置工作中，2009年上半年共发生信访上访案件6起，其中涉及移民问题4起。6月2日、6月11日，农场两批移民到翔安区政府上访，人数多，均涉及移民政策。农场党政领导亲自抓，面对面做信访人的思想工作，稳定信访人情绪，宣传《厦门市翔安区大帽山农场移民安置工作实施方案》和移民各项政策，避免矛盾激化。

三、灾害防护

（一）地质灾害防护

大帽山农场地质灾害大多为规模较小的滑坡、崩塌，影响范围一般波及一座或几座房子。地质灾害大多发生在雨季，并且较多出现在雨季的强降雨期间或强降雨后的几天内，旱季较少发生。滑坡、崩塌发生前征兆不明显，并且移动速度快、突发性强，容易造成人、畜的伤亡及财产的损失，危害性大。农场发现的地质灾害大部分与人类工程活动有关，主要发生在山前地带人为削坡建房等形成的斜坡处，自然因素产生的地质灾害少。

2009年，大帽山农场地质灾害隐患点14处，其中滑坡6处，崩塌6处，潜在不稳定斜坡2处，威胁到近44户、200人、170多万财产的安全。地质灾害主要威胁农场山后桥、寨仔尾、罗田、古坑、村门、洪毛岭、宫仔尾。农场建立监测工作制度，定人、定点、定时进行监测，每年1—3月与11—12月为正常时段，每一个月观测一次；每年4—10月为汛期，每10天观测一次；发现灾害点有异常变化或遇暴雨及连续降雨等则加密观测，每天1次或一天几次。

2010年3月30日，翔安区组织校舍安全工程小组的专家到大帽山小学进行校园附属设施安全排查。专家们在学校领导的陪同下，对学校的附属设施，校园的每一个角落进行逐一仔细排查，当场签署排查意见。气象局专家指出大帽山是多雷区，要对学生做好防雷常识宣传教育。

2013 年 5 月，翔安区政府和厦门市国土房产局翔安分局在大帽山农场开展“突发地质灾害应急预案演练”，成立预警信息组、抢险救援组、灾情调查组、医疗救护组等 7 个应急工作组。各相关人员严格演练工作程序的安排，报告情况、展开调查、启动方案、人员到场待命等，做好抢险救灾准备工作。

2021 年 9 月，大帽山农场启动山边自然村黄内等屋后边坡治理工程，建设待支护边坡总宽度约 60 米，坡高 7～8 米；分二阶，阶高 3～4 米，采用“格构梁锚索＋截排水设施”的方案进行加固。

2022 年 9 月，大帽山农场治理山边自然村黄桌等屋后边坡、下厝 55—57 号西侧边坡 2 处地质灾害隐患点。其中，山边自然村黄桌等屋后边坡治理采用钢管桩悬臂桩结合喷面外加岩钉，对边坡进行支护，边坡支护高度约 5 米，边坡支护长度约 30 米，边坡安全等级为二级。下厝 55—57 号西侧边坡治理采用重力式挡土墙支护，边坡支护长度约 71.31 米，边坡支护高度约 7 米，边坡安全等级为二级。主要建设边坡支护、截水、排水、坡面硬化及防护工程等，总投资 195 万元，建安费 148 万元。

（二） 自然灾害防护

2005 年 8 月 13 日晚，第 10 号强热带风暴“珊瑚”，带来大帽山过程降雨量达 352.2 毫米，在翔安区、农场干部的共同努力下，转移易滑坡、危房住户 66 户、252 人。农场辖区内没有发生任何伤亡事故，确保了村民生命和财产安全。

2008 年 6 月 11 日，农场党政领导密切关注气象预报，储备防汛物资，利用各驻村、包村干部组织各自然村对小水利工程进行安全检查，明确汛期管理责任人；对各自然村的危房、易滑坡地等地质灾害点进行核查造册登记，明确应急转移地点及责任人。13—14 日，大帽山农场出现 284.5 毫米的特大暴雨，农作物被淹面积 1000 亩，占全场耕地总面积的二分之一，严重成灾面积 300 亩，绝收面积 150 亩以上；水产养殖池塘溃坝 10 亩；畜禽养殖场养殖舍被淹，淹死鸡 1 万多只，被洪水冲走鸭 1500 多只，总损失 300 多万元。洪水冲毁小拦水坝 30 处，引水灌溉水渠冲毁严重，水利设施损失 20 万元。通往古坑自然村、罗田自然村、后头洋（发电站）道路路基毁坏约 8 公里，公路中断 3 条。寨仔尾桥、古坑桥基础被冲刷严重，加塘一小桥被冲毁。

2010 年 6 月 25 日，大帽山农场遭遇强降雨，溪美水库等各水库负责人每 2 小时进行一次巡视排查，溪美水库水电站安排 2 人 24 小时值班。农场及时转移危房户 17 户、71 人，易滑坡户 14 户、58 人。

2016 年 1 月，大帽山农场过程降温幅度达到 9℃。极端最低气温出现在 24—26 日夜晨，大帽山农场最低气温－2℃，出现霜冻和结冰。农场紧急动员，落实抗寒防霜冻主要技术措施，在寒流、霜冻来临前，每亩农田点燃1～2堆耐燃烧的草皮、秸秆等，有条件在田间灌水保暖或喷水洗霜；处于幼苗期的蔬菜，采取地膜覆盖、小拱棚栽培等防寒措施，对龙眼、荔枝、柑橘、香蕉、枇杷等果树根据气温变化，及时采取果园覆盖、熏烟增温、套袋护果、树冠覆盖、树体包扎与刷白等措施。畜禽养殖防寒保暖，采取设置挡风障、建塑料暖棚等措施来提高畜禽圈舍防寒保温性能，提高舍内温度，确保畜禽有适宜的活动环境，防止畜禽受冻受凉；保持畜禽舍内干燥清洁，关好门窗，防止畜禽舍内温度大幅度下降，注意畜禽舍内适时通风换气；放养畜禽及时回舍，避免在外受冻死亡；适当增加饲料能量，满足营养需要，提高御寒能力。加强冬季重大动物疫病防控，增强畜禽机体免疫力。

四、饮水安全

2022年8月，翔安区依靠农村饮水安全工程供水的村庄只剩下2处，大帽山社区是其中之一，供水人口0.2万人。

大帽山农场加强饮水安全防控，发挥备用水源作用，防止发生特大旱情导致饮用水源取水量严重不足；采用监控设施、人员巡察相结合，防止饮用水源保护区或供水设施遭受生物、化学、毒剂、病毒、油污、放射性物质等污染，致使水质不达标；防止地震、洪灾、泥石流、火灾等自然灾害导致供水水源枢纽工程、净水构筑物、供水工程构筑物、机电设备或输配水管网遭到破坏；防止因人为破坏导致供水安全突发事件发生。

五、消防安全

大帽山专职消防队包括队长、驾驶员在内共有8名队员。专职消防队常年驻山，配备消防车，加强日常长跑训练，时刻准备应对火灾，防患于未然。农场还有半专业森林防灭火队伍，由18名护林员组成。

2020年6月11日18：21时，翔安新圩垃圾场诗林电厂工人板房着火，着火地方为板房工人宿舍，两层面积约为100平方米。新圩镇专职消防队、大帽山消防队出动水罐消防车2部立即前往救援。为防止着火板房复燃，新圩镇专职消防队和大帽山消防队队员夜晚轮流值守着火板房直至隔天清晨。

2020年7月21日，新圩镇专职消防队、大帽山消防队在大帽山甘露寺举行消防灭火演练，提高寺庙场所消防安全保障水平。

2021年，新圩和大帽山专职消防队在辖区内开展消防演练8场。3月20日，厦门市森防办常务副主任、应急管理局副局长项文胜带队突击检查大帽山三角梅防火固定哨卡，对值班情况、制度落实、设备运行、防火预案等表示肯定。

第六节　生育政策

一、机构队伍与服务设施

（一）机构队伍

20 世纪 70 年代，大帽山农场计划生育工作隶属同安县管理；2003 年 12 月，归翔安区管理。

1973 年，大帽山农场实行计划生育工作，由农场革委会统一部署，农场各部门、各生产队驻队干部分管计划生育工作。1985 年 5 月，大帽山农场计生专干 1 名，负责计生统计。1995 年 3 月，大帽山农场成立计划生育办公室，为农场股室级常设机构。

大帽山农场计划生育队伍开展宣传、服务、管理工作，由市、区计生部门给予思想教育和业务培训，实行专业培训，技术考核，持证上岗制度。农场取得统计证者 1 人，B 超操作证者 2 人。农场专职和兼职计生管理人员都进行人口理论和计生政策的培训，形成制度。

大帽山农场计划生育办公室设主任 1 人，计生统计 1 人；计生助理员，流动人口管理员等都是兼职。大帽山农场计生协会会长由党支部书记兼任，全场 16 个自然村安排驻队干部兼管计生工作。

2010 年 2 月 5 日，大帽山农场计生协会进行换届选举。农场计生协会会员总数 128 人，会员代表 56 人，到会参加选举 55 人。洪开展等 7 位当选该届大帽山农场计生协会理事成员。大会召开理事成员第一次会议，选举洪开展为计生协会会长，陈水苗为专职副会长，李清兰为秘书长。

（二）服务设施

农场设置计生服务室，用房 20 平方米，检查床、药柜、药具、电教设备齐全，1996 年实现计生台账和统计分析，1997 年原与竹坝农场共用的计划生育电子扫描显像仪（B 超机）归大帽山农场专用，1999 年实现微机管理，2007 年实现市计生微机联网。

2009 年，农场计生服务室利用每月计生例会，以会代训，提高全体工作的妇科病知识培训，组织育妇 120 人参加妇科病普查。

二、晚婚晚育

1973 年元旦，同安县革委会发文，提倡男 25 周岁、女 23 周岁才能婚育。1974 年 6

月7日，县计划生育领导小组发出通知，要求农村男25周岁、女23周岁始能登记结婚。1977年，同安县委下文，不论城乡，男25周岁，女23周岁为晚婚标准。1980年国家颁布新的《中华人民共和国婚姻法》，规定男22周岁、女20周岁为法定结婚年龄。同安规定，超过法定婚龄三年结婚的为晚婚。女方24周岁以上生育第一胎的为晚育。1989年，规定晚婚妇女23周岁零九个月以上生育第一胎的为晚育。

三、优生优育

20世纪70年代以来，大帽山农场贯彻同安县制定的节制生育政策，开始优生优育宣传指导。1995年，大帽山农场建立人口学校，全场适龄人口入学率达95%，新婚夫妇100%入学接受计划生育和优生优育教育。

农场禁止近亲结婚，实行晚婚晚育，注意孕期卫生保健，戒烟戒酒、慎服药，防止病毒感染，注意卫生及营养，产前定期检查，晚婚率达55%。

优育是根据新生儿的特点，科学抚育，保证孩子健康成长，注意卫生健康，提倡母乳喂养，抓好幼婴儿定期体检和防病接种。农场卫生所严格实行新生儿定期体检和免疫卡发放制度，基础免疫卡每儿一片，一年内按程序接种完毕，每次接种均登记入卡，建卡率达100%。基础免疫接种有卡介苗、百日破三联、乙肝疫苗、骨髓灰质炎糖九、乙型脑炎、流脑、麻疹7种，每种均有初种、复种、加强的程序和严格的接种时间，以科学手段最大限度地消灭危害幼婴及儿童健康的疫病。

四、放开二三胎

2015年10月29日，党的十八届五中全会正式宣布，全面放开二孩政策，实施30多年的独生子女政策宣告终结，只要是合法的夫妻就享有生育二胎的权利，不再受“单独二孩”政策或“双独二孩”政策的限制。

2021年5月31日，中共中央政治局召开会议，指出进一步优化生育政策，实施一对夫妻可以生育三个子女政策及配套支持措施。大帽山农场计生协会及时把新政策向育龄夫妇宣传。

五、计生工作管理

1999年10月，大帽山农场各部门制定1999—2001年计划生育“三结合”工作责任书，要求认真履行计生工作职责，研究制定推行“三结合”的具体办法和实施方案，落实“三为主”方针，推广“三结合”经验，研究开展“三结合”活动中出现的新情况新问题，发挥基层计生服务网络的作用，在提供优育服务的同时，向群众提供生产、生活方面的服务，每年扶持8户少生快富家庭。

农场生产股每年在项目、技术、政策方面帮扶8户计生户，在实际工作中对计生户做到优先安排适用技术推广项目，优先提供先进技术，优先提供良种、良苗，优先提供技术培训和新技术、新品种的使用，病虫害防治，优先提供产品的流通和抗御自然灾害等服务。

农场办公室加强婚姻登记管理，严格把好婚姻登记关，全场婚姻登记合格率达100%，禁止早婚和非法婚姻；严把收养审批关，依法办理收养登记，把农村社会养老保险工作、优抚工作、社会救济福利工作与计划生育工作相结合，发展健全社会福利事业。

农场土管所在审批村民住房建设手续，对独生子女户、计生户给予优先办理。独生子女可享受按两人计算建设面积的优惠，对违反计生政策的家庭，在限制期内不予审批。

农场妇联把计生工作纳入“双学双比”，建立“五好家庭”评选活动，动员实行计划生育妇女参与“双学双比”活动，学会一至两门致富技术，有一个以上比较稳定的致富项目，把计生作为“五好家庭”“勤劳致富女能人”“双学双比”标兵的重要条件。

大帽山小学改善办学条件，对执行政策的贫困户子女在小学就读时给予免交学杂费50%优惠，对特困户予以免交全部学杂费，办好幼儿园学前班，开设人口教育课，开展小学生人口与国情教育。

农场保卫股加强户籍管理，降低出生漏报率，准确提供人口统计数字及有关情况，加强对暂住人口和流动人口的计生管理。

农场信用社对计生户采取鼓励优惠政策，扶持发展家庭经济，在有一定规模和出效益前提下，每年从贷款方面优先向计生户提供发展生产资金，优先为计划生育“三结合”经济实体提供贷款。

1999年，大帽山农场人均耕地面积0.5亩，年人均经济收入1698元。农场有计生“三户”100户，其中独生子女户92户。2000年3月，农场主要从种植业和养殖业两方面对10户计生“三户”进行帮扶，其中独生子女户6户。农场计生协会主要帮扶计生“三户”果园资金投入和果园改造，牛蛙养殖和山地养鸡业。其中，养鸡帮扶项目2户，投入资金3.2万元；牛蛙养殖项目2户，投入资金5万元；果园改造项目6户，投入资金1.8万元。

2000年9月，大帽山农场计划生育户数118户，独生子女户90户，其中困难户6户；其他计生户28户。

1995年以来，大帽山农场累计帮扶落实生育政策的家庭困难户21户。2000年，实际帮扶落实生育政策的困难户16户，帮扶率100%；当年帮扶后7户家庭人均收入高于平均水平，9户持平。当年已发放优惠证120本，占应发数100%，落实或部分落实优惠证内容的占已发放数的83.3%。1995年以来区级投入三结合资金总数0.3万元，镇投入三结合资金总数1.13万元；2000年区级投入三结合资金总数0.3万元，镇投入三结合资金0.76万元。2000年，资金帮扶10户，总金额0.93万元；项目帮扶3户，其他帮扶13户。

2001年，大帽山农场计划生育户数130户，独生子女户90户，其中困难户17户；其他计生户40户，其中困难户12户。当年实际帮扶落实生育政策的困难户9户；当年帮扶后3户家庭人均收入高于平均水平，4户持平，低于平均水平2户；当年发放优惠证130本；当年投入三结合资金帮扶5户、0.5万元，项目帮扶5户。

2003年，大帽山农场开展计划生育"三结合"工作调查，当年帮扶的计划生育户总户数120户。独生子女户76户，其中困难户24户；其他计生户44户，其中困难户21户。弱势家庭户6户，其中独生子女家庭4户，农村二女家庭2户。当年开展生产上帮扶6户，扶持生产资金0.6万元；参加乡以上实用技术培训户120户。当年生活上关照，建房补助12户、0.6万元；慰问金15户、0.14万元；其他关照30户、0.15万元。享受优惠政策，办理养老、子女平安保险20人共1.1万元。详见表4-13-22。

2004年，大帽山农场重视计划生育工作，形成"场委一把手负总责、中层领导抓四个作业区、管理人员具体抓16个自然村"的工作机制，将计生工作和责任层层分解。农场当年帮扶计划生育户117户，独生子女户114户，其中困难户47户。农场当年投入资金1.92万元，致富工程项目帮扶3户、户0.3万元；帮扶就业8户，农村实用技能培训120人次；保障工程农村低保7户、1.5万元；亲情工程节日慰问12户、0.15万元。

表4-13-22　2003年大帽山农场计生"三户"情况表

单位	计生"三户"	其中		收入平均线以下	帮扶户数
		独生子女户	其他计生户		
寨仔尾	11	9	2	—	1
后　炉	15	13	2	1	1
上　廊	10	10	—	—	—
罗　田	13	8	5	—	1
山后桥	13	12	1	—	—
下　厝	10	10	—	—	1
尾　厝	8	5	3	—	2
山仔头	5	5	—	—	—
中　心	20	13	7	6	6

（续）

单位	计生“三户”	其中		收入平均线以下	帮扶户数
		独生子女户	其他计生户		
山　边	16	13	3	1	1
洪毛岭	4	3	1	—	—
内　官	4	2	2	—	1
村　门	4	4	—	—	—
刘　厝	11	9	2	—	—
古　坑	4	4	—	—	—
集体户	5	5	—	—	—

第五编

组　　织

中国农垦农场志丛

第十四章　组织建设

第一节　基层党组织建设

一、中华人民共和国成立之前基层党组织建设

1937 年 11 月，大帽山加塘黄章约带领大帽山进步青壮年加入锄山抗日民族解放先锋队，深入晋南同地区开展抗日救亡、杀土豪、斗恶霸、除汉奸等活动。

1942 年初，中共同安县锄山地下支部书记苏深渊与大帽山黄章约取得联系，在黄章约家建立大帽山第一个红色联络站。

1945 年 6 月，中共晋南同边区工委书记陈火把介绍黄章约参加闽中地下革命组织。陈火把入驻大帽山黄章约家，在大帽山各社与南安县的下厅、曾山、岭头、枫林头等地开展地下工作。

1946 年 10 月，陈火把带领南安县石井镇惜坂社的许荣照、许水目两位同志到大帽山组织发动进步青年参加地下革命活动。

1948 年 3 月，黄章约等 3 人向中共地下党组织提出入党申请。党组织批准黄章约、黄章开、黄马加入中国共产党，建立大帽山第一个党小组，组长黄章约，隶属中共南安县石井镇惜坂党支部。惜坂村支部委员会青年委员卓进口在上廍自然村陈溪的家里建立另一个联络点，又吸收一批党员。5 月，陈火把被捕牺牲，王朝阳接任中共南同边区区委书记，王水法任区委宣传委员。8 月，王朝阳主持召开大帽山地下党小组会议，宣布大帽山埔顶党小组归中共金南同边区第三支部领导，支部书记许荣照。会议决定成立金南同边区游击队埔顶分队，黄章约任分队长，陈溪、黄铨任副队长，游击队员分两批发展至 40 多人。

1949 年初，闽西南地下组织成员山后桥黄贡钟带领陈诚志、林多速、彭金励、叶明哲等同志到埔顶社与游击队接上关系。中共金南同县工委正式宣布承认马来西亚归国共产党员陈诚志的党籍，指示他专门负责武装工作，大帽山划为中共闽西南地下党组织的活动据点。7 月，陈诚志带领新圩武工队 30 多人到大帽山建立游击队据点，新圩武工队归属闽西南同安县工委领导，大帽山划为闽西南地下党组织的活动据点，开展武装斗争，迎接

解放。

1949 年 7—8 月，厦门大学闽西南地下党组织为保存有生力量，加强农村工作，将一些领导和党团员转移到同安。8 月底，彭金励派郑天海潜回厦大带刘惠生、马文梁、陈漪 3 人到大帽山；洪宗稟、魏耀胜、杨亦坂等也帮助厦大党总支组织委员谭成祖和党团员张溥、岑礼美、方长林、洪敏捷、叶珉、林素等人上大帽山。

厦大党团员上山后，主动协助县工委举办 2 期武工队骨干和青年团员参加的“青干班”培训。8 月下旬，中共同安县工委机关从马巷镇蔡浦社移驻大帽山刘厝自然村。

二、中华人民共和国成立后基层党组织建设

（一）中共新圩乡埔顶大队支部

1953 年，中共同安县委指示，在农村建立党组织。

1955 年 10 月，中共埔顶支部隶属同安县布塘区党委；1956 年 4 月，中共埔顶支部隶属同安县汀溪区党委；1958 年 3 月，中共埔顶支部隶属同安县新圩乡党委。

（二）中共国营大帽山农场委员会

1959 年 1 月，中共国营同安大帽山农场委员会成立，农场党委下辖大帽山农场、埔顶大队、竹坝分场共 3 个党支部。陈清泉任党委书记，12 月，陈清泉调任同安县林业局党委书记；郭水金任大帽山农场党委副书记。

1960 年 1 月，郭水金任农场党委书记，兼任新圩乡、布塘乡党委书记。

1961 年 3 月至 1962 年 2 月，张万发任大帽山农场党委副书记。

1962 年 2 月 16 日，经中共同安县委介绍，厦门市百货公司经理薛春兴到农场任党委书记。

1963 年 6 月 19 日，同安县人民法院副院长林基儒调任农场党委书记，郭水金任副书记，魏太友任秘书，郭仁恭任党支部书记。

（三）中共国营大帽山农场支部委员会

1970 年 2 月，王建东任中共国营大帽山农场支部书记，黄章榜任副书记。

1982 年 10 月，梁昆标任农场支部书记，郭文安任农场支部副书记。

1984 年，郭文安任农场党支部副书记。

1987 年，黄金树任农场党支部副书记。

1996 年，林友镜任农场党支部书记。

2002 年，洪开展任农场党支部副书记。

2004 年，陈东辉任农场党支部副书记（挂职），11 月，朱良坦任农场党支部第一书记

（挂职）、洪开展任党支部副书记。

2004 年，中共大帽山农场支部成员见表 5-14-1。

表 5-14-1　2004 年中共大帽山农场支部成员

姓名	性别	出生年月	入党时间	党内职务	党外职务
洪开展	男	1958、06	1979、03	副书记	
黄水涌	男	1955、06	1997、01	委　员	场长
陈东辉	男	1975、02	2003、01	副书记（挂职）	
黄本希	男	1951、03	1973、10	组织委员	办公室主任
郑　坂	男	1961、01	1982、10	宣传委员	保卫科长
黄水土	男	1960、01	1982、07	纪检委员	生产科长

（四）中共厦门市翔安区大帽山农场总支部委员会

2017 年 7 月，大帽山农场设立中共厦门市翔安区大帽山农场总支部委员会，下辖中共厦门市翔安区大帽山农场中心支部和中共厦门市翔安区大帽山社区支部等 2 个党支部，党总支部隶属中共翔安区新圩镇委员会。10 月，郑建平任中共大帽山农场总支部书记（挂职）。

2020 年 1 月，曾清根任大帽山农场党总支部第一副书记（挂职）。

2020 年，中共大帽山农场总支部委员名录见表 5-14-2。

表 5-14-2　2020 年中共大帽山农场总支部委员名录

姓名	职务	性别	民族	籍贯	出生时间	政治面貌	文化程度	任职时间
郑建平	党总支书记	男	汉	厦门同安	1962.10	中共党员	大专	2017.10 挂职
曾清根	党总支第一副书记、副场长	男	汉	厦门同安	1971.10	中共党员	在职研究生	2020.01 挂职
郑有才	党总支副书记、办公室主任	男	汉	厦门翔安	1978.11	中共党员	本科	
黄聪明	党总支委员、财务负责人	男	汉	厦门翔安	1980.08	中共党员	中专	
黄火球	党总支委员、生产管理科副主任	男	汉	厦门翔安	1973.11	中共党员	高中	
陈水苗	党总支委员、综合保障中心副主任	男	汉	厦门同安	1972.01	中共党员	大专	

2021 年 10 月 28 日，中共新圩镇委员会撤销大帽山农场总支部，原农场党总支部下辖农场中心党支部和社区党支部直接隶属新圩镇党委管辖，农场中心党支部更名为农场党支部。

（五）中共新圩镇大帽山社区支部委员会

2018 年 6 月 26 日，中共翔安区新圩镇大帽山社区支部委员会成立。11 月 23 日，郑有才任首届大帽山社区支部书记。

2018 年，中共新圩镇大帽山社区第一届支委名录见表 5-14-3。

表 5-14-3　2018 年中共新圩镇大帽山社区第一届委名录

姓名	职务	性别	民族	籍贯	出生时间	政治面貌	文化程度	任职时间
郑有才	大帽山社区书记	男	汉	厦门翔安	1978.11	中共党员	本科	2018.11.23
郑　坂	大帽山社区副书记	男	汉	厦门翔安	1961.01	中共党员	大专	2018.11.23
黄献乾	大帽山社区副书记	男	汉	厦门同安	1982.01	中共党员	大专	2018.11.23

三、中共党员数量

1963 年，大帽山农场有中共党员干部 6 人；1964 年，大帽山农场有中共党员干部 11 人。

1973 年，农场有中共党员干部 5 人；1974 年，农场有中共党员干部 7 人。

2005 年，农场有中共党员 45 人。

2011 年，农场有中共党员 46 人；2012 年，农场有中共党员 51 人；2013 年，农场有中共党员 54 人；2016 年，农场有中共党员 61 人。2017 年，农场党员总数 65 人。

2018 年，大帽山农场党总支下辖农场中心党支部和大帽山社区党支部，有党员 64 人。中心党支部有党员 22 人，入党积极分子 1 人，入党申请人 1 人。大帽山社区党支部有党员 42 人，入党申请人 1 人。

2022 年，大帽山农场党支部有党员 18 名。

四、组织分工

1979 年 2 月 17 日，因大帽山农场山区面积大，单位分散、行业多样，为加强党对基层的领导，把农场工作的着重点转移到生产建设方面上来，中共大帽山农场支部召开支委会，研究决定下设埔顶基点、后四乡基点、后炉埔基点、场部等 4 个基点党支部。

1979 年，中共大帽山农场支委、基点支部成员名单见表 5-14-4。

表 5-14-4　1979 年中共大帽山农场支委、基点支部成员名单

中共大帽山农场支部委员会			
姓名	性别	行政职务	党内职务
王建东	男	农场革委会主任	原支部书记
颜尧宗	男	农场革委会副主任	原支委
黄加谋	男	农场革委会副主任	原支委
叶亚灿	男	人秘股长	原支委

（续）

中共大帽山农场支部委员会			
陈光觅	男	管理人员	原支委
宋瑾	女	管理人员	
郭文安	男	干部	原支委
黄乌踏	男	武装干事	
中共埔顶基点支部			
姓名	性别	党内职务	行政职务
黄奕潭	男	支部书记	农场管理人员
柯立文	男	支部副书记	职　工
黄约	男	支部委员	农场管理人员
中共后四乡基点支部			
姓名	性别	党内职务	行政职务
黄章火	男	支部书记	农场管理人员
黄玉	男	支部副书记	专业队长
黄计划	男	支部委员	职　工
中共后炉埔基点支部			
姓名	性别	党内职务	行政职务
黄允	男	书记	农场管理人员
黄本希	男	副书记	职　工
洪炎	男	委员	农场管理人员
中共大帽山农场场部支部			
姓名	性别	党内职务	行政职务
陈文章	男	书记	财务供销副股长
黄金树	男	副书记	职　工
黄献平	男	委员	职　工

1995年以来，中共大帽山农场支部十几年未曾举行换届选举。

2004年10月，中共大帽山农场支部举行党员大会，选举产生农场新一届党支部委员5人。洪开展任农场党支部书记。

2010年6月26日，中共大帽山农场支部委员会召开党员大会举行换届选举，应到会党员47名，其中有选举权党员47名，实到会有选举权的党员40名，发出选票40张，收回选票40张，其中无效票1张，有效票39张。郑坂、郑有才、洪开展、黄水涌、黄建社5位当选为中共翔安区大帽山农场支部委员会委员。农场党支部委员会第一次会议投票选举，洪开展当选为党支部书记，黄水涌任统战委员、郑有才任组织委员、郑坂任宣传委员、黄建社任纪检委员。

2013年6月29日，中共大帽山农场支部委员会召开党员大会举行换届选举，应到党员54名，实到46名。会议采取无记名投票方式，选举产生新一届党支部委员郑坂、郑有才、黄水土、黄聪明。农场党支部举行第一次支委会研究讨论新一届支部委员会成员，洪开展任支部书记、郑有才任组织委员、黄水土任纪检委员、郑坂任统战委员、黄聪明任宣传委员。

2016年10月30日，中共大帽山农场支部召开党员大会举行换届选举，应到会党员58名，其中有选举权党员58名，实到会有选举权的党员48名；发出选票48张，收回选票48张，其中无效票1张，有效票47张。大帽山农场党支部随后举行第一次支委会议，投票选举产生党支部领导班子成员，洪开展任书记，郑有才任副书记、组织委员，郑坂统战委员，黄水土纪检委员，黄聪明宣传委员。

2020年9月20日，中共大帽山农场总支部委员会召开党员大会举行换届选举，选举产生陈水苗、郑有才、黄火球、黄聪明、曾清根等5名大帽山党总支委员。曾清根任第一副书记（挂职）、郑有才任副书记兼组织委员、陈水苗任统战委员、黄火球任纪检委员、黄聪明任宣传委员。

2021年2月7日，中共大帽山农场中心支部委员会召开党员大会举行换届选举，选举产生黄火球、黄聪明、曾清根3名农场中心党支部委员。经大帽山农场中心党支部第一次会议投票选举，曾清根当选为党支部书记，黄火球为组织委员、纪检委员，黄聪明为统战委员、宣传委员。

五、党代会

2006年6月10日，中共大帽山农场支部委员会召开党员大会，选举出席翔安区区直机关党代表会议代表3名。

2011年5月31日，中共大帽山农场支部委员会召开党员大会，选举出席翔安区区直机关党代表会议代表郑有才、黄梅霜、黄献清。

2016年4月17日，中共大帽山农场支部委员会召开党员大会，选举出席新圩镇党代会代表洪开展等5人。

2021年5月14日，中共大帽山农场总支部委员会召开党总支扩大会议，推选郑有才为区级党代会代表。

六、党务工作

1958年，大帽山农场党委开始建立基层党组织，开展基层组织建设。1964年，大帽山农场基层党组织开展“五好”党支部比、学、赶、帮活动。1975年年初，农场各级党组织进行政治上、思想上、组织上全面整顿，落实党的干部政策，健全工作制度。1976—1978年，农场基层党组织进行整顿，加强党的集中统一领导和党的民主集中制，发扬党的优良传统和作风。1979年，农场党支部把工作重点转移到发展生产建设，建立基点党支部，加强对基层支部的领导。

1985年8月—1987年6月，大帽山农场党总支、基层支部进行整党，解决基层党组织软弱涣散的问题。1987年，农场基层党支部建立健全党内监督、党员教育、党内民主生活等制度；总结和推广党支部“六簿”等制度，加强基层党组织建设。1988年，农场党支部狠抓以支部为核心的村级组织建设，一方面围绕壮大农场经济、发挥基层党支部的战斗堡垒作用；另一方面加强后进基层党支部的整顿转化工作和班子建设。1991年，农场党支部推行党员目标管理制度，印制《党员目标管理考评手册》《记录簿》发至每个党支部，促进基层党组织制度化、规范化建设。

2004年3月始，在翔安区委领导下，大帽山农场党支部开展“五联五创”活动，促进基层党建工作，发挥党员先锋模范作用。

2006—2007年，大帽山农场党支部建立群众评价机制，实行民主评议党员和民主评议基层党员干部制度，加强基层党建工作。

2010年，大帽山农场党支部发挥基层党支部战斗堡垒作用，加强基层党组织的凝聚力、吸引力和战斗力，通过争先创优活动，进一步提高农场党支部组织建设的整体水平，牢固树立党员干部服务于广大职工、村民的思想。全体党员干部自觉发挥模范带头作用，以积极的态度，良好的状态开展争先创优活动。

2013年1月26日，大帽山农场党支部召开全体党员会议，会议讨论接收黄建置等3人入党积极分子入党问题，表决通过黄青松等5人转为正式党员。

2014年，中共大帽山农场支部进一步规范发展党员工作，加强发展党员工作宏观指导，改善党员队伍结构，提高发展党员质量，重视从知识分子中发展党员，青年知识分子党员所占比例逐年提升。对拟确定为发展对象的入党积极分子由支部全体党员进行民主测评，征求群众意见，根据测评结果和征求意见择优确定发展对象；全面、严格实行发展党员和预备党员转正两个环节票决制。党支部在确定入党积极分子、发展对象、预备党员转正之前严格审查工作，广泛征求同级计生、综治、监察、国土、城管执法等部门的意见，报上级党工委审批。

2015年，大帽山农场党支部贯彻执行党中央“八项规定”及翔安区委、区政府关于加强党风廉政建设的相关文件精神，加强组织建设，以支部组织建设为核心，加强党员干部的思想、组织、作风及廉政建设，打造思想型、能力型、创新型、和谐型、清廉型的“五型”党支部。农场党支部组织党员干部开展四下基层活动，以党员干部带头示范，进村入户了解解决群众反映的热点、难点问题；走访慰问困难党员、困难群众等，给予补助金 9000 元。

2017 年 10 月 14 日，大帽山农场新任职领导班子主持召开大帽山全体党员会议，传达翔安区委、区政府关于农场新的领导班子任命。农场党总支邀请老教师黄献阔为全体党员上党课。

2019 年 7 月 2 日，大帽山农场党总支与庄家宝蔬菜专业合作社在大帽山农场人防大楼二楼，开展“不忘初心、牢记使命”主题党日活动，党总支书记郑建平讲授“不忘初心、牢记使命”专题党课。

2021 年 5 月 20 日，大帽山农场党总支与新圩农商银行党支部签订党建共建协议。

2021 年 12 月 24 日，大帽山农场党支部与厦门海洋职业学院乡村振兴学院签订校企党建共建协议，该校乡村振兴学院为农场挂牌成立“大帽山教育培训基地”。

2021 年，中共大帽山农场总支部委员会召开 15 次支委会，主要研究党建工作部署，重大项目建设、新冠疫情防控、人居环境整治、防汛抗旱、征地等；召开线上会议 12 次，党小组会 23 次，党课 5 次。

第二节　农场行政

一、行政机构

1958 年 5 月，大帽山农场建场，行政机构驻寨仔尾。

1959 年，大帽山农场总场行政机构驻甘露寺。

1963 年，大帽山农场迁驻后炉埔场部办公。

1976 年，大帽山农场下设办公室、政工组、生产组、武装部。

1979 年，大帽山农场实行场长分工责任制，下设人秘股、生产股、财务购销股、治保股、农机股。

1985 年，大帽山农场下设办办公室、生产股、财务股、保卫股。

1996 年，大帽山农场下设生产股、保卫股、财务股、办公室、计生办。

2006 年，大帽山农场把原有 6 个科室整合成综合办公室、社会事务办、生产经营办 3 个科室。

二、行政人员

1950年4月，同安县布塘区金埔保成立农会，黄章约任农会主席、黄日任副主席，黄奕夏任农会宣委、黄裁明任农会文书、黄章开任农会民政委员。

1958年5月至1966年6月，郭清渊任国营大帽山农场副场长，农场有干部9人，全面负责农场建场事务，制定生产计划，指导郑鱼池等3名管理人员，带领农场职工开荒种田，组织生产劳动。

1961年2月，郭清渊任农场副场长，有行政干部4人。

1961年3月至1962年2月，张万发任农场场长、杨春娥任农场副场长。

1963年，大帽山农场有管理人员25名。

1969年，大帽山农场有干部17人。

1970年2月，王建东任大帽山农场革委会主任，黄加谋任副场长，农场有干部11人。

1971年，大帽山农场有行政人员7人。

1972年，大帽山农场有干部12人。

1974年2月，黄加谋任大帽山农场革委会副主任，1978年退休。

1978年2月，颜尧宗任大帽山农场革委会副主任、农场副场长。

1979年2月，郭清渊恢复大帽山农场副场长职务，兼任生产股股长。

1980年10月，梁昆标任大帽山农场副场长。大帽山农场领导班子14人。

1981年至1984年6月，卢广仁任大帽山农场场长。

1987年，洪瑞和任大帽山农场副场长。

1988年，黄奕员任大帽山农场副场长。

1995年2月至1996年8月，厦门市农业局政工科副科长蒋重胜到农场挂职，任场长。

1995年2月，孙晓宁、林友镜任副场长。

1996年8月，李金水任场长，黄水涌任副场长。

2003年，大帽山农场行政人员22人，其中国家干部5人，管理人员17人。

2006年，大帽山农场有管理人员17人。

2018年6月26日，根据厦门市翔安区政府批复，同意设立新圩镇大帽山社区居民委员会，下辖山后桥、尾厝、下厝、山仔头、加塘、中心、山边、刘厝等8个自然村和后炉埔集体户。

2019年，农场有干管人员16人。农场一套领导班子，张挂厦门市翔安区大帽山农场和新圩镇大帽山社区2块牌子。

三、农场企业整顿

1985年，梁昆标任大帽山农场场长。7月，福建省农业厅农垦企业整顿办公室、厦门市农垦局对大帽山农场进行企业整顿。

大帽山农场对领导班子进行改革，把农场一级领导班子由原来5人调整为3人，平均年龄从49.2岁降低为46.3岁；农场设副书记1人，副场长2人。农场中层班子基本完善，设立三股一室，均有正副职。

大帽山农场各生产单位提高经济效益，为企业整顿奠定基础，完善各种形式的生产责任制，创办职工家庭农场，提高经济管理水平，调动职工生产积极性，在农场粮油自给的前提下，发挥自然优势，大力发展经济作物，扩种龙眼和其他水果300亩，种植糖蔗230亩。1984年，全场粮食产量12545吨，因扩种经济作物，比1983年粮食播种面积调减207亩，粮食总产量减少122.5吨；茶叶年产量由1983年466担，增加到512担，比1983年增加9.87%；肉类总产量108吨，比1983年增加44%。上缴国家税收31815元，因茶叶产品积压，比1983年收入减少16000元；盈利20521元，比1983年增长11.9%。农场落实生产责任制，职工开始走上劳动致富道路，积极发展家庭副业生产，全年出售生猪1500头，耕牛从1983年598头增加到636头。农场大力扶持职工种蘑菇，全场种植面积达6000平方米，年产值4万元。

大帽山农场通过企业整顿，进一步完善生产责任制，全场创办家庭农场615个，参加农户615户，占农场农户总户数的98%，参加职工1542人，占职工总数的93.6%。农场把茶、麻、果分为15年期承包给职工家庭农场，签订合同至2000年；农场场内人口每人分给0.45亩耕地作为口粮田，每亩上缴30.7元作为税金，其余耕地作为责任田，每亩每年上缴粮食125公斤、大豆2.5公斤、花生6公斤，作为场部人员及家属的口粮，每亩税收福利12.06元。农场扩大商业经营范围，把原63家商店扩大至123家商店，全年获取利润4万元。

1985年，大帽山农场粮食总产量1300吨，糖蔗产量1350吨，茶叶600担，剑麻麻丝850担，精制茶叶300担；全年农场销售收入达115万元，其中农业收入55万元，工副业收入25万元；销售成本112.5万元，全场财务盈利2.5万元。

8月28日，省、市检查验收小组根据福建省农垦厅（闽农垦〔85〕40号）及有关文件精神，认为农场自整顿以来，完善责任制，促进生产，提高经济效益，基本符合整顿要求。农场领导班子调整充实，厦门市农垦局将与市农委研究解决。9月27日，经厦门市农垦局审批，同意验收小组意见。

1985 年，大帽山农场场级领导班子见表 5-14-5；1985 年，大帽山农场中层领导班子整顿前后变化情况见表 5-14-6；1985 年，大帽山农场经济责任制情况见表 5-14-7；1985 年，大帽山农场经济效益见表 5-14-8；1985 年，大帽山农场劳动组织情况见 5-14-9。

表 5-14-5　1985 年大帽山农场场级领导班子

整顿前					整顿后				
姓名	年龄	职务	文化程度	专业水平	姓名	年龄	职务	文化程度	专业水平
梁昆标	48	副场长	大学	助理农艺师	梁昆标	48	副场长	大学	助理农艺师
郭文安	45	副书记	高小		郭文安	45	副书记	高小	
黄奕员	46	副场长	小学		黄奕员	46	副场长	小学	
颜尧宗	59	副场长	高小						
卢广仁	48	副书记	中专						
平均年龄：49.2					平均年龄：46.3				

表 5-14-6　1985 年大帽山农场中层领导班子整顿前后变化情况

整顿前				整顿后			
人数	平均年龄	文化程度	专业水平	人数	平均年龄	文化程度	专业水平
8	47			10	47		

表 5-14-7　1985 年大帽山农场经济责任制情况

项　目			农　业		其他各业	
企业职工总数		人	1829	1647	166	333
整顿前后变化			整顿前	整顿后	整顿前	整顿后
按分配形式	基　本　工　资	人	—	—	—	—
	基本工资加奖励	人	—	—	69	67
	计　件　工　资	人	249	105	97	60
	浮　动　工　资	人	—	—	—	—
	大　包　干	人	—	1542	—	46
	其　他　工　人	人	—	—	—	160
联产承包		人	1580	—	—	—
兴办职工家庭农场个数		个	—	615	—	—
联户个数		个	—	15	—	—
参加职工家庭农场户数		户	—	615	—	—
联　户		户	—	40	—	—
参加职工家庭农场人数		人	—	1542	—	—
职工子女人数		人	—	0	—	—

表 5-14-8 1985 年大帽山农场经济效益

项目		单位	计划	实际完成	比上年同期	历史最高年份	
						年份	实际数
主要产品	粮豆总计	担	21402	25090	－2445	1983	27535
	油料总计	担	664	809	＋109	1982	1215
	糖料总计	担	19360	23240	＋11000	1982	29200
	茶叶	担	540	512	＋46	1984	512
	剑麻丝	担	850	755	－265	1983	1020
	精制茶叶	担	300	150	－150	1983	300
销售收入		元	760500	874803	181139	1984	874803
销售税金		元	46041	31815	－16055	1983	47870
利润		元	20000	20521	2180	1984	20521
每百元资金实现利润		元	2.63	2.06	0.32	1965	3.2
流动资金周转天数		天	—	201	－58	—	—
每百元销售收入成本		元	90	96	4	1976	125
劳动生产率		元/人	462	441	93	1984	441

表 5-14-9 1985 年大帽山农场劳动组织情况

项目	整顿前	整顿后	项目	人数
职工总人数	1995	1980	职工富余人员数	600
生产工人	1895	1871	安置的人数	—
工人	1895	1871	脱产培训的	—
学徒	—	—	退休退职的	8
计划内长期临时工	—	—	留职停薪的	—
非生产人员	100	109	调出本企业的	1
管理人员	49	47	参加集体经济的	—
技术人员	9	8	参加个体经济的	—
服务人员	50	46		
其他人员	1	16		
非生产人员占职工总数%	5	5.5		

四、农场企业下放

2003 年 12 月 19 日，大帽山农场事权由厦门市农业局成建制下放翔安区管理，为翔安区直属企业。翔安区委会议纪要〔2004〕3 号文中，明确指出“加快改制步伐是农场唯一出路”，对农场体制、职工社保、项目建设、整体规划 4 个方面工作进行部署。

大帽山农场内设机构由 5 个科室压缩为综合办、生产经营办和社会事务办 3 个科室，职能不变。农场社会事务工作重点放在 4 个作业管理区，每个管区配备 3 名专职管理员。

五、农场社会职能改革

2017年12月20日，翔安区人民政府印发《关于成立翔安区农垦改革发展工作领导小组的通知》，加强对大帽山国有农场改革发展工作的组织领导，强化部门间协作配合。根据区政府《专题会议纪要》精神，全面开展农场社会职能清产核资，由区国资办对农场承担的社会职能资产实行综合核算，核定资产、债务、收入及支出等情况。

2018年6月，翔安区人民政府批复成立翔安区新圩镇大帽山社区委员会。新圩镇人民政府牵头将山后、尾厝、下厝、山仔头、加塘、中心、山边、刘厝等8个自然村组建成大帽山社区，设立居民委员会，同时成立大帽山社区党支部。6月29日，厦门市翔安区新圩镇大帽山社区居委会和中共厦门市翔安区大帽山社区支部委员会挂牌成立。

根据上级党委政府关于进一步推进农垦国有农场改革发展的实施意见及农垦国有农场办社会职能改革实施方案文件精神要求，2018年6月30日，在翔安区农林水利局的见证下，新圩镇政府和大帽山农场签订《厦门市大帽山农场社会职能移交协议书》，就大帽山农场所承担的社会管理及公共服务职能进行一次性移交，由新圩镇人民政府接受，纳入财政保障范围。协议签订之后，农场仍派出场管人员兼职社区两委主要成员，社区2021年底换届选举后，镇政府接受了大多数社会管理职能。截至2022年底，护林防火、社区人饮工程、水库管理和村庄路灯管理这四项社会职能镇政府尚未接收，仍由大帽山农场承担管理及费用开支。

第三节 工会、共青团、妇联组织建设

一、大帽山农场基层工会委员会

1979年3月，大帽山农场重新整建国营大帽山农场工会委员会。

1980年，大帽山农场车间（科室）工会委员会1个，正副工会主席3名，工会委员8名，委员中兼专职1名。有工会小组66个。职工1701人，其中男职工953人，女职工748人。工会会员人数1193人，其中男会员600人，女会员593名。专职工会干部2人。

1989年，大帽山农场工会未建立职工代表大会制度。大帽山农场基层工会主席黄奕员，有工会小组2个。农场职工48人，其中女职工2人，35岁及以下职工8人，劳动合同制职工3人。农场职工代表中，大专及以上文化程度4人，高中（中专）文化程度10人，初中毕业10人，高小15人，全、半文盲9人。有工会会员40人，其中女会员2人。工会有中级职称4人，初级职称20人。

2002年6月20日，大帽山农场制定《厦门市大帽山农场职工代表大会工作条例（试行）》，明确职工代表大会职权；职工代表资格、名额，按各队、场部各科室组成代表小组，选举组长、副组长若干名；明确职工代表权利与义务。大帽山农场召开第一届职工代表大会，选举工会主席郑坂，职工代表35名。

2006年10月9日，大帽山农场召开第二届职工代表大会，会议由农场工会主席郑坂主持。农场有职工1080人，结合农场实际，第二届职工代表大会主席团成员由15人组成，其中农场领导2名，中层管理人员9名，工人4名。职工代表中，一线工人代表不少于50%，中层以上领导干部不超过20%；代表中女职工、青年职工占适当比例，确定职工代表人数56人。农场按四个管区划分选区，9月30日前，各管区职工酝酿、协商推荐初步候选人名单；10月3日，农场各管区职工举行职工代表选举，选举产生职工代表56人，其中农场领导干部2人，中层领导5人，场部管理人员13人，一线工人36人。农场职工代表中，妇女代表9人。

2018年12月26日，大帽山农场工会举行换届选举，选举叶加白、黄梅霜、黄聪明、黄和杰、陈玉婷为工会委员，其中叶加白为工会主席。

2020年12月13日，大帽山农场召开职工代表大会，会议由农场工会主席叶加白主持，到会职工代表54人。当年职工总数826人，其中在职221人，退休职工605人。该届代表数量54人，占职工总数6.5%：其中中心自然村代表8名、山后桥自然村代表8名、山边自然村7名、刘厝自然村代表6名、下厝自然村代表5名、尾厝自然村代表5名、山仔头自然村代表5名、加塘自然村代表3名、上廍自然村代表1名、集体户代表2名、农场场部代表4名。职代会审议通过农场职工基本养老保险政策性补缴方案及资金筹集方案，同意向新圩镇政府借款7000万元用于缴交农场职工基本养老保险政策性补缴单位统筹部分资金。

2021年10月28日，农场工会换届选举，选举黄梅霜、黄聪明、黄远派、黄和杰、陈玉婷为工会委员，其中黄梅霜为工会主席。

二、工会活动

1979年，大帽山农场工会组织学习宣传党的改革开放方针政策，组织职工学习《邓小平文选》，学习了解中国共产党的基本路线、基本国情。1980年，大帽山农场基层工会组织业余体育运动队1个，参加人数13人。业余体育运动队在节假日期间，举行篮球、排球比赛。大帽山农场工会组织职工开展文化活动，组建工会电影放映队1队，专职工作人员3名，利用工余时间为职工播放电影。1980年底，大帽山农场夏收夏种，工会赠送会员个人暑天劳动用品，每人毛巾一条，为职工办理会员证。农场工会走基层关心工会会员，补助10名困难会员，补助总金额374.80元。

1981—1983年，大帽山农场工会组织职工观看党纪教育和爱国主义教育电影、录像，学习《中华人民共和国工会法》《中华人民共和国妇女权益保障法》《福建省企业职工合法权益保障条例》等。1984年5月1日，农场工会贯彻中华全国总工会《关于整顿工会基层组织，开展建设“职工之家”活动的意见》，创建“职工之家”。1993—1998年，农场工会组织开展“岗位学雷锋、行业树新风”等宣传教育活动。1999—2003年，农场工会组织学习“三个代表”重要思想，开展“三讲”教育和“公民思想道德建设”活动。

2006年6月，大帽山农场工会组织农场管理人员22人，参加国家通用语言文字测试，形成“说好普通话，写好规范字”的良好机关办公氛围。

三、劳保福利

1963年，大帽山农场实际支出劳保福利费用总额6510元，其中一次性劳保福利资金3100元，精减职工的安置费用812元。

1982年，大帽山农场职工人数1777人，全年工资总额51.88万元，全年劳保福利费用4.88万元，退职退休离休费1.7万元，职工死亡丧葬费及抚恤费0.2万元，医疗卫生费2万元，文娱体育宣传费0.25万元，集体福利事业补贴费0.05万元。其他费用0.68万元，上下班交通费补贴0.25万元，计划生育补贴0.36万元。农场全年计时工资20.76万元，计件工资30.24万元，各种生产资金0.3万元，各种津贴0.3万元，加班加点工资0.28万元。

1984年，农场职工福利资金年初1973.23元，年末7158.16元。

2016年12月，农场为社区31户居民申请办理保障性租赁房；为社区20户居民办理畜禽退养人员申请保障性就业补贴，取得资格确认的畜禽退养人员每人每月发放220元保障性就业补贴；为社区居民办理《就业失业登记证》71本，方便再就业；引进扶持小手工加工点、大帽山公益性岗位（卫生保洁员、护林员），安置劳动力70余人。

四、工会荣誉

1981年1月，大帽山农场基层工会受到同安县总工会表扬。工会评选先进集体1个，评选77岁高龄的老职工黄拕、黄福在、供销社营业员陈进治等4名市级先进生产者，其中黄拕赴福建省总工会接受表彰。

1983 年 5 月，同安县举行工会代表大会，表彰一批先进集体和积极分子代表。大帽山农场基层工会主席颜尧宗，副主席庄恭寿，埔顶黄昆腾、黄浪，后炉埔郑水谋，后四乡作业区黄章英，企事业系统陈炳忠，工副业黄本希被评为工会积极分子代表，参加同安县第二届工会先进集体和积极分子代表大会。

五、共青团国营大帽山农场支部委员会

（一）共青团组织

1963 年，大帽山农场有林天出、陈文章、洪钟助、陈玉贝、吴德俊等 5 名团员，农场没有设立共青团基层组织。

大帽山农场由于体制问题和历史原因，农场共青团基层组织长期没有设立专门机构，团员数没有统计，基本上是从各类学校毕业返乡和部队复退军人转到农场，但由于没有组织机构，团员缺乏管理。2004 年 1 月，大帽山农场总人口 4225 人，其中 14～28 周岁的青年有 1263 人，包括男青年 599 人、女青年 664 人。大帽山农场组建共青团基层组织，组建方案和机构设置由翔安区团委或区直机关团委协同确定。农场共青团组织负责人郑坂。

（二）共青团主要工作与活动

1958 年，大帽山农场共青团组织青年民兵政治学习。1962 年，农场共青团组织抢收、抢种，组织团员、青年宣传防空知识。1963 年，农场共青团组织青少年响应毛泽东“向雷锋同志学习”的号召，掀起学雷锋热潮，学雷锋做好事成为时尚。1965 年，结合活学活用毛泽东著作，农场共青团在全体团员中开展创“四好”团支部活动，组织青年突击队，学技术、练基本功，开展科学实验。

1980—1986 年，大帽山农场共青团以团小组为单位开展思想政治教育活动，组织团员参加爱国卫生、治理环境、精神文明建设活动，重点进行“五讲四美三热爱”教育，举办“学雷锋、树新风”，开展“文明礼貌月”活动。

2007 年 12 月 14 日，“保护母亲河行动——中日青年厦门市翔安区生态绿化示范林”工程在大帽山农场举行启动仪式，日本友爱青年协会常务理事川手正一郎等和全国青联以及省、市、区青联的领导参加仪式。该工程是福建省第一个环保合作项目，三年内由日方出资 2480 万日元（约合人民币 200 万元）援建种植 1000 亩生态林。大帽山农场团支部组织团员参加生态绿化示范林植树活动，完成第一期种植 500 亩；2009 年 2 月 21 日，该工程启动第二批生态绿化示范林建设，完成生态林种植 500 亩。

六、大帽山农场妇女联合会

（一）妇联组织

1961 年，大帽山农场成立妇女联合会，宋瑾任大帽山农场妇女主任。

1965 年 4 月，宋瑾调入大帽山农场场部任妇联主席，主持妇女工作。

1973 年 3 月，大帽山农场成立革命妇女组织机构，农场妇女革命委员会由 6 人组成。蔡备任第一副主任，宋瑾任第二副主任，洪纳、叶守、欧阳养、黄贞池任委员。

1973 年，大帽山农场妇女革命委员会委员名录见表 5-14-10。

表 5-14-10　国营大帽山农场妇革委花名册

1973 年 3 月

姓名	性别	出生年月	民族	家庭成分	本人成分	是否党团员		文化程度	现单位职务	籍贯	备注
						党	团				
蔡　备	女	38.01	汉	中农	农民	否	否	高小	第一副主任	乌山	
宋　瑾	女	33.05	汉	贫农	农民	是	否	文盲	第二副主任	埔顶	支部委员
洪　黄	女	—	汉	—	—	否	否	—	委员	—	
叶　守	女	55.10	汉	中农	农民	否	否	文盲	委员	—	
欧阳养	女	53.10	汉	中农	农民	否	是	文盲	委员	刘厝	
黄贞池	女	37.01	汉	中农	农民	否	否	文盲	委员	山边	

1973 年 4 月 3 日，大帽山农场召开第一届妇女代表大会，各生产单位提前选举参加第一届妇女委员会妇女代表。其中，山后桥生产队黄美丽等 5 人，联合生产队叶守等 5 人，山边生产队蔡圭等 3 人，洪毛岭生产队林素莲等 3 人，中心生产队黄祢等 5 人，罗田生产队沈援等 3 人，寨仔尾生产队陈豆沙等 4 人，后炉生产队郑玉等 2 人，上廊黄池等 3 人，内官生产队洪纳等 3 人，村门生产队郑砖等 3 人，刘厝生产队欧阳养等 3 人，后炉埔生产队蔡备等 2 人，古坑生产队施黎，蘑菇场黄豆干，埔顶企事业单位黄招治，女知识青年陈培钦、林美旋、陈可君共计 50 名代表参加首届妇代会。会议选举蔡备为大帽山农场妇女革命委员会第一副主任，宋瑾为第二副主任，妇女委员 4 人。

会议宣传男女平等、婚姻自主，倡议发挥妇女“半边天”作用。农场妇女参加生产劳动人数 1015 人，其中全劳力 255 人、半劳力 760 人，农忙参加集体劳动 650 人，参加夜校扫盲学习 300 人。

1973 年，大帽山农场妇女小组长、妇女代表名录见表 5-14-11。

表 5-14-11　国营大帽山农场妇女小组长、代表花名册

1973 年 3 月

单位	姓名	性别	出生年月	民族	是否党团员		文化程度	职务	籍贯	备注
					党	团				
山后桥	黄美丽	女	52.08	汉	否	是	小学	小组长	—	
	陈赛	女	53.12	汉	否	是	文盲	—	新圩黄光	
	李秀川	女	50.05	汉	否	是	文盲	—	南安县乌林	
	黄抛	女	—	汉	否	否	文盲		—	
	黄卖	女	—	汉	否	否	文盲	—	—	
联合	黄棉花	女	54.11	汉	否	否	文盲	小组长		
	叶守	女	55.10	汉	否	否	文盲	代表	新圩凤路	
	黄眼	女	57.06	汉	否	否	文盲	代表	—	
	黄李	女	—	汉	否	否	文盲	代表	—	
	陈秀霞	女	—	汉	否	否	文盲	代表	南安大路尾	
山边	蔡圭	女	—	汉	否	是	文盲	代表	—	
	黄闸	女	—	汉	否	否	文盲	代表	—	
	黄红虾	女	57.02	汉	否	否	文盲	代表	—	
洪毛岭	林素莲	女	54.09	汉	否	否	文盲	代表	南安东田	
	吴琼	女	47.08	汉	否	否	文盲	代表	晋江磁灶	
	黄春	女	51.12	汉	否	否	文盲	代表	—	
中心	黄算	女	—	汉	否	否	文盲	代表	—	
	宋瑾	女	—	汉	是	否	文盲	代表	—	
	欧阳养	女	—	汉	否	是	文盲	代表	—	
	黄玉珍	女	—	汉	否	否	文盲	小组长	—	
	吕慢	女	—	汉	否	否	文盲	代表	—	
罗田	沈援	女	54.10	汉	否	否	文盲	代表	—	
	郑英	女	—	汉	否	否	文盲	代表	—	
	黄尔	女	52.12	汉	否	否	文盲	小组长	—	
寨仔尾	陈豆沙	女	—	汉	否	否	文盲	代表	—	
	黄旺	女	—	汉	否	否	文盲	小组长	—	
	黄松	女	—	汉	否	否	初小	代表	—	
	洪喃	女	—	汉	否	否	文盲	代表	—	
后炉	郑玉	女	54.04	汉	否	是	高小	小组长	—	
	李奇珍	女	—	汉	否	否	文盲	代表	—	
上廊	黄池	女	37.02	汉	否	否	文盲	代表	—	
	洪差	女	54.09	汉	否	否	文盲	代表	—	
	黄树兰	女	46.07	汉	否	否	初小	代表	—	
内官	洪纳	女	—	汉	否	否	文盲	代表	—	
	黄腰	女	—	汉	否	否	文盲	小组长	—	
	黄却	女	—	汉	否	否	文盲	代表	—	

（续）

单位	姓名	性别	出生年月	民族	是否党团员		文化程度	职务	籍贯	备注
					党	团				
村门	郑砖	女	52.04	汉	否	否	文盲	代表	—	
	林官喜	女	—	汉	否	否	文盲	代表	—	
	郑姜	女	—	汉	否	否	文盲	代表	—	
古坑	施黎	女	—	汉	否	否		小组长	—	
刘厝	黄清花	女	—	汉	否	否		代表	—	
	黄砸	女	—	汉	否	否		代表	—	
后炉埔	苏仙花	女	—	汉	否	否	初小	代表	—	
蘑菇场	黄豆干	女	53.09	汉	否	是	初小	代表	—	团支委
企事业	黄招治	女	52.06	汉	否	是	初中	代表	—	民办教师
知青	林美旋	女	51.11	汉	否	是	初中	代表	同安红星街	广播员
	陈可君	女	54.10	汉	否	否	初中	代表	马巷五美街	

2006 年，大帽山农场召开翔安区建区以来第一届妇女委员会，选举产生执行委员会主席黄梅霜，委员杨黎君、李清兰、黄孟治、黄树林。

2014 年，大帽山农场妇女联合会举行换届选举，召开第二届妇女委员会，选举产生执行委员会主席黄梅霜，委员李清兰、苏美玲、杨黎君、黄雅芬。

大帽山农场妇女联合会第二届执行委员会名录见表 5-14-12。

表 5-14-12　大帽山农场妇女联合会第二届执行委员会委员花名册

姓名	工作单位及职务	出生年月	民族	籍贯	文化程度	参加工作时间	何种党派	入党年月	职称
黄梅霜	大帽山农场妇联主席	79.4	汉	翔安	高中	96.10	中共党员	2008.3	—
李清兰	农场社会事务办职员	68.2	汉	翔安	初中	2002.1	—	—	—
苏美玲	手工加工业	85.1	汉	翔安	中专	—	—	—	—
杨黎君	大帽山小学教师	76.11	汉	翔安	大专	98.8	—	—	小教一级
黄雅芬	大帽山小学教师	—	汉	翔安	本科	97.8	中共党员	2005.5	小教一级

（二）农场妇联领导

1961—1985 年，宋瑾任大帽山农场妇联主任。

1985—2002 年，黄惠珍任大帽山农场妇联主席。

2002—2006 年，黄梅霜主持大帽山农场妇联工作。

2006—2018 年，黄梅霜任大帽山农场妇联主席。

2018—2021 年，黄梅霜主持大帽山农场妇联工作。

（三）妇联活动

大帽山农场建场初期，农场鼓励女职工参加生产劳动，组织妇女进夜校参加扫盲识字班学习。期间，农场成立革命妇女委员会，各生产队、专业队选派代表，选举妇女主任、委员，提倡男女平等，带动全场妇女发挥“半边天”作用。翔安区成立后，农场组织妇女联合会，举行第一届妇女执行委员会选举，妇联活动常态化，形式多样。

1. 常态化活动

2007 年，大帽山农场妇联组织 50 多名妇女参加养殖培训班，为她们就业、创业提供帮助，带动发展 120 多户的养殖户；组织农场巾帼志愿者服务队 50 余人次参与全场“洁净家园”卫生大扫除活动；“三八”节期间，组织巾帼登山健身活动；发动妇女群众和家庭成员参与“平安家庭”创建活动，共发放倡议书 1 千多份，通过开展活动，“平安家庭”知晓率已达 90%以上，平安家庭户已达 70%以上。

母亲节期间，大帽山农场妇联与新圩镇计生协联合推选 12 名贫困母亲参加厦门市妇联与市慈善机构举办的送温暖下乡慰问活动；“六一”儿童节期间，为 10 名特困、单亲儿童，17 名孤儿发放慰问金、慰问品，带领 10 名孤儿参加厦门市妇联举办的“阳光洒满童心”活动；元旦、春节期间农场妇联配合市、区妇联走访慰问农场贫困母亲 1 名、特困单亲儿童 4 名，并送去慰问品。

大帽山农场妇联组织 80 名贫困妇女参加全市“万名妇女乳腺疾病免费普查”，为 81 名妇女办理女性安康保险；为 3 名创业妇女争取厦门市妇联的贴息小额贷款。

2020 年 9 月，大帽山农场组织 29 名妇女参加种植科技培训；利用全国科普日，联合翔安区妇联、区科协等部门举办一期妇女农业种植技术培训，有 46 名妇女参加。

2. 特色活动

2007 年，大帽山农场妇联组织妇女参与“除陋习、树新风”活动，倡导健康、文明、科学的生活方式，向广大家庭发出“丧事简办”倡议书。

2015 年 6 月，大帽山农场妇联联合新圩卫生院在农场会议室举办一堂防控糖尿病知识讲座，有 53 名妇女参加。9 月，农场妇联联合翔安区市场监督管理局在农场开展“普及用药安全知识、创造健康和谐生活”宣传活动，分发宣传品 200 多份，现场给予真假药辨伪指导。农场妇联组建妇女腰鼓队，聘请专业老师任教，有 38 名妇女参加。

2017 年，大帽山农场妇联组织 12 名妇女志愿者参与废除“民俗日”活动，进村入户分发废除“民俗日”倡议书 800 多份。

2020 年 7 月，大帽山农场妇联推荐方雪灵参加翔安区 2019—2020 年度“德孝好媳妇”评选活动，大帽山好媳妇方雪灵作为翔安区“好媳妇”代表，在表彰大会上与全体妇女代表分享平凡感人的家庭故事。

2021 年，大帽山农场妇联在新冠疫情防控期间，通过农场妇联“隔空送教”及时在

"一呼百万"姐妹微信群发布相关疫情信息，动员农场居民疫苗接种，组织全员核酸检测。

3. 妇女维权

大帽山农场妇联组织妇女小组长学习《婚姻法》《妇女权益保障法》相关法律法规，帮助妇女运用法律，维护自身合法权益。

2016年7月29日，翔安区妇联和农场妇联在场部举办1期反家庭暴力知识讲座，有58名妇女参加。

2020年12月，针对新时期维权工作中出现的新情况、新问题，农场妇联利用普法宣传周组织妇女代表学习《民法典》《妇女权益保障法》等相关法律法规，切实帮助妇女提高依法维权和学法用法的本领。

中国农垦农场志丛

第六编

社会民生

中国农垦农场志丛

第十五章 人 口

新石器时代，场内就有人类繁衍生息。1973 年 3 月，大帽山农场西麓山脚新圩镇乌山村钟山发现新石器时代遗址。1987 年，福建省文物考古队又在钟山东西两坡采集到残石器 2 件、残陶圈足 1 件、灰色印纹硬陶和灰色印纹泥陶片等 36 件。隋末唐初、唐末五代、两宋之交，中原人多次南迁，场内人口流动量大。元朝军队入境，清朝几次迁界，迫使场内民众又向内地迁移，向海外漂徙。场内各姓祖先大多是明清两朝在此内定居。

第一节 人口源流

趋利避祸，适者生存。封建社会中，朝代更替，战乱纷起，百姓无所适从、随遇而安。明初，古宅一带黄氏族人开始进入大帽山开垦。清初，金柄、古宅黄氏族人因农作需要，定居大帽山种茶、种甘蔗，烧木炭营生。村落民众由多姓混居，逐渐演变成同姓聚族而居。

唐垂拱二年（686 年），泉州黄守恭四子黄肇纶迁居同安金柄，黄氏繁衍成族，向周边扩大居住区，陆续入住大帽山。明初，黄肇纶后裔黄尾生次子黄爱童八世孙黄卿进由金柄东头角开基大帽山埔顶。黄卿进生四子，长房后裔分居大帽山山边、古坑，二房后裔分居洪毛岭，三房分居山后桥、下厝、尾厝，四房分居宫仔尾、芳田。黄尾生第七子黄虑斋迁居古宅，部分后裔再迁居大帽山上廊、下廊、寨仔尾、罗田。

清顺治至康熙年间，清朝为报复抗清复明的郑成功，累次出兵清剿南安县石井。郑氏十三世郑成避居大帽山后炉，生二子，长子留居后炉社。

上廊洪氏始祖洪厚，由晋江英林迁居杜田，次子洪元宁于清初徙居大帽山上廊。

大寮陈姓始祖陈兴，字观福，由马巷山侯亭徙居新圩云头，第三世长子陈孟禄迁居大帽山大寮等社。

第二节 人口变动

一、人口数量

1958 年，大帽山农场和埔顶大队人口不到 1500 人。由于社会安定，人民生活水平提高，医疗卫生条件改善，受“人多力量大”思维影响，全场人口一路直升，迅速发展。1962 年，全场 397 户 2064 人；1979 年，全场 563 户 3301 人。20 世纪 80 年代，农场开始落实计划生育，人口得到有效控制。2007 年，全场 1086 户 4526 人。2014 年，全场 9 个自然村 1057 户 3826 人；2015 年，全场 8 个自然村 972 户 3360 人；2016 年，全场 8 个自然村 972 户 3342 人；2022 年，全场 1058 户 3297 人。

1962—2022 年，大帽山农场历年人口数量情况见表 6-15-1。

表 6-15-1 1962—2022 年大帽山农场历年人口数量情况

单位：人、户

年 份	户 数	人口数	平均每户人口
1962	397	2064	5.19
1963	408	2143	5.25
1964	413	2197	5.32
1965	410	2268	5.53
1966	417	2344	5.62
1967	433	2426	5.60
1968	439	2526	5.75
1969	450	2649	5.89
1970	445	2753	6.19
1971	476	2806	5.89
1972	450	2868	6.37
1973	442	2916	6.60
1974	464	2983	6.43
1975	462	3063	6.63
1976	521	3116	5.98
1977	539	3183	5.91
1978	552	3242	5.87
1979	563	3301	5.86
1980	566	3376	5.96
1982	580	3582	6.18
1983	660	3645	5.52
1990	769	3893	5.06

（续）

年　份	户　数	人口数	平均每户人口
2003	1004	4320	4.30
2006	1066	4487	4.20
2007	1086	4526	4.17
2011	1209	4756	3.93
2013	1100	4223	3.84
2014	962	3851	4.00
2015	911	3129	3.43
2016	729	3391	4.65
2017	923	3240	3.51
2018	977	3361	3.44
2019	989	3376	3.41
2020	1026	3363	3.28
2021	1048	3345	3.19
2022	1058	3297	3.12

2005 年，大帽山农场各自然村人口基本情况见表 6-15-2。

表 6-15-2　2005 年大帽山农场各自然村人口基本情况

单位：人

序号	村别	户数	人口数	职工总数	其中		非职工
					在职	退休	
1	寨仔尾	82	322	157	111	46	165
2	后　炉	55	223	104	67	37	119
3	上　廊	63	256	104	73	31	152
4	罗　田	67	313	121	77	44	192
5	山后桥	114	477	182	127	55	295
6	下　厝	54	232	73	48	25	159
7	尾　厝	47	215	85	60	25	130
8	山仔头	42	164	67	47	20	97
9	加　塘	16	72	25	18	7	47
10	中　心	122	479	216	149	67	263
11	山　边	119	498	204	136	68	294
12	洪毛岭	29	108	45	32	13	63
13	内　官	27	122	47	30	17	75
14	村　门	36	166	67	51	16	99
15	刘　厝	73	346	128	97	31	218
16	古　坑	37	159	60	47	13	99
17	集体户	23	98	74	37	37	24
合　计		1006	4250	1759	1207	552	2491
备　注		农场干管人员 25 人					

二、自然变动

大帽山农场建场后，全场人口自然增长率迅速提高。20 世纪 80 年代以前，农场人口每年都在增长，从 1964 年全场 404 户 2171 人，到 1982 年全场 565 户 3515 人，农场平均每年增加 168 人。1990 年全场 769 户 3893 人，8 年平均每年增加 47 人；2007 年全场 1086 户 4526 人，年增 39 人。2022 年，农场 1058 户 3297 人。

1995 年，大帽山农场人口变动情况见表 6-15-3。

表 6-15-3　1995 年大帽山农场人口变动情况

自然村	户数	1994 年 12 月 31 日人口总数			小计	当年出生		补报往年出生		死亡		
		合计	男	女		男	女	男	女	小计	男	女
合计	888	4100	2112	1988	255	19	10	119	107	18	10	8
寨仔尾	74	331	176	155	11	1	1	5	4	2	1	1
后　炉	49	231	116	115	9	1	1	4	3	3	2	1
上　廍	51	236	130	106	8	2	—	2	4	1	—	1
罗　田	59	305	148	157	11	2	3	2	4	1	—	1
山后桥	94	457	236	221	28	—	2	8	18	1	1	—
下　厝	41	192	107	85	22	1	—	12	9	—	—	—
尾　厝	35	179	91	88	21	1	1	11	8	—	—	—
山仔头	29	160	79	81	14	—	—	7	7	1	1	—
加　塘	15	68	36	32	2	—	—	1	1	—	—	—
中　心	108	478	246	232	35	4	—	18	13	1	1	—
山　边	93	459	225	234	35	2	—	20	13	1	—	1
洪毛岭	28	125	65	60	3	1	—	1	1	—	—	—
内　官	27	124	64	60	5	—	—	2	3	3	1	2
村　门	31	153	69	84	14	1	1	7	5	1	1	—
刘　厝	67	314	162	152	17	1	1	10	5	2	1	1
古　坑	22	124	66	58	18	2	—	8	8	—	—	—
集体户	32	32	31	1	—	—	—	—	—	1	1	—
集体分户	33	132	65	67	2	—	—	1	1	—	—	—

1995 年大帽山农场人口变动情况（续 1）

自然村	1995 年年初户数	迁入			迁出			1995 年年底户数	1995 年 12 月 31 日人口总数		
		小计	男	女	小计	男	女		合计	男	女
合计	888	97	21	76	138	43	95	910	4195	2118	2077
寨仔尾	74	7	—	7	14	3	11	75	333	178	155

（续）

自然村	1995年年初户数	迁入			迁出			1995年年底户数	1995年12月31日人口总数		
		小计	男	女	小计	男	女		合计	男	女
后　炉	49	8	—	8	5	1	4	51	241	119	122
上　廍	51	10	6	4	12	6	6	52	242	134	108
罗　田	59	2	1	1	6	1	5	64	311	153	158
山后桥	94	1	—	1	9	—	9	100	472	240	232
下　厝	41	5	—	5	4	1	3	48	216	120	96
尾　厝	35	3	—	3	6	—	6	40	199	105	94
山仔头	29	6	—	6	7	1	6	39	173	85	88
加　塘	15	1	—	1	4	2	2	15	67	35	32
中　心	108	8	—	8	5	1	4	109	516	267	249
山　边	93	5	—	5	9	2	7	105	489	245	244
洪毛岭	28	3	—	3	4	—	4	27	127	67	60
内　官	27	4	—	4	12	5	7	23	116	60	56
村　门	31	5	1	4	14	4	10	30	157	73	84
刘　厝	67	11	—	11	8	3	5	66	329	166	163
古　坑	22	6	1	5	2	1	1	32	147	76	71
集体户	32	10	10	—	1	1	—	3	41	40	1
集体分户	33	2	2	—	16	11	5	31	119	55	64

三、人口迁入、迁出

（一）人口迁入

1960—1961年，农场接纳安置厦门通用机器厂、工程机械厂、轴承厂、电机厂、锻压厂、造船厂等几个工厂的干部工人355人。1965年，接纳安置同安北山农场解散人员20人。1969年，安置同安、马巷知青及城镇居民共计75人。

农场职工属全民所有制，除结婚、工作分配调动、回原籍外，严格控制人口移入。1972年移入22人，1973年移入16人，1974年移入9人，1975年移入18人，1976年移入8人，1977年移入15人，1978年移入24人。

1980年以后，农场婚龄青年与四川、贵州等外省地区及本省长汀、安溪等地区通婚，陆续迁入400多人。

（二）人口迁出

1949年以前，场内因自然灾害、瘟疫、血吸虫病等因素，部分人口相继移居他乡，部分远渡重洋，居住海外。2006年，翔安区归国华侨联合会办公室开展华侨调查，大帽山罗田自然村居住在新加坡等地华侨华人就有数百人。埔顶中心、内官、上廍等自然村也有不少人侨居马来西亚、新加坡等地。

大帽山农场职工出嫁、升学、参军、工作调动是迁出的主要原因。1972年迁出46

人，1973 年迁出 40 人，1974 年迁出 24 人，1975 年迁出 35 人，1976 年迁出 21 人，1977 年迁出 27 人，1978 年迁出 21 人。

2007 年，厦门市发改委、翔安区人民政府联合制定《厦门市翔安区大帽山农场移民安置工作方案》，开始实施移民造福工程。大帽山第一批移民古坑、后炉、上廊、内官、村门 5 个自然村 255 户 1087 人，分批次安置在翔安新城起步区和厦门火炬（翔安）产业区周边地区。2007 年春节前，大帽山首批 70 户 266 名移民顺利搬迁入住东方新城。

2013 年 11 月，第二批大帽山移民自然村罗田、洪毛岭、寨仔尾 192 户 950 名村民，搬迁到马巷镇滨安社区安置。

第三节　人口分布

大帽山农场人口分布在 22.4 平方公里的 16 个自然村里生活、繁衍。民国 18 年《同安县志》没有场内加塘保、寨仔保、罗田保人口数字记载。农场建场以来，人口密度逐年增加，1962 年每平方公里 92 人，1964 年每平方公里 97 人，1982 年每平方公里 157 人，1990 年每平方公里 174 人，2007 年每平方公里 202 人。

2006 年，大帽山农场各自然村人口情况见表 6-15-4。

表 6-15-4　2006 年大帽山农场各自然村人口情况

单位：人、户

自然村别	人口合计	男	女	男女性别比男/女	户数	每户人数
合　计	4487	2268	2219	1.02/1	1060	4.23
中　心	501	257	244	1.05/1	127	3.94
山　边	513	264	249	1.06/1	124	4.14
洪毛岭	129	71	58	1.22/1	29	4.45
山后桥	486	234	252	0.93/1	118	4.12
下　厝	255	128	127	1.00/1	59	4.32
尾　厝	210	109	101	1.08/1	48	4.38
山仔头	161	82	79	1.04/1	42	3.83
加　塘	71	37	34	1.09/1	16	4.44
内　官	136	65	71	0.92/1	30	4.53
村　门	172	79	93	0.85/1	39	4.41
刘　厝	351	178	173	1.03/1	75	4.68
古　坑	167	83	84	0.99/1	39	4.28
集体户	99	57	42	1.36/1	25	3.96

（续）

自然村别	人口合计	男	女	男女性别比男/女	户数	每户人数
寨仔尾	345	173	172	1.01/1	85	4.06
后　炉	257	132	125	1.06/1	63	4.08
上　廊	282	146	136	1.07/1	69	4.09
罗　田	352	173	179	0.97/1	78	4.51

第四节　人口结构

一、民族姓氏构成

大帽山农场居民均为汉族，有陈、林、叶、黄、洪、蔡、李、许、王、张、郭、吴、苏、郑、颜、刘、庄、沈、梁、余、潘、傅、温、方、曹、马、江、杨、孙、施、曾、廖、倪、龙、赖、霍、罗、官、雷、邓、朱、纪、赵共44个姓氏，黄姓人口最多，占全场人口的86.15%。

二、性别年龄结构

中华人民共和国成立后，大帽山男性人口与女性人口数大体接近，2006年为1.02：1（2268：2219），2007年为1.02：1（2285：2241）。随着居民生活水平提高，医疗卫生保健不断改善，农场60周岁以上老年人所占比例越来越高。2007年，农场61岁以上老年人有353人，占人口总数的7.8%。

2007年，大帽山农场各年龄段人口结构情况见表6-15-5。

表6-15-5　2007年大帽山农场各年龄段人口结构情况

单位：人

年龄（岁）	人口小计	男	女	性别比男/女
80岁以上	41	15	26	0.58/1
71～80	133	57	76	0.75/1
61～70	179	85	94	0.90/1
51～60	399	205	194	1.06/1
41～50	614	345	269	1.28/1
31～40	758	371	387	0.96/1
21～30	967	444	523	0.85/1
11～20	924	487	437	1.11/1
0～10	511	276	235	1.17/1
合计	4526	2265	2241	1.01/1

三、文化结构

1949年以前，场内少数人受私塾及初等教育，文盲、半文盲人数居多，约占总人口95%，没有人受过中等及高等教育。中华人民共和国成立后，人民政府重视教育，开展社会扫盲运动，举办各种业余夜校及“文技校”。随着普及九年义务教育的开展，农场人口的文化构成发生了较大的变化。2007年，农场大专以上文化程度有113人，占总人口的2.5%，受中等教育的有1848人，占总人口40.8%；受小学教育的有2150人，占总人口47.5%。

四、行业构成

1949年以前，场内属山区丘陵地带，农业人口长期在95%以上，主要集中在农业、林业、牧业，少部分从事商业、运输、建筑等。

2007年，农场全半劳动力有2250人。其中，从事农业生产人员1150人，从事建筑业人员15人，从事居民服务业和其他行业963人，从事教育事业34人，从事卫生、社会保障和福利业10人，从事批发和零售业40人。

第五节　婚姻与家庭

一、婚姻

1949年以前，场内地处偏僻山区，交通不便，经济落后，生活贫穷，劳动者往往到而立之年尚未婚配。

中华人民共和国成立后，1950年5月1日颁布《中华人民共和国婚姻法》，规定婚姻自由，男女平等，一夫一妻，但自由恋爱者为数不多，与农场外通婚者极少，大多是农场内互通婚姻，五代以内近亲通婚者不少。适龄女性想方设法嫁出农场外，农场外女性嫁入的却极少，造成大龄男性找不到对象，有不少大龄男性走出农场外入赘为婿建家立业。1980年，大龄男性及适龄青年通过说媒者牵线介绍，先后与外省、外地区女青年结婚。其中，有四川、贵州、安徽、江西、云南、广西、湖南、湖北、辽宁、上海等13个省、市的女青年嫁入农场，这些婚姻者由于各种原因未能按照婚姻法规定及时办理结婚登记等手续，存在早婚、早育现象，不过大多外地新娘能安心留在大帽山建家创业。

二、家庭

大帽山农场建场初期，多数家庭由三代人组合而成，根据1962—1979年统计资料显示，每户平均5.19～6.62人。20世纪80年代后，家庭规模逐步缩小，由夫妻子女组成的家庭逐步增多，2006年、2007年平均每户分别为4.2人和4.16人，多数家庭为两代人组成。

第十六章　教　　育

中华人民共和国成立之前，场内教育以家族式私学为主，以祖祠为校舍，因交通闭塞，教育发展相对滞后。民国时期，旅外华侨热心家乡教育事业，在场内捐资兴建学校，增加对教育的投入。大帽山农场建场后，因16个自然村分散，路途遥远，儿童上学难，农场教育普及率不高。2003年，翔安区重视教育，加大资金投入，通过资源整合，农场从幼儿园到完全小学教育结构完整，学龄儿童普及率增高。

第一节　近代教育

民国32年（1943年）前，大帽山埔顶黄姓各社有私塾办学，家庭经济条件好的，自行组合聘请私塾老师到社里教学授课。

同年，同安县在埔顶大宗宗祠创办埔顶初级小学，学童读完初级小学再到长兴乡美后保后埔社（今翔安区新圩镇后埔村）读高级小学。

大帽山农场建场前，场内民众文盲、半文盲人数居多，约占总人口的95%，极少数人仅受私塾与初等教育，很难找到一个小学毕业生，没有接受中等及高等教育者。

第二节　现代教育

中华人民共和国成立后，大帽山小学教育迅速发展。1958年农场在后炉创办场部小学，1963年迁址甘露寺，1967年迁址后炉埔。古坑生产队毗邻南安水头镇新营村，离大帽山农场场部小学、埔顶小学较远。1970年，古坑生产队出资兴办学校，聘请水头镇上林村林承凯、水头镇新营村李庆俊到村里任教，结束了村里幼童翻山越岭求学的艰难岁月。2003年，同安县埔顶小学更名为翔安区大帽山小学。

1968年，大帽山农场在埔顶小学开办“大帽山农业中学”；同年下半年，农业中学停办。1976年，农场积极开办政治夜校，加强政治理论学习和党的基本路线教育。青少年学龄儿童确实不能上全日制小学的，都组织进入夜小学或早午班。农场小学教师每班每日补贴2个工分，半个月有一天集中教研时间，由全日制教师辅导，工分由农场付给。1975年8月，大帽山农场又在埔顶小学内开设初中班；1979年因师资、设备等教育条件不足而取消，生源转入同安第四中学就读。

1980年，大帽山农场有职工1701人，其中青壮年职工1200人。职工小学文化程度273人，占青壮年职工数的22.75%；初中文化程度93人，占青壮年职工数的7.75%；高中文化程度80人，占青壮年职工数的6.67%；中专毕业2人，占0.17%；大学毕业3人，占0.25%。

2004年8月，厦门市路桥经济开发有限公司在大帽山农场设立教育基金。农场成立以黄水涌为组长的基金管理小组，开设独立账户，保证专款专用。基金由学校推荐、学生申请、管理小组审核。因家庭困难辍学生及特困生每年每生补助200元，考入重点中学学生一次性补助500元，考入一本以上重点大学学生一次性补助1000元等。

2005—2006学年度，大帽山小学在校生数340人，在园幼儿33人；小学幼儿园教职工总数32人，专任教师30人。农场小学适龄人口入学率100%，初中适龄人口入学率93.9%，小学年辍学率（包括小毕未入初中）0.4%，小学按时毕业率96.3%，初中按时毕业率81.4%，三类残疾儿童少年义务教育入学率83.3%，学前三年入园率77.2%。

2015年，大帽山幼儿园及小学在校生178人，其中一年级23人，二年级22人，三年级18人，四年级24人，五年级16人，六年级18人，幼儿园57人。大帽山在外就读学生120人。

大帽山农场职工后代深知文盲之苦，勤奋学习，不甘人后。截至2021年，大帽山居民大学本科毕业210人，占人口总数的3.58%，其中女性68人，占人口总数的1.16%。

一、学前教育

（一）园班设置

1958年，在“适龄幼儿90%以上入园”口号的推动下，大帽山农场开办幼儿园。1971年，改为“红儿班”附设在埔顶小学、后炉场部小学，教养员“就地取材”，农场按实办天数支付劳动报酬。1976年，农场要求合适的生产单位要积极举办幼儿园、托儿所，以解放妇女劳动力负担。经农场批准，教养员的工资报酬等问题由主办单位与农场共同研究处理。1996年，中心自然村旅居新加坡华侨黄莲籽捐建大帽山幼儿园；9月1日，大帽山场部小学向农场申请开设幼儿班，聘请幼儿教师1名，招收幼儿20名左右；按规定幼儿教师工资由幼儿家长及乡镇负责，农场每月给予100元补贴。2021年4月8日，大帽山幼儿园接受市级视导。

（二） 教育内容与手段

1978 年以后，幼儿园在教育教学中以教师为主导，幼儿为主体。教养员要研究制定教学计划，按计划进行教育教学，追求知识的系统性、连续性。

1982 年起，大帽山农场幼儿园逐步推行教育部制订的《幼儿园教育纲要》，教育手段包括游戏、体育活动、上课、观察、劳动、娱乐和日常生活等，要求把游戏作为上课的主要形式。

1990 年，幼儿园开始采用综合教育的方法，即围绕一个主题，各学科教材结合，综合运用 7 种教育手段完成教学任务。

1996 年，幼儿园改“功课表”为“作息时间表”。上午的活动内容依次为早接待、户外活动、集中教育活动、早操、餐点、集中或分组活动、户外活动、保健自助、自由活动；中午的活动为准备、进餐、散步、睡前准备、午睡、起床、整理、喝水；下午的活动为社会性健康活动、餐点、游戏、体育活动、自由活动、整理离园。教师于每学期开学前把各科教学任务安排到周，教学任务在每日的综合教育活动中通过 7 种教育手段完成，思想品德教育则寓于各种活动之中，对幼儿潜移默化地进行教育。

（三） 卫生保健

1982 年，幼儿园卫生保健工作重新受到重视。1996—1997 学年，大帽山幼儿园建立比较完善的卫生保健制度、生活制度、饮食卫生制度、健康检查制度、卫生消毒制度、预防疫病制度、安全制度、卫生保健登记制度。

2015 年。大帽山幼儿园严格卫生保健制度，做好保健工作，贯彻《福建省托幼机构卫生保健评分细则》中的要求，规范做好幼儿园晨检、消毒、防病工作。

二、小学教育

（一） 学校规模

1950 年，埔顶初级小学更名为同安县埔顶小学，依然以埔顶黄氏大宗祠为校址。1956 年，旅居新加坡华侨黄添寿等人捐资在埔顶兴建校舍。1963 年 3 月，农场场部迁往后炉埔，甘露寺改为场部小学。1995 年，埔顶侨胞黄莲籽、黄奕龙、张宝莲、黄章灶、黄殿程共同捐资，厦门市人民政府促成扩建埔顶小学 4 间教室。1996 年，厦门市财政拨款新建埔顶小学主教学楼竣工，后炉埔小学已奠基。1997 年，厦门华美卷烟厂独资翻建后炉埔小学，董事长刘维灿亲自主持，把教学点命名为“大帽山育才小学”。

1983 年，大帽山埔顶小学、后炉埔小学及罗田 3 个教学点为全民所有制小学，有教职工 27 人，其中教师 24 人。学校在校生 302 人，其中一年级新生 70 人，当年小学毕业 12 人。

1984 年，农场有教职工 26 名，在校生 398 人，其中新招生 104 人，当年小学毕业 44 人。

2006—2007 学年，大帽山小学 15 个教学班，在校生总数 295 人。其中，大帽山小学 9 个教学班，学生 241 人；育才小学教学点 6 个班，学生 54 人。大帽山小学占地面积 5500 平方米，校舍建筑面积 1247 平方米，围墙 200 米，花坛 14 个。

2013 年 1 月，大帽山小学校园硬化、绿化改造工程，铺设水泥路 300 平方米，建设标准水泥篮球、排球场 875 平方米，配备 60 米跑道 4 道，单双杠、乒乓球桌、升旗台、宣传栏、雷锋雕像、德育墙等，总投资 13.31 万元。学校教学设备按省级Ⅱ类标准配齐，学生电脑室、教师电子备课室、普通多媒体教室等各种专用教室齐全。学生人均图书拥有量 20 册，人均计算机拥有量 1∶19（台/人），人均校园面积 25 平方米，人均校舍建筑面积 5.4 平方米。

大帽山小学坚持以“德育为首、教育为主、全面育人、办出特色”为办学宗旨，全面贯彻党的教育方针，争创一流学校管理水平，建设一流教师队伍，创建有特色的农村学校。学校强调“教书育人、管理育人、服务育人、环境育人”，强调有教无类，爱护学生，以团结施教为原则关注学生，以严谨规范的方式管理学生，以“依法治校、从严治校、质量立校、科研兴校”为治校方略。

（二）师资待遇

1971 年，农场场部小学民办教师每月固定工资按 28 天计算，古坑等教学点民办教师工资与场部民办教师同等待遇。

1975 年 11 月，同安县革命委员会政治组教育组安排陈互助等 3 人到大帽山农场当见习教员，增加农场民办小学教师指标 1 名，初中班民办中学教师 1 名。小学民办教师达到数 12 名，民办中学教师达到数 1 名。

1975 年 12 月，大帽山农场初中、小学班级数及教师人事安排见表 6-16-1。

表 6-16-1 大帽山农场初中、小学班级数及教师人事安排

学校名称	班数（个）	教师人数（人）	教师人员	负责人
罗　田	2	2	黄有代、黄章源	黄有代
场　部	4	7	蔡源泉、曾胜利、陈向治、郑志远、洪学文、张惠燕、黄天户	蔡源泉 洪学文
刘　厝	2	2	陈互助、黄献彻	陈互助
古　坑	1	1	黄凉	
埔顶小学	7	11	黄献磋、黄田岸、蔡乙乳、柯永灿、张清源、陈英富、黄水湧、郑湖南、黄温州、黄奕山、颜希明	陈丕雄 黄献磋
初中班	1	3	陈丕雄、陈均平、黄国荣	陈丕雄
备注	全场中小学由陈丕雄负责			

1995—1996学年，同安县教育局核定大帽山埔顶小学教师编制31人，埔顶小学实有公办教师19人，缺编12人，实际聘用代课教师10人。其中，场部小学4人，埔顶小学3人，刘厝、古坑、罗田分校各1人。受客观条件限制，小学代课教师中持证上岗仅1人。根据（同政〔1995〕综192号）文件精神，自1995年9月起，合格代课教师代课金不低于同安县职工最低工资标准245元，差额补齐由县镇人民政府按分组管理权限负责兑现。同安县教育局发给持证代课教师每月180元，无证代课教师每月160元，每年按10月计发工资，差额由大帽山农场补齐。

（三）学制课程

1949—1966年，小学采取“四二制”，即初级小学4年，高级小学2年。

1967年，小学停止执行原来的教学计划，不分年级，都以《毛主席语录》和《为人民服务》《愚公移山》《纪念白求恩》等文章为教材。1971年起，埔顶小学实行五年制，使用福建省毛泽东著作出版发行办公室编印的课本。一至三年级只有语文、算术两种课本，四、五年级增加一门《常识》。

1977年秋季起，小学执行《福建省1977—1978学年全日制小学暂行教学计划》，学制5年。1978年，小学执行教育部颁发的《全日制十年制中小学教学计划试行草案》，小学学制5年。此后，省教育厅每年颁发教学计划。1985年秋季起，小学招收的一年级新生实行六年制。1996年，学科类课程包括思想品德、语文、数学、社会（从四年级起）、自然、体育、音乐、美术、劳动（从三年级起）。其中五、六年级暂时执行原教学计划，即不设社会课，五年级设地理，六年级设历史。

1999年起，小学原课程中的“思想政治”改为“思想品德”，“体育”改为“体育与健康”，增设写字、信息技术课程。另设活动类课程。

2002—2007年，课程设置将原有“思想品德”改为“品德与生活”（一、二年级各3节）、“品德与社会”（三、四年级各2节、五、六年级各3节）。

（四）教学方法

中华人民共和国成立之后，小学推行“五段教学法”，即每堂课分为组织教学、检查复习、讲授新课、复习巩固和布置作业5个环节。

20世纪60年代前期，小学着重研究语文、算术科的基础知识教学和基本技能训练问题，探讨启发学生的思维、培养学生良好学习习惯的途径。

1979年，小学教师开始大规模听课、评课活动。1983年，埔顶小学青年教师参加教学观摩评比活动。

20世纪80—90年代，小学教育对教学方法的研究、改革尤为重视。语文课开展“把语文课上成语言文字训练课”和“小学语文课堂教学艺术”等课题的研究探讨，特别突出作文教学改革。数学科着重进行新授课、练习课、复习课3种课型基本结构的研究。思想品德科进行“思想品德课、班会课、队会课围绕同一主题教育内容实行整体教育”的实验，即根据思想品德课教学内容确定少先队活动和班会活动主题。1998年，小学教育提出“从应试教育向素质教育转轨”口号，重视学生动手能力和实践能力的培养、“第二课堂”的开发与利用，开设活动类课程，后改称“综合实践课”。

2002年秋季起，大帽山小学全面推行课程改革，即教师改教法、学生改学法，让学生变被动学习为主动学习，把“要我学”变成“我要学”，在课堂上充分发挥教师的主导作用和学生的主体地位，真正让学生成为学习主人。

大帽山小学历任校长及师生数情况见表6-16-2。

表6-16-2　大帽山小学历任校长及师生数情况

年　度	校长姓名	班级数（个）	教师总数（人）	学生总数（人）	毕业生总数（人）
1958.8—1961.7	陈英源	—	—	—	—
1961.8—1967.7	陈谋居	—	—	—	—
1967.8—1972.7	黄献磋	—	—	—	—
1972.8—1975.7	张荣在	—	—	—	—
1975.8—1977.7	陈丕雄	—	—	—	—
1977.8—1981.7	蔡乙乳	14	21	350	—
1981.8—1986.7	陈均平	—	—	—	—
1986.8—1988.7	黄田岸	—	—	—	—
1988.8—2012.10	黄献金	—	—	—	—
2004—2005	黄献金	17	34	439	90
2005—2006	黄献金	16	33	340	75
2006—2007	黄献金	15	30	295	73
2007—2008	黄献金	13	30	204	50
2008—2009	黄献金	11	30	171	49
2009—2010	黄献金	6	30	114	34
2010—2011	黄献金	6	23	96	15
2011—2012	黄献金	6	22	108	16
2012.10—2013	沈东海	6	21	106	13
2013—2014	沈东海	6	20	110	13
2014—2015	沈东海	6	20	121	18
2015—2016.4	沈东海	6	20	108	14
2016.5—2017	黄英灿	6	18	110	22
2017—2018	黄英灿	6	15	99	16
2018—2019.1	黄英灿	6	15	100	14

（续）

年　度	校长姓名	班级数（个）	教师总数（人）	学生总数（人）	毕业生总数（人）
2019.1—2020	朱杉根	6	15	98	20
2020—2021	朱杉根	6	15	84	16

三、成人教育

1956 年，埔顶大队开办夜校，推广速成识字法、扫除文盲富有成效。

1980 年，大帽山农场有职工 1701 人，其中青壮年 1200 人。其中文盲、半文盲 749 人，占青壮年职工数的 62.42%。截至 1980 年 4 月，大帽山农场共举办 14 个扫盲班，有学员 350 人，文科教师 12 人，理科教师 9 人。3 名职工参加外单位技术短训。

1990 年 8 月至 2006 年，大帽山农场创办“大帽山农场文化技术学校”，由黄奕山任校长，聘请小学教师、农场技术人员临时授课，提高青壮年识字水平和农业技术能力，大帽山基本扫除青壮年文盲。2009 年，大帽山农场加强职工扫盲教育巩固提高工作，农场举办扫盲暨巩固提高班。

2015 年 5 月 20 日，翔安区聘请荷兰豆种植专家到大帽山农场开展荷兰豆无公害种植技术培训讲座，传授荷兰豆的选种、种植、配方施肥、科学用药和如何提高产量等技术。

2017 年 12 月 2 日，大帽山农场妇联在场部举办家政保洁员公益培训，聘请厦门市妇女儿童活动中心专业教师授课，共 51 人参加培训。

2018 年 11 月 15 日，农场妇联发动女劳力参加新型职业农民休闲农业技能培训，共 53 名妇女参加科技培训班。

2019 年 6 月，大帽山农场妇联联合大帽山小学举办妇女扫盲夜校提高班，有 49 名学员参加。

第十七章　文　　化

大帽山农场建场后，职工生活以生产劳动为主。由于交通闭塞，职工文化生活相对薄弱。上山下乡知识青年到农场后，带来城镇的文化生活气息，电影、广播开始丰富职工业余生活。大帽山农场下放翔安区管辖后，“大帽山境·寨仔尾里”田园综合体文旅创新等文化活动呈现多样化，内容丰富多彩。

大帽山内保留众多未定级不可移动文物，也是农场不可多得的历史文化沉淀。从文化遗址到寺庙、宗祠，都体现不同时期百姓文化生活印记。

第一节　文化设施

1958 年，大帽山农场建场后，设立大帽山农场文化站，组织研究文化活动规律，创作文艺作品，辅导农场职工开展文体活动，普及科学文化知识。

1980 年，大帽山农场成立电影放映队，专职工作人员 3 名。1996 年，电影队由黄约、颜英明承包。

1983 年，厦门市农垦局下发通知，要求加强有线广播基础设施建设，大帽山农场将有线广播安装到每个自然村。

2018 年，大帽山农场向翔安区申请改造埔顶片区戏台及周边环境。翔安区财政拨款近 150 万元，从大帽山乡村振兴人居环境试点示范村启动资金费用列支，用于戏台改造、大榕树节点及周边景观提升。该工程建设戏台面积约 109 平方米，庙前广场铺装，加设防护栏杆、花池，庙周边房前屋后道路、广场硬化及绿化提升。

2020 年，大帽山社区建设综合文化活动中心，综合文化服务中心位于农场中心村 57-3 号。社区文化室总建筑面积 360 平方米，书报阅览室 65 平方米，电子阅览室 65 平方米。文化室设有综合展示厅、多功能活动厅、教育培训室。文化室有计算机 10 台，投影仪 1 套，图书 100 册，年增设备经费 4 万元。

文化室每周向群众开放 42 小时，全年参加 2000 人次，组织文体活动 8 场，观看文艺演出 5 场，开展读书活动 4 场，指导群众活动 8 次，展出宣传橱窗专栏 12 期。

第二节　文艺创作

一、传统文化

大帽山农场建场前，场内 16 个自然村分散零落，各自然村人口稀少，文化基础薄弱，无法营造文化氛围。每年仅在三太子祖宫等宫庙庙会时，邀请戏班演戏，丰富民众文化生活。20 世纪 70 年代，古坑自然村邀请南安水头镇文斗村黄姓宗亲把梨园戏、南音合唱队带到古坑自然村排练，带动职工文化兴趣。

二、现代文化

大帽山农场有传统的非物质文化遗产，文化又体现不同时期的特色。1970 年左右，时兴跳忠字舞、语录舞，上山下乡知识青年以毛泽东思想宣传队为主体，自编自导样板戏到各生产队演出，开展文艺活动。改革开放以来，各种文化媒体逐渐进入民众生活，农场职工闲暇之余，普遍开展腰鼓队、广场舞群体活动。

2014 年，大帽山农场文化骨干力量，通过传帮教，为场内老年人健身拓展新领域。随着广场舞的普及，女子腰鼓队也开始学习广场舞，很多有兴趣的大妈也加入广场舞队伍，每到夜晚，轻歌曼舞，热闹非常。

2021 年 5 月 17 日，翔安区“永远跟党走”文化惠民演出走进大帽山农场。翔安区文化馆与翔安区音乐舞蹈协会精心准备的歌舞、器乐、传统非遗节目吸引大帽山群众。大帽山小学动感啦啦操、大帽山幼儿园大合唱、大帽山小学文艺骨干洪欣欣老师上台表演。

第三节　文旅创新

“大帽山境・寨仔尾里”是厦门市首个田园综合体，寨仔尾里最具特色的是红砖古厝，闽南地区的传统建筑浓缩了闽南人坚韧的性格，形成了深沉的文化底蕴。

2018 年 4 月，寨仔尾里田园综合体一期正式对外展示，日均游客达 1000 人次左右，其中“宛厝”民宿入住率达到 100%。寨仔尾里还配置了餐厅、咖啡馆、乡食手作坊、山境集市、心田手作馆、儿童牧场、亲子学堂以及农产品自助采摘等，不定期举办民俗节日活动、农民漆画展、乡村民谣、露天电影等特色体验活动。

2019 年 1 月，寨仔尾里二期开门迎客。寨仔尾里二期建设新增古韵民宿区与乡朴民宿区。古韵民宿与寨仔尾里一期一样，是在原有古厝基础上改造的项目；乡朴民宿区结合老厦门的乡土风情，颇有南洋风格、鼓浪屿情调。山境书院是研学重要载体，以文化基调为背景打造的山境会议场馆，高端大气、环境优雅。寨仔尾里二期还规划了旅游浏览路线，将周边的唐代甘露寺、宋代三太子宫、明代抗倭遗址等景点结合起来，形成一体化、产业化的文旅休闲娱乐圈。

2020 年 11 月，大帽山境民宿开业以来，已接待游客 20 万余人次，旅游收入近 1000 万元，推动周边果蔬合作社、家庭农场的经济发展。

“大帽山境”项目 2018 年开业，累计接待入住、用餐、商业馆体验等游客超过 30 万人次，其中民宿年平均入住率 35%左右，且呈现逐年攀升态势，节日及周末入住率接近满房。2019 年以来，“大帽山境”陆续接待来自广西、甘肃、山西、贵州、陕西、河南、内蒙古等地的乡村振兴专题考察团，考察和学习“大帽山境”乡村振兴的成功经验。

第四节　不可移动文物

一、寺庙

（一）甘露寺

甘露寺位于大帽山农场，始建于唐代，数度兴废。清顺治年间（1643—1661 年），三秀山僧无疑重建。甘露寺原为三落硬山布瓦顶砖木结构，前有尼姑庵，中为大雄宝殿，后座为观音堂，均毁于战火。1981 年，大帽山农场寨仔尾、罗田、后炉、上廊、埔顶和新圩镇古宅、后埔、金柄及南安九溪等村庄的乡贤共同组织集资重修甘露寺，重塑甘露寺原供奉的佛祖菩萨金身，恢复甘露寺佛教寺院。1998 年，五显镇大溪村黄卫花发起，大帽山及周边村民和各地香客捐款集资，在旧址上重新翻建甘露寺。甘露寺坐西北朝东南，两殿之间以方亭相连，面宽 11 米，总进深 22 米，占地面积约 240 平方米。前殿面阔 3 间，开三门，门上悬挂“甘露禅寺”匾额（原匾为明代大书法家张瑞图所书），辉绿石雕门面及龙柱，硬山顶，双燕尾脊；后殿为大雄宝殿，面阔三间，进深 3 间，硬山顶，燕尾脊，祀三宝佛、观音佛。寺内方亭两侧小天井保留小卵石散水遗迹，寺院周围散落石柱、柱础、石槽等遗物。清代初期，同安三秀山僧无疑曾遁居并圆寂于此寺。

寺南约 150 米处有新建僧无疑墓塔，朝东南，上镌“开山无疑师塔”，塔身呈宝瓶状，莲瓣纹基座高 0.4 米，直径 3.7 米，塔通高 3.8 米。寺院周边有九十九洞、红架寨抗倭遗迹等。2013 年 3 月公布为翔安区未定级文物点。

（二）三太子祖宫

三太子祖宫又名“大寮灵宫”，位于大帽山后炉自然村南部村边，距场部约 3 公里。

祖宫始建于北宋太平兴国年间（976—984 年），明中后期及清乾隆时重建。1952 年、1995 年、1999 年、2020 年多次翻建、重修。祖宫坐北朝南，前后两殿，中有方亭及两侧小天井，面宽 7 米，总进深 15 米，殿前有庭院，总占地面积约 220 米。前殿为厅堂，面阔三间，前为檐廊。前殿中门两侧影雕墙面，硬山顶，双燕尾脊。后殿为厅堂，面阔 3 间 7 米，进深 3 间 6 米，外墙以卵石叠砌，硬山顶，燕尾脊。殿内神龛主奉李府元帅哪吒三太子。宫庙前散落 7 件清代直筒形素面石柱础。

清代福建水师提督、江南提督林君陞（1688—1755 年）年少贫困时曾栖身于此，后于乾隆年间升迁台湾总兵时，重修该宫并携带香火入台。哪吒太子爷香火分炉台湾及东南亚新加坡、马来西亚等地，在台湾就有台北市士林无极殿，内湖护安宫，板桥古芸宫、姐妹宫，台南善化普安宫，高雄的中圣宫、五母宫、明月宫，彰化社头太元宫、朴子玉圣宫，新竹县妙圣堂、圣道院和明济坛，苗栗县慈龙宫，嘉义县圣清宫，南投县天法府，台中市妙天宫，桃园县发清宫等 189 座供奉哪吒太子庙宇。2013 年 3 月公布为翔安区未定级文物点。

二、宗祠

（一）埔顶紫云二房大宗

宗祠位于埔顶自然村中部。始建年代不详，1958 年重修，2006 年重建。宗祠坐东北朝西南偏南，前后依次为院门、天井、庙堂。镜面中间大门，保留原有石构件，两侧院墙影雕山水、花鸟图案，方形辉绿石竹节石窗。院门内檐廊，方形石柱，燕尾脊。天井两侧五架廊道，方形石柱，马鞍脊。庙堂十一架出步大厝。整体面阔 3 间、11.86 米，总进深 14.2 米，拜埕 7 米，前有戏台，占地面积 322.6 平方米，建筑面积 168.4 平方米。

埔顶紫云黄氏开基祖黄进卿系金柄黄尾生次子黄爱童八世孙，由金柄东头角分支埔顶。黄进卿生四子，长子黄招，字士珍；次子黄友，字士捷；三子黄连，字士穆；四子黄宗，字士庙，分四房祧。长房后裔分居大帽山山边、古坑；二房后裔分居洪毛岭；三房分居山后桥、下厝、尾厝；四房分居宫仔尾、芳田。

堂号“紫云”。辈序同金柄：树、爱、益、志、伯、友、茂、甫、卿、士、允、宣、超、良、希、卓、章、奕、献，再续：和、延、康、均、静、盛、宗、克、祉、佑、政、孰、泰、发、景、宽、世。出步柱联：紫云衍派流芳远，金柄分支世泽长。四点金前柱联：山川峻秀孕宝地，林果葱茏育贤昆。四点金后柱联：一卿择地埔紫里，四士披荆创基业。

（二）埔顶长房祖厝

家庙位于埔顶自然村前，前有池塘。始建于清乾隆二十一年（1756 年），原结构为一落二榉头，因年久失修，屋顶砖瓦破损，屋架腐朽。2015 年，旅居新加坡裔孙黄文福带头捐款重建祖厝，由山边黄青山、黄建筑、黄文可、黄奕舜等人管理重修一切事宜。重修时，保留祖厝原墙体卵石结构，坐东北朝西南偏南。前后依次为院门、天井、明堂。镜面凹形门廊，上塑“紫云传芳”匾，大门内檐廊，圆形花岗岩石柱，燕尾脊。两侧院墙浅浮雕、影雕花草图案，圆形龙凤镂空窗。天井两侧廊道，单侧斜屋面向外倒水。后落十一架出步庙堂，硬山顶，燕尾脊。面阔 3 间、9.65 米，进深 15 米，拜埕 8.1 米，占地面积 223 平方米，建筑面积 144.8 平方米。家庙 2015 年 10 月兴工，于 2016 年 12 月（农历十月十四日）举行落成庆典。此家庙为黄卿进长房小宗。山边开基祖黄士珍生四子，黄允中、黄允显、黄允烈、黄允赐。

（三）大帽山埔顶三房私祖

位于埔顶紫云二房大宗右侧。始建年代不详，2016 年重修。坐东北朝西南偏南。前后二落十一架出步大厝改建为家庙，天井两侧五架廊道，面阔 3 间、12.77 米，进深 17.5 米，建筑面积 223.4 平方米。此家庙为黄进卿三房派下尾厝、下厝私祖。

（四）埔顶四房祖厝

四房祖厝位于中心自然村北部。始建年代不详，至今约 300 年。1944 年，华侨黄章朝出资维修。2020 年 3 月，大帽山紫云黄氏二世四房黄土庙的后裔子孙筹款维修主厝，红砖铺埕，左侧为深水井。祖厝属大六路红砖厝，加两边护厝，硬山顶，双燕尾脊。祖厝面宽 34 米，进深 20 米，占地面积 1292 平方米，建筑面积 680 平方米。红砖埕长 34 米，宽 18 米，面积 612 平方米。

（五）埔顶四房下柱祖厝

祖厝位于中心自然村南部、紫云黄氏大宗祖厝右侧。始建年代不详，2017 年 12 月 23 日动工修缮，2018 年 12 月 5 日庆安。祖厝坐东朝西，前后二落，十一架出步大厝改建为家庙，硬山顶，燕尾脊。天井两侧五架廊道。面阔 3 间，右侧单边护厝，总宽 19 米，进深 20 米，建筑面积 380 平方米。门口埕长 19 米，宽 9 米，面积 171 平方米。

（六）山后桥紫云衍派

位于山后桥自然村前，始建于清光绪五年（1879 年），清宣统二年（1910 年）重修，2012 年春重建。原屋结构为二落二榉头，多户主共有，后合族买为祖厝用地。坐甲向庚兼寅申，建于原基址上，拆除原有建筑材料，改用光面条石、机砖、釉面砖砌成。镜面中为凹形门廊，左右影雕、浅浮雕组合图案，两侧圆形镂空双龙圆窗。天井两侧廊道，庙堂十一架出步大厝，辉绿石石柱础，圆形磨光花岗岩石柱，杉木穿斗抬梁式梁架结构。整体面阔 3 间、11.2 米，总进深 16.97 米，上拜埕 6.77 米。下拜埕 6.1 米，前有戏台，占地面积 390.2 平方米，建筑面积 190 平方米。

大帽山埔顶黄进卿三房分三柱，下厝、尾厝、棋盘。下厝黄允赐之子黄超凤分居山后桥繁衍。堂号“紫云”。沿用金柄黄氏辈序。前落柱联：派衍紫云宗支鼎茂，家传金柄世代永昌。廊道前联：锦宇开祥兴百代，家风泽世茂千秋。廊道后联：露甘云紫振家声，桑茂莲芳长世泽。出步柱联：紫气凌云紫云衍派，金光瑞彩金柄传家。四点金前柱联：百业资深耕勤是本，千经典义孝悌为先。四点金后柱联：堂上祖考序昭序穆，阶下儿孙永炽永昌。寿龛联：忠孝廉节为家训，诗礼传家百世经。

（七） 村门紫云黄氏祖厝

祖厝位于村门自然村西北角。始建于清朝雍正年间。1948 年修缮，文化大革命期间被毁，1982 年又修缮。因后裔子孙于 2007 年响应移民政策，撤村迁居翔安新店东方新城和马巷滨安花园，逢年过节，仍旧回村祭祖。2018 年，村民成立重修筹备小组，筹资 30 多万元，于农历六月初四日动土，十一月二十八日完工庆典。家庙坐南朝北，祖厝为七架一落一天井，高院墙。前落凹形门廊，门内廊道，中为天井，两侧廊道。后落穿斗抬梁式梁架，硬山顶，燕尾脊。家庙面宽 3 间、11 米，进深 12 米，占地面积 266 平方米，建筑面积 132 平方米。家庙开基祖为内厝镇东烧尾士公，生二子，分居村门中角、顶厝、下厝。

神龛联：象山拱顾振宗风，镜水朝环绵世泽。上厅前柱联：村民勤劳家业兴，门楣纳彩丁财进。上厅中柱联：紫云甘露家风旧，画栋雕梁气象新。上厅后柱联：新焕门楣添秀色，修成栋宇振家风。

（八） 刘厝紫云黄氏祖厝

祖厝位于刘厝自然村西南部。始建于明万历年间，至今已有四百多年历史。1970 年左右，历代祖先的神主牌位及神龛被毁。因年久失修，厝顶砖瓦破损，木料腐朽。2000 年简易加固修缮，重置供桌、香炉，每年清明、冬至和祖先忌日，黄氏后裔子孙前往祭拜。

家庙修缮后保持原来架构，坐东南朝西北，前后二落大厝，中为天井，两侧榉头，两旁护厝。后落硬山顶，燕尾脊。家庙土木砖石结构，面宽 28 米，总进深 16 米，建筑面积 448 平方米。前埕两级，长 28 米，宽 13 米，建筑面积 364 平方米，占地面积 812 平方米。

（九） 上廍洪氏祖厝

上廍自然村洪氏家庙位于村庄中部，七架二落左边护厝，始建于清朝嘉庆年间，1962

年维修。1970年左右，历代祖先的神主牌位及神龛被毁，后重置供桌、香炉，每年冬至，洪氏后裔子孙前往祭拜祖先。2021年初，祖厝因项目开发用地征收拆除。

家庙柱联：祖衍英林分支并茂，宗传杜田世泽长流。柱联：英林分支远，廊保世泽长。柱联：碧峰来脉而献瑞，红架拱面以呈祥。辈序：元钦复朝，远启光世，时显文明，永钟祥瑞，心存孝思，克绍光贤。

上廊洪氏保留一本族谱复印本，记述各代祖先的名字，但上廊没有延续记载。

（十）后炉郑氏宗祠

位于后炉自然村中部，门牌后炉39号，建造年代不详。因年久失修，厝顶砖瓦破损，木料腐朽。2015年3月，郑氏宗亲集资对该祖厝进行加固修缮。宗祠为七架一落二榉头，硬山顶，燕尾脊。镜面凹形门廊，墙体杂石砌筑，屋顶砖瓦木料结构。建筑物建筑面积184平方米，占地面积200平方米。2021年初，宗祠因项目开发用地征收拆除。

（十一）后炉郑氏顶厝祖厝

位于后炉村庄中部，门牌后炉52号，始建年代不详。因年久失修，厝顶砖瓦破损，木料腐朽。2015年3月重修。祖厝为七架二落二榉头，硬山顶，燕尾脊。墙体杂石砌筑，屋顶砖瓦木料结构。镜面红砖贴墙，凹形门廊。建筑面积200平方米，占地面积250平方米。20世纪60—70年代，破除封建迷信，历代祖先的神主牌位及神龛被毁，后重置供桌、香炉，每年清明、冬至和祖先忌日，郑氏后裔子孙前往祭拜。2021年初，祖厝因项目开发用地征收拆除。

（十二）后炉郑氏后厝祖厝

位于后炉自然村东部，门牌后炉56—2号。建造年代不详，2015年3月重修。原结构为七架一落二榉头，硬山顶，燕尾脊。镜面凹形门廊，墙体杂石砌筑，屋顶砖瓦木料结构，建筑面积127平方米，占地面积140平方米。2021年初，祖厝因项目开发用地征收拆除。

（十三）后炉陈氏祖厝

位于后炉自然村南部，门牌后炉68号，建造年代不详，因年久失修，2015年3月重修。祖厝为七架一落二榉头，硬山顶，人字形屋脊。镜面凹形门廊，墙体杂石砌筑，屋顶砖瓦木料结构，建筑面积140平方米，占地面积160平方米。

三、遗址

（一）十八弯古道

十八弯古道位于大帽山寨仔尾自然村至新圩镇古宅自然村后壁山西北坡，始建于唐代。南宋景定元年（1260年），寺僧妙谦和郑祥化捐资并招募重新修筑古道，既有利漳泉地区物资流通，又方便善信到甘露寺礼佛。古道原长约800米，宽0.8～2米，以不规则块石、卵石铺砌成坡状，逢陡坡处皆加砌石台阶。古道沿山坡蜿蜒盘曲而上，直达山巅云中雁，因途中共有18个弯，故名“十八弯”。古道是古代同安通往泉州的重要商贸通道，也是古代同安学子赴外赶考的主要道路。原大帽山农场寨仔尾自然村大埔路旁立有南宋景定元年石碑1方，碑高0.35米，宽0.38米，阴刻楷书8行，载述修路之事。1993年，石碑收藏于同安博物馆。

1949年，中国人民解放军解放泉州后，国民党为防止解放军乘胜追击解放同安，在同安与南安交界的小盈岭等地设重兵严加防守。解放军从“十八弯”古道犹如神兵天降突袭同安，国民党军队措手不及，同安顺利解放。

1984年7月，十八弯古道被同安县人民政府列为第二批县级文物保护单位；2011年4月，翔安区公布为第一批区级文物保护单位，现存石路六百多米。

（二）大帽山石洞石佛遗址

《马巷厅志》载：“东大帽山距厅治十里，广袤十余里，形若大帽。上有巨石如阶九级，下有岩天成石室，镌石佛其中。”1983年1月15日，同安县文化局颜立水普查文物时，在一群牧童指引下找到大帽山一口石洞，匍匐入洞，测量石洞高2.3米，宽4米，中置一尊青岗石佛，佛头、手被人为砸断，残存部分身高0.66米，宽0.42米，底座高0.12米，没有铭文或碑记。推测是明代以前的石质文物。

（三）红架寨山山寨遗址

红架寨山山寨遗址位于大帽山农场场部北1公里处的大寨山顶峰，西北山脚下为大帽山农场寨仔尾自然村，与东岭尾山遥遥相对，地理坐标为北纬24°46′59.4″，东经118°18′03.3″，海拔高度427米。

该山寨修建于明代，寨墙环山而筑、平面呈东北西南走向，东西长约120米，南北宽约80米，占地面积约9600平方米。寨墙东北处残宽3.2米，残高1.7米；西南外残墙宽2.5米，残高1.5米。寨墙为块石和条石垒砌，两面为石墙，中间填以黄土并夯实。现遗址及四周被杂草灌木所包围，地表采集不到文物标本，因此难以确定具体年代，有待进一步调查和考古发掘。

明代东南沿海屡遭倭患，因此各地多建有山寨，以抵御倭寇袭扰，红架寨即是当时闽南地区抗击倭寇的重要山寨。2013年3月公布为翔安区未定级文物点。

（四）红架寨下炭窑遗址

炭窑遗址位于红架寨山下南坑山沟旁，距古宅以东大帽山坳1公里，明代炭窑遗址，坐西北朝东南。窑址所处地带灌木丛生，炭窑从外及里，由大到小，分为 2 个窑门，2 个窑室（胆），占地面积约 150 平方米。窑壁四周为岩石，顶部左右设有两个排气孔。前窑门宽 1.4 米，高 1.8 米，窑室呈圆形，直径 3.4 米，高 2.4 米，排气孔长 0.35 米，宽 0.2 米；后窑门宽 0.95 米，高 1.8 米，窑室直径 2.4 米，高 2 米。

（五）猪槽寨山寨遗址

猪槽寨山寨遗址位于大帽山农场猪槽寨山顶部，西南约 1 公里为大帽山三角梅风景区和溪美发电站，地理坐标为北纬 24°46′38.0″，东经 118°19′45.7″，海拔高度 216 米。

该山寨建于明代，东北至西南宽 30 米，西北至东南长约 300 米，占地面积 9000 平方米，因平面形似猪槽，故名猪槽寨。寨墙墙体由块石和条石垒砌而成，两侧为石墙，中间填以黄土并夯实，寨墙残高 1.5 米，厚 2～2.6 米。寨门坐东北朝西南，宽 2.8 米，厚 2.5 米，残高 2.1 米。遗址内及周围树木茂密，以杉木、水枫和相思树为主。此遗址是福建省同时期、同类遗址中规模最大的山寨之一。山寨石墙砌筑比较规整，且位于人迹罕至的山巅，保存得相当完好，但由于寨内林木茂密，除寨墙外其它遗迹无法了解，有待进一步调查和考古发掘。2013 年 3 月公布为市级文物保护点。

第十八章　体　　育

第一节　体育设施

大帽山农场建场初期，没有固定的体育设施，职工业余时间以晒谷场为篮球场开展体育活动。

2006 年 2 月，大帽山农场 16 个自然村都没有建设篮球场。6 月，农场在旧村改造、新村建设中，修建篮球场 1 个，门球场 1 个，安装体育健身器材 1 套 7 大件。

2018 年 11 月，大帽山农场向翔安区申请埔顶片区篮球场改造。翔安区相关部门研究同意，批准埔顶片区篮球场改造工程投资 65 万元，资金由翔安区财政统筹，从大帽山乡村振兴人居环境试点示范村启动项目资金费用列支。大帽山农场改造埔顶片区篮球场 400 平方米，工程包括场地塑胶、围栏、照明等。

第二节　群众体育

20 世纪 60—70 年代，大帽山农场经常开展以军事项目为主的民兵体育活动，内容有队列、刺杀、射击、投弹、武装越野和篮球、拔河、田径等活动。

1973 年，大帽山农场职工体育坚持以“小型多样、面向基层、立足班组”原则，开展群众性职工体育活动，职工常举行篮球、排球、乒乓球等训练比赛活动。1980 年，大帽山农场组建业余体育运动队 1 队，参加人数 13 人。

2006 年 10 月 16 日，大帽山农场组织 20 名退休老职工参加重阳登高健身活动。

第三节　学校体育

一、幼儿体育

1958—1966 年，幼儿体育活动项目有接力、拔河、20 米跑、跳绳、拍球。1996 年，幼儿园规定幼儿户外活动时间每天不得少于 2 小时，同时注重体育活动的趣味性，基本内容有跨步走、跑、跳、平衡、投掷、钻爬和攀登。

2001 年起，大帽山幼儿园贯彻教育部颁布的《幼儿园教育指导纲要（试行）》，幼儿园体育重视户外游戏和趣味性较强的体育活动，形式更多样化。主要形式有踢毽子、保龄球、动物跷跷板、飞盘、绣球、信号灯、滑板车、弹跳床、按摩大龙球等。2007 年，幼儿体育增加徒手操、走、跑、跳、平衡、投掷。

二、小学体育

民国期间，埔顶初级小学虽设体育课，但因缺乏体育设施和体育教员，学生活动多为滚铁竹圈、敲跷、“过五关”“救国”、钉陀螺等。

文化大革命时期前期，学校体育强调以学军为主，体育课改为军体课，强化队列训练、教学红缨枪操、进行野营拉练。1975 年，小学开始实施国家体委颁布的《国家体育锻炼标准》，加强体育运动训练。1986 年，农场小学体育锻炼达标率达 90%以上。1987 年，小学逢单数年份举行田径运动会，选拔优秀选手参加同安县小学生运动会。

2019 年，大帽山农场学生体育获奖情况见表 6-18-1。

表 6-18-1　2019 年大帽山农场学生体育获奖情况

序号	时间	奖项	获奖　级别	获奖者	指导教师
1	2019 年 7 月 26—29 日	2019 年福建省青少年皮划艇激流回旋锦标赛（男子单人皮艇丙组第八名）	省级	黄佳雯	
2	2019 年 12 月 20—22 日	2019 年翔安区中下学田径锦标赛（男子儿童乙组 400 米第一名）	区级	黄轼泓	黄献泉 沈春境
3	2019 年 12 月 20—22 日	2019 年翔安区中下学田径锦标赛（男子儿童乙组 4×100 米第八名）	区级	黄轼泓 黄清林 黄俊林 黄佳全	黄献泉 沈春境
4	2019 年 12 月 20—22 日	2019 年翔安区中下学田径锦标赛（男子儿童乙组 400 米第三名）	区级	黄清林	黄献泉 沈春境
5	2019 年 12 月 20—22 日	2019 年翔安区中下学田径锦标赛（女子儿童乙组 400 米第六名）	区级	黄佳萍	黄献泉 沈春境
6	2019 年 12 月 20—22 日	2019 年翔安区中下学田径锦标赛（男子儿童乙组 200 米第七名）	区级	黄佳全	黄献泉 沈春境
7	2019 年 12 月 20—22 日	2019 年翔安区中下学田径锦标赛（女子儿童甲组 200 米第六名）	区级	黄如娜	黄献泉 沈春境
8	2019 年 12 月 20—22 日	2019 年翔安区中下学田径锦标赛（男子儿童乙组 200 米第四名）	区级	黄轼泓	黄献泉 沈春境

2022 年，大帽山小学加强学生体质健康管理。学校落实小学 1 至 2 年级每周 4 课时，小学 3 至 6 年级的体育与健康课程要求。创新校内外体育健康活动形式，构建校园体育活动提质体系、家校协同育人体系、管理评价考核体系。开展“明眸健行”跑操，每天课间操后，组织全校学生集体进行跑操，组织学生分散开展跳绳、篮球、足球等活动。

第十九章　卫　　生

清末至民国时期，场内天花、霍乱、鼠疫、血吸虫病等传染病流行，多呈间歇性、多发性。人口平均寿命35岁以下。

中华人民共和国成立后，地方人民政府重视农村医疗卫生工作，防治结合。1952年，基本消灭天花、霍乱、鼠疫3大烈性传染病。孕妇、新生儿死亡率降低。1983年，同安县宣布消灭血吸虫。1985年后，无白喉病例；1992年后，无乙脑、百日咳病例。

第一节　医疗机构

一、卫生所建设

1958年8月，大帽山农场借用寨仔尾自然村民居设置卫生所，医生陈玉贝负责卫生所工作。1959年，农场卫生所随迁甘露寺；1963年，卫生所随迁后炉埔。1979年1月，农场卫生所定点埔顶场部。

2004年5月，翔安区确定农场职工的医保问题主要依托农村合作医疗，在厦门市、区相关部门支持下，参保率达到100%。翔安区投资50万元修建大帽山农场卫生所，配齐人员、设备。

2015年，翔安区政府多次召开专题会议研究协调大帽山农场标准化卫生所建设中遇到的困难和问题，特别是协调解决与大帽山文化活动中心同步建设的问题。大帽山文化活动中心和农村标准化卫生所项目完成选址、搬迁和招投标程序，进入施工建设阶段，农场拆除旧卫生所，标准化卫生所与文化活动中心共建。2016年底，大帽山标准化卫生所投入使用。

二、医疗人员

1958年5月，陈玉贝随大帽山农场建场领导机构进驻寨仔尾自然村，成为首任医生，直到1988年1月退休。

1971年，农场卫生所有潘金钟、沈尧2名卫生技术人员。潘金钟任卫生所负责人。

1982 年 2 月，大帽山农场卫生室医生黄献田因病去世。

1983 年，大帽山农场有 2 个医疗单位，医务人员 6 人，其中医生 4 人。

1996 年，大帽山农场卫生所由黄节省、黄献彻承包。

2010 年 4 月，翔安区卫生局同意执业助理医师黄塔为乡村医生，在大帽山农场卫生所工作；12 月 4 日，区卫生局确认大帽山农场卫生所乡村医生黄塔享受津贴补助。

2014 年 3 月 4 日，翔安区卫生局决定在大帽山农场移民安置点滨安社区设置滨安社区卫生所。大帽山农场乡村医生黄塔变更至该卫生所执业并任所长。

第二节　疾病防治

一、疾病预防

2009 年 3 月 1—10 日，农场卫生所对大帽山小学幼儿园、大帽山育才小学、刘厝自然村、大帽山埔顶自然村、罗田自然村等开展麻疹疫苗强化免疫活动。

2018 年 9 月，翔安区卫生和计划生育局根据《疫苗流通和预防接种管理条例》《预防接种工作规范》规定，决定撤销大帽山农场卫生所预防接种门诊，其服务范围内的预防接种工作由新圩中心卫生院承担。新圩中心卫生院和大帽山农场卫生所做好对群众的宣传、解释和引导工作。

2021 年 11 月，翔安区传染病防治 2021 年国家双随机监督抽查厦门市翔安区大帽山农场卫生所（厦门市翔安区大帽山农场中心 57—2 号）。

二、消灭血吸虫病

血吸虫病俗称“大肚子病”。“溪仔墘，六角井。黄枝脚，蜘蛛肚，会吃饭、不会走路。”溪仔墘、六角井是新圩东南部因血吸虫病而荒废的村落。血吸虫以钉螺为中间宿主，胞蚴变成尾蚴后逸出钉螺体，回到水中，人、畜皮肤接触，便受感染。中华人民共和国成立之前，同安县东界山区血吸虫病流行区域，先后被血吸虫病夺走 2861 条生命，490 户灭绝，22 个自然村毁灭，1972 亩良田荒芜。农场内后寮、大箱、后头洋、宫头洋、东塘、山坑洋、巷口、石厝等自然村因感染血吸虫病而废村，普通民众误以为“风水”所致而到处求神拜佛。

1957 年 10 月，福建省血吸虫防治站发现巷东公社锄山、蔗下 2 个自然村有血吸虫病人、病牛和钉螺分布。

1958 年 3 月，同安县委以县委书记唐静、副书记孙志强、县长林平凡、宣传部长叶健、农村工作部长杜国栋组成同安县血吸虫病防治5人领导小组，叶健抓具体工作，坐镇疫区指挥，抽调8名医务人员组成外围调查组，进行全县钉螺普查。5月，调查组摸清了同安县血吸虫病的流行范围为巷东、新圩两乡和大帽山农场的锄山、村尾、凤路、东陵、帽山、诗坂、埔顶7个高级农业社。县农业局派员对耕牛进行粪便检查2425头次，发现病牛141头，进行治疗或屠宰处理。同安县防疫站成立血吸虫病防治组，组织技术队伍48人，成立血防专业队，发动广大社员、工人、学生、驻军共1000人进入疫区，消灭钉螺面积6万平方米。

1958—1959年，群众性突击灭螺77次，灭螺近50万平方米。大帽山农场开新溪流，填旧溪流，兴修水库，开沟排水，填平洼地造田，挖新水井，建简易自来水，废除旧厕所，建卫生厕所，发动群众，大搞卫生，遏制血吸虫病的发生。同安县组织医疗队伍对疫区5岁以上人群进行粪便检查，受检7345人、14022人次，查出阳性272人；到疫区设点治疗病人，架设简易病床，分期分批治疗。

1983年，福建省血吸虫防治领导小组组织专家对同安县血吸虫病区域进行考核鉴定，批准为消灭血吸虫地区。

第三节　爱国卫生运动

1952年4月，同安县成立县卫生防疫委员会，进行形式多样的全民性卫生宣传教育。场内家家动员，人人动手，开展讲卫生、消除细菌病毒等微生物滋生场所、预防疾病、预防细菌战、灭鼠、灭蚊、灭蝇等爱国卫生运动。

2007年3月28日，大帽山农场建立和完善垃圾治理长效机制，重点落实保洁制度和保洁经费，按照“百户一（垃圾）池、百米一（垃圾）箱、千人一（保洁）员”的要求，按照人口的1‰～2‰配备卫生保洁员，促进农村保洁日常化。

2008年11月，农场全面开展农村垃圾治理巡查活动，建立巡查网络，消除垃圾回潮现象，加快重点区域垃圾治理行动步伐，将沿路和景区、水源保护区的重点区域优先安排治理，采取连片连线治理的方法整体推进。农场开展“农村家园清洁”活动，加快垃圾处理等基础设施建设步伐，完善配套垃圾处理场、中转站、垃圾清运设备等，以满足垃圾处理日常运转需求，严格奖罚制度，调动有关部门力量，共同推进“家园清洁行动”。农场持续开展“巾帼示范”等专题活动，调动青年妇女参与“家园清洁行动”的积极性。

2013年4月，《厦门市翔安区2013年度市容管理考评工作实施方案》修订定稿，考评分为定期考评、不定期巡查和日常考核3种方法。2014年4月，大帽山农场设立1个市容管理执勤点，隶属新圩镇行政执法中队管理，驻点人员由新圩镇行政执法中队安排，开展常态化市容卫生管理。

翔安区市容管理考评办公室每两个月对埔顶片区村容村貌和环境卫生进行考评。2019年，埔顶片区全年平均得分 90.5 分；2020 年，埔顶片区全年平均得分 92.8 分，成绩均为“优秀”。

第二十章　社会保障

第一节　社会事务

一、救灾救济

（一）自然灾害避灾建设

2007 年 2 月，大帽山农场对 12 处重要地质灾害点进行整治，通过扩宽巷道、整理平台、砌石护坡、挖排水沟等，清挖土方 4530 立方米、砌石 415 立方米，投入资金 9.82 万元。

2017 年，大帽山农场在场部建设自然灾害避灾点 1 个，避灾点设置值班室、避灾群众男（女）宿舍、仓库、厕所等必备场所，配备简易卧具（床或床板、棉被或草席等）、应急灯、炉灶、锅碗瓢盆、手电、蜡烛等保障物资及生活必需品。

（二）自然灾害救济

2015 年 8 月，大帽山农场防御台风、暴雨，转移群众 114 人次，翔安区政府按每人每天 30 元给予补助。

2016 年，14 号台风"莫兰蒂"在翔安区登陆，大雾山果蔬专业合作社遭受重大损失，台风灾后重建温室大棚，厦门市财政补贴 207.25 万元，区财政补贴 69.08 万元，合计补贴 276.33 万元。

（三）临时救助

1974 年 7—9 月，大帽山农场对生活困难职工黄誉、林火轮发放 30 元困难补助，发放刘以岩生活困难补助 20 元。

1975 年，农场发放困难职工王安普、郭文安、黄奕越、黄引、黄章排等人生活补助 15～30 元。

2016 年，翔安区人民政府办公室印发《关于印发翔安区城乡困难家庭临时救助实施细则的通知》，大帽山农场对遭遇突发事件、意外伤害、重大疾病或其他特殊原因导致基本生活陷入困境，其他社会救助制度暂时无法覆盖或救助之后基本生活暂时仍严重困难的家庭或个人，给予应急性、过渡性救助。

2019 年，大帽山农场临时救助情况见表 6-20-1。

表 6-20-1　2019 年大帽山农场临时救助一览

序号	救助月份	户主姓名	家庭人口（个）	家庭住址	人员类别	申请理由	审批金额（元）
1	1	黄来发	3	山　边	一般群众	食管癌	1212.00
2	3	黄昆庭	3	下　厝	一般群众	脑梗死	1797.00
3	6	黄　旺	2	下　厝	一般群众	肉瘤	1776.00
4	10	黄　溪	2	下　厝	一般群众	胃癌	1144.51
5		陈剑夫	1	后炉埔	一般群众	疾病	2278.00
6		黄泼水	1	山仔头	一般群众	疾病	2323.00
7		黄葱花	1	山仔头	一般群众	疾病	1711.00
8	11	黄水庚	1	山后桥	一般群众	疾病	1673.00
9		黄　兴	1	中　心	一般群众	疾病	1394.00
10		叶　谨	1	山　边	一般群众	疾病	1112.00
11		黄秀花	1	山　边	一般群众	疾病	4001.00
12	12	黄添火	1	山后桥	一般群众	疾病	2424.00
13		黄　雪	1	山后桥	一般群众	疾病	2326.00
14		黄火炎	1	尾　厝	一般群众	疾病	1200.00
15		黄　贤	1		一般群众	疾病	1704.00
合　计							28075.51

2020 年，大帽山农场临时救助情况见表 6-20-2。

表 6-20-2　2020 年大帽山农场临时救助一览

序号	救助月份	户主姓名	家庭人口（个）	家庭住址	人员类别	申请理由	审批金额（元）
1	6	陈　亲	1	中　心	一般群众	疾病	1518.00
2	12	黄玉柳	1	中　心	一般群众	疾病	2426.00
3		黄军队	1	山后桥	一般群众	疾病	1662.00
4		黄　溪	1	下　厝	一般群众	疾病	1852.00
5		陈　姜	1	山后桥	一般群众	疾病	1761.00
6		黄水高	1	山仔头	一般群众	疾病	3097.00
7		曾淑惠	1	山　边	一般群众	疾病	1463.00
8		黄水沙	1	刘　厝	一般群众	疾病	2163.00
9		黄福气	1	尾　厝	一般群众	疾病	1295.00
10		黄永顺	1	中　心	一般群众	疾病	1095.00
11		黄　珍	1	山　边	一般群众	疾病	2782.00
12		黄麻莉	1	山后桥	一般群众	疾病	1577.00
13	12	黄　巷	1	山　边	一般群众	疾病	2054.00
14		黄宇昊	1	尾　厝	一般群众	疾病	1887.00
合　计							26632.00

2022 年，大帽山农场临时救助情况见表 6-20-3。

表 6-20-3　2022 年大帽山农场临时救助一览

序号	救助月份	户主姓名	家庭人口	家庭住址	人员类别	申请理由	审批金额（元）
1	4	黄麻莉	—	—	—	疾病	5100.00
2	11	黄火轮	—	—	—	疾病	6030.00
3	12	黄　差	—	—	—	疾病	4020.00
4		黄银水	—	—	—	疾病	3015.00
合　计							18165.00

（四） 低保户、 特困人员救助

2014 年，大帽山农场办理低保户 20 户 30 人，其中五保户 1 人、孤儿 4 人，发放困难补助金 12.36 万元。

2015 年，农场办理低保户 11 户 17 人，其中五保户 1 人、孤儿 1 人，发放困难补助金 11 万元。

2019 年 5 月，大帽山农场做好低保贫困户精准就业帮扶工作，引导有劳动能力低保户充分就业。7 月 1 日起，翔安区低保对象生活补助标准由每人每月 720 元提高到 800 元，特困人员基本生活费标准从每月 1080 元，提高到每月 1200 元。大帽山农场有低保对象 10 户 15 人，特困人员 1 户 1 名。

2019 年，大帽山农场低保对象、特困人员生活补助情况见表 6-20-4。2020 年，大帽山农场低保对象、特困人员生活补助情况见表 6-20-5。

表 6-20-4　2019 年大帽山农场低保对象、特困人员生活补助一览

序号	自然村	户主姓名	保障人口数（个）	家庭收入（元）	补助金额（元）	发放金额（元）	备注
1	山后桥	黄于权	2	0	1440	1440	低保
2	山后桥	黄　活	1	0	1290	1290	低保
3	尾　厝	苏开云	3	1413	2070	2070	低保
4	尾　厝	黄千金	1	210	1530	1530	低保
5	加　塘	黄海燕	1	0	2160	2160	低保
6	中　心	黄培金	1	0	2160	2160	低保
7	刘　厝	黄君同	3	1050	3330	3330	低保
8	山　边	黄清凉	1	0	2160	2160	低保
9	尾　厝	黄贵福	1	0	2160	2160	低保
10	山后桥	黄　讨	1	0	4020	4020	五保
11	中　心	黄　涂	1	—	960	960	低保
合　计			16	2673	23280	23280	—

表 6-20-5　2020 年大帽山农场低保对象、特困人员生活补助一览

序号	自然村	户主姓名	保障人口数（个）	家庭收入（元）	补助金额（元）	发放金额（元）	备注
1	山后桥	黄于权	2	0	4800	4800	低保
2	山后桥	黄　活	1	0	2400	2400	低保
3	尾　厝	黄千金	1	210	1770	1770	低保
4	加　塘	黄海燕	1	0	2400	2400	低保
5	中　心	黄培金	1	0	2400	2400	低保
6	刘　厝	黄君同	3	1050	4922	4922	低保
7	山　边	黄清凉	1	0	2400	2400	低保
8	尾　厝	黄贵福	1	0	2400	2400	低保
9	中　心	黄　涂	1	0	2880	2880	低保
10	山　边	杨春香	1	0	1600	1600	低保
11	山后桥	黄　讨	1	0	4380	4380	特困
合　计			14	1260	32352	32352	—

大帽山农场低保对象、特困人员生活是否安稳，有无苦衷，有何需求，是地方人民政府重点关注的问题。农场每逢节假日，代表区、镇两级人民政府，走村入户，关心慰问。

2019 年，大帽山农场低保对象、特困人员节日慰问情况见表 6-20-6；2020 年，大帽山农场低保对象生活补助见表 6-20-7。

表 6-20-6　2019 年大帽山农场低保对象、特困人员节日慰问一览

序号	自然村	户主姓名	人口数（个）	家庭收入（元）	元旦慰问（元）	春节慰问（元）	中秋慰问（元）	国庆节慰问（元）	合计
1	山后桥	黄于权	2	0	800	800	500	500	2600
2	山后桥	黄　活	1	0	400	400	250	250	1300
3	尾　厝	苏开云	3	1413	1200	1200	750	—	3150
4	尾　厝	黄千金	1	210	400	400	250	250	1300
5	加　塘	黄海燕	1	0	400	400	250	250	1300
6	中　心	黄培金	1	0	400	400	250	250	1300
7	刘　厝	黄君同	3	1050	1200	1200	750	750	3900
8	山　边	黄清凉	1	0	400	400	250	250	1300
9	尾　厝	黄贵福	1	0	400	400	250	250	1300
10	山后桥	黄　讨	1	0	400	400	250	250	1300
11	中　心	黄　涂	1	0	750	750	250	250	2000
12	山　边	黄世文	4	4213	750	750	500	500	2500
13	刘　厝	黄水圳	4	3195	—	—	500	500	1000
总计			24	10081	7500	7500	5000	4250	24250

表 6-20-7　大帽山农场 2020 年低保对象、特困人员节日慰问一览

序号	自然村	户主姓名	保障人口数（个）	元旦慰问（元）	春节慰问（元）	中秋慰问（元）	国庆节慰问（元）	合计
1	山后桥	黄于权	2	—	—	500	500	—
2	山后桥	黄　活	1	—	—	250	250	—
3	尾　厝	黄千金	1	—	—	250	250	—
4	加　塘	黄海燕	1	—	—	250	250	—
5	中　心	黄培金	1	—	—	250	250	—
6	刘　厝	黄君同	3	—	—	750	750	—
7	山　边	黄清凉	1	—	—	250	250	—
8	尾　厝	黄贵福	1	—	—	250	250	—
9	中　心	黄　涂	1	—	—	250	250	—
10	山　边	杨春香	1	—	—	250	250	—
11	山后桥	黄　讨	1	—	—	250	250	—
12	山　边	黄世文	4	—	—	500	500	—
13	刘　厝	黄水圳	4	—	—	500	500	—
	总　计		22	—	—	4500	4500	

2021 年 1 月 1 日起，翔安区城镇居民最低生活保障标准每人每月 850 元。大帽山农场居民申请低保对象认定，由申请家庭确定 1 名共同生活的家庭成员作为申请人，到农场中心村 1—1 号综合保障中心提交申请。新圩镇对申请人提交的申请材料进行审查，提交厦门市居民家庭经济状况核对中心核对经济状况信息。新圩镇自受理申请之日起 20 个工作日内提出审核、审批认定意见。农场被审核通过低保对象 11 户 13 人，特困人员 1 户 1 人。10 月，大帽山农场低保对象增加到 22 户 25 人。

2021 年，大帽山农场低保对象、特困人员生活补助与节日慰问见表 6-20-8。低保对象、特困人员节日慰问见表 6-20-9。

表 6-20-8　大帽山农场 2021 年低保对象、特困人员生活补助一览

序号	自然村	户主姓名	保障人口数（个）	家庭收入（元）	补助金额（元）	发放金额（元）	备注
1	山后桥	黄于权	2	0	4100	4100	低保
2	山后桥	黄　活	1	0	2550	2550	低保
3	尾　厝	黄千金	1	0	2550	2550	低保
4	中　心	黄培金	1	0	2550	2550	低保
5	刘　厝	黄君同	3	808.5	4697	4697	低保
6	山　边	黄清凉	1	0	2550	2550	低保

（续）

序号	自然村	户主姓名	保障人口数（个）	家庭收入（元）	补助金额（元）	发放金额（元）	备注
7	尾　厝	黄贵福	1	0	2550	2550	低保
8	中　心	黄　涂	1	0	2550	2550	低保
9	山　边	杨春香	1	0	2550	2550	低保
10	山仔头	黄美雅	1	0	2550	2550	低保
11	加　塘	黄海燕	1	0	1700	1700	低保
12	中　心	黄栋梁	1	0	1700	1700	低保
13	尾　厝	黄灿水	1	0	850	850	低保
14	山后桥	黄春木	1	0	850	850	低保
15	中　心	高春香	1	0	850	850	低保
16	加　塘	黄丽真	1	0	850	850	低保
17	加　塘	李秋云	1	0	850	850	低保
18	刘　厝	黄重原	1	0	850	850	低保
19	中　心	黄泽源	1	0	850	850	低保
20	山　边	黄金张	1	0	850	850	低保
21	山　边	黄辛艺	1	0	850	850	低保
22	山　边	黄温州	1	0	850	850	低保
23	山后桥	黄　讨	1	0	4605	4605	特困
合　计			26	808.5	45702	45702	

表 6-20-9　大帽山农场 2021 年低保对象、特困人员节日慰问一览

序号	自然村	户主姓名	人口数（个）	元旦慰问（元）	春节慰问（元）	中秋节慰问（元）	国庆节慰问（元）	合计
1	山后桥	黄于权	2	800	—	—	—	—
2	山后桥	黄　活	1	400	—	—	—	—
3	尾　厝	黄千金	1	400	—	—	—	—
4	中　心	黄培金	1	400	—	—	—	—
5	刘　厝	黄君同	3	1200	—	—	—	—
6	山　边	黄清凉	1	400	—	—	—	—
7	尾　厝	黄贵福	1	400	—	—	—	—
8	中　心	黄　涂	1	400	—	—	—	—
9	山　边	杨春香	1	400	—	—	—	—
10	山仔头	黄美雅	1	400	—	—	—	—
11	山后桥	黄　讨	1	400	—	—	—	—
12	山　边	黄世文	4	750	—	—	—	—

（续）

序号	自然村	户主姓名	人口数（个）	元旦慰问（元）	春节慰问（元）	中秋节慰问（元）	国庆节慰问（元）	合计
13	刘　厝	黄水圳	4	750	—	—	—	—
	总计		22	7100	—	—	—	—

2021年10月，大帽山农场对低保户、特困家庭发放一次性临时补贴，见表6-20-10。

表6-20-10　大帽山农场一次性临时补贴情况

序号	自然村	户主姓名	保障人口（个）	发放标准（元/人）	一次性临时补贴（元）	备注
1	山后桥	黄于权	2	200	400	低保
2	山后桥	黄　活	1	200	200	低保
3	尾　厝	黄千金	1	200	200	低保
4	中　心	黄培金	1	200	200	低保
5	刘　厝	黄君同	3	200	600	低保
6	山　边	黄清凉	1	200	200	低保
7	尾　厝	黄贵福	1	200	200	低保
8	中　心	黄　涂	1	200	200	低保
9	山　边	杨春香	1	200	200	低保
10	山仔头	黄美雅	1	200	200	低保
11	加　塘	黄海燕	1	200	200	低保
12	中　心	黄栋梁	1	200	200	低保
13	山后桥	黄　讨	1	200	200	特困
14	山　边	黄世文	4	200	800	低收入
15	刘　厝	黄水圳	4	200	800	低收入
16	尾　厝	黄灿水	1	200	200	低保
17	山后桥	黄春木	1	200	200	低保
18	中　心	高春香	1	200	200	低保
19	加　塘	黄丽真	1	200	200	低保
20	加　塘	李秋云	1	200	200	低保
21	刘　厝	黄重原	1	200	200	低保
22	中　心	黄泽源	1	200	200	低保
23	山　边	黄金张	1	200	200	低保
24	山　边	黄辛艺	1	200	200	低保
25	山　边	黄温州	1	200	200	低保
	合　计		34	—	6800	

2022年12月，翔安区新圩镇发放大帽山社区民政低保对象补助，见表6-20-11。

表 6-20-11　2022 年 12 月新圩镇大帽山社区民政低保对象补助

序号	自然村	户主姓名	保障人口（个）	家庭收入（元）	补助金额（元）	备注
1	山后桥	黄于权	2	0	2010	低保
2	刘　厝	黄水圳	4	1211	3412	低收入
3	山后桥	黄　活	1	0	1005	低保
4	尾　厝	黄千金	1	0	1005	低保
5	中　心	黄培金	1	0	1005	低保
6	刘　厝	黄君同	3	0	3015	低保
7	山　边	黄清凉	1	0	1005	低保
8	尾　厝	黄贵福	1	0	1005	低保
9	中　心	黄　涂	1	0	1005	低保
10	山　边	杨春香	1	0	1005	低保
11	山仔头	黄美雅	1	0	1005	低保
12	加　塘	黄海燕	1	0	1005	低保
13	中　心	黄栋梁	4	3261	1161	低收入
14	山后桥	黄春木	1	0	1005	低保
15	中　心	高春香	4	3150	1272	低收入
16	加　塘	黄丽真	1	0	1005	低保
17	加　塘	李秋云	1	0	1005	低保
18	刘　厝	黄重原	1	0	1005	低保
19	中　心	黄泽源	1	0	1005	低保
20	山　边	黄金张	1	0	1005	低保
21	山　边	黄辛艺	1	0	1005	低保
22	山　边	黄温州	1	0	1005	低保
23	山　边	黄水务	5	1618	4010	低收入
24	—	黄建佳	1	0	1005	低保

第二节　移民安置

2003 年，大帽山农场人均年收入仅为 2700 元，只相当于厦门市农民人均年收入的一半左右。农场经济主要依靠上级财政经费补助和山地出租收入，年经营性收入 10 余万元，全年亏损 60 万元。职工主要经济收入靠种植农作物和外出务工，人均年收入仅 2600 元。农场贫困户 87 户 248 人；享受农村低保生活补助 46 户 124 人。

（一）方案谋划

2005 年 10 月 2 日，“龙王”台风来袭前夕，时任福建省委常委、厦门市委书记何立峰带领市、区领导到大帽山农场查看抗灾情况，目睹困窘贫瘠的农家时，指示一定要尽快落实好大帽山农场移民造福问题，研究大帽山造福工程方案。市、区领导多次调研，反复琢磨，农场移民方案逐渐成熟，把人口直接移民到城市，住房人均50平方米，保证居住；出租公寓人均21平方米，以及人均4平方米的店面，由政府统一出租，租金当做移民的生活保障金。厦门市发改委、翔安区政府联合制定《大帽山农场移民安置工作实施细化方案》。

（二）成立机构

2006年8月7日，厦门市发改委、翔安区政府联合制定的《大帽山农场移民安置工作实施细化方案》获厦门市委、市政府批准通过，移民造福工程列为市委、市政府的重点工程。翔安区成立以常务副区长游文昌为组长的大帽山移民造福工程领导小组，下设移民安置工程办公室，移民办设置总协调组、拆迁组、保障组和建设组。

（三）组织实施

大帽山农场移民方案中明确，移民安置方式实行实物安置，安置地点选择在翔安新城起步区和火炬（翔安）产业区周边地区。方案明确了移民就业安置、就业培训、子女就学等相关扶持优惠政策。方案针对移民安置人员身份置换问题，原属农场职工的，与农场解除劳动关系，不再保留农场职工身份，按照《厦门市国有农场改制指导意见》，按工作年限领取经济补偿金；非职工移民发给一次性搬迁补助金，安置补偿按《厦门市国有农场改制指导意见》办理，享受政府60%补贴的养老保险和2次免费培训，以利再就业或创业；原为农村居民转为城镇居民，符合低保条件的，按迁入地城镇居民最低生活保障标准，确保应保尽保。

大帽山农场第一批移民对象为后炉、上廍、村门、内官和古坑等5个自然村，总户数296户，总人口1113人。其中，符合移民条件有1081人，不符合移民条件有32人，安置房套数503套，安置房面积56813.26平方米；店面53间，店面面积3078.15平方米。移民办拆除农场内自然村旧房屋292栋、54788.6平方米。

2006年2月，大帽山农场移民造福工程基本情况见表6-20-12。

表6-20-12 大帽山农场移民造福工程基本情况

2006年2月6日

自然村	户数（户）	其中			户口簿人数（人）	实际人数（人）	总住房面积（m^2）	人均住房面积（m^2）（户口簿）	超住房面积（m^2）	超住房户人数（户、人）
		3人户及以下（人）	4人户（人）	5人户及以上（人）						
后　炉	66	26	25	15	249	257	9517.6	38.22	1310.15	16户60人
上　廍	75	33	21	21	278	286	11671.9	41.99	2244.1	22户82人
村　门	37	5	16	16	168	179	6067	36.11	240.5	6户26人
古　坑	44	20	15	9	167	174	7673.4	45.95	1095	16户53人

（续）

自然村	户数（户）	其中			户口簿人数（人）	实际人数（人）	总住房面积（m^2）	人均住房面积（m^2）（户口簿）	超住房面积（m^2）	超住房户人数（户、人）
		3人户及以下（人）	4人户（人）	5人户及以上（人）						
内　官	31	10	10	11	125	143	6962.4	55.70	1585.8	16户63人
合　计	253	94	87	72	987	1039	41892.3	42.44	6475.55	76户284人
备注	有户产无人记：后炉自然村郑丙丁253.2平方米，郑家伟212.4平方米，郑辉103.3平方米，郑清水47.5平方米；上廊自然村洪金宝212.4平方米。									

2007年2月14日，首批搬迁的大帽山移民70户266人整体入住翔安东方新城，成为厦门市“移民造福工程”的第一批新居民。

2008年7月31日，翔安区移民办组织协调，在区监察局、区拆迁办和兴世通律师事务所见证律师的共同监督下，进行大帽山农场第一批第二期移民分房抽签工作。古坑、内官、村门、上廊、后炉等5个自然村第一批第二期的村民陆续入住翔安马巷滨安社区滨安花园。大帽山第一批移民资金总投入18833.8万元，其中市级承担12241.97万元，区级承担6591.83万元。

2008年3月，大帽山农场移民各村农田及房屋用地情况见表6-20-13。

表6-20-13　大帽山农场移民各村农田及房屋用地情况

2008年3月31日

自然村	户数（户）	人口（人）	农田面积（m^2）	房屋面积（m^2）	村庄用地面积（m^2）	备注
后　炉	64	255	173	8923	31230	第一批
上　廊	68	265	166	9030	22580	第一批
内　官	33	167	69	6068	18210	第一批
村　门	33	167	96	5735	16050	第一批
古　坑	38	158	80	7223	18850	第一批
寨仔尾	93	380	260	13104	39310	第二批
罗　田	79	358	209	7756	22720	第二批
刘　厝	78	364	170	12957	36200	第二批
洪毛岭	29	130	77	4284	12850	第二批
加　塘	18	77	42	2103	5880	第二批
合计	533	2321	1342	77183	223880	

2013年，大帽山农场第二批第一期移民安置罗田、洪毛岭自然村；2015年，农场第二批第二期移民安置寨仔尾自然村。罗田、洪毛岭移民156户596人，其中签约148户535人，不符合移民条件的61人，共安置31717.89平方米。其中分配安置房328套，面积为29485.44平方米；店面34间，2232.45平方米。农场拆除移民旧房屋32000平方米。

寨仔尾总户数136户，总人口470人，符合移民条件有110户388人，其中103户366人已安置。不符合移民条件47人，不移民20户66人。移民安置房套数217套，建筑面积17551.48平方米；店面22间，店面面积1068.07平方米。

2014年，翔安区社保中心开展大帽山农场移民安置工作，发放农场职工二期移民经济补偿金453人、1254.22万元，其中非职工381人、787.06万元，职工72人、467.16万元；职工养老保险151人、1342.81万元，其中区财政负担资金1049.12万元，个人缴费293.69万元。

第三节　双拥优抚

一、“五老”[①]认定优抚

中华人民共和国成立之前，大帽山场内参加地下革命活动的人员共有58人。其中，加塘8人，山后桥10人，上廊2人，后炉2人，古坑1人，刘厝3人，内官1人，村门4人，洪毛岭1人，山边9人，山仔头7人，尾村1人，下厝3人，中心6人。1985年，同安县“五老”认定采取本人申请，经乡镇调查取证，报县按“五老”条件审批的办法，认真认定“五老”人员。大帽山农场被认定为“五老”的在乡人员有黄奕仕、黄桃（女）、吕扦（女）、陈溪、黄章钦、沈乖（女）、黄奕挠、陈罔（女）、黄奕溪、黄奕将、黄鱼、陈罪（女）、黄章约等。

1990年7月1日起，大帽山农场“五老”人员，每人每月享受30元固定补贴，1998年每人每月提高至100元，1999年再提高至130元。2001年，已去世的“五老”，农场对遗属给予每人每月130元固定补贴。

2017年2月，翔安区对革命“五老”人员生活补助每人每月由1225元提高至1320元，增加95元；革命“五老”遗孀生活补助每人每月由650元提高到700元，增加50元。

二、退役军人服务

1979年，大帽山农场老复员军人每户每月补贴35元，因病回乡退伍军人每户每月补贴28元，农场退役军人补贴历年均有调升。截至1979年，大帽山农场安置退役军人31名。

1984年，大帽山农村义务兵优待金实行“乡镇统筹，普遍优待”，标准不低于一个中等劳动力的全年净收入，每户平均优待金额不低于200元，保底不封顶。

① 注：“五老”指：老干部、老战士、老专家、老教师、老劳模。

2005 年，大帽山农场享受定补的老复员军人 8 人，带病回乡的退伍军人定补 1 人。

2007 年 7 月，大帽山农场慰问对越自卫反击战参战退役士兵黄丰收等 5 人，每人 1000 元。

2015 年，大帽山农场为现役军人家属发放义务优待金 5 万元，为重点优抚对象、残疾退伍军人发放生活补助金 4 万元。

2016 年，大帽山农场做好拥军优属工作，为现役军人家属发放义务优待金 5.27 万元，为重点优抚对象、残疾退伍军人发放生活补助金 4.75 万元。

2018 年，大帽山农场为现役军人家属发放义务优待金 2.05 万元，60 周岁以上农村籍退役士兵发放生活补助金 2.32 万元；为重点优抚对象、残疾退伍军人发放生活补助金 6.97 万元。

1979 年 4 月，大帽山农场复员、退伍军人名录见表 6-20-14。

表 6-20-14　1979 年大帽山农场复员、退伍军人名录

1979 年 4 月

自然村与队别	姓名	性别	年龄（岁）	文化程度	党（团）员	入伍时间	离队前职务	复员退伍时间	现任职务
上　廊	洪　田	男	24	初小	团员	1976.3	战士	1978.8	职工
后　炉	郑清水	男	25	高中	党员	1975.1	驾驶员	1979.3	职工
寨仔尾	黄　彪	男	38	初小	—	1960.3	战士	1963.8	职工
寨仔尾	蔡　助	男	39	小学	—	1959.3	战士	1961.9	职工
罗　田	黄本希	男	28	初中	党员	1970.1	副班长	1976.3	农场机修工
罗　田	黄献湖	男	38	小学	—	1960.9	副班长	1965.2	农场电工
罗　田	吴　团	男	—	—	—	—	—	—	—
山后桥	黄献磋	男	40	小学	—	1959.3	战士	1961.9	小学教师
山后桥	黄福荣	男	24	小学	党员	1975.1	副班长	1978.3	职工
联　合	黄　狮	男	44	初小	—	1955.3	战士	1958.3	职工
联　合	黄雨水	男	29	高小	—	1969.1	战士	1973.3	职工
联　合	柯立文	男	27	初中	党员	1971.1	战士	1975.3	农场放映员
中　心	黄献平	男	29	初中	党员	1968.3	班长	1975.3	农场保管员
中　心	黄　誉	男	44	初小	—	1955.3	战士	1958.3	机修工
中　心	黄参军	男	24	初小	团员	1975.1	战士	1978.3	职工
山　边	黄　华	男	39	初小	—	1958.3	战士	1961.5	职工
洪毛岭	黄金树	男	31	高小	党员	1969.1	副排长	1973.3	农场文书
洪毛岭	黄建社	男	24	高小	党员	1975.1	战士	1979.3	职工
内　官	黄奕山	男	29	初小	—	1969.1	班长	1973.3	民办教师
村　门	黄水田	男	32	小学	—	1965.3	战士	1969.3	职工

（续）

自然村与队别	姓名	性别	年龄（岁）	文化程度	党（团）员	入伍时间	离队前职务	复员退伍时间	现任职务
古　坑	黄计划	男	24	小学	党员	1975.1	战士	1978.3	职工
集体户	潘金钟	男	35	初中	党员	1964.3	班长	1969.3	干部（医生）
集体户	颜英明	男	22	高中	团员	1976.3	战士	1978.3	农场放影员
集体户	陈光觅	男	58	小学	党员	1948.6	战士	1955	干部支委
集体户	余克泗	男	39	初中	—	1956.2	班长	1960.7	农场采购员
集体户	沈　尧	男	44	初中	—	1951.7	—	1956.4	医生（脱产）
集体户	吴德圳	男	45	初中	—	1951.8	—	1958.4	医生
集体户	郭文安	男	39	小学	党员	1959.3	战士	1964.3	脱产干部
集体户	黄乌踏	男	36	小学	党员	1963.3	副班长	1968.3	农场人武部
集体户	黄笃芸	男	38	初中	党员	1960.9	战士	1966.2	职工
集体户	黄安静	男	27	中专	—	1973.3	—	1975.3	小学教师

三、侨务工作

长期以来，大帽山农场对农场外华侨和农场内归侨、侨眷没有详细调查汇总，也没有形成原始资料，侨情资料空白。

（一）归侨调查

2008年3月，大帽山农场组织调查人员入户指导填写《福建省重点侨情调查表》，对海外华侨华人以及港、澳同胞中的重点人士、重点人士后代及新出生的海外华侨华人、港、澳同胞新生代中的优秀人才情况进行调查，填写《福建省海外华侨华人和港、澳同胞重点人士，新生代优秀人才基本情况调查表》2户。对归国华侨进行调查，农场有黄财、黄生2名归侨，均系农场退休职工，月退休金820元，基本生活有保障。

（二）华侨服务

1956年，埔顶华侨捐建埔顶校舍。

1995—1996年，大帽山埔顶、中心旅外华侨支持家乡教育事业，捐资兴建大帽山埔顶小学、大帽山幼儿园。

2008年3月，大帽山农场认真落实侨务政策，为华侨、华人、侨眷排忧解难，做好服务、慰问等工作。农场华侨、华人大部分居住在新加坡和马来西亚，因农场地处偏僻山村，缺少发展投资项目，华侨、华人回乡探亲和考察都无功而返，致使海外侨胞无报效家乡的机遇。农场加强与海外华侨、华人的沟通联系，为华侨、华人的投资建设和捐赠搭桥牵线。

第四节　社会保障

一、老龄事业

（一）管理机构

2001年4月27日，大帽山农场成立大帽山老人协会。大帽山老人协会独立自主开展工作，在农场旧小学校舍建立办公和娱乐场所。农场每年度拨给老人协会一定活动经费，同时，老人协会接受社会捐赠。每月15日，大帽山老人协会举行例会，农场党支部派人参加共同研讨老人管理工作及活动情况。

2002年12月26日，大帽山农场党支部召开"两委会"研究，决定成立大帽山农场退休人员管理服务办公室。办公室主任黄本希、副主任张生源，理事黄摇等6名。

2019年9月24日，郑有才、黄文树、黄章凉、黄作水、黄青山发起申请成立翔安区新圩镇大帽山社区老年人协会。翔安区民政局经审查，同意成立厦门市翔安区新圩镇大帽山社区老年人协会，郑有才任会长、黄文树任常务副会长。

2022年10月，大帽山社区老年人协会换届选举，郑有才任会长、黄青山任常务副会长。

（二）老龄关怀

中华人民共和国成立后，地方政府重视老龄事业，为孤寡残疾老人服务，倡导尊老、敬老，营造关爱老人的社会氛围，不断加强和完善老年人工作管理，做好老年人服务，逐步实现所有老年公民"老有所养，老有所医，老有所能，老有所为，老有所乐"的目标。

1958年，大帽山农场建场后，把孤寡残疾特困老人纳入"五保"（保吃、保穿、保住、保医、保葬），由农场公益金供养，采取分散与集中供养相结合，由生产大队提供粮食及生活费。

2004年重阳节，翔安区拨款慰问革命"五老"人员及遗属；厦门市退管中心下拨农场重阳节活动经费2500元，困难人员慰问金7000元，老人协会活动经费2000元。

2005年，农场"五保"老人全部纳入"低保"，由财政供养，按高龄、残疾、病患等对象分类施保。农场完善基层老年人协会活动场所、设施，订阅各种报纸、刊物，供老年人看报、读书。农场"五保"老人全部被纳入农村最低生活保障，每人每月保障金130元，2006年提高到145元。

2007年5月，大帽山农场16个自然村1120户家庭，人口总数4520人。农场有退休职工510人，60岁以上369人，其中男性168人，女性201人，享受人均月565元的退休金，解决老有所养的后顾之忧。

2015年，大帽山农场为全场442名60周岁以上老年人办理厦门市老年人幸福安康险。

2016年8月，大帽山农场有退休人员558人。

2019年，翔安区卫生健康局下拨大帽山农场基层老龄活动经费2.32万元，90周岁及以上老年人重阳节慰问费0.6万元。

2021年3月，翔安区卫生健康局下拨大帽山农场高龄老人津贴8.86万元，90周岁及以上老年人重阳节慰问费0.4万元，基层老龄活动经费2.445万元。

二、残疾人事业

2010年9月，大帽山农场启动残疾人家庭无障碍改造工程，无障碍改造工程单位工程量小，工作面分散，零星琐碎。农场对2户残疾人家庭户外通道、入门、卧室、厨房、卫生间等设施因地制宜进行改造。

2013年7月1日起，翔安区对大帽山农场残疾人托养生活护理补助低保对象每人每月补助800元，其他对象每人每月补助400元；技能训练补助每人每月200元。

2015年，大帽山农场办理重度残疾人居家护理31人，发放困难补助金11.4万元；办理重度残疾困难人员26人，发放困难补助金9.36万元。

三、基本养老保险

2000年，大帽山农场根据《厦门市职工养老保险条例》，6月底之前办理职工养老保险，缴费10年；7月以后办理，则要缴费15年。农场职工月平均工资83.6元，一次性缴交10年保费，每位职工须缴交10032元。农场党政领导班子研究决定，职工个人支出保费3000元，农场财政支出保费1000元，其余6032元由农场预先垫付，从职工退休金每月扣除100元，直到还清。农场经济困难，一时筹措不了几百万元资金，经多方努力，上级部门拨款195.4万元支持农场办理职工基本养老保险，厦门市农业局从局长经费拨款补助30万元，白沙仑农场预借60万元、海沧农场预借19万元，厦门第二农场借5万元，仍然无法筹足保费，又向张生源等个人借款27万元。6月，农场职工总数1740人，参加职工基本养老保险774人，其中在职职工339人，退休职工435人。

2004年，大帽山农场因经济困难，仍有1024名职工未参加社会养老保险，尤其是47名退休职工未参保，存在不稳定因素。

2008年，大帽山农场移民安置，解决196人基本养老保险问题，尚有770位职工未参保。

2010 年 9 月，大帽山农场办理第二批职工基本养老保险 630 人。

2020 年 12 月，大帽山农场职工养老保险一次性补缴政策因养老保险省级统筹，将于 2021 年 1 月 1 日起停止执行。翔安区社会保险中心为使大帽山农场在厦门市养老保险纳入省级统筹前完成补缴工作，主动参与、积极推动，取得厦门市人社局支持，在大帽山农场的配合下，提前做好人员摸底、档案预审、资金测算、方案拟订等工作，1 个月时间内完成审核补缴资格，开具补缴通知书 974 笔，缴费合计 1.31 亿元。7 月，农场养老保险补缴后，补缴人员中有已退休职工 762 人，需进行手工待遇重算及待遇调整，人均每月增资 1987.81 元。12 月，农场将已退休职工档案清理移交翔安区退休人员服务中心。

四、医疗保险

2004 年 2 月 2 日，大帽山农场成立合作医疗保险领导小组，组长黄水涌、副组长黄本希，成员张生源、郑有才、黄洁完。

大帽山农场领导小组制定农村合作医疗实施方案，建立完善合作医疗制度，弘扬社会主义互助共济精神，提高对疫病的抗风险能力，保障人民身体健康。

大帽山农场所有常住人口参保人员每人每年缴交 20 元，政府拨款 16 元，农场承担医疗保险责任。

（一） 重大疾病

参保人员经医院检查证明患有心肌梗塞、恶性肿瘤、尿毒症、四肢瘫痪、脑卒中、严重烧伤、急性重型肝炎的，进行过冠状动脉搭桥术、重要器官移植、主动脉手术的，农场一次性补偿 4000 元重病保险金。

（二） 保险生效

自保险生效之日起，参保人员住院治疗过程中合理医疗费给予报销 30%，一年最高限额可报 3000 元。

（三） 死亡津贴

保险生效之日起，因病或意外事故去世，农场给付 500 元丧葬费。

（四） 参保人员

农场医疗保险参保人员 4005 人。其中寨仔尾 325 人、后炉 210 人、上廊 225 人、罗田 304 人、山后桥 454 人、尾厝 200 人、下厝 214 人、山仔头 156 人、加塘 70 人、中心 478 人、山边 460 人、洪毛岭 94 人、刘厝 319 人、村门 164 人、内官 122 人、古坑 157 人、集体户 53 人。

2007年，大帽山农场总人口4599人，参加农村合作医疗保险4420人，低保免交保费人数128人，参保率98.89%。农场农村合作医疗参保情况见表6-20-15。

表6-20-15　2007年大帽山农场农村合作医疗参保情况

管区	管区总人数	个人缴纳人数	低保免交人数	参保比率
一	1227	1184	34	99.27
二	1141	1094	35	98.95
三	952	927	23	99.79
四	1279	1215	36	97.81
总计	4599	4420	128	98.89

2014年，大帽山农场办理基本医疗保险参保人员自付医疗费困难补助21人次，补助9.62万元，城乡居民医疗保险参保率100%。

2015年，农场办理基本医疗保险参保人员自付医疗费困难补助19人次，补助6.14万元。

第二十一章 社会习俗

因地理环境、社会发展、外来文化等影响，大帽山地区逐渐形成顽强耐劳、机警豪爽的品质和俭于衣食住行的习惯，注重婚丧喜庆、迎来送往，讲究文明礼节。随着明清时期大批人移民海外，这种生活习俗又传播到东南亚一带。

中华人民共和国成立后，随着社会主义革命和建设事业的发展，民众的物质、文化生活品质不断提高，精神面貌发生巨大变化。通过开展移风易俗教育，一些风俗习惯中的封建迷信糟粕不断被扫除，形成文明健康的社会主义新风尚。

第一节 居民生活

一、衣饰

（一）衣服

古代区场内民众多以自家纺织的棉苎布裁衣。男性直领对襟布纽汉装，大裆、大腰汉裤；女性直领斜襟布纽汉装，大裆大腰汉裤。民众衣服式样单一，四季区别明显，春夏以清凉为便，色调多灰、白；秋冬以厚暖为宜，色调多蓝黑。民国时期，一般民众多用土布；侨乡盛行机织布、洋布，受归侨影响，侨乡富裕青年开始时行西装。20 世纪 70 年代以后，化纤布、混纺布逐步取代棉布，成为主要衣服面料，毛织品也逐步普及。中华人民共和国成立以后，先后流行中山装、军装，以衬衫为大众服装，颜色以蓝、灰、绿为主，色调较单一。1980 年以来，大帽山农场开始流行西装、夹克衣、牛仔服、运动服、喇叭裤、T 恤、女子连衣裙等服装。

（二）鞋

古时普通民众平日多赤足，或着草鞋，仅有少数人穿布鞋。鞋式多圆口纳底黑布鞋、万里鞋、木屐。中华人民共和国成立之后，渐次流行布鞋、万里鞋、球鞋。60 年代初，大帽山农场流行穿人字拖鞋，人字拖逐渐取代木屐。80 年代，农场开始流行春秋鞋、解放鞋，青年喜着皮鞋、运动鞋、旅游鞋，部分女子喜着高跟鞋。男女老少普遍穿袜，短统袜普及，女子多穿长筒丝袜或无跟连裤袜等。

（三）帽

古时民众平时很少戴帽。中华人民共和国成立之后，在干部、学生中先后流行过八角帽、绿色军帽、鸭舌帽。80 年代后，旅游帽、安全帽、风雪帽开始在青少年中流行。部分老人在秋冬季节戴针织帽御寒。

（四）体饰

清代，富裕家庭喜戴金镶玉戒指，佩香囊，持扇。少女梳辫，妇女挽发髻、插金银发钗。民国时期，男子剪辫，剃平头发型。妇女发型多样，有钱妇女喜戴金、银、玉饰。婴儿佩银制手链、脚环、长命锁。中华人民共和国成立之后，农场盛行佩戴领袖胸章。20 世纪 80 年代后，农场男子多理西式分发，少数人留长发；女青年喜烫发、染色，留披肩发、顶髻发。男女佩戴金戒指、金手链、金项链者增多。

二、饮食

（一）主食

农场内以大米为主食，地瓜、小麦次之，芋头为辅，日食三餐，农忙时又有点心。中华人民共和国成立之前，贫苦民众三餐难继，以杂粮、瓜菜、野菜充饥。因地少人多，粮食时时不能自给，日常粗细粮相搭配，以稀为主。中华人民共和国成立之后，一般民众农忙或节日两餐稀饭一餐干饭，平时三餐皆为稀饭。遇自然灾害、经济困难时，三餐以地瓜磨渣加几块地瓜煮稀汤，难得下几粒大米；经济较好的家庭，则以大小麦加水放碓里舂成稀糊，加些许大米熬粥吃。大帽山农场建场后，场部、生产队和专业队均开办食堂，仍以三餐一餐干饭两餐稀饭为主。改革开放以来，粮食自由供应，民众可以温饱，只是增加鱼肉、蔬菜的分量。

大米除煮饭外，还可加工成米粉、磨浆蒸糕粿，磨粉炸枣。小麦磨粉煎饼或筛出面粉加工面条、面线。大豆除自制豆腐外，还可磨粉制“糍”，芋头蒸熟与地瓜粉混合蒸制芋粿，地瓜粉可煎成薄片粉煎，这些副食品多用以待客、过节。

（二）菜肴

农场内菜肴以自种自养为主，平时多素菜，或辅以腌制的瓜类、萝卜干、芥菜。大豆收成后，民众自制豆豉以备日用。鸡、鸭等禽类大多作为立冬家庭的滋补品。80 年代以后，蛋品、海鲜、猪羊肉普遍进入农家餐桌。

1. 传统节日食品

除夕蒸糕、炸枣、蒸甜粿。蒸糕以冒顶裂瓣为吉，寓意“大发”。年夜饭一般都较为丰盛，又以球菜（俗称菜头，以兆“好彩头”）、韭菜（以兆“天长日久”）、大鱼（以兆

"年年有余"）、肉丸（以兆"团团圆圆"）为吉。

清明节、三月三吃薄饼，以油饭、精细菜肴为馅，用面皮裹着吃。四月初四麦收季节，煎麦饼，加红糖为甜食，加时菜做成咸食。七月"普度"缚粽敬普度公，后来端午节也时行缚粽。九九重阳"兜面粘骨头"，以地瓜粉加芋头、芥菜做成浓稠的食物。立冬，十全大补药炖鸡鸭，俗称"补冬"。冬至吃汤圆，以糯米粉揉成团，搓成乒乓球大小的糯米丸子，加红糖、白糖煮成汤，称冬节丸。

2. 迎宾点心

婚庆喜事，新亲戚上门，鸡蛋煮熟去壳，两个一碗，做甜鸡蛋汤。鸡蛋汤有三种吃法，一种是蛋不吃只喝汤，一种是两个蛋都吃，一种是只吃一个蛋，另一个蛋要剪成两半，取成双成对之意。给客人上炒米粉，以五花肉、虾仁、香菇为佐料，八角碗堆高，以示主人慷慨。80年代后，待客逐渐趋于简约，来客多时，以麦乳精、花生牛奶、水果罐头等代替。

3. 婚喜筵席

农场内男女青年结婚历来有宴客习俗。中华人民共和国成立之前，富裕人家上桌菜肴多至24道，大小封肉、封鸡、封猪肚、大鱼、大虾等山珍海味极致丰盛。中华人民共和国成立后，直到20世纪60年代，实行新式婚礼、集体婚礼，不再大排宴席，一般以三四道菜请客。20世纪80年代开始，宴客风俗复兴，只是菜肴减至16道、14道，开席拼盘，收尾甜汤，以示"甜蜜"之意。生儿弥月，宴席必有油饭、红鸡蛋、面线，以祈健康。

4. 丧事菜肴

农场内历来办丧事以干饭配鱼脯招待吊丧亲友，俗称"鱼脯饭"。20世纪70年代后，有四菜一汤、白米饭待客，个别丧事奢办，筵席多至十几道菜。

三、居住

（一）村落

农场内村民自古聚族而居，一个村落一姓族人居住，繁衍之后则就近分散连片而居。族人择居多选丘陵向阳坡地，房屋以向东或向南为主，房舍密集，坐向一致；西向不多，北向更少。20世纪80年代后，新建民居因地制宜，房屋坐向已不是考虑的第一因素。

（二）民居

中华人民共和国成立之前，场内房屋建筑为汉式大厝，有五架、七架、九架、十一架大厝之分，又有三开间、五开间、六路大厝之分。贫困民众大多建筑五架三开间或七架三开间，以后人口繁衍，如果大厝前有空地，就向前扩展为榉头、前落。

农场内房屋一般为土木石结构。旧式房屋就地取材，墙体以卵石叠砌至顶，屋顶菅草、稻草搭盖，或覆以红瓦，砌造马鞍脊；稍富裕家庭则以块石圣旨砌、人字砌到窗底，再以红砖做斗子砌，内墙条石垫底，上用木板“格堵”或菅榛外抹泥浆，上架人字形屋架。屋顶多为歇山顶，七架以下砌造马鞍脊，九架以上砌造燕尾脊。民国初期，农场旅外华侨回家乡建九架、十一架大厝，都用块石圣旨砌或人字砌到鸟踏，墙基三合土保护，鸟踏上红砖山墙上出五层“运料”，规带稍凹，杉木为椽，杉板为桷，前后屋面覆以红瓦，脊堵梳格砖装饰，硬山顶，燕尾脊。镜面柜台石上石砌裙堵，颜紫砖斩砖砌腰堵，身堵中间石构窗，两边砖雕拼花封砌，水车堵彩绘人物故事，两头灰塑盒子，角牌石素平或浮雕。屋内后落中为厅堂，铺以尺二、尺四红砖，两侧前后各两间厢房，后有寿堂，前有巷道，又有子孙巷。前落红砖前厅，两侧厢房，级别较高的隔以雕花笼扇三川门。条石铺设的天井两侧榉头，一般兼为厨房。

2000年以来，农场交通日趋便利，建筑材料发生变化，以钢筋混装土、机砖为主要建筑材料。在楼房设计上更趋人性化，楼层中会客厅、卧室、厨房、卫生间一应俱全。楼层一般二至五层。

（三）家具

中华人民共和国成立之前，场内一般民居大厅正面摆设寿龛，按昭穆放置祖宗神主；或设佛龛，供奉观音、土地公、灶君。龛前置供桌，摆香炉、花瓶、时钟等物。供桌前置八仙桌或方桌、条椅。房内一般有床、橱、桌、椅、洗脸盆架5大件，多雕花红漆髹金，八柱床顶有承尘，前有透雕花楣，中有箱柜架，下有踏斗，三面遮风。橱分上下两层，两层可以分开，上层双扇，里面分隔上下两层，中部以左右各一小屉隔开；下层为柜，中开双扇小门，两边上部有小屉。桌称合桌，椅称琴椅，均整面直腿，夹角处有镂空花饰。脸盆架作三层，上为花柜镶镜，中有小屉可放盥洗用品，下为四脚盆架。一般农家家具比较简陋，甚至有只用两条长凳搭上木板为床铺的。中华人民共和国成立之后，新建民居大厅正中张贴毛泽东主席像。20世纪80年代后，厅堂中或置方桌、圆桌，或安放沙发茶几，卧室家具改为高低床，办公桌、靠背椅，以后渐次采用组合家具，式样、质料和色彩日趋多样化。

20世纪50年代前，一般人家用纱罗帐，花布帐面，布被棉胎，冬天结草或编棕丝为床垫以御寒，或用手炉加火炭取暖。20世纪70年代后，草垫渐少，代之以旧棉垫、弹簧床垫，尼龙帐普及。混纺罗帐、红缎帐面，丝绵被、缎被面开始进入农家。

农场内家庭多砌土灶，用铁锅，以稻草、山草、杂柴为燃料。20世纪70年代以后，普及铝锅、高压锅。2000年以来，厨房炊具电饭锅、煤气灶、微波炉、电磁灶、电烤箱，呈多样化。

四、出行

清末民初，一般民众出门会客，均携带木屐赤脚步行，进村时方洗脚穿上木屐，回程也是如此。中华人民共和国成立之后，民众出远门，大多乘牛车、马车。20世纪70年代后，“凤凰”牌“永久”牌自行车开始普及，摩托车进入部分先富的家庭，各种车辆渐次增多。20世纪80年代，购置摩托车的家庭日多。2000年以来，轿车、电动车开始进入寻常百姓家庭，出门大多以车代步。

第二节　传统风俗

一、岁时风俗（农历）

正月初一清晨，公鸡开始啼鸣，家家户户都起床贴春联和“福”字。到祠堂拜祖先，敬献茶果。没有祠堂的村落，就在各自的家中礼拜祖宗。天明后，亲戚朋友互相庆贺新春。中午，献菜肴于祖先，又以柑橘祭神和祖宗。

正月初四日，设香案接神下天庭。

正月初七人日，又称人节，人庆节、人口日、人七日等，民众在这一天，取七种菜果做羹，名叫“七宝羹”。

正月初九日，本地俗称“天公生”，民众先于初八日杀鸡宰鸭，黎明时分，敬天公。

正月十五上元节，从正月十一日起，生男孩的家庭都到祠堂张灯，到正月十五日，作糯米圆祭拜神和祖先。

二月初一前后，从年内开始，有条件的家族都会先择定好私塾老师，到这一天，送子侄入学。

二月十五日，花朝节，文人名士经常相聚一起赏花吟诗作赋。

清明节前后十天，到祖先坟茔祭扫，本地称“扫墓”“献纸”。

三月初三，俗称“三月节”，祭祖先和神灵，家家户户吃薄饼。

四月初一日，各办香饼祭神灵，名叫“明眼饼”。寺僧募化人家，名“洗太子”。初八日，浴佛，《佛经》上说，这一天是释迦牟尼成道的日子。农场内于此日煎麦饼敬灶神。

五月端午节，民众生活水平提高，端午节开始有缚粽习俗，自食多，馈赠少。

六月十八日，农场内过半年节，各做汤圆，祭祖先及神灵。

七月无定日，各里社延僧、道设醮，搭高棚，安排祭品，以祭四方无主鬼，名曰“普度”。七月初一日，作“普度”头，七月廿九或七月卅日作“普度”尾，各村“普度”有定日。随着反对铺张浪费，移风易俗，“普度”虽有，但不宴请外客。

七夕乞巧，原有“听香”习俗，但逐渐被民众遗忘。

七月十五中元节，农场内俗称“七月半”，祭祖先及无主鬼。

八月中秋夜，农场内有博“状元”、吃月饼习俗。

九月九日重阳节，原本是文人登高赋诗饮酒节日，如今农场多组织老人健步登高。

冬至又称小年，冬至祭祖是每年大祭之一，吃过冬至圆，每人又长一岁。

十二月十六日，俗称“尾牙”。此日，大多商户都要祭福德正神，宴请伙计。

十二月二十三日，农场内送神日，直到来年正月初四，接神下天。

除夕日之前，农场内女婿择双日购买猪肉、鸡、鱼、酒等年货向岳父母分年，岳父母答以胭脂、香粉。除夕留“春饭”插春花祭祖，直到初四日。除夕夜，一家围炉吃团圆饭。

二、婚丧喜庆

（一）诞育

中华人民共和国成立之前，卫生和妇幼保健条件差，孕妇十月怀胎，一朝分娩，婴儿安全降生，被视为一大喜事，要燃放鞭炮。中华人民共和国成立之后，婴儿降生，亲友闻讯要送鸡蛋、面线、以示祝贺。婴儿半个月，主人煮油饭分送近亲。婴儿弥月时，煮油饭、红鸡蛋分送族亲，族亲则答以粳米，以贺婴儿健康生长，主人要备宴席宴请亲朋。婴儿周岁，称为度晬，农场崇尚简约，一般不设筵请客。

（二）婚嫁

中华人民共和国成立之前，男女婚嫁依父母之命，媒妁之言，婚姻包办，礼俗烦琐。中华人民共和国成立之后，提倡婚姻自主，男女青年自由恋爱，到了法定年龄，向政府办理结婚登记，领取结婚证书，即成合法夫妻。20 世纪 70 年代，农场婚礼最为简约，提倡集体婚礼，严禁盛宴宴请亲友。20 世纪 80 年代初期，重新出现收聘金现象。2000 年以来，求婚聘金逐渐提高，少的五六万元，多则十几万元。嫁妆也由《毛泽东语录》、锄头、畚箕，提升到自行车、缝纫机、手表、电视机等，现在富裕人家也有以商品房、轿车等贵重物品为嫁妆的。

大帽山农场地处偏远山区，有姑表结亲、抱童养媳、招赘等习俗，中华人民共和国成立之后，农场废除五代之内近亲结婚，禁止抱童养媳，入赘、寡妇改嫁不再被歧视。

（三）送迎

农场华侨多，凡下南洋出门远行，亲人都要送他一瓶家乡水、一包家乡土，让他到达目的地后，将家乡水土调入当地饮水中，相传可免水土不和之虞。亲朋好友送贵重物品，邻居则赠以糖果、饼食等礼品，有的亲友还特地备办酒席饯行，称“送顺风”。每有“番客”或远客归来，亲友要入门贺喜，送公鸡、猪脚、面线、鸡蛋，俗称“脱草鞋”。侨客往往回赠糖果、祛风油、万金油等。

（四）丧葬

农场内丧葬礼俗繁多，五十岁以上人去世后，已达显考，有收殓、停柩、出殡、服丧、做功德等礼仪。从人去世到出殡，直系亲属必须披麻戴孝，穿草鞋、执孝棒。前来吊唁的亲友要送赙仪，丧家备点心、饭菜接待。出殡以后，做头七，做对年，直系亲属戴孝三年。有的家庭还为死者举行荐魂道场“做功德”。这些丧礼迷信侈费，以至于有“父母倒落山，家伙任人搬”之说。

中华人民共和国成立之后，丧葬仪礼崇尚简化，废除封建陋俗，逐步用追悼会代替吊丧，以鞠躬代替跪拜，用遗像代替神主牌。20 世纪 80 年代后，部分旧俗重新抬头，请“师公”、歌仔戏、西乐队、哭丧，有的更加讲究排场。农场葬俗以前用土葬，挖坑埋棺。1995 年全市开始推行火化，倡导骨灰盒寄放骨灰堂；2013 年场内全面实施火化，因农场未设置骨灰堂，个别仍行土葬。

（五）祭扫

成年人卒葬后，每年清明节前后十天内，亲人要前往祭扫，俗称“扫墓”“献纸”。一般带上水酒、果品、糕点、香烛、纸钱摆置墓前祭奠，为墓丘除草添土，压纸钱。未成年夭折者，不祭。大帽山草木茂盛，清明节祭扫严禁野外用火。

三、民间禁忌

农场内民间遗留禁忌多，多属陋俗。有婚丧病患的，有饮食起居的，有待人接物的，随着移风易俗，这些禁忌很多已成历史。

1. 饮食起居禁忌

儿童不吃鸡爪。忌长大后写字手会发抖。

请客忌出四、六盘。俗称四菜为轿夫所食，六菜为犯人刣头吃。

除夕、正月初一不扫垃圾出门，忌将一年财气扫出门去。

过年蒸粿不点个数，蒸糕不问“发了没?”做粿点数，忌脸上留下麻斑；蒸糕以开裂为吉，俗称“发”，冀兴旺发达。问“发还是没发”，带有疑问，不吉。

2. 待人接物禁忌

家中有客不扫地，请客吃饭不赶鸡犬。忌被客人误解为逐客。

女子贴身衣物不晾于外。

忌对人唾，有蔑视之意。

登门做客忌入内室，忌东张西望，忌随意翻动主人物品。

四、民间谚语

大帽山民间谚语是民众在生产生活中逐渐摸索整理出来的富有哲理，简单易记的固定词语。

（一）农时谚语

（1）立春在腊月间，明春无倒春寒——立春在农历十二月，明年就不大可能出现倒春寒。

（2）年逢双春，米吃有“春”——一年中出现两个立春季节，预兆水稻可获丰收。“春”即闽南话“剩余”之意。

（3）立春起北风，雨水白茫茫——立春日如果刮起北风，雨水季节可能出现大暴雨。

（4）立春有雨春雨多，夏至少雨做大旱——立春日下雨，则是年春雨连绵；夏至日不下雨，则可能出现冬旱。

（5）清明谷雨，寒死虎母——清明、谷雨两个节气虽然出现闷热天气，但也可能天气骤然下降。

（6）没吃五月粽，厚袄不能放——春天天气时常闷热，但在五月初五之前也可能再出现寒冷天气。

（7）立夏洗犁耙，立秋紧丢丢——春种不拖过立夏，立秋秋收后要立马进行播种，否则颗粒不饱满。

（8）芒种沤破鞋，六月火烧街——芒种季节连续下雨，六月份可能出现干旱。

（二）气象谚语

（1）春雾酥，晚雾雨——春天经常雾气笼罩，不大会下雨；冬天连日雾气蒙蒙，则很可能下雨。

（2）冬看山头，春看海口——春天观察山峰和冬天远望沿海，如乌云密布则必有雨。

（3）金门仙山凸肚，明日就有雨——金门仙山即太武山，“凸肚”即乌云笼罩。

（4）春南夏北，无水磨墨——春天吹南风，夏天刮北风，则大旱可能性很大。

(5) 雨泼上元灯，日晒清明种——正月十五上元节如果下雨，清明时节则天晴无雨。

(6) 六月无干土，七月火烧埔——六月份下雨，少晴朗天气；七月份则可能干旱。

(7) 清明青蛙吼上岸，注定今年大烤旱——清明节青蛙在池塘岸上叫，整年大干旱。

（三） 生活谚语

(1) 种田好田边，住厝好厝边——耕种时不要与人斤斤计较，邻居之间关系也是如此。

(2) 结婚摆阔气，婚后没柴米——结婚时过于铺张浪费，婚后就会艰难度日。

(3) 近亲莫结婚，结婚害团孙——五代之内近亲不能结婚，否则可能造成胎儿畸形，遗祸子孙。

(4) 细汉偷摘瓠，大汉偷牵牛——孩子要从小调教。

(5) 水停百日生虫，人闲百日生病——为人要勤劳致富。

第三节　宗教信仰

大帽山农场广泛征求群众意见，群众普遍反映寺庙没有规范管理，寺内长期借住社会闲杂人员，容易造成发生森林火灾危险，安全系数低。农场党支部及时列入整改议程，在翔安区宗教事务局领导下，彻底排除历史问题，及时清退闲杂人员，组织成立大帽山第一届寺庙管委会和监委会，建立长效宗教信仰管理机制。2005 年 5 月 30 日，翔安区大帽山农场甘露寺第一届管理委员会挂牌成立。

一、民间信仰

农场内民众传统信仰佛教、道教，且佛、道不分，自然崇拜、祖先崇拜、忠臣义士崇拜、神鬼崇拜杂糅。

大帽山农场属泉州、厦门佛道盛行地区范围之内，千百年来受封建习俗的影响，一般民众见神就拜、见到寺庙便烧香祈祷。佛教、道教与民间信仰紧密联系，对群众生产生活有很大的影响。民间婚嫁、神祇诞辰、建房安宅、祠堂进主、庙宇开光等等，往往要择取良时吉日，请道士做醮，敬神祈福，驱邪避灾，甚至连家事不顺、亲人患病、亡故等也要请僧尼做法驱邪，诵经超度亡魂，有的还请和尚或堪舆师看阴宅阳居、算命解签等。大部分民众在农历每月的初二、十六还要用“三牲”或果品、糕点等敬祀神明、福德正神等，俗称“祭牙”。

二、民间诸神

农场内各自然村有各自奉祀的神祇——“挡境佛”，建有大小不一的宫庙。在“挡境佛”圣诞日，全村男女老少参加“请火”敬神，有的要到几十公里远的“神源地”去“请火”迎神，一路上浩浩荡荡，鞭炮连天。晚上村里要演戏庆典，家家户户还要宴请亲戚朋友。有的自然村每年有好几个封建民俗日，村民的经济负担加重。20 世纪 90 年代末，大帽山农场开始移风易俗，改为每个自然村只保留一个“民俗日”。2008 年以来，每逢“民俗日”，村庄不再演戏、不再宴请宾朋。

农场内唐代古刹“甘露寺”和宋代“三太子祖宫”，每年都有诸多善男信女前来观光朝拜。大帽山农场利用佛缘、神缘加强与各地区及台胞、侨胞的联系，促进大帽山开发建设、旅游观光等事业发展。

大帽山农场民间信仰点见表 6-21-1。

表 6-21-1　大帽山农场民间信仰点调查表

所在自然村	信仰点名称	供奉主神	始建时间	建筑面积（平方米）	管理单位	祀典日期
寨仔尾	甘露寺	三宝佛祖	唐代	242	南普陀	四月初八
大寮	三太子祖宫	哪吒	宋代	118	村组	七月初七
寨仔尾	上帝公宫	玄天上帝		23	村组	三月初三
上廊	王爷公宫	周衍府王爷公		15	村组	十月十二
罗田	保安宫	保生大帝		45	村组	三月十五
山后桥	三忠王宫	大宋三忠王		38	村组	九月十八
山边	三义宫	关帝爷		28	村组	五月十三
加塘	王爷公宫	李府王爷公		20	村组	五月十五

中国农垦农场志丛

第七编

人　　物

中国农垦农场志丛

第二十二章　人物简介

大帽山本是穷陬僻壤之地，森林茂密，人烟荒芜，周围16个自然村落，难找一个有声望的人物。抗日战争爆发后，大帽山逐渐成为地下革命组织活动的根据地。大帽山农场建场后，正值国家三年困难时期，在历任农场领导班子的带领下，大帽山职工用双手创造出辉煌成绩。本章人物简介收录7人，以卒年为序排列。

第一节　大帽山农场建场前人物

一、王朝阳

王朝阳（1917.8—1977.7.7），泉州安溪县参内乡彭殊村人。1945年，王朝阳走上革命道路，翌年9月加入中国共产党，任中共彭殊临时支部书记，建立地下交通站。1947年9月，王朝阳任中共南同边区工委委员，上大帽山开辟活动新区，带领群众开展反抗国民党“三征”运动，镇压国民党南安县溪南片联保队长李煨等。11月，王朝阳又带领南同边区游击队袭击湖内田赋所，缴获并烧毁田赋册。1948年9月，王朝阳任南同边区工委书记。

1949年1月，王朝阳被捕关进泉州监狱，在狱中化名陈桃，始终没有暴露身份，还把监狱看管人员、武器装备等情况秘密记录，通过交通渠道转报中共泉州中心县委。8月31日，鲤城解放，王朝阳与难友一起砸开牢门，冲出监狱。

中华人民共和国成立后，王朝阳历任中共安溪县委副书记、第二书记、副县长、县长、县政协副主席，因所谓“地方主义”案被错误处理。平反后，王朝阳历任中共永春县委书记处书记、代书记、副书记，县政协主席。20世纪60—70年代，王朝阳被打成“走资派”“叛徒”“特务”，再次受到迫害，调任同安县革委会副主任、中共厦门市郊区区委书记。1977年7月7日，王朝阳去世，享年61岁。

二、王水法

王水法（1928.11—1987.2.19），泉州安溪县参内乡彭殊村人，1945年，王水法跟随兄长王朝阳走上革命道路。1947年5月22日，中共南同边区区委书记陈火把被捕，9月17日在水头乡鸡笼山壮烈牺牲。王水法到大帽山开辟新区，发动群众开展反“三征”斗争。1948年，农历七月十七日十班宫普度日，在大帽山游击分队队员在掩护下，王水法持枪击毙指证陈火把是共产党员的延平乡队副。

1948年9月，王水法任南同边区工委委员。为了切断敌人在福厦路的通讯联络，王朝阳带着大帽山游击分队的队员到水头乡湖内收缴敌特机关的一部收发报机。在行动中，王水法独自一人带着一挺机枪守在山前的路口，保证整个行动的顺利进行。

中华人民共和国成立后，王水法先后任南安县公安大队中队指导员、福建省军区警备五团连指导员、营教导员等职。王水法调任南安县公安大队中队指导员时，在打击刑事犯罪、维护社会治安工作中多次立功；调任福建省军区警备五团连指导员、营教导员等职时，为军队和国防建设呕心沥血，奉献毕生精力。1987年2月19日，王水法去世，享年60岁。

三、黄章约

黄章约（1920.6.12—1989.12.13），同安县金埔乡埔顶保加塘人。1935年，黄章约15岁时就到闽南各地贩牛贩马，认识了地下党员黄英文、吴烟腾、吴复基，渐渐接受革命进步思想的熏陶。1937年11月，黄章约带领大帽山进步青壮年加入锄山抗日民族解放先锋队，深入晋南同地区开展抗日救亡、杀土豪、斗恶霸、除汉奸等活动。1942年初，锄山地下党支部书记苏深渊为重整抗日民族解放先锋队，在加塘社黄章约家建立大帽山第一个地下联络站。1945年6月起，黄章约在陈火把、许荣照、许水目、王朝阳、王水法等中共地下党员的领导下，组织大帽山进步青壮年开办学校，利用夜校识字班，传播革命道理，带动进步青壮年参加闽中地下革命组织，参与攻打安海镇公所、警察分局，镇压便衣队长李煨，袭击国民党运载军饷的车队，击毙延平乡队副等斗争。1948年3月，黄章约加入中国共产党。大帽山建立第一个党小组，黄章约任组长。

1948年8月，大帽山40多个青年成立金南同边区游击队埔顶分队，黄章约任分队长。1949年8月，金南同边区游击队分队编入中共闽南同安县工委直属武工队，在大帽山建立革命根据地。1949年9月19日，游击队埔顶分队配合解放军解放同安县城。

1950年1月，同安县第四区金埔乡成立农会。黄章约任农会主席，金柄村黄日任副主席、黄奕夏任农会宣委、黄裁明任农会文书、黄章开任农会民政委员。1952年，土改结束，黄章约任同安县第七区金埔乡乡长。1989年去世，享年70岁。

四、陈诚志

陈诚志（1924—2017），同安县公安乡诗坂保人。陈诚志9岁时随父旅居新加坡，

11 岁进贫民小学半工半读。1937 年祖国抗战爆发，陈诚志跟随老师黄野苹（厦大学生、中共党员）参加华侨抗日活动，17 岁时到柔佛当矿工。1942 年初，日军占领新加坡，马来亚共产党发起抗日游击战争，陈诚志被接收为游击队“内线队员”，为游击队募款、筹粮、布、药品。

1944 年 2 月，陈诚志正式加入马来亚共产党，被任命为“除奸组长”，暗杀日本鬼子和汉奸走狗。1947 年 1 月，陈诚志秘密回国返乡务农，一边寻找党组织，一边开展地下革命活动。1948 年 6 月，陈诚志建立游击武装队伍，活跃在同安县马巷、新圩一带。1949 年 8 月，游击队编入中共闽南同安县工委直属武工队，陈诚志任武工队长，率领队员上大帽山开辟根据地。1949 年 8 月，中国人民解放军第 31 军侦察排抵达大帽山区，进行一个月的侦察。陈诚志率县武工队充当翻译、向导，多次派队员潜入同安县城，掌握敌人布防，提供给侦察排。1949 年 9 月 15 日，陈诚志率武工队员 30 多人参加“安海会师”；18 日，与闽中游击队一起随大军攻打、解放同安县城。

中华人民共和国成立后，同安县以县工委武工队为基础，加上闽中游击队部分人员共 100 余人，整编为第五军分区同安县常备队，同安县县长许昭明兼任队长，陈诚志任政治指导员。陈诚志率领武工队进驻安、同、泰结合部山区剿匪，到南、永、德等县剿虎。1951 年之后，陈诚志在福建各地担任军职，1982 年以师级干部离休，在福建省军区厦门干休所颐养天年。2017 年 10 月 26 日凌晨，安然逝世，享年 94 岁。

第二节　大帽山农场建场后人物

一、郭文安

郭文安（1939.11.1—2006.3.19），同安县新圩镇面前埔人。1959 年 3 月，郭文安参加工作。1959 年 3 月至 1964 年 4 月，郭文安在厦门市 93 师指挥连服役任上士、预备军官。1964 年 5 月，郭文安任同安县汀溪公社武装部武装干事。1983 年 7 月至 1995 年 2 月，郭文安任大帽山农场支部副书记。

郭文安服从组织安排，长期坚持在大帽山山区工作，公正廉洁，为党的事业、为农场的建设作出毕生的奉献。在农场体制改革以来，企业效益不好，退休待遇低，郭文安从不计较个人待遇，继续关心农场的建设和发展。

郭文安退休后，时刻关注大帽山农场的发展，为农场的建设出谋划策。2006 年 3 月 19 日凌晨逝世，享年 68 岁。

二、黄加谋

黄加谋（1927.11—2016.2），同安县同禾里七都新圩保人。1952年，黄加谋参加工作，1953年12月加入中国共产党。1952年7月至1969年12月，黄加谋历任同安县第九区委会组织干事，同安县委会检查团成员，同安县云峰乡新发高级社政治副社长，同安县火箭人民公社副社长，同安县策槽人民公社公安调解主任、策槽茶场场长支部书记，同安县茶场人民公社社长，同安县莲花人民公社副社长。1970年，黄加谋调任厦门市大帽山农场副场长。

黄加谋从行政单位调动到农场企业单位工作，从未向组织提过任何要求，从不给组织添加任何麻烦，安心带领大帽山农场职工从事生产劳动，工作有条有理、清清楚楚，认真执行政策，敢于坚持原则，为农场经济发展作出贡献。

1979年，黄加谋在大帽山农场退休，退休后工资待遇低，生活困难，但他积极支持家乡建设，为林尾祖祠重建付出努力和心血，得到乡亲的认可。2016年2月8日去世，享年90岁。

三、梁昆标

梁昆标（1936.3—2023.5），泉州市南安县官桥公社泗溪大队人。1961年8月毕业于福建农学院植物保护系，1961年9月参加工作分配到厦门市大帽山国营农场，1975年9月加入中国共产党，1961年9月至1976年3月任大帽山农场生产助理员（农机员），1976年4月至1979年8月任大帽山农场生产股副股长，1979年9月至1981年10月任大帽山农场副场长，1985年1月至1995年2月任大帽山农场场长，1995年3月至1996年5月任大帽山农场党支部书记，1996年6月退休。

梁昆标生前积极参加社会主义建设，在工作中认真细致、稳重踏实，从福建农学院毕业后服从组织安排，长期安心在艰苦山区工作，不管是从事粮食作物生产管理，还是负责行政事务管理，他总是开展调查研究，任劳任怨、公正廉洁。大帽山农场体制改革以后，企业效益不好，退休待遇低，但他从不计较个人待遇高低，从未向组织提过任何要求，从不为组织添加任何麻烦。

梁昆标退休后时刻关心党的事业，关心大帽山农场的建设和发展，为农场的建设出谋划策，履行共产党员的模范作用。2023年5月27日去世，享年87岁。

第二十三章　名　录

第一节　先进集体

表 7-23-1　大帽山农场先进集体

单位名称	荣誉称号	授奖单位	授予时间
大帽山农场	“十五”期间农垦工作先进单位	福建省农业厅	2006.3
大帽山农场	2005—2009 年全市林业工作先进集体	中共厦门市委、厦门市人民政府	2010.2
大帽山农场	2008—2009 年度全市残疾人口普查先进集体	厦门市人民政府残疾人工作委员会	2010.2
大帽山农场	2010 年度绿化先进单位	厦门市绿化委员会	2011.3
大帽山农场	2012 年度护林防火联防工作先进单位	厦漳泉防火联防委员会	2012.12
大帽山农场	2015 年度护林防火联防工作先进单位	厦漳泉防火联防委员会	2015.12
大帽山农场	厦门市第七次全国人口普查突出贡献集体	厦门市统计局、厦门市第七次全国人口普查领导小组办公室	2022.10
大帽山农场	2022 年度气候康养福地	福建省气象学会、福建省旅游协会	2022.12

第二节　先进个人

表 7-23-2　大帽山农场先进个人名录

姓名	性别	荣誉称号	授奖单位	授予时间
黄扰	男	福建省先进生产者	福建省总工会	1981.1
黄福在	男	厦门市先进生产者	厦门市总工会	1981.1
王进治	女	厦门市先进生产者	厦门市总工会	1981.1
黄奕坵	男	厦门市经济文化保卫荣誉证书	厦门市公安局	1988.1
陈金壇	男	农牧渔业技术推广工作荣誉	中华人民共和国农业部	1989.1
黄本希	男	国家级优秀调查员	国家计划生育委员会全国生育节育抽样调查委员会	1989.3
黄奕坵	男	福建省经济文化卫士	福建省公安厅	1990.10
叶加白	男	第四次全国人口普查先进工作者	厦门市第四次人口普查领导小组	1990.12

（续）

姓名	性别	荣誉称号	授奖单位	授予时间
黄奕员	男	从事政工 30 年	中华人民共和国农业部	1992.1
黄奕垢	男	保卫干部荣誉章	中华人民共和国公安部	1992.5
黄梅霜	女	2007—2008 年度优秀妇女工作者	厦门市妇女联合会	2009.3
黄水土	男	厦门市 2009 年度绿化先进工作者	厦门市绿化委员会	2010.2
黄梅霜	女	2009—2010 年度维护妇女儿童合法权益先进个人	厦门市妇女联合会	2011.3
黄水土	男	厦门市 2011 年度绿化先进工作者	厦门市绿化委员会	2012.3
黄水土	男	厦门市 2013 年度绿化先进工作者	厦门市绿化委员会	2014.6
黄奕谭	男	光荣在党 50 年	中共中央委员会	2021.7
黄奕垢	男	光荣在党 50 年	中共中央委员会	2021.7
宋瑾	女	光荣在党 50 年	中共中央委员会	2021.7

附　　录

一、设计任务书

同安大帽山综合农场建场计划任务

同安县人民委员会

一九五八年六月

国营同安大帽山综合农场建场计划任务书

目　录

（二）生产收支概算

附表：

1. 国营大帽山农场职工配备及工资估算表

2. 国营大帽山农场逐年收支估算表

3. 国营大帽山农场逐年主副产品产量产值表

第一部分　荒地基本情况

一、位置、面积、地形、地势

国营同安大帽山综合农场荒地共有二大片，总面积 93000 亩。

（一）大帽山地位于同安县东北部新圩乡古宅之东向山顶丘陵地，离县城 20 多公里，南距新圩村 7 公里，西距古宅 3 公里。场界东起石壁水库蜈蚣山、岭头山分水岭，南起金钟胡山、槟榔山南面山麓，西至御宅、路坂尾、方田、后埔、芹内、古宅等自然村的东面山脚，北至九溪支流，南侧以分水岭为界，总共面积 77000 亩，其中群众插花山垄梯田 2205 亩，农地 145 亩，丘陵荒地为 75400 亩。

（二）竹坝荒地在同安县东北部果园乡竹坝村附近，西南距县 9 公里，东北距大帽山 9 公里。场界东自大尖山东向山脚向南经竹坝刘厝，西接坝路下村前小溪流，西沿坝路下布厝东向小溪流，北至大山南向山脚，总共面积 16000 亩，其中耕地 2898 亩，实际荒地为 13102 亩。

大帽山自北向南呈长方形，西北临九溪支流，东南近海。荒地海拔 600 公尺左右，属山上丘陵地，山垄狭窄而深，地形复杂，周界及场内局部山势较陡，坡度在 30°以上，土层薄，岩石裸露。在荒地中上部的上廍、后炉、寨仔尾附近较平缓，坡度在 10°～25°左右，土层厚，生长禾本科及里白科植物为主。大帽山南向一片坡度亦在 5°～15°左右，土层较浅薄，生长着茂密的禾本科杂草。

竹坝附近荒地自东向西分布，中间群众插花地多，而荒地不甚集中，北紧靠大山，南临平原低丘陵地，总坡向为坐北向南，一般坡度在 5°～15°左右，近大山较陡，坡度在 25°～30°左右，山脚以上大山坡度更陡，约在 45°以上，且多岩石裸露，仅宜造林。

二、水利与交通

（一）水利

1. 大帽山荒地内有埔顶、寨仔尾、上廍等三条溪流集于锄山溪，自北向东南流入南安石壁水库，溪流地势低，一般与丘峰程相差 100～150 公尺左右。河床比降陡，雨后溪洪直漫而下，排水快，荒地内地势复杂，小山垄多，场内已建有小山塘、拦河坝 23 处，30 天以下的旱期可免灾害。

锄山溪由埔顶、寨仔尾、上廍三条小溪汇集而成，合流处实测一股流量为 0.10 秒公方，估计枯水流量约 0.06 秒公方，将来可以考虑在上游三条小溪狭窄陡坡处提高水位 15 公尺，建砌电厂过水坝，截引溪水至锄山溪汇合导入水轮机，估计可带动小型加工机械设备，可安装水力茶叶揉捻机。根据福安茶叶试验站测定水力茶叶揉捻机，8 架同时使用时的转速为40转/分，实际需要功率为2.15匹马力，锄山溪可以产生功率10马力，按比例推算可以安装水力茶叶揉捻机40架左右；或带动小型发电机，则可发电7千瓦左右，供给200户照明用电；带动脱谷机2～3架，每天可脱谷10万斤；带动榨油机每天可榨原料2400斤，考虑枯水流量可能更小，拟在支流上游建小型水库蓄水补充。

其次是场外西北向罗田村前九溪支流，常流量0.3秒公方，最大流量4秒公方，建拦河坝水头以8公尺计，可生产功率24匹马力，发电18千瓦；另场西向古宅水库目前蓄水量70万立公方，扩建后可蓄水110万立公方，水头72公尺，发电量155千瓦，该两处水电站建成，则本场机械化电气化可基本解决。

农场西北向罗田村前九溪支流常年流量每秒0.3立方米，最大流量每秒4立方米。

2. 竹坝荒地北靠大山，山间泉水充足，且汀溪水库干渠自西向东横穿场之中北部，水利条件较好。但山坡丘陵地自流灌溉有困难，部分可安装抽水机抽水灌溉。场之西北向马豆村溪流常流量为0.05秒公方，水头8公尺，可生产功率4马力，可建小型水力站进行加工。

（二）交通

1. 大帽山西向古宅、后埔有通向县城但未建成公路的路基，现正在计划动工。原有路坂尾经埔顶及古宅通寨仔尾两条山路，山上各村庄均有小路相通，但村道崎岖难行，交通运输不甚方便。

2. 竹坝荒地通县城已有大路，目前可通牛马货车，县交通局今年将改建为简易公路。场内地势平缓，稍加修建即可通车，交通比较方便。

三、土壤

本地土壤主要为红壤类型，全区土壤均不算厚，高山陡坡冲刷严重，成为石壁。广大的山丘坡地上，地表一般都有石块，不少地区心土也有石块或半风化物的母质，土层厚度多在1公尺左右，但因母岩较为细致，土壤质地为轻壤土——中壤土。地面植被生长密。因受地势、地形、植被、气候、人为活动等因素影响，分有如下几种土壤：

1. 土层深厚的中壤土，面积7500亩，分布于马豆山、龙肠墓山、鸡蛋面山等丘陵，地势低平，坡度3°～5°，成土母质为花岗岩风化物，目前地面植被有茅草、桃金娘、马尾松、灌木等，土层深厚，一般都在1.5公尺以上，表土10～14公分。丘陵顶部多为重度片状冲刷，杂质和石块多，部分缓坡也有轻度片状冲刷，土壤质地较细致，肥力稍高，土壤湿润。

其代表剖面如下：

（1）0～14公分为暗灰棕色的轻壤土，小碎块构造，土质疏松，孔隙细孔，植物根最多在 20 公分，有机质稍高，pH 为 5.0。

(2) 14～65 公分棕红色的中壤土，构造不显，土质稍紧实，pH 为 5.3。

(3) 65～130 公分红棕色的中壤土，土质紧实，pH 为 5.5。

2. 土层较深厚的中壤土，面积 10200 亩，分布在大埔、红格座、六柄山、后炉、上埔附近一带较平的地区，坡度在 5°～15°。成土母质为辉绿岩风化物，目前地面植被主要是茅草，少数马尾松、铁芒萁。各农业社耕山队已开垦的土地，种茶树、花生等作物。土层厚达 130 公尺，个别地区比较薄，表壤多在 12 公分；个别坡地为轻度片状冲刷，有机质中等、土壤湿润，pH 为 4.5～5.0。

其代表剖面如下：

(1) 0～12 公分为暗棕黄色的轻壤土，小碎块构造，土质疏松，孔隙细孔，植物根最多在 12 公分，有机质中等，pH 为 4.8。

(2) 12～47 公分红棕黄色的中壤土，构造不显，土质稍紧实，pH 为 5.0。

(3) 47～95 公分红棕色的中壤土，土质紧实，pH 为 5.0。

(4) 95～140 公分棕红色的中壤土，土质紧实，pH 为 5.0。

3. 土层中等深厚的中壤土，面积 16800 亩，分布面积最广，分布于大柄山、蔡山、寮厝山、甘露寺高山后（沿九溪岸）等地，坡度一般 15°～20°，也有 10°～25°的，成土母质为辉绿岩、花岗岩风化物，目前地面植被主要是铁芒萁，其次为马尾松、灌木等。土层厚度达 100 公分左右，薄的仅 60～70 公分，表土 12 公分左右，pH 为 5.0～5.4。

其代表剖面如下：

(1) 0～12 公分为棕黄色的轻壤土，小碎块构造，土质稍疏松，孔隙细孔，植物根最多在 35 公分，有机质中等，pH 为 5.0。

(2) 12～55 公分棕黄色的中壤土，构造不显，土质稍紧实，pH 为 5.4。

(3) 55～110 公分黄白灰色的轻壤土——中壤土，或半风化物母质，pH 为 5.4。

4. 土层稍浅薄的粗砂质壤土，面积 5400 亩，分布在后龙山、牛粪岭山一带丘陵地，坡度一般在 3°～5°，成土母质为花岗岩风化物，目前地面植被密度稀少，有茅草、马尾松、灌木等，土层不厚，一般在 1 公尺左右，表土 8 公分，冲刷轻严重，为中度片状冲刷，也有大沟状冲刷，土质紧实，全剖面含粗砂粒和砾质（红色半风化质多），土壤湿度稍干，有机质低，pH 为 5.0～5.5。

其代表剖面如下：

(1) 0～8 公分微暗灰棕色的轻壤土，小碎块构造，土质疏松，孔隙细孔，土壤湿度稍干，有机质低，植物根最多在 15 公分，pH 为 5.0。

（2）8～50 公分红灰棕色的粗砂质壤土，构造不显，土质紧实，土壤稍湿润，pH 为 5.5。

（3）50～110 公分浅棕红色、黄色的砾质中壤土，（半风化物的砾质）或粗砂壤土，土质紧实，pH 为 5.5。

5. 土层浅薄石块多的中壤质红壤，面积 56000 亩，主要分布在埔仔顶周围一带马尾松生长密度较大的地区，有轻度片状侵蚀，土壤色泽较红，坡度 15°～20°，土层薄且不一致，有的表土 40～50 公分，pH 为 4.8～5.0。

其代表剖面如下：

（1）0～12 公分为微暗红棕色的轻壤土，石块多，植物根最多在 35 公分，pH 为 4.8。

（2）12～30 公分棕红色的中壤土，有石块，pH 为 5.0。

（3）30 公分以下仍为棕红色的中壤土，石块多。

6. 土层浅薄的轻壤土，面积有 17400 亩，分布在大帽山等高山草地，坡度一般在 10°～25°，成土母质为辉绿岩风化物。目前地面植被茅草生长得还密，同时有小石块。土层较浅，表土 12 公分左右，pH 为 4.8～5.0。

其代表剖面如下：

（1）0～12 公分为暗灰棕色的轻壤土，小核状构造，土质疏松，孔隙阵孔。植物根最多在 12 公分左右，在机质较高，pH 为 4.8。

（2）12～49 公分为棕黄色的轻壤土，石块和半风化物母质多，土质紧实，pH 为 4.8。

7. 49～105 公分灰黄色石块质的半风化物，pH 为 5.0。

8. 母岩露头的砂质轻壤土，薄层红壤，面积 25000 亩，分布于石壁陡坡及冲刷严重的地区，坡度 20°～37°。成土母质为花岗岩、辉绿岩风化物，目前地面植被有稀短的茅草、铁芒萁、马尾松，主要受工人砍伐破坏所致。土层厚薄不一致，有的仅 40～50 公分，也有 1 公尺的。表土 0～10 公分，pH 为 5.2～5.5。

其代表剖面如下：

（1）0～10 公分为灰棕色的轻壤土，小碎块构造，土质稍疏松，植物根最多在 10 公分，有机质稍低，pH 为 5.2。

（2）10～45 公分棕灰黄色的轻壤土或棕灰红的轻壤土，pH 为 5.5。

（3）45 公分以下多为母质层半风化物或石块，pH 为 5.0。

9. 中壤质中度潴育性水稻土，面积约有 4600 亩，凡分布于区内水稻田均为本土类，排水透水性良好，pH 为 5.1～5.6。

其代表剖面如下：

(1) 0～16 公分为暗棕灰色的轻壤土，整体构造，土质松软，有机质较高，pH 为 5.10。

(2) 16～90 公分棕灰黄色的中壤土，土质稍紧实，pH 为 5.6。

(3) 90～115 公分黄白灰色的砂质中壤土或重壤土，土质松软，pH 为 5.6。

四、气候与自然灾害

农场附近无气象站及水文站，降雨量、蒸发量、气温等气象资料欠缺，以下仅是依据当地老农反映的资料整理。

1. 台风：当地每年 6—7 月间，经常会发生台风一二次，风向多为东北。大帽山群众的田地多在山垄里，四面有高山围挡，因此受灾较轻，仅龙眼与早稻时有受到一些损失。但竹坝荒地平原田地受害较厉害，除了早稻、龙眼外，芋头、旱地瓜、甘蔗亦受害，如 1952 年 7 月发生一次，早稻减产 70%，龙眼减产 80%，芋头叶被打断，减产 40%，甘蔗减产 40%。此外，每年 8—10 月间，会发生大风一二次，尤于 9 月为常，大风自竹坝荒地东北向的“倒峰缺口”进口，其危害的地区是竹坝、下庄、大尖、北山及沿山边的村庄和田地，特别是劳改农场、北山、大尖等受害最严重，每年要减产 40%。1953 年 9 月 25 日，大台风一昼夜，埔屋与竹坝有好几间屋上砖瓦被吹走，当年晚稻减收 70%，糖蔗损失 30%。风灾在竹坝荒地附近是最主要的自然灾害。

2. 雾与霾：大帽山由于地势高，雨天经常浓雾不散。此外在春季里，晴天早晚也有雾。竹坝荒地于二三月间常有发生土霾二三次，小麦、花生经常受灾减产。1957—1958 年 2 月，均发生土霾数次，小麦受损 70%～80%。

3. 雨和旱：当地雨量最充沛，但分布不均匀，全年以上半年下雨较多，下半年下雨较少，旱情多发生于 8—10 月间，最近两年经常发生春旱。1954 年自 8 月中旬至 9 月下旬，有一个多月无下雨，晚稻部分晒死，减产三成，地瓜减产二成。

4. 霜雪：农场虽居于亚热带地区，但大部分系在山顶，海拔较高，致气候较冷，霜期较长，自 11—1 月，但下霜次数不多，约有二三次，且多为薄霜，厚霜较少。雪在当地则属罕见。

五、附近乡村的农业及劳力情况

(一) 人口、土地与劳力情况

在农场的周围主要的有新圩乡先锋、清风二个高级社和果园乡的金星高级社，总共有 825 户 3598 人口，男 1823 人，女 1775 人，其中男全劳力 732 人，半劳力 121 人；女全劳力 162 人，半劳力 491 人。

总耕地面积 6026 亩，其中水田 5122 亩，农地 904 亩，另有茶园 100 亩。每人口平均分得耕地1.7亩，每全劳力应负担耕地面积6.7亩，其中先锋及清风二社剩余劳力较多，金星社由于地多人少，劳动力较缺乏，每全劳力要负担耕地面积15.4亩，三社只有耕牛516头，其中可役牛405头，每可役牛仅负担耕地面积14.9亩，畜力普遍有剩余。

（二）土地利用情况

当地农民所种的作物以水稻为主，其次是甘薯、花生、大豆、小麦，再次是豌豆、蒜头、糖蔗等。耕作上一般均较粗放。如竹坝群众过去种水稻每亩仅施牛厩肥15～16担为基肥，插秧时用1～2斤坑砒沾秧根。

耕作制度：

1. 山田

（1）单季晚稻——休间

（2）早稻——晚稻——休间

（3）花生（大豆）——晚稻——休间

（4）花生（大豆）——甘薯——休间

（5）早稻——晚稻——小麦

2. 平原田

（1）早稻——连作晚稻——麦类——甘薯

（2）花生（大豆）晚稻——麦类（豌豆）——早稻（花生）——晚稻（晚薯）

3. 农地

（1）花生——过冬甘薯——芝麻——麦类

（2）花生——过冬甘薯——麦类

山田以第一二类型的耕作制度为主，第三四类型次之，第五类型最少；平原田则以第一类型占多数，第二类型仅占30%；农地二类型各占一半。

在果树方面于村落附近种有龙眼、香蕉、桃、梨、芒果、香木瓜和凤梨等。除了龙眼在竹坝荒地的蔡厝附近成片种植外，其他则于村前屋后零星种植一些，凤梨是最近二三年新引种，亦仅少量的种植。由于当地群众对果树不重视，缺乏经常的管理、施肥与治虫等，致生长情况不是很好。

同时在大帽山寨仔尾附近种有约100亩的茶树，品种有铁观音、佛手、乌龙、水仙等，但过去亦因缺乏管理而荒芜，最近两年来方垦复。

（三）畜牧

当地群众所饲养的牲畜是黄牛、猪、羊等，以猪为多数。依据先锋、清风、金星三个高级社统计，平均每户二头，其中母猪则三户达一头，猪的饲料是米汤、地瓜、大麦、糠等，但猪的品种不好，为本地土种，饲养一年仅达150斤，今后应引进良种进行繁殖改良。在大帽山的农户，由于山上禾本科杂草较多，利用草原放牧少数山羊。

六、农场内插花地情况

在场内有群众插花地5103亩（水田4329亩，农地774亩），其中大帽山农场有群众插花地2205亩（水田2155亩、农地50亩），属于新圩的先锋高级社水田539亩和清风高级社的水田1616亩、农地50亩。竹坝分场有群众插花地2853亩，属于果园乡三秀高级社1091亩（田734亩、农357亩），金星社750亩（田550亩、农200亩），五一社128亩（田120亩、农8亩），黎光社65亩（田15亩、农50亩），永光社219亩（田185亩、农34亩），劳改农场600亩（田525亩、农75亩）。

当地群众对国家利用荒地开辟为农场均感非常欢迎，先锋和清风高级社写申请书要求全社并入农场，申请劳动力参加农场为工人，并将耕地农具等送给农场。

依据“不与农民争场”的建设方针，目前建场应以开垦荒地为主。为有利于土地利用、规划和经营管理，待一二年后征用其部分田地，并吸收其剩余劳动力来场为工人。问题是可以解决的。

第二部分　建场计划

一、荒地特点及其利用情况

（一）建场的有利条件与存在问题

1. 有利农场面积大而连片。总面积93000亩，除了部分山地较陡、供种植经济林及放牧外，大部分荒地均可开垦利用。其中竹坝分场的丘陵荒地地势平，可用机械开垦，节省开荒。

2. 荒地居亚热带地区，气候缓和。大帽山荒地虽然地势高，霜期长，但年下霜仅二三次，且多为薄霜，对作物无甚为害。除高山因有雾宜种茶叶，山麓及低平的丘陵地均可种植凤梨、龙舌兰、剑麻等亚热带作物。

3. 土壤深度中等，大帽山荒地植被生长良好，部分土层较浅，但地表生长禾本科杂草较茂密，可作放牧地。竹坝的低丘陵地有部分土层较深，有利于种深根作物和龙眼等果树。

4. 在竹坝的荒地背有高山，另汀溪水库干渠由荒地内经过，必要时可以引水和抽水灌溉。此外，在竹坝及大帽山荒地内有几处可建立水力加工及水力发电站。

5. 在交通方面，有乡大路可通自行车，经竹坝荒地直达大帽山古宅。该路稍修建加宽后，可通拖拉机与中型吉普车，但自古宅至山上目前仅是羊肠小径，运输靠肩挑。这一段路交通不很便利，将来需要建筑公路，交通较便利。

6. 大帽山荒地附近两个乡村劳动力有余，建场初期开荒、基建所需临时工及农忙时的短工可获得解决，则农场的固定工人可少雇，减少开支，降低成本。

7. 农场范围内插花地较多，面积达 5103 亩，涉及两个乡共七个农业社，但当地群众很欢迎国家在当地办农场，纷纷申请要求全社并入农场，并同意劳动力参加为农场工人、田地等送给农场。建场之后，为方便经营管理，将来打算从老百姓吸收部分其剩余劳动力来场为工人，因此现在征用其少量耕地是无问题的。

8. 在竹坝荒地有部分地区每年会受台风及大风灾害，为使所种的作物及果树等可避免或减轻风害，应划出部分丘陵荒地营造防风林带，并于风害主流经过地区，在水稻收获后应改种晚甘薯，以确保丰产丰收。

（二）建场的经营方针与任务

根据本省第二个五年计划的方针及荒地的自然条件，应建成以发展亚热带作物龙舌兰、剑麻、凤梨、柑橘、龙眼、蓖麻等为主，结合发展特产茶叶、畜牧业和加工副业等多种经营的综合性农场，并试种橡胶、咖啡、可可、香芳、菠萝蜜、椰子、油棕等热带作物，同时为今后我省大量发展热带、亚热带作物培养技术干部。

（三）生产计划（生产规模、土地利用的初步意见）

本场面积较大，共达 93000 亩，荒地主要分为二大片，一片以大帽山为中心，面积共 77000 亩；另一片以竹坝为中心，面积 16000 亩，为使农场的经营管理方便，结合地势、地形、土壤、水利、气候等自然条件，本场应分为一个总场和一个分场，以大帽山为总场，竹坝荒地为分场。总场又分为二个作业区，自大帽山埔顶自然村以南起至槟榔山、金钟胡山麓荒地划为林牧区，总面积 35000 亩，因其一般土层较浅，大部分生长着茂密的禾本科杂草可放牧牛羊，且山坳土层深，土壤较肥沃，可辟为饲料基地进行养猪。东西两边地势较陡，可用以造林。计划 1958 年，养羊 3000 头；1959 年养羊 5000 头，猪 1000 头，母猪 400 头，公猪 8 头；计划 1960 年起，肥猪增加为 3500 头，羊 6000 头，公母猪依旧。另一作业区以寨仔尾为中心，总面积 40000 亩，在寨仔尾、后炉、上廊及甘露寺等附近，选择土层较深，土壤较肥沃的土地 5000 亩为果茶园；土层较浅，地势较低，气候温和之处种木豆，猪屎豆、蚕豆、豌豆和紫云英各 2500 斤。

计划生产蓖麻籽 1500 担，粮食 11200 担，酒 50000 担，醋 150000 担，肉类 6600 担，猪仔畜 4000 头，羊仔畜 22400 头，绿肥 1215000 担，厩肥 300000 担。

计划 1962 年，因几年来增施了大量有机质肥料改良了土壤，且应用了先进的农业科学技术措施，作物的产量比 1959 提高，每亩计划收获甘薯 8000 斤，木薯 8000 斤，花生 400 斤，大豆 250 斤，早稻 800 斤，连作晚稻 1000 斤，甘蔗 10000 斤，蓖麻 400 斤，龙舌兰丝 300 斤，剑麻丝 200 斤，凤梨 1200 斤，茶叶方开始采摘，每亩产干毛茶 50 斤，绿肥太阳麻、豌豆为 4500 斤，木豆、猪屎豆、蚕豆、紫云英各 4000 斤，厩肥 3000 斤。

计划 1967 年，可为国家生产剑麻及龙舌兰丝 62000 担，果品 242500 担，干毛茶 12500 担，蓖麻籽 5000 担，白糖 42000 担，薯粉 230000 担，粮食 54750 担，食用油料 10500 担，工业油料 12000 担，肉类 11000 担，猪仔畜 8000 头，羊仔畜 9600 头。

由于建场当年建场时间较晚，农时紧迫，劳力、农具、肥料、种子、苗木等生产资料均准备不足，因此于小大暑前开荒 5000 亩，种下甘薯并间种凤梨 500 亩，待后继续开荒种下太阳麻等绿肥作物。冬季 10000 亩全部种植豌豆等绿肥。征用的 500 亩的水田种紫云英绿肥。同时建场当年饲养肥育猪 1500 头，仔母猪 400 头，仔公猪 8 头，为来年大面积种植经济作物准备好肥料。计划来年春季把周围能够开垦种植作物的荒地全部开完毕，选择土层较浅的种龙舌兰，土层较深地势较平，土壤肥瘦不一的种木薯与蓖麻，地势较陡的种油桐。计划种上龙舌兰 9500 亩，木薯 5000 亩，蓖麻 1000 亩，油桐 5000 亩，间种油茶 5000 亩。

本作业区边沿山丘地势陡，且有部分岩石裸露，计划进行造林。此外计划在各山丘顶部自东南向西北接连起来，营造 10～15 公尺宽的防风林带，以阻挡当地每年 6、7 月及 9、10 月经常发生的东北向台风侵袭危害。

同时计划在第一年已开垦种过甘薯、绿肥的 10000 亩土地中，种上茶树 5000 亩，剑麻 2000 亩，凤梨 1500 亩，柑橘 500 亩。在凤梨及茶园中套种花生 3000 亩，大豆 2000 亩，晚甘薯 5000 亩。另在龙舌兰、木薯、蓖麻间套种太阳麻 6000 亩，猪屎豆 4000 亩，木豆 4000 亩。计划冬季在以上各作物间套种豌豆 15000 亩，试种太阳麻 2000 亩，在柑橘及茶园里套种蚕豆 2000 亩。水田 500 亩仍继续连种早晚稻，以供场内职工粮食之需。冬季种紫云英，同时育肥猪 1500 头。

分场以竹坝丘陵荒地为中心，结合征用的群众插花地 2898 亩，总面积 16000 亩（目前以开垦荒地为主，插花地到 1960 年开始征用）。其丘陵地势较低平，气候暖和，选择土层深厚质地较细致的轻壤土至中壤土，土壤湿润、表土肥力稍高的荒地开垦种柑橘、荔枝、龙眼，土层较浅的种植凤梨。土层浅的粗砂质壤土种植剑麻和龙舌兰。在果树未成林前套种凤梨，于凤梨未收获前套种花生、大豆、甘薯等，以提高土地利用率。于剑麻、龙舌兰地里套种绿肥以改良土壤。由于竹坝分场的风害较厉害，于山丘顶部应营造防风林带，沿山边会受到风害的水田晚稻改种甘薯。

竹坝分场在1958年计划开荒5000亩，因开荒时间较晚，为了不误农时，选择土壤较肥的荒地于大暑前开荒毕，种下甘薯3000亩，间作凤梨500亩，其他2000亩则待陆续开完后种太阳麻等绿肥。冬季全部种植豌豆、绿肥5000亩。水田100亩种植水稻，冬季种紫云英。今年同时养猪1000头，母仔猪100头，公仔猪2头，为明年大面积种植经济作物与果树等准备基肥。

在明年春季内继续开荒3500亩，共8500亩，种上凤梨3500亩，剑麻1000亩，龙兰蓖500亩，柑橘1000亩，荔枝、龙眼2000亩，并在柑橘、龙眼、荔枝果树中间种凤梨3000亩。同时在凤梨里套种花生3000亩，大豆2000亩，甘薯5000亩。于剑麻、龙舌兰及部分凤梨里种太阳麻、木豆、猪屎豆各1000亩。冬种豌豆5000亩，蚕豆2000亩，太阳麻1000亩。

总场及分场至1959年，计划种的亚热带作物果树、茶叶均已种上，农场已基本定型，今后所套种在各作物间的甘薯、花生、大豆等，随着主产作物的逐年长大，相应地套种的面积亦逐步缩小，并为着有利于茶树、凤梨、剑麻、龙舌兰的生长和水土保持所套种的绿肥逐渐改为匍匐性的。

在产量方面，第一年由于建场伊始，农时紧迫，生产资料准备不足，亚热带作物及果树的苗木供应不上，仅先种上部分甘薯与凤梨和开始种植绿肥与饲养牲畜积肥，自供的有机质肥料数量不多，原荒地土壤大部分较瘦，致各作物的产量较低，计划每亩产甘薯3000斤，紫云英1200斤。

第一年生产粮食74000斤，薯粉36000担，酒24000担，醋72000担，肉类2350担，绿肥307200担，廐肥56000担。第二年（1959年）由于通过了大面积的冬种绿肥，饲养牲畜积肥，增施了肥料之后，土壤初步得到改良，但因土壤本来较瘦，致产量仍不很高，计划每亩产甘薯5000斤，木薯4000斤，花生150斤，大豆100斤，蓖麻子150斤，早稻500斤。连作晚稻700斤，绿肥太阳麻4000斤，米酒70000担，醋210000担，绿肥2510000担，廐肥660800担。

二、建场的基本建设投资及生产收益概况

（一）基本建设投资

同安大帽山综合农场总投资额是135.89万元，其中比重最大的是种植费94.75万元，占总投资额79.7%。其次因生产资料准备不足，亚热带作物、果树及特产茶叶的苗木等供应不上，仅先进行开荒，种上甘薯、绿肥和饲养部分牲畜，致第一年的基本建设投资较少，为29.21万元，仅占总投资额21.5%；第二年的投资额106.68万元，占总投资额78.5%。本场的基本建设分为二年完成，虽然第三年（1960年）有龙舌兰、剑麻、凤梨、茶、柑橘等果树尚需继续进行培育管理的基建投资，但为了减少国家负担，农场利用“以短养长、以场养场”办法，合理地利用土地，进行多种经营，提高土地利用率和农产品的商品率，以提早和增加收益，因此在建场的第一年就有了盈余，第二年起的基建投资由本场自己负责。

（二）生产收支概算

同安大帽山农场虽然建场较迟，但能抓紧时间及时开荒种下甘薯、绿肥，利用副产品和天然草原饲养猪羊，并进行农产品加工等多种经营以提高收效年限和增加收入，于是在建场的第一年（1958 年）就有盈利，当年收入为 1955140 元，支出是 496860 元，盈利了 1453280 元，将第一年的基本建设投资 292130 元收回外，尚能为第二年扩大生产。

附表 1-1　国营大帽山农场职工配备及工资估算表

单位：人、元

名称＼项目	每人全年工资	1958 年		1959 年		1962 年		1967 年	
		名额	总薪金	名额	总薪金	名额	总薪金	名额	总薪金
总计	2700	564	180360	1370	457800	427800	483720	9028	517920
行政干部	840	9	7560	13	10920	18	15120	18	15120
技术干部	840	5	4200	7	5880	10	8400	10	8400
技术工人	420	30	12600	50	21000	60	25200	700	29400
普通工人	300	300	90000	750	225000	800	240000	800	240000
临时工人	300	220	66000	550	165000	650	195000	7500	225000
备注	1. 行政人员（脱产干部）仅作工人总数 20%左右，技术人员参加生产。 2. 行政干部配备党委书记 1 人，总场长 1 人，分场长 1 人，作业区、畜牧区主任 1 人，财务 3 人（大帽山 2 人，竹坝分场 1 人），总务 2 人，场管 2 人（总分场各 1 人）。1959 年，增加总务、成本会计 1 人，总务 1 人，场管 1 人。1961 年后，凤梨开始大量收获，设立加工厂，应适当地增加管理及财务人员。 3. 技术干部 1958 年配总技师兼副总场长 1 人，特产干部 2 人，畜牧兽医干部 2 人；1959 年，增加特产及畜牧兽医干部各 1 人；1961 年起，应适当增加农产品加工干部 1～2 人。 4. 本表每人全年工资中已包括附加工资在内。								

附表 1-2　国营大帽山农场逐年收支估算表

名称＼项目	一九五八年								
	播种面积	主产品产量		主产品产值		副产品产量		副产品产值	
		亩产量	总产量	担价	总金额	亩产量	总产量	担价	总金额
单位	亩	斤	担	元	元	斤	担	元	元
一、农作物									
1. 龙舌兰（丝）	—	—	—	—	—	—	—	—	—
2. 剑麻（丝）	—	—	—	—	—	—	—	—	—
3. 凤梨	1000	—	—	—	—	—	—	—	—
4. 荔枝、龙眼	—	—	—	—	—	—	—	—	—

（续）

名称＼项目	一九五八年								
	播种面积	主产品产量		主产品产值		副产品产量		副产品产值	
		亩产量	总产量	担价	总金额	亩产量	总产量	担价	总金额
5. 柑橘	—	—	—	—	—	—	—	—	—
6. 茶	—	—	—	—	—	—	—	—	—
7. 蓖麻	—	—	—	—	—	—	—	—	—
8. 甘蔗	—	—	—	—	—	—	—	—	—
9. 木薯（粉）	—	—	—	—	—	—	—	—	—
10. 甘薯（粉）	8000	450	36000	25	900000	6000	480000	0.3	144000
11. 花生	—	—	—	—	—	—	—	—	—
12. 大豆	—	—	—	—	—	—	—	—	—
13. 早稻	80	300	240	7	1680	300	240	0.4	96
14. 晚稻	100	500	500	7	3500	500	500	0.4	200
二、绿肥									
1. 太阳麻	7000	1500	1050	0.3	31500	—	—	—	—
2. 木豆	—	—	—	—	—	—	—	—	—
3. 猪屎豆	—	—	—	—	—	—	—	—	—
4. 豌豆	13000	1500	195000	0.3	58500	—	—	—	—
5. 蚕豆	—	—	—	—	—	—	—	—	—
6. 紫云英	600	1200	7200	0.3	2160	—	—	—	—
7. 爬地兰	—	—	—	—	—	—	—	—	—

附表 1-3　国营大帽山农场逐年收支估算表（续 1）

名称＼项目	一九五九年								
	播种面积	主产品产量		主产品产值		副产品产量		副产品产值	
		亩产量	总产量	担价	总金额	亩产量	总产量	担价	总金额
单位	亩	斤	担	元	元	斤	担	元	元
一、农作物									
1. 龙舌兰（丝）	10000	—	—	—	—	—	—	—	—
2. 剑麻（丝）	3000	—	—	—	—	—	—	—	—
3. 凤梨	9000	—	—	—	—	—	—	—	—
4. 荔枝、龙眼	2000	—	—	—	—	—	—	—	—
5. 柑橘	1500	—	—	—	—	—	—	—	—
6. 茶	5000	—	—	—	—	—	—	—	—
7. 蓖麻	1000	150	1500	15	22500	—	—	—	—
8. 甘蔗	—	—	—	—	—	—	—	—	—

（续）

名称＼项目	一九五九年								
	播种面积	主产品产量		主产品产值		副产品产量		副产品产值	
		亩产量	总产量	担价	总金额	亩产量	总产量	担价	总金额
9. 木薯（粉）	5000	1000	5000	17	850000	—	—	—	—
10. 甘薯（粉）	10000	750	75000	25	1875000	8000	800000	0.3	240000
11. 花生	6000	150	9000	18	162000	300	18000	0.4	7200
12. 大豆	4000	100	4000	17	68000	300	12000	0.4	4800
13. 早稻	600	500	3000	7	21000	500	3000	0.4	1200
14. 晚稻	600	700	4200	7	29400	700	4200	0.4	1680
二、绿肥									
1. 太阳麻	10000	4000	400000	0.3	120000	—	—	—	—
2. 木豆	5000	2000	100000	0.3	50000	—	—	—	—
3. 猪屎豆	5000	2000	100000	0.3	30000	—	—	—	—
4. 豌豆	20000	2500	500000	0.3	150000	—	—	—	—
5. 蚕豆	5000	2000	100000	0.3	30000	—	—	—	—
6. 紫云英	600	2500	15000	0.3	4500	—	—	—	—
7. 爬地兰	—	—	—	—	—	—	—	—	—

附表 1-4　国营大帽山农场逐年收支估算表（续 2）

名称＼项目	一九六二年								
	播种面积	主产品产量		主产品产值		副产品产量		副产品产值	
		亩产量	总产量	担价	总金额	亩产量	总产量	担价	总金额
单位	亩	斤	担	元	元	斤	担	元	元
一、农作物									
1. 龙舌兰（丝）	10000	300	30000	44	1320000	—	—	—	—
2. 剑麻（丝）	3000	200	6000	50	300000	—	—	—	—
3. 凤梨	9000	1200	108000	12	1296000	—	—	—	—
4. 荔枝、龙眼	2000	—	—	—	—	—	—	—	—
5. 柑橘	1500	—	—	—	—	—	—	—	—
6. 茶	5000	50	1500	100	250000	—	—	—	—
7. 蓖麻	1000	400	4000	15	60000	—	—	—	—
8. 甘蔗	2100	10000	210000	1.3	273000	—	—	—	—
9. 木薯（粉）	5000	2000	100000	17	1300000	—	—	—	—
10. 甘薯（粉）	10000	1200	120000	25	3000000	10000	1000000	0.3	300000
11. 花生	6000	400	24000	18	432000	500	30000	0.4	12000
12. 大豆	4000	250	10000	17	170000	500	20000	0.4	8000
13. 早稻	3000	800	24000	7	168000	800	24000	0.4	9600
14. 晚稻	1000	1000	10000	7	70000	900	9000	0.4	3600

（续）

名称 \ 项目	一九六二年								
	播种面积	主产品产量		主产品产值		副产品产量		副产品产值	
		亩产量	总产量	担价	总金额	亩产量	总产量	担价	总金额
二、绿肥									
1. 太阳麻	8000	4500	360000	0.3	108000	—	—	—	—
2. 木豆	3000	4000	120000	0.3	36000	—	—	—	—
3. 猪屎豆	2000	4000	80000	0.3	24000	—	—	—	—
4. 豌豆	15000	1500	675000	0.3	202500	—	—	—	—
5. 蚕豆	10000	4000	400000	0.3	120000	—	—	—	—
6. 紫云英	1000	4000	40000	0.3	12000	—	—	—	—
7. 爬地兰	7000	3000	210000	0.3	63000	—	—	—	—

附表 1-5　国营大帽山农场逐年主副产品产量产值表

作物名称 \ 项目	一九五八年								
	播种面积	主产品产量		主产品产值		副产品产量		副产品产值	
		亩产量	总产量	担价	总金额	亩产量	总产量	担价	总金额
单位	亩	斤	担	元	元	斤	担	元	元
三、经济林木									
1. 油桐	—	—	—	—	—	—	—	—	—
2. 油茶	—	—	—	—	—	—	—	—	—
四、副产品加工									
1. 酒	8000	300	24000	10	240000	—	—	—	—
2. 醋	8000	900	72000	5	360000	—	—	—	—
3. 醋糟	8000	2250	180000	0.4	72000	—	—	—	—
4. 蓖麻蚕丝	—	—	—	—	—	—	—	—	—

附表 1-6　国营大帽山农场逐年主副产品产量产值表（续 1）

作物名称 \ 项目	一九五九年								
	播种面积	主产品产量		主产品产值		副产品产量		副产品产值	
		亩产量	总产量	担价	总金额	亩产量	总产量	担价	总金额
单位	亩	斤	担	元	元	斤	担	元	元
三、经济林木									
1. 油桐	10000	—	—	—	—	—	—	—	—
2. 油茶	5000	—	—	—	—	—	—	—	—
四、副产品加工									
1. 酒	10000	500	50000	10	500000	—	—	—	—
2. 醋	10000	1500	150000	5	750000	—	—	—	—
3. 醋糟	8000	3750	300000	0.4	120000	—	—	—	—
4. 蓖麻蚕丝	1000	15	150	—	—	—	—	—	—

附表 1-7　国营大帽山农场逐年主副产品产量产值表（续 2）

作物名称＼项目	一九六二年								
	播种面积	主产品产量		主产品产值		副产品产量		副产品产值	
		亩产量	总产量	担价	总金额	亩产量	总产量	担价	总金额
单位	亩	斤	担	元	元	斤	担	元	元
三、经济林木									
1. 油桐	1000	600	6000	1.5	9000	—	—	—	—
2. 油茶	5000	—	—	—	—	—	—	—	—
四、副产品加工									
1. 酒	10000	800	80000	10	800000	—	—	—	—
2. 醋	10000	2400	240000	5	1200000	—	—	—	—
3. 醋糟	8000	6000	480000	0.4	192000	—	—	—	—
4. 蓖麻蚕丝	1000	20	200	—	—	—	—	—	—

附表 1-8　国营大帽山农场逐年各作物主副产品产量产值表（续 3）

作物名称＼项目	一九六七年								
	播种面积	主产品产量		主产品产值		副产品产量		副产品产值	
		亩产量	总产量	担价	总金额	亩产量	总产量	担价	总金额
单位	亩	斤	担	元	元	斤	担	元	元
一、农作物									
1. 龙舌兰丝	10000	500	50000	44	2200000	—	—	—	—
2. 剑麻丝	3000	400	12000	50	600000	—	—	—	—
3. 凤梨	7000	2000	140000	12	1680000	—	—	—	—
4. 荔枝龙眼	2000	4000	80000	8	640000	—	—	—	—
5. 柑橘	1500	1500	22500	12	270000	—	—	—	—
6. 茶	5000	250	12500	100	1250000	—	—	—	—
7. 蓖桐麻	1000	500	5000	15	75000	—	—	—	—
8. 甘蔗	2100	20000	420000	1.3	546000	—	—	—	—
9. 木薯	5000	2500	725000	17	2125000	—	—	—	—
10. 甘薯	7000	1500	105000	25	2625000	10000	700000	0.3	210000
11. 花生	4000	600	24000	18	432000	600	24000	0.4	9600
12. 大豆	1500	450	6750	17	114750	600	9000	0.4	3600
13. 早稻	3000	1200	36000	7	252000	1000	30000	0.4	12000
14. 晚稻	1000	1200	12000	7	84000	1000	10000	0.4	4000
二、绿肥									
1. 太阳麻	5000	7000	350000	0.3	105000	—	—	—	—
2. 木豆	—	—	—	—	—	—	—	—	—
3. 猪屎豆	—	—	—	—	—	—	—	—	—

（续）

作物名称＼项目	一九六七年								
	播种面积	主产品产量		主产品产值		副产品产量		副产品产值	
		亩产量	总产量	担价	总金额	亩产量	总产量	担价	总金额
4. 豌豆	10000	6000	600000	0.3	180000	—	—	—	—
5. 蚕豆	15000	6000	900000	0.3	270000	—	—	—	—
6. 紫云英	1000	6000	60000	0.3	18000	—	—	—	—
7. 爬地兰	12000	5000	600000	0.3	180000	—	—	—	—
三、经济林木									
1. 油桐	1000	3000	300000	1.5	450000	—	—	—	—
2. 油茶	5000	1000	50000	2.5	125000	—	—	—	—
四、副产品加工									
1. 酒	7000	1000	70000	10	700000	—	—	—	—
2. 醋	7000	3000	210000	5	125000	—	—	—	—
3. 醋糟	7000	7500	525000	0.4	210000	—	—	—	—
备注	1. 甘薯产量以甘薯粉计，每百斤鲜甘薯制 15 斤甘薯粉、10 斤酒、30 斤醋、75 斤醋糟。 2. 木薯产量以木薯粉计，每百斤鲜木薯制 25 斤木薯粉。 3. 龙舌兰及剑麻以纤维计，每百斤鲜叶制 10 斤纤维。 4. 凤梨以沙多越品种的鲜果计。 5. 茶以干毛茶计。 6. 油桐以油桐果计。 7. 油茶以油茶籽计。 8. 甘薯副产品以鲜藤叶计，花生副产品以花生秆计。								

福建省同安县大帽山农场设计任务书

（1962年）

第一部分　基本情况

一、位置范围

我场位于东经118°15′—118°18′、北纬24°45′—25°50′，在县之东北部，距县城20多公里，有公路自新圩至县城；距场部最近的新圩车站有9公里，现在牛车路相通，交通运输不很方便。农场东至石壁水库，沿蜈蚣山、岭头山分水岭；南至大帽山、夹山分水岭；西沿御宅、路坂尾、方田、后埔、芹内、古宅等乡村的东坡山麓；北至九溪支流的分水岭。接罗田西北方向，尚有一万亩山地作为造林及放牧用地。

全场总面积6万亩，可利用29570亩，占总面积的49.28%。目前已利用0.395万亩。

二、经营情况

我场1958年5月经福建省农业厅勘测队勘测规划设计，于58年5月正式建场，现在全场分3个作业区，28个生产队（其中3个作业区、8个生产队是全民，余为集体），还有1个畜牧场，1个加工厂。目前经营方针以亚热带及多年生作物为主。

现有生产规模、干部、工人等列表如下。

附表1-9　现有生产规模、干部、工人

项目	干部	工人	总人口	农地水田	多年生作物						牛	羊	猪
					小计	橡胶	茶	水果	龙舌兰	油桐油茶			
合计	32	796	2064	2428	1520	37	210	453	670	150	438	379	512
全民所有	25	301	639	803	1520	37	210	453	670	150	248	150	187
集体所有	7	495	1425	1625	—	—	—	—	—	—	190	229	325

历年来，国家投资60万元，现有耕地及多年生作物中，除700亩耕地是接收群众的外，其余1700余亩均为农场开荒的（其中耕地100亩，多年生用地1470亩，油桐、油茶等经济林150亩）。定植培育了各种多年生作物1520亩，其中茶叶210亩，水果453亩，龙舌兰670亩，橡胶37亩。购置种畜200头，其中耕牛100头，种猪50头，种羊50头，这些均不包括未折价归公的集体所有的数字。陆续兴修了大小山塘4处，可蓄水4万方，可灌溉土地110亩。为解决场内外交通运输问题，几年来兴修了4条共计19公里的简易

公路，全场除甘露寺——后炉可通汽车外，其余作业区及主要居民点，重点生产用地仅有小路联系。由于农场生产不断扩大，人员陆续增加，几年来建筑了4座永久性仓库，计550平方米；住宅3座，计1100平方米；畜舍9座，计1700平方米；加工厂房2座，计450平方米。

从建场到62年止，计划为国家生产粮食213万斤，茶叶25担，各种水果3万斤，食油105担，肉17000斤，蛋10担，总产值30万元。以上产品除自用外，上交国家有商品有粮食55万斤，茶22担，果产2万斤，油20担，肉1700斤，蛋2担。

三、场地自然条件

场地系海拔300米以上的山地地区，绝大部分海拔在500米左右，构成了坡度和缓起伏的基准面。上廍、后炉、茶园、寨仔尾附近较为平缓，坡度10°～20°。场地周围坡度较陡，25°左右，河谷深切、狭窄。

本场界于同安、南安两县界邻的山地，海拔较高，气候较平原丘陵地区稍凉，年均温度20°～21°。霜期11—1月，年有二三次薄霜，水湿条件良好，年降雨量1700～1800毫米，但分布不均匀，多集中于4—6月，相对湿度80%以上。多雾，多出现于春季，雨天则常浓雾不散。

每年6—7月间，常有台风1～2次侵入，风向多东北。9—10月间，亦常有台风出现，对水稻等作物损害较大。

本地区土壤属红壤类型，土层厚，多在1米以上，质地轻壤—中壤，以生草性红壤居多，pH值4.8～5.5，有机质含量稍高。在后龙山、牛粪岭等地，分布土层稍浅薄的粗砂质壤土，冲刷较严重。埔仔顶自然村周围是土层浅薄的中壤质红壤，多石块。此外，还有母岩裸露的砂质轻壤土，分布于石壁陡坡。耕地土壤则是中壤质中度潴育水稻土。

地表植被大部分地区生长茂密，以禾本科、芒萁、桃金娘、杂灌丛及马尾松最为广泛分布。

场内山地性溪流多，水力资源丰富。锄山溪汇埔顶、寨仔尾、上廍等3小溪流，流入石壁水库，合流处实测一般流量为0.1秒公方，估计枯水流量约0.06秒公方，如提高水位15米，建砌卵石过水坝截引溪水至汇合处，可产生10匹马力；场西北的九溪支流，常年流量0.3秒公方，最大流量4秒公方，如建拦河坝以水头8米计，可产生功率24匹马力，发电16千瓦；古宅水库扩建后，或蓄水110万立方，水头72米，发电量70千瓦。

综如上述，本场的有利条件是：

（一）场地面积大而连片，有大面积荒地可开垦利用，种植多年生作物及放牧用。

（二）气候暖和，水湿条件好，土壤深度中等，可发展茶叶、凤梨、龙舌兰等亚热带作物。

（三）水利水电资源丰富，将来可满足加工动力及照明用电的需要。

但是，本场交通目前尚感不便，场地处于山地地区，海拔较高，将来解决运输问题尚需要一定的投资；其次，当地每年夏秋季节，往往台风为害，使早稻、晚稻及龙眼等栽培作物遭受损失，故必须营造防风林。

第二部分　规划设计

一、方针规模

根据我场自然条件，结合国家需要及几年来经营的经验，经营方针仍然以亚热带果类、麻类等多年生作物为主，试种橡胶，相应发展以养牛为重点的畜牧业及工副业等综合经营。

生产方面由于还有 1.9 万亩可垦地未利用，拟在现有基础上逐步发展，到农场定型年份，本场全民所有部分将拥有农地水田 1925 亩，以亚热带果树为主的多年生作物 10436 亩，猪 500 头，牛 1000 头，羊 500 头，家禽 10000 只，4 座加工厂与 2 座农机具修配厂。

二、各业生产规划

（一）农业在充分合理利用土地资源，发挥土地生产潜力原则下，拟订出我场的土地利用计划如下。

附表 1-10　土地利用规划

单位：亩

项目 \ 年份			现有	1963	1964	1965	1966	1967	定型年
耕地	农地		50	50	250	550	850	1050	1050
	水田		753	753	753	753	875	875	875
多年生作物	茶		210	210	310	500	750	1000	1000
	水果	凤梨	217	267	367	500	1000	2000	2000
		杂果	200	200	300	500	750	1000	1000
		香蕉	36	36	36	36	36	36	36
		小计	453	503	703	1036	1786	3036	3036
	油桐油茶		150	210	310	600	800	1000	1000
	龙舌兰		670	870	1370	2000	2500	5000	5000
	橡胶		37	37	237	400	400	400	400
总计			2776	3136	4636	6875	974	15397	15397
林业			1000	1500	2500	3500	5000	6000	10000

（上表数字均系每年用于各项生产的土地面积，不包括复种面积）

根据上述土地利用计划，共需开荒10038亩，各年开荒面积列表如下。

附表1-11　各年开荒面积

单位：亩

	合计	1963	1964	1965	1966	1967
合计	10038	310	1300	1906	2122	4400
农地	1000	—	200	300	300	200
水田	122	—	—	—	122	—
多年生	8916	310	1100	1606	1700	4200

农地水田在尽量提高利用率的原则下，安排各种作物，逐年种植面积如下表。这样，全场复种指数约为150%。并附各种作物计划产量。

附表1-12　各种作物计划产量

单位：面积（亩）、产量（担）

项目	年份	1963		1964		1965		1966		1967	
		面积	产量	面积	产量	面积	产量	面积	产量	面积	产量
粮食	早稻	350	1100	350	1100	350	1120	400	1440	400	1480
	晚稻	500	1750	500	1750	500	1800	500	2035	550	2090
	小麦	35	28	35	28	80	70	100	88	100	90
	甘薯	155	1162	255	1862	400	2942	500	3642	600	4342
	大麦	15	12	15	12	60	50	80	68	80	70
经济作物	大豆	107	49	157	80	250	130	300	155	350	210
	花生	40	48	100	130	140	182	170	230	200	280
	木薯	10	20	60	126	100	220	130	290	180	414
	蕉芋	15	30	60	126	100	220	130	290	180	414
	蔬菜	40	1200	50	1500	65	1950	80	2400	110	3300
	黄麻	10	20	30	63	40	88	50	122	50	122

（二）林业

我场每年台风活动季节，常有风害，为此计划在罗田、甘露寺、大埔作业区，分期分批地进行造林。树种选择木麻黄、相思树、桉树等。此外，由于历年林木遭受砍伐，造成水土流失，今改为解决薪炭用材及防止水土流失，在不能耕作的半山、山顶种植台湾相思树。现将历年造林计划列表如下。

附表1-13　历年造林计划

单位：亩

项目＼年份	1963	1964	1965	1966	1967
造林	500	1000	1000	1500	1000

（三）畜牧业

为了满足今后各年农地多年生作物的发展需要，解决肥料供应问题，应相应发展畜牧业，同时农副产品、工副业副产品也为畜牧业的发展提供了饲料来源，但在粮食尚未大力发展前，牲畜不宜饲养过多，以免影响工人口粮。

我场山地草原多，木草生长茂密，历年来耕牛发展顺利，生长良好，故宜于发展耕牛。牧地分布于大帽山、罗田、溪园等地。

相应发展家禽，可利用水稻收成季节的60多天时间，放养稻田捡食，既节省人工饲养，避免粮食浪费，又可提供商品肉蛋类及改善职工生活。

附表1-14　农场家畜业发展情况

单位：头、只

项目		年份	现有	1963	1964	1965	1966	1967	定型年
家畜	猪	饲养	750	120	200	280	380	500	500
		出售	—	36	100	150	200	350	350
	羊	饲养	70	150	200	300	400	500	500
		出售	—	20	80	150	200	300	300
	牛	耕牛	244	344	500	650	780	1000	1000
		出售	—	—	—	50	80	200	200
家禽	鸡	饲养	150	200	300	700	1000	2000	2000
		出售	—	—	100	500	800	1500	1500
	鸭	饲养	50	600	2500	4000	6000	8000	8000
		出售	—	400	2000	3500	5000	7000	7000

（四）工副业

我场距县城较远，运输较不便，为使产品能及时加工，而防止浪费，加速资金周转，增加收入，调节农闲劳力，拟立综合加工厂，加工淀粉、饴糖、酿酒、榨油、碾米和茶叶初制、龙舌兰麻加工以及砖瓦等项目，而本场丰富的水力资源又为建立各种加工厂提供动力来源。逐年生产项目及产值如下表。

附表1-15　逐年生产项目及产值

单位：数量（担）（瓦片万块）、产值（元）

名称＼年份	1963		1964		1965		1966		1967	
	数量	产值	数量	产值	数量	产值	数量	产值	数量	产值
饴糖	50	2500	75	3750	100	5000	100	5000	120	6000
淀粉	20	400	40	800	50	1000	60	1200	100	2000
酒	100	7000	200	14000	300	21000	400	28000	500	35000
碾米	3000	1800	3500	2100	5000	3000	6000	3600	8000	4800
瓦片	5	2000	5	2000	10	4000	10	4000	10	4000

三、场部、作业区、生产队规划

我场场部设于后炉，已有甘露寺、罗田、大埔等3个作业区，下分8个生产队，为适应今后生产发展及加强经营管理的需要，今后拟逐步增设后四乡、大帽山顶、埔顶等3个作业区及20个生产队。建场全部完成后，全场将有6个作业区（属全民3个）、28个生产队（属全民的8个）。场部、作业区及生产队等，根据位置适中，交通方便，有基建用地等原则，选择具体位置。

四、水利、水电规划

随着生产发展和加工业的扩大，必须解决动力问题。本场丰富的水力、水电资源为此提供了良好的条件：

（一）锄山溪之交流汇合处，流量0.10秒公方，水头15公尺，发电10千瓦。

（二）罗田九溪交流，流量0.3秒公方，水头15公尺，发电10千瓦。

（三）古宅水库水头72公尺，蓄水110万立方，发电70千瓦。

（四）石狮水库，估计可发电40千瓦。

以上资源潜力很大，可根据需要小型为主，分期分批进行建设。建成后，本场电气化、机械化可基本解决。

今后，场内也需进行部分水利建设，以增加灌溉面积。

附表1-16　农场水利建设

兴修年份	工程名称	效果	土方	石方	需劳动日	投资
1963	锄山溪水电站	10千瓦	1500	800	2000	2万元
1964	罗田水力加工站	16千瓦	—	800	3000	4万元
1965	埔顶水力加工站	10千瓦	1000	800	1500	2万元
1967	石狮水库发电站	40千瓦	—	—	400	8万元

五、交通规划

我场目前对外联系甚为不便，县城至新圩可通公路，新圩至场部尚有9公里。目前运输全赖肩挑，场内除目前仅有的一条通拖拉机道外（不宜行车），均为小路。为了及时处理产品，解决生产生活资料的运输问题，除把现有大路修建为板车路外，主要有三条干线。

（一）新圩——大埔，全长9公里，全部工程需12万土石方（58年已完成5万土石方），3座桥梁，25个涵洞，需投资15万元，计划今年续建完成。

（二）大埔——后炉，全长5公里，拟1964年建成。

（三）埔顶——大廂，全长6公里，拟1965年建成。

建成后，即可根本改变目前本场的交通面貌，内外交通运输问题基本可得解决。

附表 1-17 农场交通规划

单位：公里

道路	1963		1964		1965	
	长度	道路类别	长度	道路类别	长度	道路类别
新圩—大埔	9	乙级	—	—	—	—
大埔—后炉	—	—	5	简易公路	—	—
埔顶—大廂	—	—	—	—	6	简易公路

注：本表只填简易公路及主干道

六、职工

随着生产规模的不断扩大，逐年增加职工，计划 1963 年上劳力 54 人，1964 年 129 人，1965 年 173 人，1966 年 84 人，1967 年 61 人，共需上劳力 501 人。至定型年，全民所有制部分共拥有职工 847 人，逐年职工配备如下表。

附表 1-18 农场职工配备情况

单位：人

项目＼年份	现有	1963	1964	1965	1966	1967	定型年
农业	249	263	349	469	501	507	519
林业	—	10	15	15	20	20	20
畜牧业	35	49	77	107	138	183	183
工副业	6	15	20	30	40	50	50
后勤及基建	11	18	23	36	42	42	30
干部	32	32	32	36	41	45	45
合计	333	387	516	693	782	847	847

本场现有干部 32 人（包括集体所有部分 5 人），按本场现有规模，比例太大，以后本场逐年扩大规模，本着精简非生产性人员的精神，至 1964 年不再增加干部。1965 年后，根据生产的需要，加强领导和技术力量，逐年配备干部；至 1967 年，干部定员 45 人，约占职工人数的 5%。

为使新上场工人安心生产，树立以场为家思想，拟逐年安置职工家属，其户数按职工人数 30%计，至 1967 年在现有户数基础上共再安置 155 户，约 465 人。

第三部分 投资概算

根据勤俭办场方针和以生产性建设为主的精神，依我场生产发展情况，还需要基本建设总投资为 198.24 万元。分年投资为：1963 年 17.93 万元，1964 年 35.01 万元，1965 年 39.11 万元，1966 年 36.28 万元，1967 年 45.1 万元。1967 年后，多年生培育费尚需

24.81 万元。分项逐年投资列表如下。

附表 1-19　农场逐年投资情况

单位：数量（亩、平方米、立方米、公里）单价（元）、金额（万元）

项目	合计			其中					
	数量	单价	金额	1963	1964	1965	1966	1967	1967 年后
总投资额	—	—	198.24	17.93	35.01	39.11	36.28	45.1	24.81
按投资主要用途分									
一、农林建设	—	—	104.89	4.63	10.31	16.86	21.28	27	24.81
1. 开荒造田	8916	10～40	21.9	2.66	3.96	5.58	7.2	2.5	—
2. 橡胶定植	363	50	1.82	—	1	0.82	—	—	—
3. 橡胶培育	363	190	6.9	—	—	0.7	1.27	1.17	3.16
4. 其他多年生定植	8353	20～50	29.16	0.97	2.9	4.49	6.15	1.17	—
5. 其它多年生作物培育	8553	10～25	32.81	—	0.49	1.93	3.56	5.78	21.05
6. 农业机械购置	—	—	4	—	0.50	1	1	1.5	—
7. 晒场	3000	6	1.8	0.3	0.36	0.54	0.3	0.3	—
8. 粪池	1500	20	3	0.2	0.6	0.8	0.8	0.6	—
9. 土壤改良工程	—	—	3.5	0.5	0.5	1	1	0.5	—
二、畜牧建设	—	—	25	4	5.5	5.5	5.5	4.5	—
1. 畜舍	7000	30	21	3	4.5	4.5	4.5	4.5	—
2. 购买种畜	—	—	4	1	1	1	1	—	—
三、水利水电建设	—	—	18	2	4	2	2	8	—
四、工业建设	—	—	9	0.5	3.5	2	1	2	—
1. 农具修配工厂	500	50	2.5	0.5	1	1	—	—	—
2. 产品加工厂	300	50	1.5	—	1.5	—	—	—	—
3. 加工机械设备	—	—	5	—	1	1	1	2	—
五、房屋建设	6050	—	35.95	3.6	9.5	12.75	6.5	3.6	—
1. 住宅	5000	60	30	2.4	9	10.2	4.8	3.6	—
2. 膳厅厨房	350	50	1.75	—	0.5	0.75	0.5	—	—
3. 仓库	700	60	4.2	1.2	—	1.8	1.2	—	—
六、交通电讯建设	—	—	24.4	20	3.2	1.2	—	—	—
1. 公路桥梁	20	—	27.2	20	3.3	3.9	—	—	—
2. 车辆购置	—	—	2.2	—	2.2	—	—	—	—

第四部分　经济效益及粮食收支估算

一、经济收益估算

我场体制是三级管理，经济上为提高资金利用率，减少浪费、降低成本，实行二级核算，通过投资实现了规划设计的生产任务后，到 1965 年经济就可基本自给，到盛产年，每年可盈利 8 万元。逐年收支估算列表如下。

附表 1-20　农场逐年收支估算

单位：万元

年度	项目	总计	农业	畜牧业	工副业	备注
1963	收入	7.97	5.4	1.83	0.74	
	支出	8.03	5.51	2.1	0.42	
	盈亏	−0.06	−0.11	−0.27	+0.32	
1964	收入	12.87	7.55	3.05	2.27	
	支出	12.93	7.73	3.47	1.73	
	盈亏	−0.06	−0.18	−0.42	+0.54	
1965	收入	18.79	10.61	4.78	3.4	
	支出	17.38	10.46	4.87	2.05	
	盈亏	+1.41	+0.15	−0.09	+1.35	
1966	收入	21.98	12.06	5.74	4.18	
	支出	20.06	11.33	5.91	2.82	
	盈亏	+1.92	+0.73	−0.17	+1.36	
1967	收入	28.86	15.58	8.1	5.18	
	支出	26.89	15.36	8.43	3.1	
	盈亏	+1.97	+0.23	−0.33	+2.08	
定型年	收入	55.29	42.01	8.10	5.18	
	支出	47.19	35.66	8.43	3.1	
	盈亏	+8.10	+6.35	−0.33	+2.08	

到盛产年，每年可生产粮食 99.20 万斤，茶叶 800 担，果产 15000 担，肉 400 担，羊 500 头，牛 1000 头，家禽 10000 只，年总产值达 55 万元。每年上交国家的产品有：果 1400 担，肉 280 担，家禽 8500 只，耕牛 200 头，羊 300 头。

二、粮食收支估算

为贯彻我场生产方针，在发展多年生作物的同时，尽量扩大耕地面积，减少国家供应粮食的负担，因此各年计划粮食播种面积为：1963 年 1187 亩，1964 年 1432 亩，1965 年 1840 亩，1966 年 2190 亩，1967 年 2440 亩。

但是由于全民所有制部分耕地面积的扩大，粮食产量的增长，少于职工人数及畜牧业的发展，粮食仍不能自给，全民所有制部分所缺欠的粮食，可由集体部分征购粮抵补，故本场粮食基本上仍可自给。逐年粮食收支如下。

附表 1-21　农场逐年粮食收支情况

单位：万斤、万元

年份	总收入	总支出				余缺
		口粮	种子	饲料	合计	
1963	41.51	38.248	1.2	4.8	44.248	−2.738

（续）

年份	总收入	总支出				余缺
		口粮	种子	饲料	合计	
1964	50.84	51.088	1.4	8.8	61.288	—10.448
1965	65.52	68.472	1.8	12.7	82.972	—17.452
1966	88	75.02	2.2	17.04	94.26	—6.26
1967	99.2	83.828	2.5	23	109.328	—10.128

注：粮食总收入中包括木薯、蕉芋、大豆。

二、重要文件

厦门市人民政府办公厅
关于印发厦门市国有农场改制指导意见的通知

各区人民政府，市直各委、办、局：

《厦门市国有农场改制指导意见》（以下简称《指导意见》）已经市政府常务会议研究同意，现印发给你们，请认真贯彻落实。

为了稳步推进我市国有农场改制步伐，市政府决定本《指导意见》在市农科所试验农场、天马种猪场和大帽山农场先行试点，在总结经验的基础上，逐步在各农场推进。各有关区和有关主管部门要结合各试点农场实际，根据《指导意见》的要求，认真制定具体的改制和安置工作实施方案，推进农场改制工作的顺利进行。

厦门市人民政府办公厅

二〇〇六年七月四日

厦门市国有农场改制指导意见

为推进新一轮跨越式发展，加快国有农场改制，加强对农场国有资产的管理，维护农场职工的合法权益，现就我市国有农场改制支付职工经济补偿金等问题，提出以下指导意见：

一、指导原则

国有农场改制要坚持从实际出发，按照“积极稳妥、成熟一个、改制一个”的原则，确保改制工作的平稳和顺利进行。

实行改制的国有农场，不再保留农场管理体制，职工不再保留全民所有制职工身份。原农场职工与农场解除劳动关系，农场依照有关规定支付职工经济补偿金。

国有农场改制后，原农场职工和农场非职工全部转为城市居民，纳入社区管理。生活困难并符合低保条件的职工及家属、子女，纳入所在地城市（城镇）居民最低生活保障。

二、职工经济补偿金的确定

（一）经济补偿金计算基数

按农场所在区上年度农民人均纯收入乘以全市农村平均赡养系数，再除以 12 个月即为农场职工月经济补偿金计算基数。

（二）经济补偿金计算办法

农场职工按其在本单位的工作年限每满一年支付一个月的经济补偿金，工作年限不满一年的按一年计算。职工第一次被解除或终止劳动合同的，按符合国家规定的连续工龄计发经济补偿金。农场职工经济补偿金比非职工劳力安置补助金低的，可按非职工安置补助金标准领取经济补偿金。

三、职工养老保险问题的处理

（一）已退休的农场职工，可按照《厦门市人民政府印发贯彻〈厦门市职工基本养老保险条例〉若干规定的通知》（厦府〔2002〕综092号）第二十三条规定，以上年度全市职工月平均工资60%为缴费基数，按照规定的缴费比例，由农场一次性补缴社会保险统筹基金部分的基本养老保险费至满15年后，按条例规定领取养老保险金。补缴部分全部划入基本养老保险统筹基金。原退休职工参保高于此标准的，按原标准执行。

（二）农场改制时尚未参加养老保险和以低标准准入参保的农场职工，可参照《厦门市被征地人员基本养老保险暂行办法》的规定参加基本养老保险。参保缴费标准统一为：以上年度全市职工月平均工资60%为缴费基数，按照规定的缴费比例缴交。补缴所需资金由个人和单位按4∶6比例缴交。

四、农场非职工的安置

（一）鉴于国有农场其他非职工属“无地农民”，参照农村征地劳力安置的有关规定，农场非职工（已在行政事业单位和国有企业工作的人员除外，下同）改制时年满16周岁（含16周岁）以上的，按所在区上年度农民人均纯收入乘以2的标准发给安置补助金；16周岁以下的，按所在区上年度农民人均纯收入乘以1.5的标准发给安置补助金。

（二）农场非职工中，符合《厦门市被征地人员基本养老保险暂行办法》规定的人员，允许按照自愿的原则，并按照所在区的具体实施办法参加基本养老保险。

五、农场改制经费来源

农场改制支付给职工的经济补偿金和应由农场缴交的养老保险金，从下列资金渠道列支。

（一）农场积累。农场按规定支付职工经济补偿金，先由应付工资余额（按规定支付相关款项后余额）、应付福利费用余额（按规定支付相关款项后的余额）中列支；不足部分，调整年初未分配利润，由此造成期初未分配利润的负数，报经主管财政机关批准，依次以公益金、盈余公积金、资本公积金等资金弥补。

（二）农场积累不足支付的，其差额部分经报市财政部门审核批准，从土地收储费用中列支。

六、农场改制的程序

（一）农场组织清产核资，核实职工人数，并按规定测算职工经济补偿金标准及补偿金额。

（二）农场按有关规定制订改制和支付职工经济补偿方案，内容应包括职工人数、非职工人数、补偿标准、补偿金额等，提交职工大会或职工代表大会讨论审议。

（三）改制方案经全体职工或职工代表大会通过后，根据审议结果进一步细化完善，报同级劳动保障部门审核。根据审核意见，农场将改制方案上报主管部门和财政部门审定。

七、切实加强对农场国有资产的管理

即日起，各区和市农业局要加强对国有农场的管理。各国有农场未经主管部门批准，不得变相长期租赁土地和资产，不得违反规定突击滥发钱物。

国有农场改制完成后，其所属土地由政府统一收储。

厦门市翔安区人民政府
关于同意《厦门市翔安区大帽山农场移民安置工作实施细化方案》的批复

厦门市大帽山农场移民安置办公室：

根据《厦门市人民政府办公厅关于同意厦门市翔安区大帽山农场移民安置工作方案的批复》（厦府办〔2006〕195号）精神，经区委常委会研究，同意你办制定的《厦门市翔安区大帽山农场移民安置工作实施细化方案》，请抓紧组织实施，确保大帽山农场移民安置工作任务的顺利完成。

厦门市翔安区人民政府

二〇〇六年十一月二十一日

厦门市翔安区大帽山农场移民安置工作实施细化方案

根据《厦门市人民政府办公厅关于同意厦门市翔安区大帽山农场移民安置工作方案的批复》（厦府办〔2006〕195号），为确保大帽山农场移民安置工作的顺利进行，结合翔安区区情和大帽山农场实际，特制定《厦门市翔安区大帽山农场移民安置工作实施细化方案》。

一、移民安置

移民安置以异地安置为主，即在大帽山农场行政界外的安置为异地安置，鼓励农场居民异地安置，对不愿意异地安置的农场居民，待异地移民安置工程结束后，结合“旧村改造，新村建设”另行制订就地集中安置方案进行安置。

（一）异地移民安置方案

1. 异地安置对象：农场职工及其直系亲属。首批移民安置优先考虑居住在地质灾害易发地的古坑、村门、内官、后炉、上廍5个自然村且自愿异地安置的居民。其他居民分批分期安置。

异地安置对象条件的确认：

（1）异地安置对象的户籍登记管理截止日期以市政府批准日期2006年08月07日为准（厦府办〔2006〕195号文）。

（2）因婚姻关系由外地娶（嫁）入农场的，在公告发布之日起1个月内能提供结婚证和农场户籍证明的予以确认。

出嫁女但户籍未迁出的农场居民（包括外孙入户）不予确认。

（3）参军以前户籍在农场的现役义务兵及三级（含三级）以下士官予以确认。

（4）原农场户籍，因就学户籍迁往学校的在校大、中专院校所在地的学生予以确认。

（5）原有大帽山农场户籍在押的服刑人员、劳教场所的劳教人员以及其他被限制自由的人员予以确认。

（6）外地调入农场的工作人员（含知青）及其直系亲属，户籍已迁入农场的，若其原居住地所在乡镇、县出具其未享受原居住地集体土地权益的以及未享有宅基地的证明，经核实后予以确认；已享受原居住地集体土地分配或已享有宅基地的不予以确认。

（7）从农场调出到其他单位（机关事业单位、国有企业、其他国有农场和非公有经济组织）的工作人员及其直系亲属，已享受所在单位集体资产分配、已享受宅基地建房或已享受政府分配经济适用房或有住房补贴的，不予以确认。

（8）政策外生育的子女已缴清社会抚养费的予以确认，尚未缴清的在公告发布之日起10日内缴清的予以确认，未缴清的不予以确认。

（9）对任何寄户在大帽山农场的人员均不予以确认。

（10）60岁以上（不含60岁）有子女的老人需异地安置的随同子女搬迁，不再单独安置。

（11）孤寡老人（五保户）和残疾的三无人员（办有残疾证），由民政部门协调安置在镇级敬老院，所需费用由区政府负责。

（12）异地安置对象的大帽山农场移民，在移民搬迁安置实施过程中死亡的，自死亡之日起取消其享受政策照顾的资格。

2. 安置方式：政府统一建设安置房，实行实物安置。

3. 安置标准：按人均建筑面积50平方米安置，其中：提供25平方米居住房、21平方米公寓出租房和4平方米的店面，用于解决搬迁移民今后的生存和发展问题。即：

（1）人均50平方米的安置面积＝25平方米居住房＋21平方米公寓出租房＋4平方米店面。

（2）异地安置的公寓出租房和店面实行产权股份制物业管理，前期物业管理由厦门市翔安新区物业管理有限公司实行统一管理。待业主委员会成立后，由业主大会自行选聘有资质的物业管理企业对物业实行统一经营、统一管理。业主委员会的成立参照《厦门市住宅区物业管理条例》和相关法律法规执行。

4. 安置地点：翔安新城起步区和火炬翔安产业区周边地区。

5. 安置房设计户型、标准及分配方法：

（1）安置居住房建设标准：以异地安置房的建设标准建设。

（2）安置居住房装修标准：按照安置房建设标准进行建设，并参照市住宅办建设的廉租房和普通租赁房建设装修标准统一进行简易装修。

（3）居住房的户型标准：分为2人户型（建筑面积为50平方米）、3人户型（建筑面积为75平方米）、4人户型（建筑面积为100平方米），5人户以上户型（建筑面积为125平方米），统一规划建设。

（4）安置房分配方法：

以抽签的方式进行居住房分配，安置区由区政府确定。抽签时，以同一户型归类进行。单户5人以上的可按安置房面积数申请两种不同户型（2人户以上的户型）进行安置；1人户按2人户型（50平方米）安置，超出的25平方米居住房面积按安置房建设成本价购置。

6. 拆迁补偿：

（1）人均拆迁面积在50平方米以下（含50平方米）的，按人均50平方米（25平方米居住房＋21平方米公寓房＋4平方米店面）安置，不再予以拆迁补偿。

（2）持有合法批建手续的，人均拆迁面积在50平方米以上的房屋，超拆补偿按以下方案执行：

①货币补偿：超拆面积按照农场房屋不同结构建设成本价结合成新给予货币补偿，房屋建设成本价委托有资质的评估公司进行评估。

②超拆面积优惠政策：超拆面积在50平方米以内的，可以按安置房建设成本价等面积购置安置居住房。超拆面积在50平方米以上的，每户按成本价只能限购50平方米，其余超面积安置部分按市场价购置。

7. 移民搬迁户原承包的集体果林，可以由农场有偿收回，也可以按合同继续承包，但不得转包，亦不得在承包地内搭建居住房屋。

8. 子女就学：根据市政府《关于鼓励重点水源保护区和边远山区群众实施移民造福工程的指导意见》（厦府〔2005〕295号）文的政策，搬迁户的子女在九年义务教育就学期间，其3年学杂费减半，其施教区按安置地所在的学区确认。

9. 计划生育：允许安置后农转非的搬迁人员继续适用农村计生政策5年。

10. 应征入伍的现在役青年享受待遇按城镇义务兵优待金和退伍安置政策执行。

11. 异地安置的农场职工经济补偿金发放按照《厦门市人民政府办公厅关于印发厦门市国有农场改制指导意见的通知》（厦府办〔2006〕162号）标准执行：

（1）经济补偿金计算基数

按翔安区2005年度农民人均纯收入（5081元）乘以全市农村赡养系数（2.0），再除以12个月即为农场职工月经济补偿金计算基数（即846.833元）。

（2）经济补偿金计算办法

农场职工按其工作年限每满一年支付一个月经济补偿金，工作年限不满一年的按一年计算。职工第一次被解除或终止劳动合同的，按符合国家规定的连续工龄计发经济补偿金。农场职工经济补偿金比非职工劳力安置补助金低的，可按非职工安置补助金标准领取经济补偿金。

12. 就业培训安置：职工移民的就业培训费补助参照《厦门市人民政府贯彻国务院关于进一步加强就业再就业工作通知的若干意见》（厦府〔2006〕167 号）执行；非职工移民的就业培训费补助按照厦门市人民政府《关于鼓励重点水源保护区和边远山区实施移民造福工程的指导意见》（厦府〔2005〕295 号）的相关政策执行。

13. 异地安置的农场非职工补助金发放（已在行政事业单位和国有企业工作的人员除外）按照《厦门市人民政府办公厅关于印发厦门市国有农场改制指导意见的通知》（厦府办〔2006〕162 号）标准执行：年满 16 周岁（含 16 周岁）以上的，按翔安区 2005 年度农民人均纯收入（5081 元）乘以 2 的标准发给一次性安置补助金；16 周岁以下的，按翔安区 2005 年度农民人均纯收入（5081 元）乘以 1.5 的标准发给一次性安置补助金。

14. 异地安置农场职工养老保险问题处理办法

根据《厦门市人民政府办公厅关于印发厦门市国有农场改制指导意见的通知》（厦府办〔2006〕162 号）和“关于竹坝华侨农场参照纳入被征地人员基本养老保险参保范围”（厦门市人民政府办公厅公文办理抄告单 06331 号）的精神，本着实现各类人员公平待遇，保证方案可操作性的原则，按照五类人员分类办法分别提出如下养老保险处理办法。以 2006 年 08 月 07 日作为是否退休、是否参保的截止日期。

（1）以低标准参保已退休农场职工

按照《厦门市人民政府印发贯彻〈厦门市职工基本养老保险条例〉若干规定的通知》（厦府〔2000〕综 092 号）第二十三条规定，由农场一次性补缴 15 年基本养老保险统筹基金部分，按条例规定计发养老金，原养老金标准高于此标准的，按原标准执行。

（2）以低标准参保未退休农场职工

按厦府〔2000〕综 092 号文第二十三条规定，原按低标准缴费的年限，一次性补缴基本养老保险社会统筹基金部分；再参照《厦门市翔安区被征地人员基本养老保险实施规定》（厦翔政〔2006〕59 号），由个人根据自身实际情况，自愿选择以上年度全市职工月平均工资 60％为基数，一次性缴纳 8～15 年基本养老保险，不享受厦翔政〔2006〕59 号文财政补助及奖励。退休时按条例规定计发养老金。

对一次性缴纳养老保险的年限与一次性补缴社会统筹基金的年限合并计算不超过 15

年的参保资金，按农场和个人 6∶4 比例出资。超出 15 年部分的参保资金由个人承担。

（3）未参保已达退休年龄职工

未参保已达退休年龄职工，需先按照《厦门市人民政府办公厅转发市劳动局、财政局关于竹坝农场、市属国有农场和渔民参加基本养老保险有关问题的意见的通知》（厦府〔2000〕130 号），按当年全市最低工资为基数，一次性缴纳 15 年基本养老保险，按农场和个人 6∶4 比例出资。

再按照厦府〔2000〕综 092 号第二十三条规定，由农场一次性补缴 15 年基本养老保险统筹基金部分，按条例规定计发养老金。

（4）未参保未退休农场职工

可参照厦翔政〔2006〕59 号文，自愿选择以上年度全市职工月平均工资 60%为基数，一次性缴纳 8～15 年基本养老保险，不享受厦翔政〔2006〕59 号文财政补助及奖励。参保资金按农场和个人 6∶4 比例出资。

（5）农场非职工

按厦翔政〔2006〕9 号文，2006 年 8 月 7 日之前已在当地公安机关登记为农场常住户口且符合参保年龄规定的人员，可按被征地人员参加基本养老保险，享受厦翔政〔2006〕59 号文财政补助及奖励。到达退休年龄时按被征地人员基本养老保险办法计发养老金。

农场改制时男未满 45 周岁、女未满 40 周岁的农场非职工待达到参保年龄后亦可按上述办法纳入基本养老保险。

15. 建立挂钩帮扶责任制。区政府和区政府有关部门（特别是大帽山农场移民安置工程领导小组的成员单位）以及搬迁户所在地的镇（街）政府领导每人至少挂钩三户以上搬迁户，政府有关机关工作人员每人至少挂钩帮扶二户以上搬迁户，及时帮助搬迁户解决搬迁及安置过程中的困难问题，尤其是搬迁户的孩子就学、生活出路、劳力就业等民生问题。

以上列入异地安置的农场居民享受异地安置各项优惠政策后，不再享有农场的所有资产权益包括土地资产，原农场职工必须与农场解除劳动合同，不再保留全民所有制职工身份。异地安置的农场职工和非职工转为城市居民，纳入社区管理。生活困难并符合低保条件的居民，纳入所在地（镇街）居民最低生活保障。

（二）对不愿意异地移民的农场居民的处理意见

1. 原则上保持现有生产生活状况，对耕地（口粮田）按原分配数进行重新集中调整。

2. 对现有资产状况进行登记造册，不得占用移民户移民后的资产及耕地（口粮田）。

3. 不愿意异地移民的农场居民应服从政府规划调整，采取就地集中安置。

（三）对不属于农场居民和移民对象在农场的固定资产的处理办法

可以申请按农场房屋建设成本价结合成新进行评估给予货币补偿，货币补偿后其资产交由农场处理。也可以继续保留其使用权，待国家建设需用时按相关征地拆迁补偿政策执行。

二、异地移民搬迁计划

异地安置按照计划分期分批进行，拟在3～5年内完成。

第一批计划于2007年完成古坑、内官、村门、后炉、上廊五个自然村异地安置，春节前完成部分搬迁。为鼓励整村搬迁，异地移民安置户的选择以地质灾害易发地和同意异地安置比例高的自然村优先安排。

三、异地安置户申报程序

异地移民安置坚持自愿、公开、公正、透明的原则，采取移民对象自愿申请，逐级审核报批的方式，具体申报程序如下：

（一）翔安区政府发布大帽山农场移民安置公告；

（二）自愿异地安置的农场居民向大帽山农场提出搬迁申请，并填写《大帽山农场移民安置申请书》；

（三）大帽山农场根据移民户的申报，对要求搬迁的移民进行调查核实，并造册登记，上报区大帽山农场移民安置工程办公室审定，经审定通过的移民户在农场公示七日内无异议者，正式列入移民安置对象，同时与大帽山农场签订《大帽山农场移民安置协议书》。

四、资金筹措

（一）异地安置搬迁资金由市、区两级财政按照65％和35％的比例分担，具体金额由区财政局核定，工作经费参照（厦财基〔1997〕01号）文件的标准列入移民经费预算。

（二）职工经济补偿、非职工安置补助金及职工养老保险补助经费来源按《厦门市人民政府办公厅关于印发厦门市国有农场改制指导意见的通知》（厦府办〔2006〕162号）相关规定执行，具体金额由区人劳局、财政局核定。资金来源从农场土地收益金中支付，土地未出让前先由区财政向市财政申请垫付。

五、组织机构和责任分工

（一）组织机构及人员抽组

成立厦门市翔安区大帽山农场移民安置工程办公室（详见翔委〔2006〕78号文）。

（二）责任分工

1. 区发改局负责大帽山农场移民安置工作的总体指导、协调和督促。

2. 区农办负责协调农场“旧村改造和新村建设”及移民搬迁安置工作。

3. 区财政部门负责资金测算核定，筹措和使用的监督，确保资金的足额及时到位。

4. 建设、土地等部门负责指导拆迁补偿和安置房建设方案。

5. 规划分局负责编制大帽山农场综合开发规划。

6. 财政局、人劳局负责制定并落实农场职工解除合同补偿和移民社保补助相关办法。

7. 公安局负责人口数量分类、户籍的统计、管理工作。

8. 建设局、翔安新区发展有限公司负责完成安置房建设和分配工作。

9. 国土房产分局负责农场房屋合法批建手续的确认工作。

10. 大帽山农场配合翔安区政府做好农场改制和大帽山农场移民搬迁安置工作。

11. 由区政府委托大帽山农场为移民安置工程的业主单位。

六、本方案具体实施由大帽山农场移民安置工程办公室负责解释。在移民安置工程中，遇到有争议的特殊情况，由大帽山移民安置工程办公室视具体情况研究决定。

翔安区大帽山农场体制改革方案

根据（厦府办〔2006〕162 号文）《厦门市国营农场改制指导意见的通知》和翔安区委会议纪要〔2006〕11 号精神，结合农场在管理体制上存在的瓶颈，权衡大帽山今后发展的利弊关系和发展趋势，本着改革更有利于社区稳定，有利于村民收入增加，有利于开发建设的原则，提出以下体制改革方案。

一、大帽山农场的现状

（一）体制现状

大帽山农场始建于 1958 年，原属中央垦区之一，2003 年随着市委事权下放给翔安区管理，区委区政府把农场列入五镇一场管理，属区直属企业，业务挂靠区农林水局。但目前农场仍保持计划经济时期的管理模式，农场集党、政、经于一体，现有的管理体制已完全不适应发展需要，当时国家组建国有农场的功能作用发生根本性变化。市场经济的形成与完善，各级政府推行政企分开改革，虽农垦企业与工矿企业存在着特殊性，但管理体制明显改革滞后，历史遗留问题得不到解决，农场经济社会负担日益加重，为职工、非职工的服务功能不断减弱，当前的管理体制已难以适应经济社会的发展要求。

（二）资源现状

1. 大帽山农场土地面积 22.4 平方公里，耕地 2400 亩，山地 23000 亩（其中公益林 13603 亩），农场现建有万立方米以上水库 14 座，小二型水库 2 座，库容 132.9 万立方米，在建溪美水库水电站库容 373 万立方米，装机容量 640 千瓦，总库容量为 505 立方米，水资源现状完全可满足农业及开发需要。

2. 场内的电力配套设施，16 个自然村的人饮工程，通信设施全面覆盖，场内 4 个管区的道路硬质化 12 公里，基础设施逐年完善，埔顶片区 8 个自然村已完成旧村改造新村建设大量工程。

3. 农场建有优质肉牛示范场一个，年出栏 1200 头；农场直接投入管理、种植果园 600 亩；农场辖区内有唐代古刹甘露寺和哪吒三太子宫，农场资源保持完整，是翔安区未开发建设的处女地。

（三）经济现状

1. 现有资产总价 800 万元，其中流动资产 474 万元，长期投资 5 万元，固定资产 321 万元，流动负债 669 万元（长期负债 35 万元）。

2. 农场土地资源未盘活，没有优势产业收入，每年出现小额亏损，职工、非职工经济靠单一农业生产及外出务工收入，近年来发展部分山地养殖业，2006 年人均纯收入 3500 元，仅厦门市纯收入水平的一半，生活水平普遍贫困。

（四）人员现状

农场分为 4 个作业区，16 个自然村，居住人口 4500 人，农场现有生产经营办、社会事务办、综合办，包括医务人员共 23 人，退休干管人员 28 人（16 干部、12 管理人员），在册职工 1759 人（其中退休 524 人），参加社保 735 人，未参加社保 1024 人，非职工 2741 人。

二、农场管理体制存在的主要问题

（一）政企不分：农场的性质属国有企业，当前体制仍集党、政、经于一体，负担着行政、经济、社会管理多重职能，担负着一级基层政府的管理职能。由于是企业，在行使一级政府管理职能时力不从心，如计生工作、社会治安、社区居民福利保障方面等政府性工作均难以到位。

（二）社企不分：教育、医疗、卫生、民政优抚社会性工作，除学校剥离外，其他社会性工作均由农场企业负担，形成了企业管理社会的弊端。

（三）历史遗留问题多：农场经济负担包袱重，由于 2000 年厦门市农垦系统职工参保（低进低出原则），参保职工企业每年要交社保费，退休干管人员除社保费外，每年承担 30 位退休干管人员工资及交职工参保金；农场计划经济时期形成的国营职工，招工手续完成，身份合法，随着社会保障体系的不断完善，社保、医保保障费不断提高，农场经济负担日益加重，造成恶性循环。

（四）通过造福工程的实施，矛盾和问题更加突现，农场批建职工建房 186 宗，没有办理完整手续（因是国有土地）。23 个在编管理人员（因 1989 年农业局已不再批准，部分管理人员身份无法得到确认），职工批准档案混乱。农场唯一的土地资源无法盘活，2003年以来农场现有耕地2400亩，至今调到大帽山农场农田保护区面积9000亩，对农场自身的生存发展更是雪上加霜。

三、农场体制改革思路

农场体制改革工作，应该组织专门工作组，依法有序结合造福工程的实施进一步推进，大帽山是厦门市农口三个试点改制之一，但大帽山与农科所试验场、天马种猪场又有它的特殊性，1958年建场都是人带土地划入农场，现有总人口4500人中，绝大部为“原住民”，考虑到改制后“原住民”生活出路问题，以及改制后“原住民”的土地资源收储和开发问题，直接关系到改制是否成功，新的建制单位能否顺利运行，达到改制与开发建设双赢目的，因此建议方案如下：

（一）成立翔安区大帽山经济开发有限公司（进行彻底改制）

由区政府向市政府及相关部门提出申请，对大帽山进行整体实施“造福工程”，第一批五个自然村已将完成，正在启动第二批的五个村（应该把埔顶片区6个村）纳入进行。第二批摸底造册做前期工作，同等实施“造福工程”，把愿意搬迁移民的，按正在实施方案进行，把不愿意搬迁移民的实施就地集中安置，并结合实际“搬迁移民”“就地集中安置”的搬迁经费向市政府申请，市、区65∶35比例到位分步同时实施，同时应该明确大帽山土地资源受益市、区相应比例。以便后续开发建设翔安区政府的必要管理投入。

1. 愿意搬迁移民的按正在实施的移民方施实行。

2. 不愿意搬迁移民的，实施就地集中安置，但“就地集中安置”房屋建设面积应按同等安置面积而户型改变“两户一宅”，同时由区委区政府委托翔安区大帽山经济开发有限公司代建，这样在埔顶片区就地安置，不再做挂牌土地建设用地（因都是建设用地），这样翔安区政府应承担35%比例的经费，可以在“就地集中安置”建设中节余，减轻区政府经济压力，并达到改制目的。

3. 这种改制模式可减少第一期即将突现的自然增员无法享受移民及不愿移民就地安置的矛盾，更体现“造福工程”的人性化。

4. 改制后村民可成立居委会或村委会，工作出路可与公司开发签订用工劳动合同（如林相改造用工，退耕还林种植承包合同，或顺其自然到工厂务工）。

这样农场历史遗留问题、职工身份置换、非职工经济补偿都得到解决，组建新的经济实体，作为政府托管企业开发建设和资本运营。

（二）在农场历史遗留问题尚未得到解决之前（10个自然村移民后）

留下埔顶片区仍保持农场建制，暂实行一套班子二块牌子，即“大帽山农场”、“大帽山经济开发有限公司”，待职工和债权、债务得到解决后，取消农场建制，把资产归开发公司统一管理，加大财政转移力度，确保机构正常运行。随着“造福工程”移民，干管人员减少，区委区政府对农场（公司）的管理机构设置，人员编制给予考虑，领导和管理人员进一步充实。

1. 暂时性对没有搬迁移民的居民仍保持农场原管理模式。三角梅园区、水电站、体育公园用地建设，重新调整分配口粮田，暂时性保持原状。

2. 由森林体育公园的开发建设，以及市土地收储的资金部分用于埔顶片区的职工参保、医保问题及理顺历史遗留问题，条件成熟后农场建制取消，开发公司运行。

3. 农场或公司应该对现有原住民的房屋建设、职工反映强烈问题，对地质灾害、危房按新村建设规划给予批准建设，逐步改善居住条件及环境。

（三）农场职工改制和非职工安置（具体措施）

1. 农场职工改制：按照市府办〔2006〕162 号文《关于厦门市国有农场改制指导意见》执行。

①经济补偿金计算基数：按翔安区当年度农民人均纯收入乘以全市农村平均赡养系数2，再除以 12 个月即为农场职工经济补偿金计算基数。

②经济补偿金计算办法：按农场职工的工作年限每满一年支付一个月的经济补偿金，工作年限不满一年的按一年计算。

职工第一次被解除或终止劳动合同的按符合国家规定的标准计发经济补偿金。领取经济补偿金后，同农场解除劳动合同关系。

2. 非职工的安置

鉴于农场非职工属“无地农民”，参照农村征地劳力安置的有关规定，农场非职工（已在行政事业单位、国有企业和农村集体土地第二轮发包以后迁入的人员除外）改制时年满 16 周岁（含 16 周岁）以上的，按翔安区当年度农场人均纯收入 2 倍的标准发给安置补助金。16 周岁以下的按 1.5 倍的标准发给安置补助金。

职工改制领取经济补偿金和非职工领取安置补助金后，原农场职工和非职工全部转为城市居民，纳入社区管理。生活困难并符合低保条件的居民，纳入所在地居民最低生活保障。

（四）职工养老保障险问题的处理

1. 已退休的农场职工，可按照《厦门市人民政府印发贯彻（厦门市职工基本养老保险条例）若干规定的通知》（厦府〔2002〕综 092 号）第二十三条规定，以上年度全市职工月平均工资 60%为缴费基数，按照规定的缴费比例，由农场一次性补缴社会保险统筹基金部分的基本养老保险费至满 15 年后，按条例规定领取养老保险金。补缴部分全部划入基本养老保险统筹基金。原退休职工参保高于此标准的，按原标准执行。

2. 农场改制时尚未参加养老保险和以低标准准入参保的农场职工，可参照《厦门市被征地人员基本养老保险暂行办法》的规定参加基本养老保险。参保缴费标准统一为：以上年度全市职工月平均工资 60%为缴费基数，按照规定的缴费比例缴交。补缴所需资金由个人和单位按 4∶6 比例缴交。

3. 对 2000 年已参保的职工：鉴于当时参保，保金主要个人负担，按当时参保金额计算，单位承担 60%保金，扣除农场已承担部分，差额补给个人。

4. 对已退休的干管人员，要按照现行厦门市社平工资的 100%给予办理社保，以后退休金转入社保部门统一发放。

四、现有干部、管理人员分流安置处理：

（一）干部按人事管理权限由组织人事部门调整安置。

（二）管理人员：符合留用条件人员继续在新组建公司工作，并与公司签订合同。基本符合退休条件的管理人员，按厦门市现行社平工资的 100%给予参保，并发放改制经济补偿金。

五、农场改制经费来源：农场改制支付职工的经济补偿金和应由农场缴交的养老保险金，从下列资金渠道列支。

（一）农场积累。农场按规定支付职工经济补偿金，先由应付工资余额（按规定支付相关款项后余额）、应付福利费用余额（按规定支付相关款项后的余额）中列支；不足部分，调整年初未分配利润，由此造成期初未分配利润的负数，报经主管财政机关批准，依次以公益金、盈余公积金、资本公积等资金弥补。

（二）农场积累不足支付的，其差额部分经报市财政部门审核批准，从土地收储费用列支。

六、组织机构和责任分工

（一）组织机构

根据区委〔2006〕11 号会议纪要，翔安区政府成立大帽山农场管理体制改革领导小组，成员单位由区发改局、农林水利局、人劳局、财政局、民政局等部门组成，负责大帽山农场改制工作的组织实施。

（二）责任分工

1. 区发改局、农林水利局负责大帽山开发公司的组建和报批工作。

2. 人劳局负责职工改制经济补偿金、社会养老保险参保组织工作，负责职工解除劳动合同关系的办理。

3. 财政局负责改制中的清产核资工作，负责改制所需资金筹措和使用监督。

翔安区大帽山农场

2009 年 3 月 25 日

厦门市翔安区人民政府
关于重新启动大帽山农场第二批移民造福工程的通告

2010年9月29日《厦门市翔安区人民政府关于实施大帽山农场第二批移民造福工程的通告》(厦翔政通〔2010〕2号)发布后，因各种综合因素制约，原确定的第二批移民造福工程未能如期启动。现根据中共厦门市委、厦门市人民政府对厦门市大帽山农场分批实施移民造福工程的方案部署以及中共翔安区委、翔安区人民政府的有关工作决策，经大帽山农场移民安置和综合整治领导小组进一步征求意见，决定对大帽山农场第二批移民安置对象进行调整，并重新启动第二批移民造福工程。现将有关事项通告如下：

一、政策依据

重新启动的厦门市大帽山农场第二批移民安置工作以《厦门市人民政府关于印发厦门市重点水源保护区和边远山区农村实施移民造福工程指导意见的通知》(厦府〔2008〕151号)、《厦门市人民政府办公厅关于同意厦门市翔安区大帽山农场移民安置工作方案的批复》(厦府办〔2006〕195号)、《厦门市翔安区人民政府关于同意厦门市翔安区大帽山农场移民安置工作实施细化方案的批复》(厦翔政〔2006〕124号)、《厦门市翔安区人民政府关于补充完善厦门市翔安区大帽山农场移民安置工作实施细化方案有关条款的通知》(厦翔政〔2010〕71号)等市、区相关文件为政策依据。

二、对象调整

厦门市大帽山农场第二批移民安置对象所涉及的自然村调整为：农场所辖罗田、洪毛岭2个自然村。

三、工作原则

厦门市大帽山农场第二批移民安置工作按照“政府引导、村民自愿、分步实施、整村搬迁、异地安置”的原则，以自然村为单位，且经全体村民自愿参与移民率达90%(含)以上的方可启动移民安置工作。

四、组织机构

厦门市翔安区大帽山农场移民安置和综合整治领导小组办公室具体负责组织实施本批移民安置的各项事务工作；厦门市翔安区监察局具体负责本批移民安置的监督工作。

厦门市翔安区大帽山农场移民安置和综合整治领导小组办公室电话：7887169

厦门市翔安区监察局监督电话：7889679

五、附则

本通告印发之日起施行。2010 年 9 月 29 日发布的《厦门市翔安区人民政府关于实施大帽山农场第二批移民造福工程的通告》（厦翔政通〔2010〕2 号）同时废止。

厦门市翔安区人民政府

2013 年 11 月 4 日

厦门市翔安区人民政府
关于启动大帽山农场第二批2期移民造福工程的通告

2013年11月4日《厦门市翔安区人民政府关于重新启动大帽山农场第二批移民造福工程的通告》（厦翔政通〔2013〕1号）文件发布后，农场所辖罗田和洪毛岭2个自然村的移民工作已基本完成。现根据中共厦门市委、厦门市人民政府对厦门市大帽山农场分批实施移民造福工程的方案部署以及中共翔安区委、翔安区人民政府的有关工作决策，决定启动第二批2期移民造福工程。现有关事项通告如下：

一、政策依据

重新启动的厦门市大帽山农场第二批移民安置工作以《厦门市人民政府关于印发厦门市重点水源保护区和边远山区农村实施移民造福工程指导意见的通知》（厦府〔2008〕151号）、《厦门市人民政府办公厅关于同意厦门市翔安区大帽山农场移民安置工作方案的批复》（厦府办〔2006〕195号）、《厦门市翔安区人民政府关于同意厦门市翔安区大帽山农场移民安置工作实施细化方案的批复》（厦翔政〔2006〕124号）、《厦门市翔安区人民政府关于补充完善厦门市翔安区大帽山农场移民安置工作实施细化方案有关条款的通知》（厦翔政〔2010〕71号）等市区相关文件为政策依据。

二、移民对象

厦门市大帽山农场第二批2期移民安置对象所涉及的自然村为：农场所辖寨仔尾自然村。

三、工作原则

厦门市大帽山农场第二批移民安置工作按照“政府引导、村民自愿、分步实施、整村搬迁、异地安置”的原则，以自愿参与移民率达90%（含）以上的为启动前提条件，坚持有计划、有组织、分期有序稳妥进行。

四、组织机构

厦门市翔安区大帽山农场移民安置和综合整治领导小组办公室具体负责组织实施本批移民安置的各项事务工作；厦门市翔安区监察局具体负责本批移民安置的监督工作。

厦门市翔安区大帽山农场移民安置和综合整治领导小组办公室电话：0592—7887169

厦门市翔安区监察局监督电话：0592—7889679

五、附则

本通告印发之日起正式生效。

厦门市翔安区人民政府

2014年6月26日

厦门市翔安区人民政府
关于同意设立新圩镇大帽山社区居民委员会的批复

新圩镇人民政府：

你镇送报的《关于设立大帽山社区居民委员会的请示》（翔新政〔2018〕30号）收悉。经研究，同意设立新圩镇大帽山社区居民委员会。下辖山后桥、尾厝、下厝、山仔头、加塘、中心、山边、刘厝8个自然村和后炉埔集体户。

接文后，请抓紧办理筹备成立相关事宜。

此复。

厦门市翔安区人民政府

2018年6月26日

厦门市翔安区人民政府办公室
关于成立大帽山乡村振兴及生态旅游工作推进领导小组的通知

各有关单位：

为了加快城乡区域协同发展，扎实推进乡村振兴及生态旅游建设工作，经研究，决定成立大帽山工作推进领导小组。组成人员如下：

一、工作领导小组组成人员

组　　长：王婴水（副区长）

第一副组长：苏宜远（新圩镇）

常务副组长：洪求瑛（新圩镇）

成　　员：林聪伟（区发改局）

林勇志（区财政局）

卓根旺（区建设局）

张松尧（区农林水利局）

蔡阿在（区文体局）

陈胜平（区执法局）

王宇成（区国土分局）

袁浩志（区规划分局）

洪土沙（新圩镇）

吴东围（新圩镇）

郑建平（大帽山农场）

刘定桦（大帽山农场）

陈美洲（大帽山生态农业公司）

徐杰（投资集团）

二、内设机构

工作领导小组下设四个工作小组：

（一）综合协调组

组　长：洪土沙

副组长：吴东围、郑坂

成　员：余慧娴（农林水利局）、林娟娟（新圩镇）、陈玉婷（大帽山农场）

主要职责：1. 承担办公室职责，做好上传下达工作；2. 围绕领导小组的工作部署和分管领导的工作要求抓好落实；3. 抓好日常的调度和跟踪落实。

（二）入户宣传组

组　长：吴东围

副组长：刘定桦、郑坂

成　员：洪党育（宣传部）、陈山水（新圩镇）、郑有才、黄火球、黄聪明（大帽山农场）

主要职责：1. 组织学习中央、省、市、区乡村振兴文件精神及工作部署；2. 加大市级重点示范村大帽山的做法及经验的宣传报道；3. 入户宣传及动员，提高村民对乡村振兴及生态旅游的知晓度和配合度，推进乡村振兴工作。

（三）项目策划组

组　长：郑硕坚

副组长：林聪伟、谢宗添

成　员：王娴（财政局）、孔凡育（建设局）、许文跃（文体局）、颜育鹏（国土分局）、陈庆传（新圩镇）、黄献乾（大帽山农场）、沈福（投资集团）、陈为民（大帽山生态农业公司）

主要职责：1. 策划大帽山乡村振兴及生态旅游总体规划和观光农业、产业项目、建筑风貌、乡风文明、配套设施、投资规划专项规划等工作；2. 负责项目审批工作。

（四）建设管理组

组　长：郑硕坚

副组长：孔凡育、郑坂

成　员：陈庆传（新圩镇）、黄水土（大帽山农场）、林加亲（投资集团）、陈为民（大帽山生态农业公司）

主要职责：1. 组织培训施工队伍；2. 负责建设现场管理；3. 确保项目按序时推进。

今后小组成员因为职务变动需要调整的，由接任者自动履行相应职责，不再另行发文。

厦门市翔安区人民政府办公室

2018 年 8 月 29 日

厦门市翔安区人民政府
关于同意大帽山农场村庄建设规划的批复

新圩镇人民政府：

你镇上报的《关于大帽山农场村庄建设规划报批的请示》（翔新政〔2019〕30号）收悉。经第49—1次区政府常务会研究，同意《翔安区大帽山农场村庄建设规划（2018—2035）》，即日起生效。

经批准的村庄规划是村庄规划建设和管理的依据，任何单位和个人不得擅自变更，此次村庄规划期限至2035年止，随着建设条件的变化确实需要调整规划的，必须按程序及时报送区政府批准。

特此批复。

厦门市翔安区人民政府

2019年6月10日

三、2008年《大帽山农场志》编纂人员

2008年《大帽山农场志》编纂领导小组：

组长：黄水涌

副组长：洪开展

主编：梁昆标

编写人员：黄本希、陈金壇、郑有才、李清兰

摄影：陈水苗、陈金壇

图片制作：黄聪明

编纂始末

厦门大帽山农场志

XIAMEN DAMAOSHAN NONGCHANG ZHI

厦门市大帽山农场参与农业农村部农垦局牵头组织的第三批中国农垦农场志编纂工作，成立编纂工作组，组织编写人员参加农垦局线上培训，时隔一年大帽山农场志终于完稿。

大帽山农场方圆23.93公里，原辖16个自然村，顶峰时人口不过5000余人，仅相当于厦门市翔安区沿海地区一个行政村的人口，地广人稀。大帽山农场从1958年建场，到经济体制改革，再到翔安新区成立，时间跨度长，工作侧重点不一，文字载体多变，资料参差不齐。要完成一部志书的编纂任务，没有原始资料的积累是根本不可能的。2007年5月，翔安区成立《翔安区志》编纂委员会，大帽山农场作为“五镇一场”之一，抽调人员参与区志编写。大帽山农场成立以黄水涌为组长的编纂领导小组，较系统地搜集农场的原始资料进行汇编，此为《大帽山农场志》的雏形。

编者接手大帽山农场志编纂任务时，深感农场僻处丘陵地带，原本交通闭塞，有何资料可以搜集？有何人物可以走访？以为资料欠缺，颇感棘手。编者查阅搜集农场历年零散的资料，文书档案还算丰富，虽经几次搬迁，没有系统整理归档，多有散失，多有虫蚀，多有漫漶，但从中拾取的经济方面数据，能完整反映农场发展过程。只要场志主干分明，经枝叶衬托，不须夸张形容，自然获并茂效果。编者编辑大帽山农场志，以存史资政为目的，以经济建设为主体详加叙述，表格以旧翻新，数据不敢臆造。个别篇目因不同时期农场工作重点有所偏倚，缺乏详细资料，只得因陋就简，不敢添枝增叶，以巧补拙。农场志分为七篇，有详有略真实可靠。

在大帽山农场党政领导的支持下，编纂组不辞辛苦，多次走访农场老领导、老职工，以补资料不足。志书编成，由于编者水平有限，其中谬误在所难免，谨向关心和支持大帽山农场志编辑的单位、个人表示衷心感谢。

陈炳南

二〇二三年五月